法学学科新发展丛书
New Development of Legal Studies

国际法学的新发展

孙世彦 \ 主编

中国社会科学出版社

图书在版编目（CIP）数据

国际法学的新发展／孙世彦主编．—北京：中国社会科学出版社，2010.10
（法学学科新发展丛书）
ISBN 978 – 7 – 5004 – 8889 – 7

Ⅰ.①国… Ⅱ.①孙… Ⅲ.①国际法 – 研究 Ⅳ.①D99

中国版本图书馆 CIP 数据核字（2010）第 125512 号

出版策划	任　明
责任编辑	官京蕾
责任校对	王兰馨
技术编辑	李　建

出版发行	中国社会科学出版社			
社　　址	北京鼓楼西大街甲 158 号		邮　编	100720
电　　话	010 – 84029450（邮购）			
网　　址	http://www.csspw.cn			
经　　销	新华书店			
印　　刷	北京奥隆印刷厂		装　订	广增装订厂
版　　次	2010 年 10 月第 1 版		印　次	2010 年 10 月第 1 次印刷
开　　本	710×1000　1/16			
印　　张	22.5		插　页	2
字　　数	387 千字			
定　　价	40.00 元			

凡购买中国社会科学出版社图书，如有质量问题请与本社发行部联系调换
版权所有　　侵权必究

总　　序

景山东麓，红楼旧址。五四精神，源远流长。

中国社会科学院法学研究所位于新文化运动发源地——北京大学地质馆旧址。在这所饱经沧桑的小院里，法学研究所迎来了她的五十华诞。

法学研究所成立于1958年，时属中国科学院哲学社会科学学部，1978年改属中国社会科学院。五十年来，尤其是进入改革开放新时期以来，法学研究所高度重视法学基础理论研究，倡导法学研究与中国民主法治建设实践紧密结合，积极参与国家的立法、执法、司法和法律监督等决策研究，服务国家政治经济社会发展大局。改革开放初期，法学研究所发起或参与探讨法律面前人人平等、法的阶级性与社会性、人治与法治、人权与公民权、无罪推定、法律体系协调发展等重要法学理论问题，为推动解放思想、拨乱反正发挥了重要作用。20世纪90年代以后，伴随改革开放与现代化建设的步伐，法学研究所率先开展人权理论与对策研究，积极参与国际人权斗争和人权对话，为中国人权事业的发展作出了重要贡献；积极参与我国社会主义市场经济法治建设，弘扬法治精神和依法治国的理念，为把依法治国正式确立为党领导人民治国理政的基本方略，作出了重要理论贡献。进入新世纪以来，法学研究所根据中国民主法治建设的新形势和新特点，按照中国社会科学院的新定位和新要求，愈加重视中国特色社会主义民主自由人权问题的基本理论研究，愈加重视全面落实依法治国基本方略、加快建设社会主义法治国家的战略研究，愈加重视在新的起点上推进社会主义法治全面协调科学发展的重大理论与实践问题研究，愈加重视对中国法治国情的实证调查和理论研究，愈加重视马克思主义法学和中国法学学科新发展的相关问题研究……

五十年弹指一挥间。在这不平凡的五十年里，法学所人秉持正直精邃理念，弘扬民主法治精神，推动法学创新发展，为新中国的法治建设和法学繁荣作出了应有贡献。

法学研究所的五十年，见证了中国法学研究事业的繁荣与发展；法学研究所的五十年，见证了中国特色社会主义民主法治建设的进步与完善；法学研究所的五十年，见证了中国改革开放与现代化建设事业的成就与辉煌。

今天的法学研究所，拥有多元互补的学术背景、宽容和谐的学术氛围、兼收并蓄的学术传统、正直精邃的学术追求、老中青梯次配备的学术队伍。在这里，老一辈学者老骥伏枥，桑榆非晚，把舵导航；中年一代学者中流砥柱，立足前沿，引领理论发展；青年一代学者后生可畏，崭露头角，蓄势待发。所有的这一切，为的是追求理论创新、学术繁荣，为的是推动法治发展、社会进步，为的是实现公平正义、人民福祉。

在新的历史起点上，我们解放思想，高扬改革开放的大旗，更要关注世界法学发展的新问题、新学说和新趋势，更要总结当代中国法学的新成就、新观点和新发展，更要深入研究具有全局性、前瞻性和战略性的法治课题，更要致力于构建中国特色社会主义法学理论创新体系。

为纪念中国社会科学院法学研究所建所五十周年，纪念中国改革开放三十周年，我们汇全所之智、聚众人之力而成的这套法学学科新发展丛书，或选取部门法学基础理论视角，或切入法治热点难点问题，将我们对法学理论和法治建设的新观察、新分析和新思考，呈现给学界，呈现给世人，呈现给社会，并藉此体现法学所人的襟怀与器识，反映法学所人的抱负与宏愿。

五十风雨劲，法苑耕耘勤。正直精邃在，前景必胜今。

中国社会科学院法学研究所所长李林　谨识
二〇〇八年九月

前　言

在"冷战"结束以后，国际政治格局发生了重大变化，东西方之间的对抗不复存在，此后，尽管国际关系中又出现了一系列的新问题和新现象，但总的基调已经转变为和平与发展。国际法也由此摆脱了冷战的影响，从保障"共存"向促进合作与共同进步转变，在许多领域中取得了巨大的发展，同时也出现了许多新的问题。在这一时期，我国的国际法律活动也发生了很大的变化。一方面，我国更为深入、更大规模地参与国际层面的法律活动，积极利用国际法律规则和制度维护我国的合法权益；另一方面，随着我国于20世纪90年代初开始建设具有社会主义特色的市场经济，我国的涉外经济、贸易、民事等活动的数量急剧增加，规模迅速扩大，这都极大地促进了我国的国际法律活动。

伴随着国际法本身的发展和我国国际法律活动的变化，我国的国际法学研究也取得了长足的进步，无论就研究的问题还是取得的成果，都有很多新的发展。因此，本书旨在介绍、梳理、总结和评价在过去十几年间，我国国际法学研究的新发展，力图通过所选取的成果最为丰富和集中的若干领域，比较全面地展示我国国际法学者就诸多国际法问题的研究成果和主要观点。其中，主要以介绍和引述公开出版的国际法学专著和论文为主，同时加入了编著者的一些分析和评价。

本书初稿由中国社会科学院国际法研究所国际公法研究室的师生共同编写，具体分工是：

白　蕾：国际组织法研究的新发展

戴瑞君：禁止使用武力原则研究的新发展、和平解决国际争端研究的新发展

王润宁：国际海洋法研究的新发展、国际环境法研究的新发展

运永恒：国际法基本理论研究的新发展

张长才：国际条约法研究的新发展、国际人权法研究的新发展

张玉欣：国际人道法研究的新发展、国际刑法研究的新发展

郑思达：国际责任研究的新发展

孙世彦最后对全书进行了审读和调整。赵建文和柳华文对某些章节提供了修改意见。

由于编著者水平有限，对于我国国际法学发展过程中的各种成果和观点，可能存在搜集不够全面、总结不够准确、分析不够到位之处，祈请读者批评指正。

孙世彦

2009 年 12 月 10 日

目　录

第一章　国际法基本理论研究的新发展 (1)
一　国际法的基本问题 (1)
二　国际法中的主权 (9)
三　国际法的主体 (19)
四　国际法与国际关系的新发展 (21)
五　国际法的发展历程 (26)
六　中国与国际法：历史和现代 (31)
七　对国际法学基本理论研究的总体评价 (37)

第二章　国际责任研究的新发展 (38)
一　国际责任的基本理论问题 (39)
二　国家责任 (48)
三　国际法不加禁止行为所引起的责任 (60)
四　国际组织的国际责任 (67)
五　对国际责任研究的总体评价 (70)

第三章　国际条约法研究的新发展 (72)
一　条约法的基本问题 (74)
二　条约的缔结 (77)
三　条约的保留 (78)
四　条约的解释 (79)
五　条约的效力 (81)
六　条约的终止或暂停实施 (84)
七　国际条约与国内法的关系 (85)
八　国际组织与条约的关系 (100)
九　对国际条约法研究的总体评价 (101)

第四章　国际组织法研究的新发展 (103)
一　国际组织法总论 (105)
二　联合国 (109)

三　欧洲联盟 …………………………………………（115）
　　四　其他区域性国际组织 ……………………………（120）
　　五　世界贸易组织 ……………………………………（122）
　　六　国际非政府组织 …………………………………（126）
　　七　对国际组织法研究的总体评价 …………………（133）
第五章　国际人权法研究的新发展 …………………………（135）
　　一　对国际人权法基本理论问题的研究 ……………（135）
　　二　对联合国人权两公约的研究 ……………………（149）
　　三　对具体人权的研究 ………………………………（153）
　　四　对少数人和弱势群体人权的研究 ………………（161）
　　五　对区域人权制度的研究 …………………………（169）
　　六　对中国与国际人权法关系的研究 ………………（175）
　　七　对国际人权法研究的总体评价 …………………（177）
第六章　国际人道法研究的新发展 …………………………（180）
　　一　国际人道法的基本理论 …………………………（182）
　　二　美伊战争与国际人道法的问题 …………………（194）
　　三　武装冲突中对平民的保护 ………………………（195）
　　四　其他问题 …………………………………………（200）
　　五　对国际人道法研究的总体评价 …………………（203）
第七章　国际刑法研究的新发展 ……………………………（204）
　　一　国际刑法概述 ……………………………………（205）
　　二　国际刑事司法机构 ………………………………（215）
　　三　国际刑事司法合作 ………………………………（226）
　　四　中国与国际刑法 …………………………………（242）
　　五　对国际刑法研究的总体评价 ……………………（243）
第八章　国际海洋法研究的新发展 …………………………（245）
　　一　有关国际海洋法理论层面的研究 ………………（245）
　　二　有关海洋划界若干问题的研究 …………………（256）
　　三　有关渔业资源管理的研究 ………………………（259）
　　四　有关国际海洋法法庭的研究 ……………………（264）
　　五　有关涉及中国的海洋法问题的研究 ……………（265）
　　六　对国际海洋法研究的总体评价 …………………（272）

第九章　国际环境法研究的新发展 ……………………………（274）
　一　对国际环境法基本理论问题的研究 ……………………（275）
　二　对环境法与交叉领域的研究 ……………………………（284）
　三　国际环境法学中有关海洋环境保护问题的研究状况 …（297）
　四　对国际环境法研究的总体评价 …………………………（298）

第十章　禁止使用武力原则研究的新发展 ……………………（299）
　一　对"禁止使用武力原则"的全面剖析 …………………（300）
　二　反恐战争与禁止使用武力原则 …………………………（307）
　三　人道主义军事干涉与禁止使用武力原则 ………………（318）
　四　对禁止使用武力原则研究的总体评价 …………………（325）

第十一章　和平解决国际争端研究的新发展 …………………（328）
　一　对和平解决国际争端的总体研究与发展 ………………（329）
　二　对解决国际争端的政治方法的研究 ……………………（332）
　三　对解决国际争端的法律方法的研究 ……………………（335）
　四　对几种综合性的和平解决争端机制的研究 ……………（339）
　五　对和平解决国际争端研究的总体评价 …………………（350）

第一章　国际法基本理论研究的新发展

国际法基本理论是国际法学的必要组成部分，是研究国际法学的起点和重要基础。研究国际法基本理论，对于认识、理解和研究国际法领域的具体问题具有指导意义。理由是：国际法基本理论研究的问题在国际法具体领域中，往往是一些基本问题；国际法基本理论与国际政治、国际关系等其他领域关系密切，相对于国际法具体领域，对国际法基本理论的研究能够帮助国际法学者更加全面认识和分析国际法问题；除此以外，国际法基本理论还将国际法与国内法关系问题作为自己众多的关注领域之一，使国际法与国内法彼此衔接，形成一体。可以说，研究国际法基本理论，对整个国际法学意义重大。

最近十年来，中国国际法学界对国际法基本理论问题的研究，取得了一定进步，但仍存在不足。进步表现为：随着对国际法基本理论的持续关注，对一些国际法基本理论问题的分析更加具体，同时更加自觉地从国际法学科本身出发对国际法基本理论问题进行了分析；而不足表现为：关于国际法基本理论的文章数量虽然不断增加，但是富有见地而又分析透彻的文章并不多见，很多文章给人千篇一律的感觉，同时，对一些国际法前沿问题的关注不多。以下内容将从几个方面对近十年来中国国际法基本理论研究的状况进行简要的概括，并在此基础上对这些已有的研究进行简要的评论。这几个方面是：国际法的基本问题、国际法中的主权、国际法的主体、国际法与国际关系的新发展、国际法的发展历程、中国与国际法：历史和现代。

一　国际法的基本问题

国际法的基本问题涉及的内容很多，如国际法的概念、性质、渊源、国际法与国内法的关系等。最近十年来，中国学者比较关注的国际法基本问题包括国际法的法律性质、基本原则、渊源等。

(一) 国际法的法律性质

对于国际法学者来说，国际法的法律性质不应成为一个问题。但是，一方面由于国际法与国内法差异较大，包括部分国内法学者在内的很多人，将判断国内法的标准泛化为判断法律的标准，进而质疑或否定国际法的法律性质；另一方面，部分研究国际政治与国际关系的学者将国际法置于国际政治或国际关系的范围内，不承认国际法的法律效力，这都使得中国国际法学者需要对国际法的法律性质进行研究、说明和解释。

关于国际法的法律性质，中国国际法学界已经基本取得共识：国际法是法律，具有法律拘束力；国际法是不同于国内法，不能以国内法的标准评判国际法；对国际法的法律性质的质疑是站不住脚的。① 但学者们同时也承认，国际法的强制性比较弱，实施效果有待加强；② 不过从长远来看，国家间的相互依存、国际社会的日趋组织化以及国际刑事制裁的新发展使国际法的实施呈现由弱渐强的趋势。③ 然而，也有学者认为，国际法的强制力并不弱，只是制裁体系尚在形成之中。④ 实际上，可以从以下两个方面对国际法的法律性质形成更为深入地理解。首先，必须对国际法的基础进行分析和探讨。国际法产生和发展的社会基础是众多主权国家同时并存、彼此进行交往与协作而形成的各种国际关系和整个国际社会的存在。各国间某些共同的"国家利益"是形成国际关系的一根重要纽带，而国际法则是协调各种国家利益的重要手段。国际法根据国际社会的需要而存在，国际社会的需要不断推动国际法的发展，国际法律秩序又有助于国际社会的进步。平等互利的国际关系有助于国际法的成长，国际强权的出现很可能抹杀国际法的作用。当今，国际社会与现代国际法均承诺与确认国家主权平等。⑤ 其次，研究国际

---

① 见陈康《当代理想主义国际法遭遇困境的原因及对策初探》，《河南理工大学学报》（社会科学版）2006年第2期；温树斌：《"国际法"法律属性的理论争辩》，《山东社会科学》2006年第8期；周忠海等：《国际法学述评》，法律出版社2001年版，第6—39页；刘扬：《论国际法的法律性》，《国际关系学院学报》2006年第2期；原江：《现代国际法的特征和性质》，载原江《挑战与进步——国际法和世界秩序》，云南人民出版社2004年版。

② 见原江《现代国际法的特征和性质》，载原江《挑战与进步——国际法和世界秩序》，云南人民出版社2004年版；古祖雪：《国际法的法律性质再认识》，《法学评论》1998年第1期。

③ 见温树斌《论国际法的强制性》，《广西政法管理干部学院学报》2006年第6期。

④ 见曾涛《国际法弱法论评析》，《政法论丛》2005年第4期。

⑤ 见梁西《国际法的基础与性质》，载邵沙平、余敏友主编《国际法问题专论》，武汉大学出版社2002年版，第1—8页。

法的法律性质还需要对"国际法是什么"这一问题做出回答。现在学者们的看法是，国际法是在协商一致和"条约必须信守"原则基础上的各国之间的协调意志，表现为条约规则和习惯规则，并在必要时由一定的强制力保证实施。①

中国国际法学者对国际法的法律性质的研究是比较符合实际的。但要注意的是，国际法的法律性质不同于国际法的强制性，不能将二者混为一谈。另外，很多学者在探讨国际法的法律性质时，对国际法的社会基础与存在理由关注不够，应该加强对于这方面的研究。只有加强对该方面的研究，才能更好地将国际法与国际政治区别开来；同时更重要的是，加强这方面的研究，有助于人们对国际法的定位更加准确，理解更为透彻。

(二) 国际法的基本原则

国际法的基本原则是国际法基础理论的重要组成部分，同时也贯穿于国际法的各个具体领域。国际法的基本原则从国际法实践中得来，体现着国际法的理念和主导价值，对国际法的具体规则的产生、适用、发展和变化等都有重要影响。

近十年来，中国国际法学者对国际法的基本原则的关注比较多，并提出了一些新的观点。有学者认为国家主权平等原则、人民人权平等原则、可持续发展原则是国际法发展历史上的三个里程碑。在建立国际政治经济新秩序进程中，还必须纳入"全人类共同利益"、"可持续发展"、"多样性"等基本原则。②不过，国家主权原则仍然是国际法的最基本原则，国家主权平等得到了反复确认和阐明。坚持国际主权平等，有利于建立国际新秩序，有利于各国的共处、合作、发展。③ 不过，也有人认为，尽管国家主权仍然是国际法的基础，但现在已受到冲击和挑战。这些冲击和挑战来自于民族解放与民族自决权的发展、国际组织的膨胀和职能扩张、人权保护进入国际领域、经济全球化的推进、区域一体化的加速进行、国际合作呈现新的热潮等。就

---

① 见梁西《国际法的基础与性质》，载邵沙平、余敏友主编《国际法问题专论》，武汉大学出版社2002年版，第1—8页；原江：《现代国际法的特征和性质》，载原江《挑战与进步——国际法和世界秩序》，云南人民出版社2004年版。

② 见侯富儒《关于新世纪国际法发展趋势的思考》，《广西社会科学》2003年第12期；潘抱存：《中国国际法理论新探索》，法律出版社1999年版，第93—107页。

③ 见杨泽伟《国家主权平等原则的法律效果》，《法商研究》2002年第5期；李琥：《论"主权平等"原则的现实意义》，《国际政治研究》1995年第3期。

对国家主权的理解而言,现在的国家主权观念已经不同于传统意义上的国家主权观念。但世界上不同国家之间在这方面所面临的问题仍有差异,其中发展中国家处于弱势地位,主权受到的冲击比发达国家更为明显。① 对此,如何维护国家主权就是不能回避的问题。有学者认为,联合国在发展和维护国家主权方面作出了重大贡献,在当前新形势下,联合国需要按照《联合国宪章》重新界定国家主权,制定遵守国家主权的新规则,以实现国家主权的平等。② 在这一过程中,中国提出的和平共处五项原则作为国家主权原则的具体体现,应该作为建立国际新秩序的依据和处理国际关系的基本准则。③ 对于和平共处五项原则的历史,联合国七项原则、万隆十项原则、《国际法原则宣言》七原则等的核心精神,也有学者对其进行了探讨。④

中国国际法学者对国际法基本原则的关注比较多,就国际法的一些基本原则也已经达成共识,例如国家主权原则及其维护。但是,中国国际法学者对国际法基本原则的论述,多数是描述性的,或者是对已有论述的重复,创新不多,挖掘不深。当前国际法发展的特点是国际法诸多领域相对独立地和快速地发展。大而化之地讨论国际法基本原则问题,对于解决国际法不同领域的具体问题意义不大。因此,中国国际法学者应该转换重点,更多地关注比较具体的问题,从国际法具体领域中的典型问题出发,对国际法基本原则进行分析和阐述,从而使国际法基本原则与国际法具体问题更加紧密地结合在一起,为国际法基本原则的发展提供坚实的基础。

(三) 国际法的渊源

国际法的渊源问题是最近十年来中国国际法学者讨论和研究的又一个重点。

关于国际法的渊源,现在比较一致的观点是:国际法的渊源是国际法规

---

① 见慕亚平《国家主权原则依然是当代国际法不可动摇的基石——对冷战后时代国家主权问题的再思考》,载《中山大学法律评论》第 2 卷,法律出版社 2000 年版;顾经仪等:《国际法的理念与运作》,上海人民出版社 2005 年版,第 130—144 页。

② 见王燕平《联合国在发展国家主权原则上的贡献与局限》,《求索》2005 年第 11 期。

③ 见潘抱存《论当代国家主权原则的发展》,《法学杂志》1999 年第 6 期;朱奇武:《和平共处五项原则是建立国际经济新秩序的根本准则》,《现代法学》1995 年第 1 期;王玫黎:《和平共处五项原则:解决国际争端的基本准则》,《四川师范学院学报》(哲学社会科学版) 2003 年第 2 期。

④ 见周丽瑛《国际法能够制约大国吗?——美国单边主义阴影下的国际局势》,《中国律师》2005 年第 4 期;赵建文:《周恩来关于和平共处五项原则的思想——纪念周恩来诞辰一百周年》,《法学研究》1998 年第 3 期。

范首次出现的地方，是国际法的原则、规则、证据或根据。国际法包括具体化的规范、一般规范、一般法律原则。条约、习惯和一般法律原则是国际法的渊源，国际法学家、国际司法判例等是国际法的辅助性渊源或资料，渊源之间地位平等，不分先后，并且相互联系，同时，国际法不存在形式渊源和实质渊源之分，国际法的渊源就是国际法的表现形式。[①] 持不同观点的学者认为国际法的渊源分为实质渊源和形式渊源。形式渊源有国际习惯、国际公约、一般法律原则，实质渊源有起基础作用的国际经济关系、起杠杆作用的国际政治或外交关系、起媒介作用的国际文化关系，特别是法律文化意识。[②] 也有学者认为，国际法的渊源主要是指国际法的形成过程与历史发展。另外一些学者认为，国际法表现形式是指按照一定程序将各国的协调意志确定为对国际法主体具有拘束力的各种国际法原则、制度、规则的载体，国际法的表现形式有国际条约和国际习惯，其中国际条约是主要的国际法表现形式，一般法律原则、国际判例、公法学家的学说等不是国际法的表现形式。其实，研究国际法表现形式的目的是使人们了解依不同方式产生、处于不同层次、以不同形式存在着的国际法规则的效力根据和效力范围，从而从整体上认识现实国际社会存在的国际法的现状。国际法的渊源和国际法的表现形式概念不统一，对这两个概念进行交替使用是不应该的。[③]

条约在国际法渊源中占有首要地位。但对于双边条约，有学者认为，在同一事项上具有相同或相似条款的双边条约并不总是能促进习惯法的生成和证明其存在，双边条约之所以是适格的国际法渊源，就在于其规定了体现当事各方权利义务关系的法律规则。[④] 习惯国际法仍然是被关注的重点之一。学者们比较一致的看法是，习惯国际法必须得到广泛的、一致的、持久的施行，并且具有法律确信。随着条约，特别是多边条约的大量产生，习惯国际法的作用有所减弱，但仍然具有存在价值。[⑤] 判断习惯国际法是否存在的两个要素：常例和法律确信。随着国际社会的不断发展以及国际法新领域的开

---

① 见周忠海等《国际法学述评》，法律出版社2001年版，第42—43页；王铁崖主编：《国际法》，法律出版社1995年版，第7—8页。
② 见潘抱存《中国国际法理论新探索》，法律出版社1999年版，第63—73页。
③ 见王秋玲《国际法表现形式与渊源之我见》，《当代法学》2003年第4期。
④ 见杨卫东、郭斌献《双边条约与国际法渊源》，《中国青年政治学院学报》2001年第2期。
⑤ 见周忠海等《国际法学述评》，法律出版社2001年版，第59—62页；李伟芳：《论国际法渊源的几个问题》，《法学评论》2005年第4期；姜文忠：《习惯和条约的国际造法功能比较》，《法学》2001年第4期。

辟,在现代国际法中,国家实践已经不足以作为判断习惯国际法的标准,而规范性要求和法律确信越来越具有重要意义,国家接受成为判断习惯法是否成立的主要因素。① 另外,中国国际法学者已经开始研究不同的国际法渊源之间的关系。例如,已经有学者探讨条约及条约规则对习惯国际法形成的作用,认为条约创立规则,并以此为指导形成的国家实践成为常例,同时这些常例被认为具有法律拘束力,条约就能促进习惯国际法规则的形成。② 这种对国际法不同渊源之间关系的研究对于全面理解国际法的渊源大有裨益。

相比于条约规则,习惯国际法具有普遍的拘束力。但是,习惯国际法规则也存在一些问题,如形成过程分散、无组织、相对无意识、周期长、预期性和前瞻性差,其内容不充实、不系统、不精确,适用范围不明确,大国和强国主导习惯国际法规则的形成等,这些问题导致习惯国际法规则不能满足国际法的水平扩展和当前快速变革中的国际法律秩序的需要。而以条约形式表现的国际法是成文法,条约规范在成立程序、内容和效力范围等方面具有确定性,同时条约规范相对精确、具体、系统性强,这使条约比习惯国际法更能适应国际法垂直发展的要求,更符合国际合作和相互依存日益加强的国际社会的需要;同时条约是一种集中的、有意识的、相对快速的造法过程,这使得条约规范更容易在较短的时间内确立,成为更新旧的国际法律秩序的最合适的工具;另外,通过条约创立国际法规范秩序是一种相对"民主"的程序,条约造法的效力范围比习惯造法要小。在当代国际社会中,条约造法已经取代习惯造法成为国际造法的首要方式。③

"软法"对条约规则和习惯国际法规则的作用不能忽视。"软法"在特定条件下或经其他条约授权时,具有一定的法律效力,也可能促成习惯法和条约的形成,并且"软法"具有相对于条约和习惯的某些优势,它与"硬法"共同促进国际法的发展。④

对于国际法渊源中的"一般法律原则",学者们还有不同观点。有学者

---

① 见付志刚《习惯国际法构成要素的法理学思考》,《江西社会科学》2006年第6期;叶秋冶:《论寻找和发展国际习惯法的传统与现代方法》,《海南大学学报》(人文社会科学版)2004年第4期。

② 见孙萌《以条约为基础产生的习惯法》,《法学》2001年第8期;王军敏:《条约规则成为一般习惯法》,《法学研究》2001年第3期。

③ 见姜文忠《习惯和条约的国际造法功能比较》,《法学》2001年第4期。

④ 见龚向前《试析国际法上的"软法"——以世界卫生组织"软法"为例》,《社会科学家》2005年第2期。

认为,"一般法律原则"是指国际法上的一般法律原则,或者是国际法的基本原则,是国际法渊源所表现的内容,而非国际法渊源本身。① 另有学者认为,从法律性质上讲,"一般法律原则"应该是国内法的一般法律内容或原则,主要表现为:世界各主权国家一致承认的国内法一般原则、各文明国家均承认的国内法一般原则、世界各大文化及主要法系的国家所承认的国内法一般原则、仅由诉讼当事国家承认的国内法一般原则。② 但是,有学者认为,除了来源于国内法之外,也有部分国际法"一般法律原则"是从国际法中抽引出来,产生于国际法本身。③

国际司法判例是国际法特别是国际法形成的重要证据。因此,国际法院判决应具有连续性,应保证法律的客观性、公正性。国际法院的判例对于推动国际法的发展具有一定的作用。④ 国际组织的决议属于单方面的行为,一般无法律拘束力,也不是国际法的渊源,但对习惯法的形成有贡献,并成为缔结条约的基础,对国际法渊源的影响极大。⑤

从总体上看,中国国际法学界对国际法渊源的研究是比较充分的。但是仍有需要改进的地方:首先,当前国际条约已经成为国际法规则最重要的渊源,但是很少有中国国际法学者专门从国际条约的角度对国际法的渊源问题进行研究,因此需要加强这一方面的研究;其次,在研究方法上,中国国际法学者的研究中说理的内容过多,而实例过少,国际法作为实践性极强的学科,即使是对其基本理论的研究,也不能蹈于虚空,而应该注重实际,从实践和实例中找出关于国际法渊源的相关论点;最后,不必纠缠于某些问题,例如国际法的渊源是否可以分为形式渊源和实质渊源,其实,这一区分不论在理论上,还是在实践中,意义都不是特别重大。

(四) 国际法规则间的协调

随着国际法的迅速发展,国际法中出现了许多调整对象相差极大的不同领域,这些领域有可能适用不同的原则、规则和制度,从而导致了国际法的

---

① 见谢石松《也谈"一般法律原则"的含义及其法律性质——兼与王勇亮先生商榷》,《中山大学学报》(社会科学版) 1996 年第 4 期。
② 见王勇亮《论国际法渊源中"一般法律原则"的法律性质》,《政治与法律》1995 年第 2 期。
③ 见周忠海等《国际法学述评》,法律出版社 2001 年版,第 70—80 页。
④ 同上书,第 84 页。
⑤ 同上书,第 89 页。

"碎片化"或"不成体系化"。如何协调不同领域中的国际法规则首先引起国外国际法学者的关注。现在，中国国际法学者也开始重视这个问题，并对其进行研究，涉及的方面包括国际法规则冲突的成因、特征、危害和协调方式等。

有学者认为，当代国际法划分为共存国际法、合作国际法与国际人权法，这三者各自独立又相互影响。但这三者在价值取向上的根本差异使得国际法中出现了深刻的内在体系冲突，同时，国际法随着范围的扩展形成了大量次级体系，很多次级体系"自成体系"并"专题自主"，导致国际法规则冲突增加。① 另外，国际法规则发展迅速，并且日益多样化，也使得国际法规则之间的冲突加剧。② 简而言之，当前国际法规则之间存在冲突。产生冲突的原因是：一方面是国际法自身的固有特征，另一方面则是国际法领域的扩展等新趋势。③ 而当前国际法并未发展出一套完善的解决规则抵触的规则。因此，在提高国际造法技术水平的同时，加强国家间的协调是解决问题之道。④ 有学者提出，不失为一种可行的办法是：在《维也纳条约法公约》的框架内，通过国际组织的合作和国家间的协调来寻求解决国际法规则冲突的办法，从而提高国际法的有序化程度。⑤ 同时，也应看到，国际法规则的冲突使国际法充满了张力，⑥ 为国际法的发展提供了一定的机遇。

其实，国际法体系的内在冲突问题，或者说国际法不成体系问题一直存在。只是随着当前国际法的扩展和多样化，这一问题日益突出。这一问题已经引起了联合国国际法委员会的注意，并就这一问题进行了专题研究，但是并没有彻底解决这一问题。国外的很多国际法学者有相当数量的文章发表、著作出版；中国国际法学者对这一问题的关注则慢了半拍，而且著述与文章数量不多，主要是粗线条地对国外学者对这一问题的著述的翻版和重复。由于国际社会不存在"中央立法机关"，从而使国际法存在不成体系问题，这是一个正常现象。对国际法不成体系进行研究是研究国际法的突破口之一，

---

① 见李春林《论国际法的内在体系冲突》，《当代法学》2005年第4期；王秀梅：《试论国际法之不成体系问题——兼及国际法规则的冲突与协调》，《西南政法大学学报》2006年第1期。
② 见古祖雪《现代国际法的多样化、碎片化与有序化》，《法学研究》2007年第1期。
③ 见王秀梅《试论国际法之不成体系问题——兼及国际法规则的冲突与协调》，《西南政法大学学报》2006年第1期。
④ 见翟玉成《国际法的规范形态及其内在联系》，《武汉大学学报》1997年第6期。
⑤ 见古祖雪《现代国际法的多样化、碎片化与有序化》，《法学研究》2007年第1期。
⑥ 见王秀梅《试论国际法之不成体系问题——兼及国际法规则的冲突与协调》，《西南政法大学学报》2006年第1期。

将国际法各个具体领域中的不同规则整合起来，消除其中的冲突，从而使国际法在更大范围上取得一致性，这应该是国际法学研究的发展方向之一。

二　国际法中的主权

国家主权始终处在不断的发展变化中，"冷战"结束后是国家主权发展变化的又一个关键时期。当前主权的发展有四个特点：（1）主权的绝对性和排他性受到限制，其基石作用受到越来越大的挤压。（2）对主权的合法性要求进一步提高。（3）主权的内容、表现形式及使用范围不断深化。（4）主权由排斥人权到吸纳人权、主权与人权的关系由对立走向统一，主权与个人权利相辅相成。对广大发展中国家来说，国家主权将面临来自发达国家和国内民主法制建设两方面的挑战。①

中国国际法学者对主权及与主权有关的问题，论述非常多，主要集中在以下几个问题：绝对主权论、相对主权论、对主权的限制；人权与主权的关系；主权与自决权的关系；主权与国际社会的发展趋势；主权是否可分或让渡。

（一）绝对主权论、相对主权论、对主权的限制

主权是绝对的，还是相对的？是否应该受到限制？这些问题引起了中国国际法学者的争论，持不同学说的学者对这些问题的回答不尽相同。

当前，国家原有领土的分化与组合、全球化的推进、国际组织的发展等，使主权受到了越来越多的挑战。"绝对主权"观念已经不能解释某些新出现的国际问题。由此，在维护自身主权时，国家应该认识到主权是相对的，应该受到适当的限制，不能将主权推至极端。各个国家需要相互依存，需要维护人类的共同利益，因此需要在国际法的范围内适当限制国家主权。实际上，主权的相对性不意味着对主权的否定和弱化，主权原则目前仍是国际法最重要的原则。当今主权在内容上发生的变化，实质是各国在新的国际

---

① 见谭宏庆《当前国家主权发展的几个特点》，《国际论坛》2001年第5期。谭宏庆对冷战后主权变化特点的分析基本上符合实际。但是，有一点值得商榷，即认为主权也是一种人权（集体人权）。主权对应于国家，人权对应于个人，集体人权到底是不是人权仍然有争论，因此认定主权也是一种人权，值得推敲和论证。

形势下法律权利和义务的又一次调整和平衡。① 但也要认识到，在现实国际关系中，每一个国家对主权限制问题所采取的态度，与其国力及意识形态密切相关。比较实际的态度应是倾向于现实主义和理性主义，对某些领域中日趋高涨的限制主权的呼声，应该冷静对待。②

现在，中国越来越多的国际法学者持相对主权观。绝对主权论歪曲了主权性质，而否定主权论则脱离实际或者别有用心。维护国家主权符合国际社会和平与发展的需要。③ 有学者经过分析认为，"主权过时论"、"绝对主权论"是从两个完全相反的角度对国家主权的极端看法。④ 相对主权论之所以正确，是因为现代国际法在确认和维护国家主权的同时，也约束和限制国家主权，国家在行使主权时应该坚持权利与义务的统一。国际法与国家主权之间是互相制约、长期共存的关系。国际社会必须在尊重国家主权的情形下建立国际法律秩序。主权国家的同意是现代国际法的效力基础；国际法的存在有利于国家维护其主权。正确认识国家主权有利于维护和发展国际法，有利于顺应国际形势的发展需要，在全球化进程中赢得主动和发展。⑤ 在21世纪，国际法需要平等主权观。⑥

最近，中国学者对主权概念的分析又有了新的发展。有学者从区分主权与主权权利（权力）入手，认为主权是辩证的，作为一种抽象的、终极性的独立自主权，主权是绝对的，不可分割、不可限制和让渡；作为体现和保障主权的绝对性的主权权利和权力则是具体的、职能性的、相对的，可分割、限制或让渡。主权的绝对性和相对性辩证统一，主权的绝对性是无条件的，主权的相对性是有条件的。必须坚

---

① 见胡蓉、杜勇《国家主权面临的新挑战》，《广西社会科学》2002年第1期；刘仁山、徐敏：《论国家主权理论的新发展》，《南京社会科学》2002年第9期；宋冰：《从〈华盛顿公约〉看国家经济主权》，《法学杂志》2005年第1期；刘志云：《经济全球化背景下国家主权问题探讨》，《现代国际关系》2002年第7期；曾令良：《论冷战后时代的国家主权》，《中国法学》1998年第1期。

② 见潘亚玲、张春《现实主义、国际主义、普世主义——评有关主权学说及其当代影响》，《欧洲》2000年第6期。

③ 见赵建文《关于国家主权的性质和地位的理论演进》，《郑州大学学报》（社会科学版）2000年第6期。

④ 见李莉《从国际法看国家主权》，《现代国际关系》2000年第9期。

⑤ 见赵建文《当代国际法与国家主权》，《郑州大学学报》（哲学社会科学版）1999年第5期；翟玉成：《论国际法上主权问题的发展趋势》，《法学评论》1997年第3期；李莉：《从国际法看国家主权》，《现代国际关系》2000年第9期。

⑥ 见余敏友《以新的主权观迎接新世纪的国际法学》，《法学评论》2000年第2期。

持主权的辩证法,才能更好地维护国家的独立、安全,充分实现国家利益。①

中国国际法学者关于绝对主权观、相对主权观、对主权的限制等问题的论述虽有差异,但是观点基本一致,即主权是相对的,不可绝对化,对主权进行一定的限制是可以接受的,并且这已经被国家在国际法中的实践所证明。不过有一点需要明确:中国国际法学者是从功能的角度出发,认为主权是相对的、主权可以被限制。从功能角度看,主权与国家权利密切联系,在法律上,权利主体可以处分自己的权利,因此,国家可以自由处分其权利。主权绝对论与主权相对论、主权可以被限制之间其实并没有优劣之分,绝对主权论占优,还是相对主权论、主权可以被限制等观点流行,都与时代主题有关。在反对外来干涉、维护国家独立自主为时代主题时期,绝对主权论占优势。到了国家间彼此合作,共谋发展的时期,国家在彼此交往中需要对主权所衍生出来的权利进行限制,甚至让渡,因此,强调相对主权论和主权是可以被限制的。

(二) 主权与人权的关系

最近十年,主权与人权关系的问题引起了中国国际法学者的普遍关注。关于人权与主权孰高孰低的争论,几乎随处可见。

在人权与主权的关系问题上,中国很多国际法学者对"人权高于主权"持批评态度,认为"人权高于主权"是西方国家对外政策的延续和新干涉主义的重要理论基础,歪曲了人权与主权的关系,夸大了个人在国际社会中的地位。②"主权高于人权"的观点,是用人权的天赋性抹杀其历史性,是虚假的;用人权的普遍性否认人权的特殊性,具有欺骗性;用人权的抽象性代替人权的具体性,具有空想性。这种观点也是资本主义一体化的实用工具:以资本主义的一体化否认国家、民族的多元化,以资产阶级的价值尺度取代历史尺度。③ 这种观点的目的是利用人权,凭借强权,坚持双重标准,干涉和剥夺弱小国家人民自由选择自己的政治制度和发展道路的权利,实现

---

① 见孟国碧《经济全球化时代国家主权的辩证法》,《河北法学》2004 年第 5 期。
② 见吕有志《论"人权高于主权"的本质》,《浙江大学学报》(人文社会科学版) 2001 年第 2 期。
③ 见郑忆石《从人性论到一体化——"人权高于主权"辨析》,《广东社会科学》1999 年第 5 期。

自己的霸权。① 学者认为，在人权与主权关系的问题上，应该认识到：国家主权是人权的前提和保障，借口"人权高于主权"，对国家进行"人道主义干涉"，严重违背不干涉内政原则；但同时，国家不能以内政为名，违反国际人权法的基本义务。②

在如何处理人权与主权关系问题时，学者们在某些方面取得了一致：主权是前提，但不能用主权否定人权，二者具有一致性。但是不同学者的具体观点仍有不同。有学者认为人权是根本，主权立于人权之上，主权保护人权。处理人权与主权的关系，关键在于各国政府和国际社会要以人民的利益为出发点，保障本国的人权，在尊重别国主权的前提下，对人权问题进行善意的批评。③ 有学者认为，主权是人权的前提，人权是主权的基础，无所谓孰高孰低。④ 有学者认为，坚持国家主权，才能保护国际人权，国家主权高于国际人权。⑤ 有学者认为，人权与主权的关系是对立统一、相互依赖、相互促进的。人权在本质上是一国内部管辖事项，不能代替或凌驾于国家主权之上。⑥ 有学者认为，人权国际保护与国家主权是互相统一、互相促进的。人权国际保护对国家主权提出了新的挑战；国家主权又对人权国际保护产生了制约。在承认不干涉内政原则的情况下，国际社会在特定情势下为保护人权可以进行干涉。⑦ 有学者认为，人权问题本质上是一个国内法问题，对人权的国际保护只是一种补充，必须以尊重国家主权为前提，并应当遵循国家同意和用尽国内救济原则。⑧ 还有学者认为，基本人权与人民主权可以和谐共存、良性互动。⑨ 第三世界国家在发达国家以人权为借口的干涉中，要保护自己的主权，就需要发展人权，以此作为保护自己的主权的重要手段。⑩

---

① 见王宏岩《对人权与主权关系的一点考察》，《高校理论战线》2004 年第 3 期；钟哲明：《评民族国家"过时"、"人权高于主权"论》，《北京大学学报》（哲学社会科学版）1999 年第 6 期；刘文宗：《驳"人权高于主权"的谬论——从国际法论主权与人权》，《真理的追求》1999 年第 6 期。

② 见王虎华《论国家主权与人权》，《法学》1999 年第 6 期。

③ 见孙春霞《试论主权与人权的关系》，《社会科学研究》1999 年第 6 期。

④ 见潘抱存《论当代国家主权原则的发展》，《法学杂志》1999 年第 6 期。

⑤ 见王虎华《论国家主权与国际人权的辩证关系》，《华东政法学院学报》2002 年第 5 期。

⑥ 见高智华《国家主权与人权关系辨析》，《中国人民公安大学学报》2004 年第 4 期。

⑦ 见杨泽伟《论人权国际保护与国家主权》，《法律科学》2003 年第 6 期。

⑧ 见叶必丰《人权、参政权与国家主权》，《法学》2005 年第 3 期。

⑨ 见林道海《人权与主权如何共存与互动？——基本法理与文明相容的复合视角》，《江淮论坛》2004 年第 6 期。

⑩ 见苗连营、吴礼宁《干涉主义下人权与主权的悖反》，《浙江学刊》2006 年第 2 期。

对于主权与人权的关系问题，中国国际法学者观点趋于一致：不能借口人权来干涉别国主权和内政，坚持主权原则是有效维护人权的前提；主权与人权之间并不排斥，二者是统一的，相互促进的。现在，关于主权与人权关系的争论正在慢慢降温，应该说这是一个好的现象。这是因为，从国际法学角度看，没有必要在人权与主权问题上分出孰高孰低，二者所属的领域不同——主权与国家密切相连、人权更多地与个人息息相关，因此不能简单地进行比较。学者们对人权与主权关系问题给予过多关注，一个潜在的原因是中国国际法学者在论述人权与主权关系时对自己的角色定位。虽然从表面上看，很多文章以学术论文的形式出现，但是，这些作者又在文章中有意或无意充当了政府在人权与主权问题上"智囊"或"发言人"的角色。

（三）主权与自决权的关系

学者普遍认为，自决权是一个难以明确界定的概念，它的内容、主体、适用范围始终在随着国际政治的变动而不断变化和发展。这种变化和发展，是自决权从外部自决向内部自决回归的过程，也是自决权由以国际法原则为重心转移到以国内法原则为重心的过程，同时也是自决权自身内涵不断扩大的历史过程。在这个过程中，自决权先后体现为：独立权、国家主权、人权、发展权、人民主权和自治权。[①]

追本溯源，民族自决原则是反殖民主义的产物。当前，民族自决原则作为一项人权原则，适用于所有民族，但并非所有民族都享有同等程度和范围的自决权。民族自决权分为对内自决权和对外自决权，在殖民时代结束后，民族自决权的重心已由对外自决权转向对内自决权，由政治自决权转向经济自决权。[②] 当前，民族自决权与非殖民化、民族分裂、分离权及国家主权等问题息息相关，特别是非殖民化运动中，民族自决权与分离权是相一致的，民族自决权的主要内容就是分离权，民族自决权包括分离权并不会导致民族分裂，民族自决权与国家主权依然是一致的。[③] 也有学者持不同观点，认为

---

① 见范毅《论自决权的性质——一种国际法与国内法的综合分析》，《现代法学》2005年第3期。
② 见尚颖、张丽东《对国际法中民族自决原则的重新认识》，《浙江社会科学》2000年第3期。
③ 见陈建萍《正确理解民族自决原则 坚决反对民族分裂主义》，《河北学刊》2001年第2期；慕亚平、许楚敬《论殖民体系瓦解后的民族自决权》，《吉林大学社会科学学报》2000年第4期。

民族自决权一方面促使主权国家诞生，对于民族统一与整合以及摆脱压迫和争取独立曾起到极为重要的作用；另一方面，又挑战现有国家的完整与统一，动摇了国家主权原则。① 现实的情况是，民族自决与国家主权相互并存又彼此制约，因此，既要坚持国家主权原则，同时客观慎重地对待民族自决原则。②

民族分裂主义思潮不等同于民族自决权。有学者提出，应该用"大民族"或"国族"的含义理解民族自决权，防止和避免民族分裂和狭隘民族主义的发生；民族自决权已从政治上建立独立国家的权利扩展到国家有权维护主权、统一和自由、谋求经济、社会和文化发展方面的权利。③

中国国际法学者对自决权的讨论，很大程度上与维护中国的主权和领土完整、海峡两岸的统一密切相关，也针对当前民族分裂和分离主义抬头的现象。民族自决权的提出是殖民地人民为反对殖民主义、争取民族独立而提出来的。随着殖民地的纷纷独立，民族自决权的重要性已经大不如从前。但是随着冷战结束，民族分离和分裂主义抬头，民族分离主义者和分裂主义者将民族自决权的概念偷梁换柱，用民族自决权为其民族分离、分裂活动提供理论支持，这才引起了民族自决权与国家主权之间关系的讨论。其实对民族自决权进行正本清源式的理解，同时对民族分离、分裂主义的实质进行批判，就足以厘清民族自决权与国家主权之间的关系。对于民族自决权进行种种解读，力求从中分析出新的内容，并以此从理论上对民族分离、分裂主义进行反驳并无太大的意义。

（四）主权与国际社会的发展趋势

当前国际关系的发展状况和趋势对国家主权的各个方面都产生了重要影响。中国国际法学者主要是从全球化、区域一体化、国际合作三个方面对当前国际社会关系趋势对主权所造成的影响进行了分析。

全球化进程不断推进，全球性问题不断出现并日益严重，国际组织具有越来越大的影响，信息网络和跨国公司的迅速发展等，这些现象都使主权受到挑战与限制。发达国家主导全球化进程，在一定程度上导致各国主权不平

---

① 见曾璐《民族自决权与国家主权》，《国际观察》2002 年第 2 期。
② 见杨泽伟《论国际法上的民族自决与国家主权》，《法律科学》2002 年第 3 期。
③ 见慕亚平、郑艳《亦论民族自决权》，《中山大学学报》（社会科学版）1998 年第 2 期。

等与主权弱化的现象加剧。① 但是，国家主权的基本属性和原则并没有发生改变，国家主权仍然是国际关系的基础。而且主权的内涵和外延还在全球化进程中得到一定深化和延伸，国家维护主权的行为范围更广、内容更丰富。主权在某些方面不断扩展，在另一些方面又受到限制；同时，主权内容的重点也发生了变化。主权不会在全球化时代被消解。因为国家为维护自己的利益，实现自身发展而促进经济的跨国发展、参与国际组织和跨国机构，是行使国家主权的表现；同时，民族间的不平等、环境污染等全球性问题也必须依靠各主权国家才能得到有效解决。在全球化时代，各国平等让渡主权，并形成了发展原则、平等让渡原则、人民主权原则等一系列新的国家主权原则。②

发达国家在全球化进程中处于主导地位，其坚持自己的经济主权，挑战发展中国家的经济主权，因此全球化对发展中国家的主权造成了更多的影响。但从另一个角度看，全球化也为发展中国家提供了维护其主权的契机：一方面，主权已由绝对性权利转变为相对性权利，这为发展中国家维护主权留下了努力的空间；③ 另一方面，发展中国家加强"南南合作"，以集体方式维护主权，维护自身主权的能力在增强；再者，发达国家应该为维护发展中国家主权承担更大的责任。④ 为此，发展中国家要从观念上强化主权意识、加强政府的宏观调控、推动建立国际经济新秩序，⑤ 以维护自身的主权。

在全球化进程中，各国处理主权与全球化的关系需要注意以下几个方面：坚持并灵活运用主权平等原则；参与全球竞争，提高主权适应能力；在

---

① 见印辉《经济全球化时代的国家主权问题》，《理论探索》2006 年第 2 期；朱艳圣：《全球化与国家主权》，《社会科学》2000 年第 11 期。

② 见刘雪莲《全球化与国家主权》，《东北亚论坛》1998 年第 1 期；刘爱华：《论全球化进程中的国家主权》，《内蒙古社会科学》（汉文版）2002 年第 3 期；印辉：《经济全球化时代的国家主权问题》，《理论探索》2006 年第 2 期；王献枢、王宏伟：《经济全球化时代的国家主权》，《法商研究》2002 年第 1 期；樊静：《经济全球化趋势下的国家主权原则》，《法学杂志》2002 年第 6 期；高凛：《论经济全球化时代的国家主权》，《内蒙古大学学报》（人文社会科学版）2004 年第 3 期。

③ 见陈勇《从亚洲金融危机看经济全球化对发展中国家经济主权的冲击》，《江苏社会科学》1998 年第 5 期。

④ 见熊光清《论全球化进程中发展中国家维护主权的契机》，《首都师范大学学报》（社会科学版）2002 年第 4 期；陈勇：《从亚洲金融危机看经济全球化对发展中国家经济主权的冲击》，《江苏社会科学》1998 年第 5 期。

⑤ 见杨丽艳、刘晓燕《经济全球化视角下的发展中国家经济主权》，《湖北社会科学》2006 年第 2 期。

公正平等的基础上加强国际合作。① 就中国而言,既要坚持主权不可侵犯,也需承认国家主权的相对性;既承认国家主权受到国际法约束,同时不应放弃主权;认识到当代经济全球化、世界政治多极化和国家政治生活法治化、民主化的基本潮流,主动参与和适应全球化的发展趋势,在全球化的进程中真正获益。②

区域一体化和国际合作都会对国家主权产生影响。区域一体化,尤其是区域经济一体化,对国家主权的影响不容忽视。区域经济一体化一方面使国家主权受到某些限制,另一方面又为国家主权向外延伸提供了条件和空间。不过,区域经济一体化仅仅使国家主权的行使方式发生变化,是将分散、个体的国家主权提升为统一、集体的主权的过程,是国家通过限制暂时、局部的权利,获得长远、全局利益的过程。区域经济一体化没有改变国家的最后决定权。③ 另外,国际合作也影响着国家主权。从政治、安全等方面来看,许多国际协调与合作使有关国家主权的行使受到某些限制。国际合作的发展,要求参与合作的国家相互配合,在主权行使的问题上采取灵活的政策。不过,在合作过程中,各国都能自觉地采取维护主权的政策和措施。④

全球化、区域一体化确实对国家主权产生冲击与影响,然而,当今国际社会仍然是一种国家间的体制,国家依旧是国际法最基本的主体。作为国家组成要素的主权,不会消失,只是其内涵有可能发生变化,不同方面出现消长。同时,不同国家实力不同,在国际社会中所处的地位也不同,在全球化和区域一体化进程中,不同国家的主权所受的影响也是不同的。对此,中国国际法学界均有清楚认识。但是,全球化、区域一体化是一个过程,在这个过程中,国家主权如何受到影响,具体表现如何,仍需要加强从微观角度和对具体方面的分析。

(五) 主权是否可以分割或让渡

对于主权是否可以分割与让渡的问题,中国国际法学者争论已久。

反对主权可以分割或让渡的学者认为,主权是国家的身份,而非国家的

---

① 见朱艳圣《全球化与国家主权》,《社会科学》2000年第11期。
② 见邹立刚《全球化背景下的国家主权原则》,《东南学术》2004年增刊;张学慧、谭红:《全球化背景下对国家主权的再思考》,《当代法学》2004年第6期。
③ 见刘世元《区域经济一体化与国际法上国家主权》,《吉林大学社会科学学报》2006年第2期。
④ 见陆灵华《略论国际合作与国家主权》,《广西社会科学》1996年第1期。

权力，这种身份来自于明示或默示的约定；作为国家身份的主权是不能分割、不能让渡的；所谓"主权限制"，除非是外来的强制，其实是主权行使方式的改变；全球化使国家受到更多的规则约束，并未减损国家的身份。① 同时，主权是国家存在四要素中最抽象、最本质的属性，不能脱离国家来抽象地谈论主权是否可以分割或是让渡，否则就可能为强权政治提供理论支持。② 但是，更多学者认为，主权可以分割和让渡。在本质意义上，由于主权的独立性、自主性和固有属性，它是不可分割、限制的。但在具体意义上，可以对主权进行协调、制约乃至分割和限制。③ 在全球化进程中，适度让渡国家主权已经成为趋势。部分让渡主权不会危及主权国家的地位。④ 让渡的原则是：坚持平等、独立、自主原则，坚持国家利益最大化和促进全人类共同利益最大化原则。⑤ 让渡的表现是：国家将主权部分分别让渡于国际经济组织、区域经济组织、国际投资机构、双边或多边基础上的协定或条约。⑥ 有学者认为，为了坚持主权不可分割与转让的观念，而提出治权与主权分离或基本权利与派生权利的区分，不能成立。其实，主权说到底是民族利益最高度集中的反映，并且随民族利益的转移而转移。当前，国家让渡的是主权权力，代表主权的是终极支配权没有被让渡。各国应该在主权是否可以分割或让渡的问题上采取灵活的态度，扩大主权的自主性。⑦ 欧洲的一体化进程、欧盟的建立有力地说明了主权是可以让渡和分割的。⑧

最近十年来，国际法学界关于主权问题的探讨，著作比较少，因此有必要单独提出来进行概括和评论。杨泽伟的《主权论》和黄仁伟与刘杰合著的《国家主权新论》应该是质量较高的两本专著。在《主权论》中，杨泽

---

① 见车丕照《身份与契约——全球化背景下对国家主权的观察》，《法制与社会发展》2002年第5期；卢凌宇：《论主权的"不可分割"性——兼论西欧整合中的主权"让渡"问题》，《欧洲研究》2003年第3期。
② 见江洋、王义桅《国家主权的"生命力假说"》，《欧洲》1998年第5期。
③ 见翟玉成《论国际法上主权问题的发展趋势》，《法学评论》1997年第3期。
④ 见邬思源《全球化与国家主权论析》，《湖北社会科学》2004年第9期。
⑤ 见蔡高强《论全球化进程中主权权力的让渡》，《湖南省政法管理干部学院学报》2002年第5期；张建英：《经济全球化中的国家主权让渡与维护》，《社会科学战线》2002年第4期；李慧英、黄柱琴：《论国家主权的让渡》，《河北法学》2004年第7期。
⑥ 见崔顺伟《经济全球化与国家主权多维度的考察》，《求索》2006年第3期；王康：《面临全球问题的主权》，《复旦学报》（社会科学版）1998年第1期。
⑦ 见张军旗《主权让渡的法律涵义三辨》，《现代法学》2005年第1期；戴炳然：《关于主权问题的再思索》，《欧洲研究》2003年第5期。
⑧ 见戴炳然《关于主权问题的再思索》，《欧洲研究》2003年第5期。

伟指出，在经济全球化时代，国家主权不会终结，它仍然是现代国际法的核心。同时该书还有以下特点：第一，以国家赖以生存和活动的国际社会为基础，重点探讨了人权国际保护、民族自决等与国家主权的关系，具有重要的现实意义和理论价值；第二，对一些重要概念，如国家主权相对性、领土主权、自然资源永久主权、经济主权、"人类主权"等，进行深邃的阐述和界定，深化了对国家主权的理论认识；第三，提出了一些颇有学术价值的观点，如国家主权的相对性不同于否定国家主权，它是对国际社会现实的客观反映；自然资源永久主权是权利与义务的统一；应当辩证地看待人权国际保护与国家主权的关系，并寻求两者的和谐统一；国家主权不仅是一种权利，而且是一种责任；国家主权不是神话，它仍然是现代国际法的核心；国家主权是实现国家利益的根本保证，国家主权将随着时代的演变而不断发展，等等；第四，从历史学、国际法学和国际政治学等多种角度分析问题，把理想主义和现实主义结合起来，较全面地反映了国际法的理论与实践。除此以外，杨泽伟还指出，下列问题需要进一步探讨：网络背景下的国家主权问题、发展中国家在主权问题上的基本立场为何与发达国家往往存在着某些差异，等等。①

黄仁伟与刘杰在其合著的《国家主权新论》一书中认为，不论是从历史还是从现实的角度看，国家主权原则都是国际关系不可逾越的基本准则。但当前，由于受到经济全球化和世界多极化趋势的影响，国家主权面临超国家行为体、外部因素的侵蚀与渗透、国家内部的主权制约力量、全球公共问题与国家主权的悖论四个方面的挑战。面对这些挑战，发达国家与发展中国家有不同的主张。但是，由于作为国家主权核心要素的主权实体，即领土的不可分割性和权威的不可降低性，国家主权具有完整性和不可分割性。在结构上，国家主权由中心和边缘构成。国家主权边缘可以发生适应性变化。在此前提之下，战争权及对其的严格限制、弱化中的国家货币权、文化主权的提出和强化，以及其他一些构成性主权问题，都可以进行讨论。②

中国国际法学者对主权能否分割，是否可以让渡，一直有争论。不管是支持主权可以分割与让渡，还是对此持反对观点，首先需要对主权的内涵外延进行界定和论说，需要对主权的来龙去脉进行梳理。目前，中国国际法学者一般

---

① 见杨泽伟《主权论——国际法上的主权问题及其发展趋势研究》，北京大学出版社2006年版。

② 见黄仁伟、刘杰《国家主权新论》，时事出版社2002年版。

从两个意义上使用主权一词,一方面在构成意义上认为主权是国际法上构成国家的四要素之一,另一方面从功能的角度认为主权与国家的基本权利密不可分。国家的基本权利,如独立权、平等权等,都是从国家主权引申出来的。国家拥有主权就当然拥有一定的基本权利。但是,中国国际法学者在讨论主权是否可分、是否可以让渡时,并没有对构成意义上的主权与功能意义上的主权进行区分。这成为中国国际法学者对主权是否可分、是否可以让渡这一问题争论不休的重要原因之一。这是从理论的角度进行的分析。从实践的角度看来,与其对主权是否可分、是否可以让渡争论不休,不如对世界各国的相关实践进行观察和比较,分析其中的先行者和保守者,探究这其中的原因,这项工作更为实际。从功利的角度,也更能对国家的决策提供咨询与建议。

三 国际法的主体

国际法主体问题是国际法中的基本问题。要具备国际法主体资格,需要具备直接参加国际法律关系的能力,直接享有国际法上的权利和承担国际法上的义务与责任。传统国际法认为只有国家才能作为国际法的主体,第二次世界大战之后,国际法主体类型增多,特别是国际组织迅速增加和作用不断扩大,促使国际法单一主体的旧格局发生了根本性的变化。与国家行为体相比,非国家行为体在国际法上享有的权利具有派生性和有限性,行使权利具有间接性,执行决议缺乏强制性。[①] 近十年来,中国国际法学者从国际法主体问题的讨论多集中在非政府间国际组织和个人上。

非政府间国际组织在全球范围内蓬勃兴起,其活动与国际法各个环节和方面发生关联,对国际法律秩序的影响日益扩大。对于这一类组织是否具有国际法主体资格,中国国际法学界的讨论日趋增多。越来越多的中国国际法学者认为,非政府间国际组织在一定范围内、一定程度上具有国际法主体资格,在国际法上直接享有权利和承担义务。[②] 同时,非政府间国际组织为实

---

① 见刘长敏《论非国家主体的国际法律地位》,《现代国际关系》2004 年第 2 期。
② 见黄世席《非政府间国际组织的国际法主体资格探讨》,《当代法学》2000 年第 5 期;陈彬:《试论国际民间组织在国际法中的法律地位》,《现代国际关系》2004 年第 3 期;王秀梅:《全球治理:非政府间国际组织与国际法》,载吴双全、张榆青、陈威主编《国际法学前沿》,人民法院出版社 2005 年版;陈勇:《论非政府间国际组织的国际法律地位》,《广东外语外贸大学学报》2006 年第 1 期;鄂晓梅:《国际非政府组织对国际法的影响》,《政法论坛》2001 年第 3 期;刘超:《非政府组织的勃兴与国际法律秩序的变塑》,《现代法学》2004 年第 4 期。

现其国际法理想，也在不断追求国际法律地位。① 对此，各国应正视非政府间国际组织的国际法律地位问题，② 国家与国际组织应该认识到全球性问题的出现要求全球治理，非政府间国际组织成为全球治理中不可或缺的主体，对国际秩序与国际法发展的影响不能忽视。③

可以看出，对于非政府间国际组织国际法主体地位的问题，中国学者是将其放在全球治理、全球法治的大背景中进行讨论的。这种做法是值得肯定的。非政府间国际组织发挥作用的目的正是在于实现全球治理和全球法治。中国国际法学者主张给予非政府间组织有限的国际法主体地位，旨在使这类组织发挥更大的作用。这种主张值得肯定。不过，这类组织被赋予国际法主体地位，仍然路途遥远。

较之于非政府间国际组织，中国国际法学者对个人的国际法主体地位问题的讨论更多。在传统的国际法中，个人不是国际法的主体。由于现代国际法对国际法主体定义的反思，国际刑法、国际人权法和国际环境法等国际法具体领域的不断发展，④ 个人能否成为国际法主体，日益引起国际法学者的重视。越来越多的中国国际法学者主张个人在一定范围内、一定程度上具有国际法主体资格。理由是，国际法主体要具备以下基本要件：具有直接参与国际关系的能力；能直接享受国际法上的权利和承担国际法上的义务。当前，个人和法人越来越多地参与到国际关系中，已开始出现个人直接享受国际法上权利和承担国际法上义务的实例。不过，个人仍是不完全的国际法主体，其权利与义务范围有限。然而从长远的角度看，个人在国际法上的地位会逐步加强。⑤ 而个人是否会从现在的"次级、派生"国际法主体逐渐走向"一级、基本"的国际法主体，⑥ 现在还不能确定。个人成为国际法主体不

---

① 见陈彬《试论国际民间组织在国际法中的法律地位》，《现代国际关系》2004 年第 3 期。

② 见陈勇《论非政府间国际组织的国际法律地位》，《广东外语外贸大学学报》2006 年第 1 期。

③ 见王秀梅《全球治理：非政府间国际组织与国际法》，载吴双全、张榆青、陈威主编《国际法学前沿》，人民法院出版社 2005 年版。

④ 见霍思宇、沈海涛《关于个人的国际法地位问题的探讨》，《长春工业大学学报》（社会科学版）2006 年第 2 期。

⑤ 见汪自勇《对个人国际法主体地位的反思——对新近国际法主体理论之简要分析》，《法学评论》1998 年第 4 期；林灿铃：《浅析个人在国际法上的地位》，《当代法学》1999 年第 2 期；郭载宇：《对个人国际法主体资格否定论的再思考——从现实到逻辑的全面质疑》，《江海学刊》2000 年第 4 期；肖洪艳：《论个人在国际法上的地位》，《湖南省政法管理干部学院学报》2002 年第 2 期。

⑥ 见周忠海等《国际法学述评》，法律出版社 2001 年版，第 165—168 页。

会削弱国家主权，也不影响国家或国际组织同个人或公司订立契约，并使该契约受国际法管辖。从实践来看，国家从各方面决定个人在国际法上的权利义务的观点不成立。①

关于个人在国际法上的主体地位问题，很多中国国际法学者的分析思路大体相同：首先罗列国际法学界对于这一问题的不同看法，然后对这些观点予以分析，再表明自己的观点。② 也有学者的分析思路比较开阔。例如，有学者认为近代国际法的发展是一个民族国家崛起而个人消隐的过程，但20世纪以后，个人的地位在国际法体系内不断上升，体现在国际法赋予个人权利、施于个人义务和责任，并使其有机会参与争端解决程序。目前，个人是否具有国际法主体资格这一问题的关键，在于国际法是否真正关心个人、关注个人，以个人的生存、发展为主要宗旨，以个人的幸福作为其订立法律的基础、执行法律的标准。③

多数学者认为，在未来的可预见的时期内，个人可以成为国际法某些领域的有限主体。有学者从国际法日益强调人文精神的出发点进行立论，有的学者从国际组织取得国际法主体地位旁证个人可以成为国际法主体。但是，个人能否成为国际法主体，这一问题的提出，其实是国际法不同领域发展的结果，尤其是国际人权法、国际人道法、国际环境法发展的结果。因此，探讨、证明个人能够成为国际法主体，离不开对国际人权法、国际人道法、国际环境法的研究，否则就是空谈。至于个人在国际法其他领域中能否具有主体资格，仍然有待这些国际法领域的发展现实来证明。

四　国际法与国际关系的新发展

国际法同国际关系的发展密切相关。国际关系的发展对国际法发展的影响是全方位的。国际关系中，全球化的发展趋势从总体上影响着国际法的发展。而国际政治对国际法的影响更不容忽视。重大国际事件通常会对国际法产生很大的影响，为国际法发展提供契机。

---

① 见林灿铃《浅析个人在国际法上的地位》，《当代法学》1999年第2期；郭载宇：《对个人国际法主体资格否定论的再思考——从现实到逻辑的全面质疑》，《江海学刊》2000年第4期。
② 见肖洪艳《论个人在国际法上的地位》，《湖南省政法管理干部学院学报》2002年第2期；李伯军：《对个人作为国际法主体问题的重新认识》，《河北法学》2004年第5期。
③ 见何志鹏《人的回归：个人国际法上地位之审视》，《法学评论》2006年第3期。

（一）国际法与国际领域其他因素的互动

国际关系中的很多领域都可能与国际法发生联系，如国际政治、经济关系等。国际关系的发展催生了国际法，丰富了国际法的内涵，国际法对国际关系的运行产生了规范作用，国际法的完善推进了国际关系的民主化。不过，在现实中，国际关系内容的复杂性与国际法功能的有限性、国际关系价值取向上的普适性与国际法的"国家间"狭隘性、国际关系行为主体多元化与国际法主体绝对化之间仍然存在矛盾。[①] 大国关系是国际关系中最为重要的一部分，在一定程度上影响了国际法的产生、发展和变化。[②] 从理论的角度看，在20世纪，国际关系与国际法的三次联结对国际法理论与实践的发展产生了很大影响：第一次世界大战后国际法的繁荣与理想主义对国际法的重视紧密相关。在冷战时期现实主义占据国际关系理论与实践的主流，国际关系理论与国际法研究一度疏远；到20世纪80年代国际机制理论的兴起，使国际法与国际关系重新联结，并为国际法晚近的发展构建了合理性基础。在全球化迅猛发展的背景下兴起的建构主义实现了两个学科的第三次联结，并对国际法的理论与实践产生积极影响。[③]

国际政治关系是国际关系中最重要和最活跃的一种关系。就国际法与国际政治两者的关系来看，一方面，国际社会处于无政府状态，国际法对这种状态之下的国家行为提供了有序性和制约性的机制；另一方面，国际法对国际政治具有从属性，公平合理的国际关系有助于国际法的发展，国际霸权的滋生则窒息了国际法的生机。另外，国际法与国际政治之间存在一种相互强化和相互渗透的关系：国际法的发展时常受到国际政治的制约；反过来，国际法一经确立就对国际政治关系产生重要影响。现在，随着国际法的发展，国际法正在逐步摆脱国际政治的影响与束缚，这表现为：国际法"硬"性因素的出现，国际法的民主性逐步加强等。其中，世界和平与发展的需要使国际法日益成为制约国际行为的一个重要因素。[④]

[①] 见喻锋、黄德明《国际关系与国际法的关联性剖析》，《现代国际关系》2004年第8期。
[②] 见赖文斌、欧阳升、温湘频《大国关系与国际法》，《商丘职业技术学院学报》2006年第4期。
[③] 见刘志云《论现代国际关系理论与国际法研究的三次联结及影响》，《法律科学》2006年第2期。
[④] 见杨泽伟《国际法与国际政治》，《学术界》1999年第4期；杨泽伟：《论国际法的政治基础》，《法律科学》2005年第3期。

国际新秩序也与国际法密切相关。将国际秩序建立在什么样的国际法原则基础上，将关系到建立一个什么样的国际新秩序和维护谁的根本利益等重大问题。进一步维护和完善当代国际法基本原则，是建立一个公正、平等、合理的国际新秩序的关键。① 以国家主权平等作为国际新秩序的基础，以《联合国宪章》为基础的国际法体系作为建立国际新秩序的法律基础，维护联合国应有的法律权威地位，防止新干涉主义，② 切实增强国际法的规范作用，确立国际法在国际政治中的首要地位，使人类共同利益在国际法的价值取向上处于优先地位，③ 是在 21 世纪建立公正、合理的国际新秩序的可行途径。

客观而论，最近十年间中国国际法学者对国际关系与国际法的关系的研究并不多。实际上，国际关系对国际法的发展有重大影响。在国际关系中，大国之间的关系对国际法的影响尤其明显。虽然不可否认的是，弱小国家在国际法的发展过程中也发挥了一定的作用，但是《威斯特伐利亚和约》签订以来的各种国际体系，基本上都是大国主导的，是大国关系的产物。因此，研究大国关系与国际法之间的相互作用非常有必要。刘志云关于国际关系理论与国际法的著作与文章是近年来这方面研究的少有佳作，阅读这些著述对于理解这二者的关系大有裨益。杨泽伟的研究基本上反映了国际政治与国际法之间关系的事实。但是，国际社会有平时状态和战时状态之分，国家有发达国家与发展中国家之分，不同的国家处于不同的区域和不同的国际组织之中，这些事实会影响国际关系，也会影响国际法。因此对国际法与国际关系之间的关系进行相对细化的研究是有必要的。国际秩序可以有很多分类，国际政治秩序和国际法律秩序是其中比较重要的类型。在一定意义上，国际法律秩序是国际政治秩序的制度化安排。对建立国际新秩序的任何探讨，在关注国际法作用的同时，也不能忽视国际政治、国际经济等因素的影响。

（二）国际法与国际关系的发展趋势

国际关系的发展趋势对国际法、国际法学的发展也有深刻的影响。这种影响主要表现为，全球化对国际法发展有巨大影响。

---

① 见邢爱芬《建立国际新秩序和发展当代国际法基本原则》，《新视野》2005 年第 2 期。
② 见谷盛开《西方国家的世界新秩序论评析》，《中国人民大学学报》2000 年第 5 期。
③ 见曾令良主编《21 世纪初的国际法与中国》，武汉大学出版社 2005 年版，第 3—31 页。

全球化对国际法的影响很大。全球化对国际经济法、国际环境法、国际组织法、国际刑法以及人权国际保护法等国际法的具体领域都有一定的影响,并导致国际法中国家主权在全球化浪潮下的部分让渡以及新的国际法问题的产生。① 全球化还促进国际法制的统一化,使国际法由共处法向合作法转变。全球化还促使国际法出现向世界法过渡的趋势:国家主权原则和全人类总体利益原则相结合、国际组织的多级结构、WTO的创造、国际法与国内法的一体化趋势、外层空间开辟了"宇宙法"的道路。② 虽然全球化促进了国际法发展,但也应该认识到,国际法的发展并非一帆风顺。21 世纪初,世界经济全球化向各个方面扩展;政治上的"无政府状态"进一步加剧;当前的国际协作体制和法律秩序不适应国际社会的现实。例如,在自卫问题上,现代国际法上的自卫制度,在立法意旨、内容解释、事实判断及实施程序上都有严格的规范,但以强者逻辑为基础的"先发制人"的论调,违反国际法、破坏国际秩序,③ 但国际法不能有效制约这种论调和行为。

国际关系的发展趋势对国际法的发展产生影响,特别是全球化对国际法产生重大的影响,这的确是事实。但到目前为止,国际法仍然是一种国家间的法律体系。国际法原则、规则和制度的形成,需要国家达成共识、协调意志。因此,国际法的发展节奏不会超前于国际关系的发展趋势。国际关系的重要发展趋势之一——全球化确实对国际法有重要影响。但对于什么是全球化、全球化始于何时、终于何处等基本问题,尚有争论。中国国际法学界如果不对这一现象有足够的了解,就论述全球化对国际法的影响,势必有立论基础不牢,甚至有产生谬论的危险。另外,将国际法发展的方方面面都与全球化联系起来的做法,考虑似乎欠周详。国际关系中的全球化趋势对国际法哪些领域的哪些新的发展产生影响,是需要事实证据支持的。如果能够发现并证成国际法的哪些领域中的哪些新发展与全球化无关,而是其他因素推动的结果,这也将是一项有意义的工作。

(三) 重大国际事件对国际法的影响

重大国际事件对国际法的理论有重大的影响,欧洲三十年战争、第一次

---

① 见黄世席《全球化对国际法的影响》,《世界经济与政治》2000 年第 11 期。
② 见姚艳霞《浅析全球化下的现代国际法》,《当代法学》2002 年第 8 期;潘抱存:《中国国际法理论新探索》,法律出版社 1999 年版,第 140—154 页。
③ 见梁西《世界情势与国际法律秩序的危机》,《法学研究》2004 年第 2 期。

世界大战、第二次世界大战等事件对传统国际法和现代国际法的产生、发展产生过重大影响。冷战结束后，特别是近十年来，全球虽然没有爆发大规模的战争，但是科索沃战争、"9·11"事件、伊拉克战争及其在国际上所引发的一系列后续事件，对国际法近十年的发展有着重要影响。

中国国际法学者对重大国际事件给国际法所造成的影响，予以了密切关注。很多学者认为，北约于1999年未经联合国授权即单方面对南联盟进行军事打击，违反了《联合国宪章》的宗旨和原则、战争法与武装冲突法规则以及其他国际法准则，在国际法上是站不住脚的。① 2001年的"9·11"事件及其引起的一系列事件使中国国际法学者认识到，针对恐怖主义行使"自卫权"、"非国家行动者"的行为、国家责任以及恐怖分子的刑事责任等问题，需要加强研究，② 就恐怖主义问题而言，则需要对恐怖主义的定义、政治犯不引渡原则、全人类共同反恐原则等问题加强研究。③ 学者还指出，美国针对"9·11"的行动强化了国际法上的报复理论，出现了借反恐干涉别国内政和侵略他国的情况，同时，反恐本身也极可能造成新的人道主义灾难。④ 对于"9·11"事件的背景，有学者进行了如下反思：一方面是政治、经济、文化的进步，国际社会高度发展，另一方面是国际纷争、恐怖活动不断，国际社会权力结构和国际法制发展落后，不能适应需要。全球发展不平衡，不利于各国的共同发展。为此必须改善和加强国际社会民主化，加强联合国的作用。⑤ 2003年的伊拉克战争是中国国际法学者关注的另外一个重大国际事件。学者们认为，美英等国发动伊拉克战争，属于违反《联合国宪章》规定的非法使用武力行为，同时也使国际人道法所面临的困境展现无遗，反映了霸权主义和强权政治仍然强大的现实，国际法在制约国际战略方面，其权威性与脆弱性并存。但从反面看，美英发动伊拉克战争造成国际法危机的同时，也为革新现行国际法提供了必要性和现实性，孕育着国际法发展的新契机，它将推动国际秩序朝着和平、稳定、公正、合理的方向发展。有学者将这场战争的启示总结为：应该遵守和尊重国际法，进一步加强禁止

---

① 见黄世席《北约对南联盟动武的国际法思考》，《今日东欧中亚》1999年第5期；迟德强：《国际法向何处去？——从国际法看北约对南联盟动武》，《法学杂志》1999年第3期。
② 见周忠海、王忠宝《论国际反恐怖斗争中的国际法问题》，《政法论坛》2003年第4期。
③ 见刘黎黎《"9·11事件"对国际法领域的挑战》，《湖北社会科学》2002年第5期。
④ 见姜茹娇《论国际法在反对国际恐怖主义中的新发展》，《学术界》2005年第2期。
⑤ 见梁西《国际法律秩序的呼唤——"9·11"事件后的理性反思》，《法学评论》2002年第1期。

使用武力原则的实施,加强国际合作,改进国际法律机制。①

一直以来,国际法的发展都受到重大国际事件的影响,甚至是决定性的影响。中国国际法学者一般根据国际法的现行原则、规则和制度对这些事件进行评价,同时探讨这些重大事件对国际法所产生或可能产生的影响。应该说,中国国际法学者的分析方法大体是符合国际法规则和理论的,但是仍然存在有待改进之处。例如,很多国际法学者的论述是从宏观的国际法体制和原则的方面对这些事件的分析,很少有学者从国际法具体规则的角度对这些问题进行精细化的分析,这也是中国国际法学界的通病之一;又如,中国国际法学者对这些事件的论述很多,但是其中很多观点给人千篇一律、老调重弹的感觉,分析缺乏新意;再如,这些事件都与西方国家,尤其与美国关系密切,但是很少有学者将这些事件串联起来,系统地分析美国就这些事件在国际法上所持有的立场和观点。

五 国际法的发展历程

国际法的发展史、当前国际法发展的新趋势、对国际法学说的研究这三个方面,均可归入对国际法发展历程的研究。与以上总结和分析的四个方面不同,中国学者最近十年来对国际法发展历程的研究,有着清晰的个体性特点,即每位国际法学者的相关概括、分析和评论,都有明显的特点,不同国际法学者的研究几乎没有重合。因此,在这一部分中,将更多地针对具体国际法学者的文章和著作进行述评。

(一) 国际法的发展史

国际法的历史是一个复杂的课题。对于国际法历史的研究主要面临以下问题:国际法的起源时点、区域问题、国际法的历史分期、国际法史与国际关系史和国际法史与国际法学史两对范畴的关系等。

王铁崖将国际法的历史分为四个时期:上古世界国际法、中世纪国际法、近代国际法、现代国际法。上古世界国际法分期包括古埃及、古印度、

---

① 见古祖雪《从伊拉克战争看国际法面临的冲击与命运》,《法律科学》2004 年第 3 期;黄瑶:《伊拉克战争的国际法思考》,《法制与社会发展》2003 年第 5 期;邵沙平、赵劲松:《伊拉克战争对国际法治的冲击和影响》,《法学论坛》2003 年第 18 卷第 3 期;蒲傅:《强权与秩序——从伊拉克战争看国际战略中的国际法因素》,《国际论坛》2004 年第 3 期。

古希腊、古罗马的国际法。中世纪的国际法乏善可陈。近代国际法可以分为两段:第一阶段从《威斯特伐利亚和约》到1815年维也纳公会,这一时期,主权国家体系在欧洲确立,奠定了近代国际法的基础,一些基本的国际法规则被提出,外交使节制度、战争法规则、中立制度得以确立;第二阶段从维也纳公会到第一次世界大战,其间禁止奴隶买卖、国际河流、外交使节、干涉等方面的规则纷纷确立或进一步发展,海洋法、国际组织、和平解决国际争端等得到发展,多边条约数量增加。从第一次世界大战开始,现代国际法开始确立,国际联盟及其盟约、联合国及其宪章对现代国际法的发展贡献巨大。① 杨泽伟的《宏观国际法史》以粗线条描绘了国际法宏观发展史。从纵向上,在宏大的国际社会背景中观察国际法的起源、形成及发展;以各种国际事件为线索,兼用多种研究方法,比较系统地阐述了从国际法的古代萌芽直到20世纪90年代这一漫长的历史进程,并试图对近年来国际法的发展趋势和前景作出适度的评估和预测。从横向上,以国际法的发展史为主轴,兼顾国际法的学说史和编纂史,并力求总结一些规律性的认识。在地域范围上,以地区为中心,囊括了欧洲、美洲、亚洲和非洲,注意突出个别国家在国际法发展历程中的地位和作用,同时全面阐释国际法在中国的发展进程。在方法论上,既有实证研究,也有演绎归纳和比较分析。② 徐崇利认为,在近代,国际法从"战争"的国际法发端;在现代,和平与发展成为时代主题,"经济"的国际法开始勃兴;进入20世纪90年代之后,在经济全球化的影响下,全球社会矛盾日益显现,国际法中的"社会立法"方兴未艾,出现了国际法"社会化"的倾向。③ 黄德明认为,《威斯特伐利亚和约》对国家主权原则、和平解决国际争端原则及国际组织法、国际人权法、外交关系法等的发展都有影响,标志着近代国际法的产生,也是现代国际法发展的一个重要源头。④

联合国对国际法的发展一直起着巨大的作用。中国国际法学者对此进行了分析,认为联合国的贡献在于:《联合国宪章》是现代国际法的奠基性法律文件,提出了一些国际法基本原则,并对其他国际法基本原则的提出有重要影响;联合国加强了用国际法调整国际经济关系的力度;草拟了许多国际

---

① 见王铁崖《国际法引论》,北京大学出版社1998年版,第205—304页。
② 见杨泽伟《宏观国际法史》,武汉大学出版社2001年版。
③ 见徐崇利《经济全球化与国际法中的"社会立法"的勃兴》,《中国法学》2004年第1期。
④ 见黄德明《论威斯特伐利亚和约对国际法的影响》,《江汉论坛》2000年第6期。

法律文件；通过司法实践活动，为国际法提供了实践依据等。联合国大会某些决议具有造法性条约的性质，具有法律拘束力，具有创设国际法原则、规则和制度的意义，加之其范围广泛，内容丰富，对国际法发展的促进作用不可忽视。①

国际法发展史非常重要。不过，中国国际法学者对这一问题的研究并不够。王铁崖、杨泽伟从宏观尺度对国际法发展史进行了论述，这在一定程度上填补了国内国际法这一领域的空白。徐崇利对国际法发展史的梳理，更多的是旨在说明国际法出现"社会立法"的必然趋势。对国际法发展史进行宏观研究虽然能够使人明晰国际法发展的大体脉络，但是无助于了解影响甚至决定国际法发展的细节。因此，对国际法发展的研究还需要更进一步，朝微观的方向努力。另外，如果能够专门从国际法学说史、国际法规范史、国际法宏观发展史（整合学说、规范、其他因素）等不同的方面进行研究，将对国际法学的发展非常有益。

（二）当前国际法发展的新趋势

随着全球化时代的到来，尤其是冷战结束以来，受到政治、经济、科技等诸多因素的影响，国际法也有了很多新的发展，不少中国国际法学者对国际法的这些新发展进行了总结和论述。但学者对此的概括并不相同。

中国国际法学者普遍认为，现代国际法仍然是"国家间法"，国际社会是国际法的社会基础，国际法规则的形成和实施都带有高度分权的特点，并受到国际政治、国家利益等国际社会现实的制约和影响。现代国际法出现了新的发展趋势，如：国际法调整领域扩大，出现 WTO 法、外层空间法等国际法的新领域；战争法快速发展；人类共同利益优先的观点被提出；国际法与国内法相互影响和促进，出现一体化趋势；国家主权观念发生变化，主权让渡的趋势更加明显。具体而言，不同学者对国际法发展趋势的概括不尽相同。杨泽伟认为，国际法的发展受国际社会现实的影响，表现为：国际社会的组织化、国际法的全球化、国际法研究新方法的不断涌现、国际法的刑事化现象不断增多。② 梁西认为，现代国际法的发展呈现以下趋势：第三世界

---

① 见庚国庆《论联合国与现代国际法的发展》，《法律科学》1996 年第 1 期。但文中有些观点值得商榷，比较妥当的观点见申建明《联合国与国际法的确定和发展》，《中国国际法年刊 1996 年》，法律出版社 1997 年版。

② 见杨泽伟《试论国际法发展的新趋势》，《法学杂志》2001 年第 5 期；杨泽伟：《晚近国际法发展的新特点及其影响因素》，《中国法学》2000 年第 6 期。

的兴起促进了国际法发展，国际法主体扩展，国际法的客体扩大，国家"保留范围"相对缩小。① 黄志雄认为，当前国际法有以下特点：国际社会在立法方向、司法方向、组织化等方面有一体化趋势；同时存在区域化、"民族化"的趋势。他认为，为了在 21 世纪建立公正、合理的国际新秩序，必须切实增强国际法的规范作用，确立国际法在国际政治中的首要地位。② 陈屹认为，国际法新的发展趋势主要体现为：国际法的地位和作用进一步增强，国际法的主体得以丰富，国际法的整体性日渐增强。③ 刘芳雄认为，国际法的新发展体现出了灵活务实的特色，并具体表现为立法模式和执法模式两个方面的变化。④ 刘健、蔡高强认为，国际法发展的新趋势表现为：国际法的权威性和强制性日益强化；国际组织的立法和执法功能日益强化。⑤ 潘抱存认为，国际法发展的新趋势是国际组织的多级结构。⑥ 李洁认为，当代国际法立法模式有了很大变化：立法性条约大量出现、习惯国际法形成方式出现变化、出现了求诸于安理会决议和一般法律原则的现象、委托立法模式开始出现；国际法执法模式同样出现很大变化："制度化司法"成为国际法的主流执行模式、合作性国际法执行方式开始大量应用、"形象制裁"作用突显。⑦ 肖永平等人对国际法新趋势和新现象背后所体现的内涵与价值进行了分析，认为现代国际法的发展丰富了"国家与法"、"权利与义务"、"平等"、"公正"、"和平与理性"的内涵，体现了现代法律以人为本的人文主义关怀理念。⑧ 至于当前国际法出现诸多变化与趋势的原因，有学者认为，世界反法西斯战争的胜利，推动了国际法在第二次世界大战结束后向新的深度和广度发展；部门法的不断增加突破了国家间原有的合作领域；国际组织的大量涌现使得国际法的主体出现了多元化的趋势。⑨

---

① 见梁西《国际法的发展》，载邵沙平、余敏友主编《国际法问题专论》，武汉大学出版社 2002 年版，第 9—21 页；刘芳雄：《论国际法发展的表现与前景》，《求索》2005 年第 11 期。
② 见曾令良主编《21 世纪初的国际法与中国》，武汉大学出版社 2005 年版，第 3—31 页。
③ 见陈屹《当代国际法发展的新趋势》，《江汉论坛》2002 年第 3 期。
④ 见刘芳雄《论国际法发展的表现与前景》，《求索》2005 年第 11 期。
⑤ 见刘健、蔡高强《论经济全球化时代国际法发展的新趋势》，《河北法学》2003 年第 1 期。
⑥ 见潘抱存《论国际法的发展趋势》，《中国法学》2000 年第 5 期。国际法与国内法的一体化趋势表现为：国际法效力优先、国际法向国内法渗透、国际经济法上国民待遇原则逐渐普遍化、国际法强制力的取得、国际司法机构的建立。
⑦ 见李洁《全球化时代国际法的发展》，《江汉论坛》2005 年第 11 期。
⑧ 见肖永平、袁发强《现代国际法的发展与现今法律文化的构建》，《当代法学》2004 年第 1 期。
⑨ 见胡加祥《世界反法西斯战争胜利与当代国际法》，《法学评论》2005 年第 5 期。

国际法新趋势是国际法历史的延伸。关于国际法发展的新趋势，不同的国际法学者的总结并不完全相同。学者们比较一致的看法是，当前，国际法的新趋势有：国际组织的迅速发展、国际法主体、客体和领域的扩展、国际法法律性和独立性日益增强、国际法与国内法日益彼此渗透、价值日益多元化等；但是，国家仍然是国际法最基本的主体，国家间体制仍然没有受到根本性的挑战，而且对国际法发展影响力最大的因素仍然是权利和民族利益。对国际法发展趋势的研究和预测，离不开对国际法历史的掌握。同时，国际法发展的新趋势虽然通过一定的现象表现出来，但是还要找出影响国际法发展的因素，要做到这一点，就应该放宽视野，将政治、经济、技术、文化等因素的作用纳入视野。

（三） 对国际法学说的研究

对国际法学说的研究一直是中国国际法学研究的薄弱环节。最近十年，这种状况没有得到根本性改变。不过既有的少数研究，也基本上理清了国际法发展的大致脉络。

王铁崖总结认为，16世纪以前，国际法学尚未形成。到了16世纪，出现了一些国际法学先驱者，如维多利亚、苏亚利兹、真提利斯等；在17、18世纪交替之际，出现了格劳秀斯这样的伟大法学家，其著作《捕获法论》、《海洋自由论》、《战争与和平法》等流传久远。在厘清国际法学的发展分期之后，就可以对历史上著名的国际法学家所属流派进行划分：（一）自然法学派：普芬道夫等人；（二）实在法学派：宾刻舒克、摩塞尔、马顿斯等人；（三）格劳秀斯派：沃尔夫、法泰尔等人。19世纪是国际法学中实在法学派占优势的时期，代表人物如奥斯汀、黑格尔、克卢柏、惠顿等人。到了20世纪，原有的国际法各学派都有了一定的发展。[①]

到了20、21世纪之交，西方国际法学界出现了一些新的倾向，有学者将其概括为：国际法的虚无主义、国际法的功利主义、国际法的改良主义等，认为这个时代西方国际法学界的理论是以现实主义的强权政治理论为主导的。[②] 对于"权力政治学派"是否属于国际法虚无主义，有学者认为，权力政治法学应该属于国际法弱法主义，和国际法虚无主义有区别，前者肯定国际法的存在和作用；同时，"权力政治学派"的观点也不同于国际法万能

---

① 见王铁崖《国际法引论》，北京大学出版社1998年版，第305—357页。
② 见江国青《世纪之交的西方国际法思潮》，《世界经济与政治》2001年第5期。

主义，因为它是从均势、共同利益的浅层原因和国家主权的深层原因出发，论证国际法作用的有限性的。①

对国际法学发展有重要影响的国际法学家，如格劳秀斯、劳特派特、凯尔森等，中国国际法学者也进行了一定的研究。②

古今中外，国际法学界大家辈出，灿若星辰。但与此形成鲜明对比的是，中国国际法学界很少有人专门研究这些学界巨擘的学说，即便是有，很多也只是蜻蜓点水，浅尝辄止。其原因无外乎，作这些研究对研究者的要求较高：需要精通诸门外语、广泛收集资料、具有宽广的学术视野和其他领域的深厚积淀，同时，作这些研究"回报率"不高、不容易出成果。近十年来，对国际法学史研究的较高质量的著述，主要是老一辈的国际法学者作出的。多年前，李家善的《国际法学史新论》，言简意赅，分析到位，十几年来，国内学者对国际法学史的研究仍然没有出其右者。

六　中国与国际法：历史和现代

国际法对中国发展有重大影响。近代国际法输入中国以来，国际法对中国的影响尤其巨大。研究中国不同时期的国际法及杰出人物的国际法思想与观点，意义重大。

（一）古代中国的国际法

最近十年，中国国际法学者对于古代中国国际法相关问题的研究较少，但是数量不多的研究比较具有系统性。

孙玉荣认为，古代中国国际法特指调整中国版图内各分立时期国家之间的关系的有法律拘束力的原则、规则和制度的总体。国际法的渊源有：国际习惯、国际条约、礼、义和经。基本原则有：主权平等、领土神圣不可侵犯、不干涉内政、和平解决国际争端、条约信守。国家是唯一主体，但有独

---

① 见徐晓明《"权力政治学派"不是国际法虚无主义——与江国青同志商榷》，《世界经济与政治》2002 年第 3 期。

② 见黄瑶《世纪之交反思凯尔森的国际法优先说》，《法学评论》2000 年第 4 期；杨泽伟：《劳特派特国际法思想述评》，《比较法研究》2001 年第 4 期；白中红、陈丹：《凯尔森国际法思想述评》，《当代法学》2003 年第 1 期；马忠法：《〈海洋自由论〉与格老秀斯国际法思想的起源和发展》，《比较法研究》2006 年第 4 期；刘潇：《格老秀斯与自然法——简评〈战争与和平法〉》，《现代法学》2003 年第 1 期。

立国和附属国之分。国家有独立权、平等权、自保权、管辖权;同时负有守约、司法、道德等方面义务;权利和义务统一不可分割。古代中国国际法包括国家承认和政府承认、国家继承和政府继承,没有国家领土和领土主权的概念,但存在领土主权不可侵犯的原则及对领土主权的限制。领土取得方式有:先占、添附、征服、割让、时效、归还。领土不可分割,多以河流山脉为界。外交关系法比较发达,外交关系机关有中央外交关系机关和外交代表机关,在春秋时期已有关于使节的种类、等级、特权、人名、礼仪、终止等的明确规定,并在后来不断趋于完善。在条约中,包含相当多的宗教和礼仪成分。条约定约仪式、条约保存、条约的生效、废止等都有相关规则进行规定。国际组织以"会盟"或"盟"的形式表现出来,目的在于自保。解决国际争端有强制方法和非强制方法两种,前者有反报、报复和干涉;后者有和平解决国际争端的政治方法和法律方法,其中政治方法有:谈判与协商、斡旋与调停;法律方法有:仲裁与司法解决。在战争法中,有一些特有的原则,如:旗鼓而战、不伐丧国、禁灭同姓国家。对于交战国的人民、间谍、中立等问题也多有规定。总之,古代中国的国际法有自身特点,但是其历史地位及其对现代国际法的借鉴意义不容抹杀。①

国际法起源于近代西方,这已获得国际法学界大多数学者支持。古代中国的某一历史时期,可能存在类似于国际法的现象,但是,不能因此认为古代中国存在国际法。与国际法密切关联的是主权国家及国家间的体制。但是,古代中国"有国无际"、"有际无国",国际法无何谈起。探究国际法的历史起源确实无可厚非,但是运用现代国际法的理论体系和领域分类对所谓"古代中国国际法"进行分析,确有牵强附会之嫌,似不可取。关于古代中国存在国际法论述滥觞于近代外国人的论述,其目的不是进行严谨的学术探讨,而是旨在借托古来说服清朝政府接受国际法。在这之后,中国不少国际法学者在此问题上大做文章,欠缺独立思考与批判精神。

(二) 近代中国与国际法

近代中国引进国际法,对中国国际法的理论与实践、中国外交近代化,乃至中国近代化进程都有影响。近十年来,很多中国国际法学者对此进行了研究。

国际法是处理国际关系的准则,也作为一种文化现象传入接受国。近代

---

① 见孙玉荣《古代中国国际法研究》,中国政法大学出版社1999年版。

以来，国家接受国际法有被动接受与主动接受。这两种模式对接受国的意义截然不同。当接受国在文化传统上与欧洲迥然不同时，近代国际法承载的价值观与接受国的价值观不同时，建立在两种价值观上的世界秩序就会产生冲突，近代国际法传入中国的情形即是如此。① 中国传统的世界秩序的基础是文化，该秩序中的大部分成员受到中国文化影响，中国和其他国家的关系是伦理性质的，没有主权和平等的观念，而主要依据特定礼仪来维持秩序。中国是在坚守朝贡制度和中国传统世界秩序的基础上开始与西方打交道的。结果就是，近代中国在一段时期内不能灵活处理对外关系，造成种种损失。②

中国与近代国际法的初步接触是中俄签订《尼布楚条约》的实践。国际法正式输入中国是在鸦片战争以后。那一时期，中国国际法学不发达，主要是译介国外的著作学说，先译欧美，后译日本，目的是为外交与自卫服务。自1864年丁韪良翻译《万国公法》后，近代国际法开始在中国大规模传播，这一潮流到民国时期仍在延续。③ 近代国际法被输入中国有两条途径：翻译和学堂教学。清末新政期间留日学生对国际法著述的翻译及其在新式学堂的教学，使国际法的影响扩展到广大普通知识分子阶层。④ 中国输入近代国际法，对于中国国家主权意识和国家主权平等观念的形成、遣使驻外、依据国际法进行外交活动、建立外交机制和机构、推动中国与国际社会接轨，有很大的促进作用。但是由于诸多因素的限制，中国运用近代国际法维护自身权益的活动并不成功，⑤ 以至于清朝政府官员和学者大多认为国家强则可以享国际法上的利益，弱则国际法并不可恃。⑥

丁韪良翻译的《万国公法》对中国国际法发展影响巨大，对此应该予以特别关注。有国际法学者考据后认为：《万国公法》是译成中文的第一本西方国际法学著作，出版时间是1864年，现在能见到的最早版本是同治三年（1864）京都崇实馆本；该书首次将近代国际法的基本原则、思想观念

---

① 见宋杰《论国际法在我国法制现代化中的作用》，《东南学术》2004年第4期。
② 见王玫黎《中国传统文化与近代国际法探析》，《现代法学》1998年第3期。
③ 见何勤华《略论民国时期中国移植国际法的理论与实践》，《法商研究》2001年第4期。
④ 见田王才《清代后期国际法在中国的传播新论》，《时代法学》2006年第4期。
⑤ 见田涛《丁韪良与〈万国公法〉》，《社会科学研究》1999年第5期；夏泉：《试论晚清早期驻外公使的国际法意识》，《江西社会科学》1998年第10期；管伟：《论中国近代国际法观念的肇兴》，《政法论丛》2004年第3期；张效民：《国际法与晚清近代外交》，《社会科学论坛》B版2006年第3期。
⑥ 见杨泽伟《我国清代国际法之一瞥》，《中州学刊》1996年第2期；杨泽伟：《近代国际法输入中国及其影响》，《法学研究》1999年第3期。

以及概念术语带入中国,直接促进了清末中国近代国际法学的诞生。《万国公法》的翻译出版是在晚清时期中国政府支持下完成的,是清朝政府对外政策的产物。①

近代国际法输入中国,是中国近代化历史的一个重要组成部分。近些年来,不少中国国际法学者对这段历史进行了梳理并加以点评。虽然有一些论述颇有新意,但从整体上看,仍存在一些问题:或者是对国际法输入中国历史过程的简单叙述,或者是资料重复、叙述方式重复、观点重复。研究者知识积累不够,学术视野不宽,挖掘史料不够深入,追求"短、平、快"的心态是造成这种现象的主要原因。

(三) 当代中国与国际法

随着中国综合国力的不断提高,中国在国际事务中发挥着越来越多、越来越重要的作用。对于中国政府提出"和平崛起"论,中国很多国际法学者表达了自己的看法,分析了"和平崛起"的国际法基础和实现途径。

有学者提出,"和平崛起"符合国际法的基本原则和联合国的宗旨与原则,是对国际法的历史性突破,它将推动国际法的创新,加快国际新秩序的建立,对维护世界的和平与发展具有重大的意义。中国的和平崛起,不会产生强权、霸权和冲突,还会与他国平等互利,逐步实现全人类共同进步、全面繁荣。② 关于中国"和平崛起"的国际法基础,有学者认为可以从《战争与和平法》中探求。"和平崛起"的概念本身就体现了《战争与和平法》中自然国际法与意志国际法相结合的思想;体现了《战争与和平法》中的维持和平与正义,使全人类都受益的观点;"和平崛起"与"和平"这一人类生活的常态一致。"和平崛起"并不意味着不维护主权与领土完整、国家统一等;中国在"和平崛起"问题上是言行一致的。③ 中国实现和平崛起的途径是一个更为现实的问题。中国处于国际法律秩序中,应该顺应时代潮流,融入主流社会,借助国际法维护自身利益,同时促进国际社会的和平与发

---

① 见田涛《丁韪良与〈万国公法〉》,《社会科学研究》1999 年第 5 期;何勤华:《〈万国公法〉与清末国际法》,《法学研究》2001 年第 5 期;张用心:《〈万国公法〉的几个问题》,《北京大学学报》2005 年第 3 期。

② 见潘抱存、徐聪敏《中国"和平崛起"与当代国际法》,《法学杂志》2004 年第 3 期;王孔祥:《从国际法视角看和平崛起》,《河北法学》2005 年第 5 期。

③ 见罗国强《从〈战争与和平法〉看"和平崛起"的国际法基础》,《比较法研究》2005 年第 6 期。

展；主动参与国际规则的制定，在国际规则中体现本国的意愿和利益；在承认和尊重现状的前提下致力于改进和完善现行国际法律秩序。①

总的来说，学者们关于中国"和平崛起"的上述论述，多数是对策性的，而缺少理论上的深入探讨。提出"和平崛起"是中国政府的行为，但是这并不意味着"和平崛起"论在理论上没有讨论的必要与余地。可以认为，"和平崛起"论与现代国际法的基本原则、国际法的基本理念是相合的，同时也符合当今及以后国际法发展的趋势。但是，如果学者们只是对"和平崛起"论进行对策性探讨，而不作深入的理论探讨，就不能回应国外理论界与实务界的追问。

（四）中国杰出人物对国际法的观点

最近十年，很多国际法学者对近代以来中国杰出人物的国际法思想或主张进行了总结和分析。

面对迥然不同于中国的对外交往规则，不同时期的杰出人物提出了自己对国际法的看法。晚清时期，受中国传统文化、历史优越感和对外交往模式的影响，近代国人接受国际法大多经历了一个转变过程，王韬就是这方面的例子。② 这一时期的重要人物伍廷芳的国际法思想主要有：以国际法为准则，呼吁平等相待，维护世界和平；主张和平解决国际争端；反对军备竞赛；努力增进东西方文明的交往。③ 郑观应认为中国应与国际社会接轨，以国际法为处理对外事务的主要依据，并从国际法角度提出了变法维新、改革中国政治制度的主张。④ 民国时期，李大钊提倡民族自决，反对秘密外交和"以夷制夷"，提倡独立、自主、平等、务实的外交，主张废除不平等条约、废除治外法权、收回税权等。⑤

中华人民共和国成立后，毛泽东逐步提出并完善了和平共处五项原则，使其成为新中国外交一贯的指导原则；在事实上提出了独立自主的和平外交思想及其主要方针；完整准确而且积极地认识、理解了国际法的强制实施方

---

① 见饶戈平《国际法律秩序与中国的和平发展》，《外交评论》2005年第6期。
② 见王玫黎《儒家民族主义者——王韬的国际法思想》，《现代法学》2002年第2期。
③ 见方卫军《伍廷芳的国际和平思想》，《华东政法学院学报》2004年第4期。
④ 见田玉才《试论郑观应的国际法思想》，《四川师范学院学报》2000年第2期。
⑤ 见韩德培、罗楚湘、车英《李大钊的国际法思想》，《武汉大学学报》（哲学社会科学版）1999年第4期。

式。毛泽东外交思想的核心是独立自主，反对霸权主义，维护世界和平。①周恩来正式提出了和平共处五项原则，②主张国家平等，反对霸权主义和强权政治，维护中国独立自主地位。③邓小平重视国家主权的首要地位，主张和平共处五项原则，提出以和平方式解决国际争端的具体途径和办法，并且结合中国国情阐述了人权国际保护中的某些内容。④他反对霸权主义，认为坚持主权是反霸的前提；坚持改革开放是反霸的物质基础；坚持社会主义不动摇是反霸的关键。⑤他提出的"一国两制"理论发展了和平共处五项原则理论；"先不谈主权，先进行共同开发"理论发展了国际法的和平解决国际争端原则理论；"发展才是硬道理"理论发展了国际法的人权国际保护理论。⑥

　　杰出人物的国际法思想往往对所在国对国际法的态度有重要影响。从近代国际法输入中国到现在，中国经历了清朝、中华民国、中华人民共和国三个时期。学者们描述、分析、臧否的杰出人物主要集中在清朝和中华人民共和国时期，而对民国时期杰出人物国际法思想的关注很少。实际上，民国时期法学教育和研究非常发达，国家对外交往频繁，杰出人物对国际法的阐述不见得少见或落后，甚至有可能超越现在。因此，应该加强对民国时期法学界杰出人物的国际法思想与理论的关注与研究。晚清时期的杰出人物，亦官亦学，对国际法的接受与论述，往往是从强国御辱的角度，而不是从国际法学的角度出发的。自新中国成立以后，在很长时期内法学虚无主义盛行，根本谈不上国际法学，上面所列杰出人物都是不同时期的国家领导人，他们对国际法的相关论述，是从国际交往的实际需要角度出发的，也不能将其归为学术性论述。中国国际法学者近年里对近代国际法输入中国以来，杰出人物国际法思想与理论的某些论述，旨在反思和整理历史，另一些著述目的不在于学术角度。

　　就中国近现代国际法及国际法学发展的全过程，可以借用历史学术语进

---

　　① 见胡大牛《毛泽东与现代国际法》，《西南师范大学学报》（人文社会科学版）2005年第1期；察凤娥：《毛泽东外交思想在我国国际法中的实践》，《政法论丛》2001年第3期。
　　② 见赵建文《周恩来关于和平共处五项原则的思想——纪念周恩来诞辰一百周年》，《法学研究》1998年第3期。
　　③ 见赵建文《周恩来国家平等观探悉》，《郑州大学学报》（哲学社会科学版）1996年第3期。
　　④ 见黄世席《邓小平国际法思想研究》，《河北法学》2005年第23卷第11期。
　　⑤ 见刘忠勋《论邓小平的反霸国际法思想》，《当代法学》1999年第2期。
　　⑥ 参见王庆海、刘爽《试论邓小平对国际法理论的发展与贡献》，《中国法学》1998年第6期。

行概括,即中国国际法学者对不同时期中国与国际法之间关系的研究具有明显的"纪传体"和"断代史"色彩。就是说,这些研究多是单就中国某一时期的国际法问题、中国某一杰出人物国际法思想与观点进行研究,缺乏国内外的横向比较和古今的纵向比较,贯通性不强,因而可能造成就所论问题视野狭隘,所得结论意义不大。不过,也有极少数国际法学者对国际法进行了贯通式研究。王铁崖对国际法在中国的整个发展历程进行了描述,介绍了春秋战国时代的国际法、中国传统世界秩序中的朝贡制度、国际法介绍到中国的过程、不平等强加给中国和不平等条约在中国的灭亡,[1] 这种研究方法值得借鉴。

七 对国际法学基本理论研究的总体评价

以上内容是对最近十年来中国国际法基本理论的研究状况的简要概括和评价。这些内容并没有覆盖最近十年来中国国际法基本理论研究的所有方面,而是对学者们集中关注的问题进行了概括,并将相近的观点进行了合并调整。评论针对的是概括性内容。其中多数评论没有对概括性文字一一回应,而是针对相关概括部分不足进行评说。这些评论也许有些片面,抑或稍嫌苛刻,但我们希望,这些评论能对国际法学界认识当前中国国际法学基本理论研究中存在的问题,具有一定的作用。曾有学者将中国国际法学的问题总结为:在繁荣发展的同时,也存在诸多问题,即对国际法和国际法学的作用和功能认识不足,国际法学研究中实用主义和功利主义色彩较浓,国际法学研究的基础薄弱,以及多数研究流于泛化而不够深入。这些问题,对于国际法基本理论的研究,也是适用的。这些问题的解决,不仅需要整个社会对国际法和国际法学树立正确的认识,提供有力的环境,而且在终极上需要所有国际法学者的共同努力。[2]

---

[1] 见王铁崖《国际法引论》,北京大学出版社1998年版,第358—400页。
[2] 见孙世彦《中国国际法学:问题与思考》,《政法论坛》2005年第23卷第4期。

第二章 国际责任研究的新发展

国际责任问题是现代国际法的一个重要的法律问题，它几乎涉及国际法的各个领域，范围十分广泛、问题十分复杂，是国际法研究的一个重要组成部分。但是在20世纪七八十年代，国际责任问题并没有引起中国国际法学界的足够重视，中国学者在这方面的理论研究相对薄弱。而在国际层面上，联合国国际法委员会半个多世纪以来一直致力于《国家责任条款》的编纂。1955年，国际法委员会指定加西亚·阿马多为特别报告员，开始对国家责任这一专题进行审议，但直到1996年才完成全部国家责任条款的一读。之后，国际法委员会决定优先审议国家责任条款，并决定在1997—2001年五年内，完成国家责任条款的二读。最终，2001年联合国大会通过了《国家责任条款》草案，国际法委员会还建议就此缔结有关国际公约。2004年联合国大会要求各成员国政府提出有关意见。《国家责任条款》草案的出台也促使中国国际法学者开始对国际责任进行更为积极的、前沿性的研究，甚至有学者以国际责任问题作为自己最主要的研究领域，对其进行全面、系统、详尽的研究，填补了中国国际法研究在这一领域的空白。同时，第二次世界大战结束后，随着国际交往与实践的大量增加，现代国际法的各个领域都获得了迅猛的发展，如国际环境法、国际组织法、国际空间法，等等，这也使得一些学者开始致力于研究这些领域的国际责任问题，如国际损害责任问题、国际组织的国际责任问题等，并且取得了一定的学术成果。以下部分就中国国际法学界在1996—2006年这10年中就国际责任问题的研究所取得的发展，进行介绍和评述。

本部分的主要内容包括四个大的方面。首先是学界在国际责任的基本理论方面的研究概况，包括国际责任的概念及性质、构成要件、可归因于国际责任主体的行为、违背国际义务，等等。其次是学者对国家责任问题（如不加说明，仅指国际不法行为引起的国家责任）的研究，这部分内容是国际责任的主体内容。学者的专著也主要是围绕这部分内容展开的，包括一国对另一国行为的责任、解除行为不法性的情况、一国国家不法行为所引起的法律后果、国家责任的履行等问题。再次是学者对于国际法不加禁止的行为所引起的责任的研究,许多国际环境法学者都致力于这个问题的研究,也成为近年来比较热门的研究问题,主要包括严格责任原则、国际环境损害责任的概念、责任的主体、求偿机制、国际环境损害责任的私法化等方面。最后是学者对国际组织的国际责任的研究,国际组织是除国家以外最重要的国际法主体,其国际责任问题为全世界所关注,中国学者在这方面也有很多研究成果,涉及国际组织承担责任的法理依据、国际组织承担责任的内容、国际组织与成员国的责任分担问题、联合国的责任问题,等等。

一 国际责任的基本理论问题

中国学者在国际责任基本理论方面的研究主要涉及国际责任的概念及性质、构成要件、可归因于国际责任主体的行为、违背国际义务,等等。近十年中,中国学者在这一方面的专著主要有贺其治的《国家责任法及案例浅析》和李寿平的《现代国际责任法律制度》,此外一些博士和硕士论文也对国际责任的基本理论问题作了一些探讨,而关于这方面的期刊论文则只有有限的几篇。关于国际责任的基本理论问题,学者们的研究已经有一定的深度,也有很多分歧的观点,但大多是围绕《国家责任条款草案》的条文规定展开的分析,现将学者论述的主要问题简要归纳如下。

(一)国际责任的概念、性质

就国际责任的概念,需要探讨的第一个问题是国际责任与国家责任的异同和关系。贺其治在其《国家责任法及案例浅析》中提出,"国际法上的国家责任是指国家对其国际不法行为所承担的责任,也称国家的国际责任。凡违反国际法义务或条约义务的行为都是国际不法行为,违法国必须为此承担法律上的后果,即法律责任"。他提到了"国家责任"的概念而没有给"国际责任"一个定义。但他同时表示"本书和国家责任条款所论述的是作为国际法主要主体国家的国际责任,不包括国际组织的责任"。[①] 李寿平则认为,"在19世纪70—80年代以前,国家是国际法的唯一主体,因此,国际责任仅指国际法上的国家责任。随着国际社会的发展,国际法主体不断丰富,国际责任的主体也越来越广泛。现代国际法上的国际责任不仅包括国家

---

① 贺其治:《国家责任法及案例浅析》,法律出版社2003年版,第1、5页。

责任，也包括国际组织、民族解放组织、法人及个人的国际责任"。① 由此可见，国际责任和国家责任在学者的著述中并不是同一概念，随着国际法主体的不断丰富，李寿平采用的"国际责任"的概念能更全面地涵盖所有国际法上的责任主体。

对于国际责任的概念本身，学者也有多种解释。第一种是"义务论"，即认为国际责任就是国际法主体对其国际不法行为的一种必为的义务。在这个意义上，"责任"一词的实质含义就是指一种义务。第二种观点认为国际责任就是国际法主体因国际不法行为应承担的法律后果。国际责任的实质是规定当国际法的实体规定被违背时所应承担的责任，而不是"义务"，所以，应该将国际责任定义为"国际责任主体对其国际不法行为或损害行为所应承担的法律后果"。② 另外有学者认为，以上两种观点的不足之处都在于仅从国际法的视角审视国家责任，而没有对国际道德责任这一国家责任的重要组成部分做出分析和论述。因此所谓国家责任，应该是指国家在具有国际影响的活动过程中，对已经或可能实施的违法、不当或不加禁止行为所造成的损害性后果，承担的相应的法律和道德责任。③ 还有学者认为，国际法律责任应定义为国际法主体因国际不当行为或国际法未加禁止的行为而对其他国际法主体及其人民造成损害所应承担的国际法律后果。就是说，国际法主体的行为或不行为违反了国际义务，或者虽不违反国际义务，但在从事国际法未加禁止的行为时给其他国家或其人民的权益造成了损害，该主体对此应当承担的国际法上的责任。④ 还有学者认为，国际责任通常也被称为国家责任，是指当一个国际法主体从事了违反国际法规则的行为，或者说违反了自己所承担的国际义务时，在国际法上所应承担的责任。国际责任与国内法中的各种法律责任不同，也与"国际赔偿责任"有异。⑤ 此种看法显然不妥，如果把国际责任等同于国家责任，那么将国际组织和国际法其他主体的责任也称之为国家责任显然说不通。在国家是国际法唯一主体的年代，国际法上的国家责任与国际责任具有相同的含义。在现代国际法上，国家早已不

---

① 李寿平：《现代国际责任法律制度》，武汉大学出版社2003年版，第1页。
② 同上书，第22—24页。
③ 见李进《论国家责任构成》，青岛大学2006年硕士学位论文。
④ 见王华《国际法律责任法律研究》，大连海事大学2003年硕士学位论文。
⑤ 见丁兰《国际责任制度探悉》，《山西大学学报》（哲学社会科学版）2001年第3期。

再是国际法的唯一主体了，国家责任也早已不能和国际责任相等同了。① 因此，由"国家责任"到"国际责任"的概念的演变也标志着国际责任法的发展和创新。

关于国际责任的性质，学术界普遍认为国际责任也是一种法律责任。② 但也有个别学者认为国际责任既包括法律责任也包括道德责任。③

(二) 国际责任的构成要件

对于国际责任的构成要件，学界的观点并不十分统一。比较典型的观点有国际责任构成的"二元论"、"三元论"及"四元论"。"二元论"认为国际责任的构成要件只包括两个主要因素，即行为可归因于国家和行为违背了该国际责任主体的国际义务。"三元论"认为还应该包括行为主体的过失。"四元论"则认为除了前三个因素外还应包括损害的因素。此外，还有学者认为不同类型的国际责任的构成要件是不同的，国际责任不存在统一、共存的责任构成要件。④ 贺其治认为，在现代国际责任的理论中，将过失作为国际责任的构成要件的片面性是明显的，损害在理论上没有必要单列出来作为国际责任的构成要件，因此，只要行为可归因于国际责任的主体，且该行为违背了该主体的国际义务，则该责任主体的国际责任就成立。⑤ 下面，就从国际责任的主体、过失以及损害后果来述评中国学者的观点。

1. 现代国际责任法中的责任主体

现代国际责任法的责任主体就是国际法的主体，主要是国家。但是随着国际法的发展，它的主体已经不限于国家，还包括争取民族独立的政治实体、国际组织和个人，对于这种新的发展，国内学者也有自己的分析和见解。但是对于国际责任法的责任主体的研究还是不够广泛和深入，属于比较滞后的状态。

国家是国际责任法最重要的主体，但并不是唯一主体，虽然有的学者依

---

① 见赵建文《国际法上的国家责任——国家对国际不法行为的责任》，中国政法大学2004年博士学位论文。

② 见李寿平《现代国际责任法律制度》；另参见贺其治《国家责任法及案例浅析》，第4页；赵建文：《国际法上的国家责任》；王华：《国际法律责任法律研究》，大连海事大学2003年硕士学位论文；丁兰：《国际责任制度探悉》，《山西大学学报》(哲学社会科学版) 2001年第3期。

③ 见李进《论国家责任构成》，青岛大学2006年硕士学位论文。

④ 见李寿平《现代国际责任法律制度》，第32—33页。

⑤ 见贺其治《国家责任法及案例浅析》，第75页。

然认为国家是国际法的唯一主体,甚至用"国家责任"代替"国际责任"①,但大多数学者已经接受了国际责任主体的多元化的概念。在国家作为国际责任法的责任主体的问题上,李寿平强调国家是国际责任的完全主体,具有完全的承担责任的能力。例外是,在一个国家内,一个或更多的国际法主体的行为控制了该国的行为,在这种情况下,控制国迫使被控制国从事了违背国际义务的行为,该行为构成控制国的不法行为责任,并不构成被控制国的责任。②

随着国际组织在国际事务中的地位和作用的加强,国际组织的国际法主体资格已获得一致承认。由于国际组织具有一定的国际人格,因而它对其所做的行为负责也是一项基本的国际法原则。国际组织可以成为国际责任的主体,在一些国际公约中也得到了确认。当然,国际组织和国家相比,其国际责任的主体资格有自身的特征,那就是其义务和责任是有限的。其有限的国际行为能力就决定了其责任能力的有限性。国际组织只对其组织的自身行为和其机构、国际官员的行为承担国际责任,而国际组织及其机构、官员的行为是受成立该组织的国际协定所规定,超出了该协定的行为是不能归责于该国际组织的。③

争取独立的民族的国际法主体资格已经得到了国际社会的广泛承认,其国际法主体地位不容置疑,因此它同样具有国际责任的主体资格,应对其争取独立的过程中所做的诸如损害其他的利益或对外国人的人身、财产施加侵害的国际不法行为,或违背战争法、人道主义法的规定的行为承担国际责任。但是由于其国际行为能力和权利能力是有限的,因此,其承担的国际责任也是有限的。一般来说,没有被外国承认的叛乱团体是不具有国际人格的,它也当然不能成为国际责任的主体。那些已经被外国承认为叛乱团体的,由于它在国际关系中享有一定范围的权利,承担一定范围的义务,具有一定的国际人格,因此也具有国际责任的主体资格。但是在实践中,叛乱团体承担的国际责任是相当有限的。④

对于个人是否具有国际法主体资格问题,国际法学界是有分歧的,但对

---

① 见李寿平《现代国际责任法律制度》,第34页;相同的观点,见丁兰《国际责任制度探悉》,《山西大学学报》(哲学社会科学版) 2001 年第 3 期。

② 见李寿平《现代国际责任法律制度》,第34—35页。

③ 见李寿平《现代国际责任法律制度》,35—38页;相似的观点,见慕亚平、郑艳《论国际组织的国际法律责任》,《中山大学学报》(社会科学版) 1999 年第 3 期。

④ 见李寿平《现代国际责任法律制度》,第38—40页。

于个人在若干情况下可以成为国际刑事责任的主体，国际法学界却没有异议。"个人的刑事责任"原则已成为现代国际刑法的基本原则。这也就表明，个人的国际刑事责任主体资格已得到国际社会的实践及国际法的确认。这里的个人不但包括一个自然人，还包括由若干个自然人组成的犯罪团伙。但是，个人的国际责任主体地位的范围是相当有限的，即只能在一定范围内成为国际刑事责任的主体，而不能成为其他国际责任形式的主体。① 赵建文也认为，目前，个人承担国际法责任的原则只在刑事责任领域实行，并不排除国际法上出现个人民事责任的可能性。《禁止酷刑和其他残忍、不人道或有辱人格的待遇或处罚公约》第14条关于酷刑受害者的赔偿问题就表明了这一点。② 但是，也有学者认为国际法未加禁止的行为的责任还涉及了个人。③ 还有学者没有把个人包括在国际责任主体的范围内。④ 可见，对于个人能否成为国际责任主体以及在何种情况下成为国际责任的主体，理论界还是存在一定争议的，有待更进一步的研究。

2. 从过失责任原则到严格责任原则

过失是否是国际责任的构成要件，一直是国际法学界争议的问题。传统的国际法观点根据"无过失，无责任"的原则，认为过失是国际责任的构成要件。但是，近年来，在研究国际法不加禁止行为造成损害的国际责任的过程中，越来越多的学者认为，过失责任原则已不能适用国际责任制度的发展，在国际责任的归责原则中，严格责任原则已成为国际责任制度中的一个重要归责原则。甚至有学者还认为无过失责任原则也是国际责任的一个归责原则，因此，在国际责任的构成要件中，特别是在国际法不加禁止行为造成损害的国际责任的构成要件中，过失不应是国际责任的构成要件。⑤

但在国际责任理论中，过失仍然是一个十分重要的因素，影响着国际责任的构成，而且对于国际责任的形式、性质和程度有一定的影响。过失的概念分为主观过失说和客观过失说。由于国际法的主体主要是国家或国际组织，它们的主观心理状态难以确认，因此，国际责任是一种客观责任，也就

---

① 见李寿平《现代国际责任法律制度》，第40—42页；相似的观点，见李莹：《现代国际责任制度新发展探悉》，《现代国际关系》2003年第4期。
② 见赵建文《国际法上的国家责任——国家对国际不法行为的责任》。
③ 见赵建文《国际法新论》，法律出版社2000年版，第544页。
④ 见王华《国际法律责任法律研究》，大连海事大学2003年硕士学位论文；另见丁兰《国际责任制度探悉》，《山西大学学报》（哲学社会科学版）2001年第3期。
⑤ 见李寿平《现代国际责任法律制度》，第51页。

是看行为是否违反了国际义务。依照国际法传统的过失责任原则，国际责任的产生是由于行为违背了国际义务，这恰恰是过失的表现形式。而且在一般情况下，故意和疏忽的区别并不影响责任的确立与赔偿范围。因此，在国际责任制度中，过失责任原则作为国际责任的主要归责原则，其适用于国际责任的一般领域，对此观点，国际责任理论是基本一致的。

过失责任原则是否是国际责任的唯一归责原则，是否适用于国际责任的所有领域，过失是否是国际责任的构成要件，在理论上是一个有争议的问题。随着国际法不加禁止行为造成损害的国际责任的发展，严格责任也成了国际责任的归责原则之一，这表明国际责任的归责原则在不断的发展和丰富。严格责任是指当被告造成了对原告的某种明显的损害，应对此损害负责。严格责任原则是通过一种过失推定的方法来考虑过失的，当事人的举证责任是倒置的。而且它主要适用于国际法不加禁止行为所引起的国际责任。虽然严格责任原则在现代国际实践与国际法理论中已得到充分的承认，但严格责任在国际法上并不能作为一个独立的归责原则，它只能作为传统国际责任的过失责任原则的补充。在国际责任的归责原则中，过失责任原则仍然是最主要的、核心的归责原则，其仍然是国际责任的基础。①

但是由于国际法上的过失与行为违背国际义务在概念上具有同一性，因此，在国际责任的构成要件上，没有必要将其单列为一个独立的构成要件。②

3. 损害

李寿平通过对损害的国际法内涵的分析、对国际实践的考察、对相关国际文件的阐述，认为国际法上的损害是一个广义的范畴，它不仅包括国家和私人的物质损害（有形损害），也包括国家和私人所受到的精神损害。从精神损害的内涵来看，它不仅包括人格受到损害，也包括法律权利受到损害。这就表明，任何违背国际义务的行为，就必然导致对相对方的主观权利的损害，就必然包含对相对方的精神损害，因此，在国际法上，损害可以说是违背国际义务行为的必然结果。在国际不法行为产生的国际责任的构成要件中，以损害结果作为其客观构成要件与以违背国际义务作为其客观构成要

---

① 见李寿平《现代国际责任法律制度》，第50—65页；对严格责任的具体分析，另参见张旸《论环境损害案件中的严格责任》，吉林大学2005年硕士学位论文。

② 见李寿平《现代国际责任法律制度》，第66页。

件，仅仅是同一问题采用两种不同的表述。①

(三) 可归因于国际责任主体的行为

1. 可归因于国家的行为

对于哪些行为属于可归于国家的行为，大多数学者用文本分析的方法和实证分析的方法，通过对《国家责任条款草案》的法条及其评注的分析和对国际法院相关案例的解读来论证自己的观点，主要观点如下：国际法认定国家行为是看一个机构或个人是否在事实上代表国家行事，而不是考虑它在法律上是否是该国的国家机关。这可以说是国际法在认定国家行为时的一个基本原则。② 原则上，国家必须为其违背国际义务行为承担责任，而不论实施行为的国家机关的级别高低，也不论实施有关行为的机构或个人是否正式具有国家机关或国家官员的身份或资格。国际责任法中关于将行为归因于某一国家的规则是为了确定国家责任，而不是为了给国家或政府下定义的需要。③ 至于某一行为能否归因于某一国家的标准，应该是国际法而不是国内法。④ 贺其治认为可归于国家的行为包括一国国家机关的行为，这其中包括行政、立法、司法或行使任何其他职能的机关；在以国家机关名义行事的情况下，对"上级"和"下级"机关不作任何区别，不论是处于上级的中央机关或处于下级的地方机关所发布的命令，都被视为国家行为；一国领土单位机关的行为应视为国家行为；除了国家机关本身外，国家机关还包括依一国国内法具有此种地位的"任何人和实体"，凡是个人以国家机关名义行事，其行为应归于国家。此外，其他归于国家的行为可分为：授权行使政府权力要素的人或实体的行为、受国家指挥或控制的行为、正式当局不存在时采取的行为、一国确认其为本国的行为、国家承认并接受为其为本国的行为、一国交由另一国支配的机关的行为、逾越权限或违背指示的行为。关于叛乱行为，一般而言，在一国领土或其管辖下的任何其他领土的叛乱或其他运动的机关的行为，依照国际法不应视为该国的行为，但一旦叛乱运动发展成该国或在其一部分领土组织新政府时，其行为应被视为该新政府代表的国

---

① 见李寿平《现代国际责任法律制度》，第66页。
② 同上书，第69页。
③ 见赵建文《国际法上的国家责任——国家对国际不法行为的责任》。
④ 见李寿平《现代国际责任法律制度》，第68页。

家的行为。① 可见,对于可归因于国家的行为,学术界基本上达成了共识,没有太多的分歧意见。

2. 可归因于国际组织的责任

一般来说,国际组织的组织性文件就是判断某一行为是否可归责于国际组织的主要法律依据,其他的依据还包括国际组织的决议、立法机构制定的法律性文件及司法机构的判例。因此,从现代国际组织法的规定来看,国际组织的机构的行为、国际组织的官员的职务行为及国际组织所控制的机构或国家的行为可归责于国际组织是没有异议的,但是对于国际组织的官员的非职务行为以及国际组织的成员国的行为是否可归责于国际组织,在理论上存在争议。②

国际组织的职员执行职务的行为可归责于国际组织是没有异议的,但国际组织对其机关或人员的越权行为是否要负责,学术界有不同的观点。有学者认为,一项行为,即使是逾越权限或违反指示的,仍然应当在法律上将其归于国际组织,视为该组织自身的行为。在法律上将国际组织机关或代理人的越权行为归属于国际组织将会是一条牢固的原则。③ 但李寿平认为存在着例外的情形,虽然他并没有清楚地阐述这些例外情形是什么,而只是说国际组织的机关或人员的越权行为如果是明显的,且受害方有能力避免损害,在这种情况下如还要求国际组织承担责任,显然会助长违反国际法(主要是国际组织的内部法)的行为。对于交由国际组织支配的国家机关或人员的行为的责任,一般来说是依照有效控制原则由国际组织承担。④

(四)违背国际义务

传统国际法将违背国际义务的行为限于国际不法行为,但是随着国际法不加禁止的行为造成损害的国际责任原则的确立,这种国际法不加禁止的行为的实质也是违背了国际义务。因此,违背国际义务的行为不仅包括国际不

---

① 见贺其治《国家责任法及案例浅析》,第 82—109 页;另见李寿平《现代国际责任法律制度》,第 67—77 页;赵建文:《国际法上的国家责任——国家对国际不法行为的责任》。

② 见李寿平《现代国际责任法律制度》,第 86 页。

③ 见李红《国际组织的责任》,中国政法大学 2006 年博士学位论文。

④ 见李寿平《现代国际责任法律制度》,第 89—91 页;另见夏林华《国际组织的国际法律责任问题研究》,湖南师范大学 2004 年硕士学位论文;李红:《国际组织的责任》,中国政法大学 2006 年博士学位论文。

法行为，也包括那些国际法不加禁止但对他方造成损害的行为。① 当然，这种观点并不是学界通说，但有其一定的道理，因此下面将从国际不法行为和国际法不加禁止的行为两方面来阐述学界对违背国际义务的观点。

1. 国际不法行为对国际义务的违反

《国家责任条款草案》第12条规定："一国的行为如不符合国际义务对它的要求，即为违背国际义务，而不论该义务的起源或特性为何。"贺其治在阐述这部分时，首先试图阐明在什么情况下可视为发生了对国际义务的违背，接着论述了时际法适用于国际责任的问题，即该国际义务在被违背时必须是对该国有效的；同时还存在是否持续违背国际义务的问题，以及针对单一行为和复合行为违背国际义务的问题，包括该复合行为是否发生以及何时发生、何时终止的问题。通过对案例的分析和对国家责任条款草案的解读，贺其治认为，违背国际义务的行为就构成国际不法行为，不论义务的起源为何，不论主题为何或所违背义务的内容为何，也不论对不符合要求的行为的描述为何。对于不论义务的特性，贺其治从行为义务和结果义务分类的角度结合案例进行了分析，但没有给出一个清晰的结论。② 而李寿平同样认为违背国际义务的行为应该不论义务的起源，但是他认为国际义务的内容直接决定国际义务的性质，直接决定违背该国际义务行为的性质，直接影响该行为所适用的国际责任制度。③ 对于国际责任制度中的时效原则，学者都认为这是指违背的义务必须是有效的国际义务，即违反是在该义务对行为主体有效的时期内所发生；此外，即使义务终止，其违背义务而产生的责任仍然存在。④ 此外，贺其治还通过对案例和条款的分析阐述了违背国际义务的时间问题，包括"违法时间"的起止，即非持续性违背国际义务和持续性违背国际义务的起止时间。另外，他还对复合行为进行了详细分析。⑤

2. 国际法不加禁止行为对国际义务的违反

国际法不加禁止行为是否违反了国际义务，国际法学界尚存在争议，有

---

① 见李寿平《现代国际责任法律制度》，第94页。
② 见贺其治《国家责任法及案例浅析》，第110、112—115页；相似的观点见赵建文《国际法上的国家责任——国家对国际不法行为的责任》。
③ 见李寿平《现代国际责任法律制度》，第101—106页。
④ 见贺其治《国家责任法及案例浅析》，第115—119页；另见李寿平《现代国际责任法律制度》，第106—110页。
⑤ 见贺其治《国家责任法及案例浅析》，第119—129页；相似的观点另见赵建文《国际法上的国家责任——国家对国际不法行为的责任》。

学者认为国际赔偿责任的法理基础仍然是行为违背国际义务。① 但也有学者认为其不构成对行为国义务的违背。② 不过，确定的一点是，国际法不加禁止行为造成损害的国际责任不同于传统的国家责任，首先，它违反的义务是一种消极的派生的义务，如预防与合作的义务、权利不得滥用的义务，其次，这种责任产生的更重要的原因是有损害结果的产生。③

二　国家责任④

（一）一国对另一国行为的责任

根据国家责任法的基本原则，每一国应对其国际不法行为负责，国家责任是有关国家的特定责任和单独责任，这一原则是整个国家责任法的基础。然而，除了某一国家单独的国际不法行为外，由几个国家一起实施的国际不法行为也时常发生。两国或多国的国际不法行为可能由各个国家的独立行为构成，每一国家在该国际不法行为中独立发挥作用，也有可能是若干国家通过它们共同组成的同一个机关实施不法行为，或通过国际组织的机关实施不法行为。国际不法行为还有可能是一国以另一国名义实施的。一国对另一国的责任在某种意义上是衍生性的，它所包括的情况具有特殊性质，是单独责任原则的例外情况。《国家责任条款草案》第一部分第四章专门规定了在适当情况下，一国应该对另一国的国际不法行为承担责任的特殊情况。国际法委员会将这样的特殊情况归为三类：一国援助或协助另一国实施国际不法行为、一国指挥或控制另一国实施国际不法行为、一国蓄意胁迫另一国实施国际不法行为。学者认为，这三种情况有共同点，即无论出于自愿或非自愿，该行为还是由行为国的机关或代理人进行的，该违背行为涉及另一国的问题来源于该国愿意协助行为国、指挥和控制行为国或胁迫行为国。此外，对于

---

① 见李寿平《现代国际责任法律制度》，第 111 页；另见管征峰《论国际法不加禁止行为造成损害性后果的国际责任》，华东政法学院 2002 年硕士学位论文；张伟《论国际损害责任》，华东政法学院 2003 年法律硕士学位论文。

② 见林灿铃《国际法上的跨界损害之国家责任》，华文出版社 2000 年版，第 43—44 页；另见郑雪芬《跨境环境损害责任法律问题研究》，华东政法学院 2005 年硕士学位论文。

③ 见李寿平《现代国际责任法律制度》，第 110—111 页；另参见管征峰《论国际法不加禁止行为造成损害性后果的国际责任》，华东政法学院 2002 年硕士学位论文。

④ 如不加说明，仅指不法行为引起的国家责任。

《国家责任条款草案》没有列入的"煽动"等衍生责任,学者也有说明和分析。①

1. 一国援助另一国实施国际不法行为

贺其治通过对国家责任条款和一些例子的分析,指出在一国援助另一国实施国际不法行为的情况下,主要违法国是行为国,援助国只起到支持作用。因此,不能把援助国提供的援助和协助与行为国的不法行为引起的责任混淆起来。援助国只对它自己的行为所造成或促成的国际不法行为方面负责。贺其治还认为,《国家责任条款草案》以三种方式限制了援助或协助的责任范围。第一,提供援助或协助的国家的机关或机构必须知道被协助国的行为是一种国际不法行为;第二,援助或协助必须是为了促进该不法行为的实施而提供的,并且实际上是这样做的;第三,已经实施的行为如果由援助国自己来实施也会构成国际不法行为。②而赵建文从援助或协助实施国际不法行为的责任的性质、援助或协助实施国际不法行为的责任的范围、援助或协助实施国际不法行为的几种常见情况、"货币黄金原则"的适用问题四个方面对这一问题进行了分析,其观点与贺其治基本相同。③

2. 一国指挥和控制另一国实施国际不法行为

指挥和控制另一国实施国际不法行为的国家,需为该国际不法行为承担责任,因为该国指挥和控制了全部的行为。一国指挥和控制另一国的行动的情况,有基于条约规定的,有军事占领的结果,也有基于其他理由的。只有在一国实际指挥和控制另一国从事违背从属国国际义务时,指挥或控制国才应为被指挥或控制国的违背国际义务的行为承担责任。仅凭一国有权干预一从属国的内部行政事务还不能推断该国应为其从属国的行为承担责任,但该国应对其非法干涉行为负责。在一国控制或指挥另一国实施国际不法行为引起国际责任的情况中,"控制"一词指对不法行为的实施进行支配的情况,而不仅仅实行监督,更不是关注或施加影响;"指挥"一词的含义并不光是煽动或暗示,而是指实际上能够指使或命令一项行动。要追究指挥和控制国的国际责任,还必须符合两个附带条件:第一,指挥或控制国知道在其指挥或控制下从事国际不法行为;第二,在其指挥或控制下完成了的行为若由指

---

① 见赵建文《国际法上的国家责任——国家对国际不法行为的责任》;另见贺其治《国家责任法及案例浅析》,第130—133页。
② 见贺其治《国家责任法及案例浅析》,第134—138页。
③ 见赵建文《国际法上的国家责任——国家对国际不法行为的责任》。

挥和控制的国家自己实施也是不法行为。指挥或控制国不能以被指挥或控制国愿意,甚至热心参与实施该国际不法行为作为不承担责任的借口。关于被指挥和控制的国家的责任,光凭另一国指挥它执行国际不法行为的事实并不构成不履行其国际义务的借口。如果该行为会违背其国际义务,它就应该拒绝遵守指挥或控制。在国际法中,对于国家来说,"上级命令"的辩解是不成立的。[1]

3. 一国胁迫另一国实施国际不法行为

在一国胁迫另一国以使该另一国违背其对第三国的义务的情况下,胁迫国对第三国的责任不是直接源于它的胁迫行为,而是来自被胁迫国的行动所引起的不法行为。胁迫行为的责任,包括胁迫行为本身的责任即胁迫国对被胁迫国的责任,也包括对受到被胁迫国的行为伤害的第三国的责任。胁迫行为除了具有迫使被胁迫国屈服和遵守胁迫国的意愿之外别无选择的特性外,还必须是胁迫另一国实施国际不法行为。一国使另一国遵守义务更加困难或费力是构不成胁迫的。胁迫行为是非法的。[2]

(二) 解除行为不法性的情况

有学者认为,《关于国家责任的条文草案》中的"解除不法性的情况"的概念在国际法上并不存在,行为的不法性一旦认定是不可能解除的,只能免除其国际责任。这种规定不仅多余而且相互矛盾,它其实就是指国际责任中的"免责事由"。国际责任的免责事由产生的后果是国际责任的免除,而不是行为不法性的解除。[3] 针对这一观点,有学者认为,免除责任是结果,相对这一结果而言,解除不法性是原因、是根本。解除行为的不法性,才能顺理成章地免除责任。不解除行为的不法性就可以免除责任,必然得出这样的结论:有些国际不法行为可以不承担国际责任。这与《国家责任条款草案》第1条关于"一国的每一国际不法行为引起该国的国际责任"的规定是矛盾的。[4] 虽然在"解除行为不法性"这一概念的合理性上有分歧,但学者们大都认为它只能导致责任的免除或减少和义务的暂时中止,这与终止义

---

[1] 见赵建文《国际法上的国家责任——国家对国际不法行为的责任》;另见贺其治《国家责任法及案例浅析》,第138—142页。
[2] 同上书,第143—145页。
[3] 见李寿平《现代国际责任法律制度》,第127页。
[4] 见赵建文《国际法上的国家责任——国家对国际不法行为的责任》。

务的履行的理由在后果上有明显的区别。① 至于解除行为不法性的情况有哪些，学者大多从《国家责任条款草案》规定的几种情况进行分析，主要观点如下：

1. 同意

李寿平认为，"同意"虽然可以导致行为方责任解除的后果，但并不是国际责任的免责事由。同意分为事前同意和事后同意，事前同意本身就是一种合法行为，而事后同意并不是免除了责任而是放弃了追究行为国的责任。② 其他学者的观点则与此不同，认为作为解除行为不法性的事由的"同意"，本来就不包括事后同意。说事前同意可以解除行为的不法性，是相对于未经同意的情况而言的。"同意"是不是解除行为不法性的理由，取决于未经同意的同类行为有无不法性。反对"同意"作为解除不法性的事由的理由概括起来就是一句话：经过同意的行为就是合法行为，就不存在解除不法性的问题。因此，经过同意的行为是"合法"行为，说的就是"同意"可以解除行为不法性的国际法规则，而并不符合"同意"所涉事项的国际法的一般规定。③ 此外，学者还对同意的效力和有效性进行了分析。④

2. 自卫

有学者认为，《国家责任条款草案》关于"自卫"的规定是多余的。如李寿平就没有将自卫列为解除行为不法性的情况，显然不认为自卫是解除一国行为不法性的情况之一。这种观点的理由是：首先，既然是依照《联合国宪章》合法的自卫，就不存在不法性的情况。其次，既然是自卫行为，这是行为国"固有的权利"，其他"国际义务"一般来说是不应该影响国家的固有权利的。贺其治通过分析《联合国宪章》中有关自卫的规定，认为在当今国际社会中，只有根据《联合国宪章》使用武力才符合国际法，否则就构成国际不法行为。在不禁止使用武力的近代国际法时期，自卫不是解除行为不法性的事由。自卫措施实际上是使用武力的反措施。先发制人不能解除行为的不法性。⑤ 贺其治通过对案例的分析和将"自卫"与"危急情

---

① 见李寿平《现代国际责任法律制度》，第128—129页；贺其治：《国家责任法及案例浅析》，第148—149页。另参见赵建文《国际法上的国家责任——国家对国际不法行为的责任》。
② 见李寿平《现代国际责任法律制度》，第130—131页。
③ 见赵建文《国际法上的国家责任——国家对国际不法行为的责任》。
④ 关于同意的效力和有效性，见赵建文《国际法上的国家责任——国家对国际不法行为的责任》；关于同意的有效性，见贺其治《国家责任法及案例浅析》，第153—156页。
⑤ 见赵建文《国际法上的国家责任——国家对国际不法行为的责任》。

况"以及"反措施"进行比较,认为只有属于防御性的自卫才符合在国与国之间的关系中禁止使用武力的基本原则。他还通过对《宪章》的分析,阐述了自卫的概念和特征。①

3. 反措施

李寿平认为,在国际法上,反措施首先是一项合法行为,既然是合法行为,就不会产生国际责任,当然也就不存在免责的情况,因而,在国际法上,反措施不应被视为一种免责事由。然而,他承认"一方的先不守约"是抗辩事由,可以成为免责事由。②另外有学者认为,作为反措施的"措施",如果不是作为反措施来实行,是有不法性的。但是,不承认反措施是排除行为不法性或免责事由的学者认为,"对不履行者不必履行"完全可以解释为一种反措施,尽管它主要规定在条约法之中。③此外,学者通过对《国家责任条款草案》和案例的解读,分析了反措施的内涵,其概念与"报复"、"制裁"的区别,还分析了它的要件。④

4. 不可抗力

不可抗力作为解除一国行为不法性的理由似乎没有过多的争议,学者主要是对其概念、条件以及在实践中的运用进行了分析。学者普遍认为,不可抗力必须符合以下几个条件,才能解除行为的不法性:一是有关的行为必须是由不可抗拒的力量或无法预料的事件所引起的,即必须是"真正非故意"的,不存在任何"促成"的情况。二是该行为是该国无法控制的,而且不可抗力必须是国家控制范围外的因素或事件。三是该行为使该国在所处的情况下实际上不可能履行该国所承担的义务。⑤此外,学者还详细分析了可以构成不可抗力的情况、不构成不可抗力的情况以及不得援引不可抗力的情况。⑥

5. 危难

国内学者对于危难是解除行为不法性的情况之一并无异议,但是对于危

---

① 见贺其治《国家责任法及案例浅析》,第157—160页。
② 见李寿平《现代国际责任法律制度》,第141—143页。
③ 见赵建文《国际法上的国家责任——国家对国际不法行为的责任》。
④ 见贺其治《国家责任法及案例浅析》,第161—165页;另见赵建文《国际法上的国家责任——国家对国际不法行为的责任》。
⑤ 见贺其治《国家责任法及案例浅析》,第165—175页;另见李寿平《现代国际责任法律制度》,第131—134页;赵建文:《国际法上的国家责任——国家对国际不法行为的责任》。
⑥ 见赵建文《国际法上的国家责任——国家对国际不法行为的责任》。

难的内涵和判断标准，则有各自不同的观点。有学者认为，对于危难情况的适用范围和构成危难的条件，现行国际法缺乏明确的规定。例如，危难是否仅限于人命攸关的情况？如果仅是危害健康而没有危及人命，能否适用危难？对这一问题的结论是，危难应仅限于飞机和船舶遇难的情况，不应延伸到人道主义干涉等其他领域。而另外有学者认为，虽然有关危难的国际实践大都与船只或飞机避难有关，但是危难还包括其他情况，例如在陆地边界上，也有涉及为拯救处于危难中的人的生命侵犯他国陆地边界的案件。还有学者认为，危难只限于人的生命遭受危险的情况，同时还指出，危难仅仅解除为避免生命受到威胁而采取必要的行为的非法性，它不能免除行为者遵守其他国际法规定的要求。危难如果是援引国造成或引起的，则不属于危难的情况。只有在试图予以保护的利益显然高于该情况下遭受危险的其他利益时，才能解除行为的非法性。①

6. 危急情况

危急情况和同意、自卫、反措施、危难都是不同的。由于适用危急情况与违背国际义务相联系，必须对其适用加以严格的限制，以防滥用。危急情况援引与否及其限度为何，在学者之间长期存在争议。学界一致认为，就这一方面的国家实践和司法裁决而言，在某些十分有限的条件下，危急情况可构成解除行为不法性的情况。因此，援引危急情况必须是有极其严重的危险存在。由于很难证明"极其严重的危险"的存在，因此可采用危急情况作为不履行义务行为的理由的情况是很少发生的。此外，援引危急情况不得违反国际强制性规范。如果有关国际义务排除援引危急情况的可能性或责任国促成了危急情况，则不得援引危急情况。对于人道主义干涉的问题，学者认为，根据现行国际法，绕过联合国安理会进行所谓的人道主义干涉的行为、以人道主义干涉为名滥用武力的行为，都是国际不法行为，都应当承担国家责任。如果这种非法的干涉是以国际组织的名义进行的，既是国际组织的国际不法行为，也是参与该行动的成员国的国际不法行为。至于"军事危急情况"，它并不构成不履行国际义务的理由，因为在制定国际人道主义法时已经考虑了"军事危急情况"。②

---

① 见李寿平《现代国际责任法律制度》，第134—135页；另见贺其治《国家责任法及案例浅析》，第175—181页；赵建文：《国际法上的国家责任——国家对国际不法行为的责任》。

② 见李寿平《现代国际责任法律制度》，第136—140页；另见贺其治《国家责任法及案例浅析》，第182—194页；赵建文：《国际法上的国家责任——国家对国际不法行为的责任》。

7. 遵守强制性规范

对于遵守强制性规范，学者从国际法上对于"强行法"的概念的不同争论来着手分析，认为强行法是存在的。一方面，不得援引上述任何情况作为违反国际法中强制性规范的借口；另一方面，如果一项违背条约义务的行为与一般国际强制性规范的规定是一致的，这就可构成该违约行为的免责事由。①

（三）一国国际不法行为所引起的法律后果

对于一国国际不法行为所引起的法律后果，也有学者称为国家责任的内容，还有学者称为国际法律责任的形式，但不管怎样都是指一国违反了其国际义务所引起的国际法上的责任。对于国际责任的形式，国际法尚无明确统一的规则。国际法主体对于违背国际义务的行为必须承担国际责任，并在行为者与受害者之间形成一种新的法律关系，产生相应的法律后果。这种法律后果通过一定的形式加以实现，但国际责任的形式究竟如何，学者们的看法也不尽一致。国际法委员会仍在探讨此问题。② 国际不法行为或损害行为一经确定，在国际法上产生何种法律后果，在受害者与行为者间产生何种权利和义务关系，目前在国际法上尚无明确而统一的规则。然而，学者认为，根据国际实践，不同性质的国际不法行为对于确定谁为受害者、受害者享有何种实质性权利及行为方应承担什么样的义务，将导致不同的结果。概而言之，一般国际不法行为产生两个主要的法律后果，第一个后果是国际不法行为一经确定，就产生受害者要求侵害方停止侵害、赔偿并要求保证不再侵害等权利，相应地也就对侵害方产生了停止侵害、赔偿和保证不再侵害的义务；第二个后果是，受害者或国际社会可为保证上述责任形式的实现而对侵害者采取国际制裁、反措施等措施。③ 而有的学者将反措施归入到一国国际责任的履行中，即一国对其国际不法行为应当承担国际责任，不论受害国是否援引该不法行为国的责任。但是仍有必要明确规定的是，当一项义务被违背时，受害国或其他国家应如何采取行动，以确保责任国履行其承担的停止

---

① 见李寿平《现代国际责任法律制度》，第140—141页；另见贺其治《国家责任法及案例浅析》，第194—200页。
② 见丁兰《国际责任制度探悉》，《山西大学学报》（哲学社会科学版）2001年第3期。
③ 见李寿平《现代国际责任法律制度》，第144页。

不法行为和提供充分赔偿的义务，这就是国家责任的履行所包括的内容。①总的说来，一国的国际不法行为所引起的核心法律后果是责任国有停止不法行为的义务和对国际不法行为所造成的损害提供充分的赔偿的义务。② 对于这一点，国内学者似乎没有什么分歧。

1. 停止不法行为

对于停止不法行为，李寿平认为，在国际法理论与实践中，对于国际不法行为产生行为方停止持续性国际不法行为的义务是没有异议的。但对于停止持续性国际不法行为的确切含义及其与各种赔偿形式的关系，则是有争议的。在国际实践中，确实很难界定停止持续性国际不法行为的范围。在有些地方，该行为与恢复原状确实有混同之处。但可以肯定的是，恢复原状与停止国际不法行为在性质上是两种不同的义务。这种不同主要表现在，恢复原状在一定程度上可消除不法行为的后果，但停止行为本身并不能产生消除不法行为的后果的功能，这也是停止行为与其他赔偿形式的区别所在。停止行为也不同于国际司法措施中的"临时措施"的重复。临时措施一般来说只能在有第三方解决的构架内，或在国际组织机构的制度化的程序构架内进行。停止行为是实施国际不法行为一方的义务，也是一种后果，这种义务的产生不需要有第三方的参与或裁决，也不需要任何程序，换句话说，这种义务的产生是绝对的和无条件的。③ 贺其治在其著作中论及这一问题时强调，停止不法行为是指时间上延续的所有不法行为，无论该行为是作为或不作为，因为停止行为中可能包含不采取某些行动的不作为。要求停止不法行为必须具备两个密切联系的条件：一是不法行为具有持续性；二是被违背的规则在发出要求时仍然有效。④ 此外，还有学者将"承诺和保证不重复"⑤ 或者称"承诺和保证不重犯"⑥ 与"停止"放在一起讨论。

2. 赔偿

赔偿和停止不法行为并列为两个重要的，也是主要的法律后果。因

---

① 见赵建文《国际法上的国家责任——国家对国际不法行为的责任》；相同的观点，见贺其治《国家责任法及案例浅析》，第277页。

② 见贺其治《国家责任法及案例浅析》，第208页。

③ 见李寿平《现代国际责任法律制度》，第147—148页。

④ 见贺其治《国家责任法及案例浅析》，第214页；另见赵建文《国际法上的国家责任——国家对国际不法行为的责任》；关于"停止不法行为"，见王华《国际法律责任法律研究》，大连海事大学2003年硕士学位论文。

⑤ 见贺其治《国家责任法及案例浅析》，第215—220页。

⑥ 见赵建文《国际法上的国家责任——国家对国际不法行为的责任》。

此，如何处理对受害国损害的赔偿，是国家责任法的一个重要问题。有学者认为，责任国所承担的赔偿义务应当是"充分赔偿"。赔偿是不法行为的法律后果，损害则是赔偿的前提。损害和赔偿有一种因果关系。但对于赔偿范围的确定，以及与之相关的直接损害和间接损害的划分，国际法学界没有统一的答案。大多数国际法学者趋向于认为，最佳的办法是把损害与赔偿通过因果关系联系起来，即应予赔偿的损害必须是同不法行为通过因果关系相联系的损害。只要损害与不法行为之间是由一连串不论多长但不中断的事件联系起来，就应推定有因果关系。学者通过分析《诺利拉案》解释了这种因果关系，还通过《彩虹勇士号仲裁案》分析了损害的范围包括物质损害和精神损害。此外，如果造成损害的原因不是单一的，则责任国只需赔偿按其比例推定归因于不法行为及其后果的那部分损害，应付的赔偿数额应根据通常的合乎逻辑的标准来确定。在确定加害国的赔偿标准时，还应当把受害人的责任、共同的过错等因素考虑进去。而且，受害方如果没有采取减轻损害的行动，则可能失去这部分相应的赔偿。[①]另外也有学者将赔偿称为"等值赔偿"的，认为其性质是赔偿作用，不含有惩罚的成分；但是，等值赔偿的标准很难确认，一系列的案例都表明，在实践中要准确地确定何为间接损害，何为直接损害是很困难的。该学者在一系列的分析后得出了与贺其治相似的结论：如果损害是直接的且完全由于不法行为所引起的，则毫无疑义地必须予以全部赔偿；如果损害不是完全由于不法行为所引起的，即使损害与行为的联系不是直接关系，而是通过一系列彼此之间纯粹由因果关系连在一起的事件所形成的联系，也必须予以全部赔偿。在论及等值赔偿的范围时，该学者没有讨论精神损害要不要赔偿的问题，而是指出，对于"丧失的收益"应否赔偿，在国际司法实践和国际法学理论上都是有争议的，并且在分析一系列的案例后认为，"丧失的收益"不同于"间接损害"，应该对其进行赔偿。[②] 此外还有学者在论及赔偿时强调了对国民的赔偿。[③]

3. 恢复原状

恢复原状和补偿又被称为是赔偿的方式。[④] 恢复原状是受害国因加害国

---

① 见贺其治《国家责任法及案例浅析》，第 220—226 页。
② 见李寿平《现代国际责任法律制度》，第 148—152 页。
③ 见赵建文《国际法上的国家责任——国家对国际不法行为的责任》。
④ 见贺其治《国家责任法及案例浅析》，第 232 页；另见赵建文《国际法上的国家责任——国家对国际不法行为的责任》。

的国际不法行为而要求后者给予赔偿的第一种方式，也是首选的赔偿方式。学者大多论述了恢复原状的概念以及恢复原状的例外情况。① 对于恢复原状的含义，有两种不同观点：一种观点认为，恢复原状是恢复到不法行为发生以前原来存在的状况；另一种观点认为，恢复原状意味着恢复如果未发生不法行为本应存在的状况。有学者只是对这两种观点进行了陈述，并分析了国家责任条款所持的观点；② 另外有学者认为，恢复原状的含义应是恢复到如不法行为不发生应有的状态。恢复原状的例外情况则主要包括事实上的不可能、法律上的不可能、在实践中国有化和国家的判决可能影响恢复原状的义务、恢复原状对犯有不法行为的一方造成过分沉重的负担。③ 其中的头两种情况，即事实上的不可能和法律上的不可能，也被总结为"实际上做不到"。④

4. 补偿

对于补偿，各学者研究的着重点差别比较大。比较具有代表性的是赵建文的观点，他认为，作为国际责任内容的经济补偿，是指责任国对其国际不法行为所造成的损害没有或无法以恢复原状的方式给予赔偿时，以货币或实物补偿受害国实际遭受的经济损失的一种消除不法行为后果的赔偿方式。在各种形式的赔偿中，补偿是国际实践中适用最普遍的赔偿方式。补偿的功能是补救国际不法行为造成的实际损失。补偿一般是支付款项，但并不排除其他经济补偿形式。处理补偿问题，特别是补偿额的确定，主要涉及可补偿损失的适当类型和确定补偿额时适用的评估原则。评估损失和确定补偿数额的问题有时十分复杂。对于补偿可以进行各种分类，主要有：与船舶或航空器有关的损害的补偿、损害使领馆的补偿、环境损害的补偿、个人人身伤害的补偿、私有财产损害的补偿和减轻损害的费用的补偿。此外，在某些情况下，对利润损失进行补偿是合适的。利润损失可以明确区分为三种类型：第一类是因使用权暂时丧失但仍享有产生收入财产所有权期间的利润损失；第二类是在所有权被非法剥夺之日至裁决之日，产生收入的财产的利润损失；

---

① 见王华《国际法律责任法律研究》，大连海事大学 2003 年硕士学位论文；另见赵建文《国际法上的国家责任——国家对国际不法行为的责任》；贺其治：《国家责任法及案例浅析》，第 234—240 页；李寿平：《现代国际责任法律制度》，第 154—158 页。
② 见贺其治《国家责任法及案例浅析》，第 235 页。
③ 见李寿平《现代国际责任法律制度》，第 155—158 页。
④ 见贺其治《国家责任法及案例浅析》，第 240 页；另见赵建文《国际法上的国家责任——国家对国际不法行为的责任》。

第三类是在作出裁决之日后预期的未来利润损失。利息不是赔偿的独立方式，也不是补偿的必不可少的组成部分；只有在利息是充分赔偿的一部分时，才有利息补偿问题。如果利润损失已经包括在不法行为所造成的损害的补偿中，要求支付利息或裁定给予利息是不恰当的，因为这样将使受害国因同一损失获得双重补偿，因为本金不可能在赚取利润的同时又产生利息。①而李寿平在这一方面提出了一些独特的观点：首先，补偿适用于对精神损害的赔偿；其次，补偿的性质是具有惩罚性质和惩戒的成分的；最后，在补偿的各种形式中，道歉是主要的补偿形式之一，惩罚肇事人也是一种比较通用的补偿形式。此外，他认为惩罚性赔偿金和保证不再侵害也是补偿的重要形式，并对其进行了分析。②

5. 抵偿

抵偿又称"满足"，是充分赔偿的一种方式，但不是一种对每一国际不法行为都应适用的赔偿的常规方式，而是只有在恢复原状或补偿未能达到充分赔偿的情况下，才需要由责任国向受害国履行的赔偿方式。它是对那种无法作出财务评估、相当于冒犯他国而对他国造成损害的一种补救方法，这类损害往往具有一种象征性质，它起源于违反某种义务，而不对有关国家造成物质上的损害。抵偿和满足的实现方式主要有：承认不法行为、表示遗憾、正式道歉或其他恰当的方式。学者认为，这里的精神满足的方式的排序，并没有等级或优先顺序，也没有恰当性或严重性的顺序，仅仅是列举而已。究竟何种满足方式较为恰当，应当按照个案的具体情况来决定。在满足的各种方式中，正式道歉是最常见的方式。停止不法行为和保证不重犯也有满足的作用。《国家责任条款草案》第37条第3款规定了适用满足方式的两项限制；一是满足要与损害相称；二是要求满足不得采取羞辱的方式。③ 可以看出，大部分学者认为赔礼道歉是抵偿的最重要方式，只有个别学者认为它是补偿的方式之一。

（四）国家责任的履行

根据国家责任法，一国对其国际不法行为应当承担国际责任，不论受

---

① 见赵建文《国际法上的国家责任——国家对国际不法行为的责任》。
② 见李寿平《现代国际责任法律制度》，第158—169页。
③ 见赵建文《国际法上的国家责任——国家对国际不法行为的责任》；另见贺其治《国家责任法及案例浅析》，第250—256页；王华：《国际法律责任法律研究》，大连海事大学2003年硕士学位论文。

害国是否援引该不法行为国的责任。但是仍有必要明确规定当一项义务被违背时，受害国或其他国家应如何采取行动，以确保责任国履行其承担的停止不法行为和提供充分赔偿的义务。这就是国家责任的履行所包括的内容。

1. 援引一国的责任

一国对受害国的责任，其影响可能仅限于责任国与受害国的双边关系，可能具有区域性影响，也可能对整个国际社会产生影响。如果某种违法行为对整个国际社会产生影响，所有国家都有权表示关注并援引这种违法行为的责任，国际社会有权对不履行责任的国家采取制裁措施。

在受害国援引责任的程序和条件方面，按照《国家责任条款草案》第43条，援引另一国责任的受害国应将其要求通知该国，并可具体指明：从事一项持续性不法行为的责任国应如何停止该行为；应当采取哪种赔偿形式。在受害国提出要求的前提条件方面，按照《国家责任条款草案》第44条，在下列情况下不得援引一国的责任：不是按照涉及国籍的任何可适用的规则提出要求；该项要求应适用用尽当地补救办法规则，而任何可利用的有效当地补救办法尚未用尽。在受害国援引责任权利的丧失方面，按照《国家责任条款草案》第45条，在下列情况下不得援引一国的责任：受害国已以有效方式放弃要求；或受害国基于其行为应被视为已以有效方式默许其要求失效。就存在数个受害国的情况，按照《国家责任条款草案》第46条，在数个国家由于同一国际不法行为而受害的情况下，每一受害国可分别援引实施了该国际不法行为的国家的责任。就存在数个责任国的情况，按照《国家责任条款草案》第47条，在数个国家应为同一国家不法行为负责任的情况下，可对每一国家援引涉及该行为的责任；但不允许任何受害国获得多于所受损失的经济补偿，也不妨害对其他责任国的任何追索权。这样规定旨在保护责任国，将其赔偿义务限于对其所造成损失的责任。在受害国以外的国家援引责任的条件方面，按照《国家责任条款草案》第48条第1款，如果符合下列条件，受害国以外的任何国家有权对另一国援引责任：被违背的义务是对包括该国在内的国家集团承担的、为保护该集团的集体利益而确立的义务；或被违背的义务是对整个国际社会承担的义务。在受害国以外的国家援引责任时可以提出的要求的方面，根据《国家责任条款草案》第48条第2款，有权对另一国援引责任的任何国家可要求责任国停止国际不法行为，并提供不重犯的承诺和保证；以及履行向受害国或被违背之义务的受益人提供赔偿的义务。①

2. 反措施

反措施是指受害国为使责任国停止国际不法行为或履行国际不法行为的责任而采取的暂时不履行自己的国际义务的措施。反措施容易被滥用，而且这一潜在可能因国家之间事实上的不平等而加重。原则上，反措施只能由受害国采取，但也应允许在一定条件下由其他国家采取。在国际关系日益密切的情况下，国家对整个国际社会承担的义务的数量和范围都将增大，国家对国际社会承担责任的趋势将日益明显。受害国以外的国家援引责任的情况和采取合法措施的情况都将不断增加。这可能具有某种副作用，但从长远来看，对国际法治又是必不可少的。在这样的趋势下，国家责任法将对国际社会的法治发挥更重要的作用。国家责任的履行在现阶段主要依靠单边行动来保证，但也应借助于多边机制。②

三 国际法不加禁止行为所引起的责任

近十年来，中国国际法学界对于国际法不加禁止行为所引起的责任的研究可以说比较活跃，与对国家责任领域中其他问题的研究相比，产出的论文数量也是较多的。这是因为，从20世纪中叶开始，国际法不加禁止行为所引起的责任这一问题不仅在理论上被提了出来，而且在国际实践中，也出现了许多确认跨界损害活动的赔偿责任的司法判例、大量涉及或专门规定国家某些具体活动造成损害的赔偿责任的国际条约以及其他有关的国际文件，这些都在客观上促进了国际法学界对于该问题的研究。

首先，在理论上，联合国国际法委员会因应人类社会发展的客观现实，根据联大要求从1978年第30届会议开始，将"国际法不加禁止行为所产生的损害性后果的国际责任问题"列入了工作计划，并于1994年和1995年一读暂时通过了《关于国际法不加禁止行为所产生的损害性后果的国际责任》的部分条款草案及其评注，并于1996年由专题工作组在特别报告员的有关报告的基础上，提出了共22条的《关于国际法不加禁止的行为所造成的损

---

① 见赵建文《国际法上的国家责任——国家对国际不法行为的责任》；另见贺其治《国家责任法及案例浅析》，第278—304页。

② 同上书，第305—326页。

害性后果的国际责任的条款草案》，将此作为附件列于会议报告之后，请各国政府发表意见。委员会认为，工作组的这份报告显示了有关这个专题的工作有了实质性的进展，展示了这个专题的全貌。这一文书虽然还仅仅是条款草案，但毫无疑问已经为第一个全面而系统规定跨界损害责任的国际公约奠定了坚实的理论基础。其次，在国际实践和各国的司法实践中，损害责任制度也已逐步形成。有关司法判例和国际实践也都确认了上述条款草案和公约中的一般原则。由此可见，跨界损害责任制度，即国际法不加禁止行为的国家责任制度，作为对传统国家责任制度的补充和发展，不仅在理论上已经成形，而且也已经被国际实践和国际司法判例所广泛接受，已经具备了作为国家责任制度的一个方面而存在的条件。①

虽然对于国际法不加禁止行为所引起的责任，中国学者表现出较为浓厚的兴趣和研究的热情，但是这方面的专著并不多，只有林灿铃的《国际法上的跨界损害之国家责任》和尹玉海的《航天开发国际法律责任研究》等有限的论著，不过相关的硕士、博士论文还是比较多的。在这些论著中，中国学者比较集中地研究了以下几个方面：一、严格责任原则；二、国际损害责任的概念；三、责任的主体；四、求偿机制；五、国际环境损害责任的私法化。

（一）严格责任原则

就国际法不加禁止行为所引起的损害责任，学者讨论得比较多的方面，是其对于传统的国家责任理论和规则的发展。严格责任原则可以说是其中最大的发展之一，很多学者都对其进行了或多或少的探讨。② 从严格责任产生的社会背景、形成过程、内容和特点、适用于国家责任领域的理由到它的法理依据、条约基础以及司法实践，学者都有论述。有学者认为，在跨界损害

---

① 见林灿铃《国际法上的跨界损害之国家责任》，华文出版社2000年版，第236—238页。
② 见林灿铃《国际法上的跨界损害之国家责任》，华文出版社2000年版，第54—93页。另见张旸《论环境损害案件中的严格责任》，吉林大学2005年硕士学位论文；那力：《国际环境损害责任的两个重大变化》，《法商研究》2006年第6期；邢丹、赵军：《国际环境污染问题中的国家责任》，《当代法学》2000年第3期；陈燕萍：《国际损害责任制度研究》，西南政法大学2006年硕士学位论文；林灿铃：《论国际法不加禁止行为所产生的损害性后果的国家责任》，《比较法研究》2000年第3期；管征峰：《论国际法不加禁止行为造成损害性后果的国际责任》，华东政法大学2002年硕士学位论文；刘军华：《论国际损害责任》，《南京财经大学学报》2005年第6期；廖伟忠：《论危险活动所致跨界损害的损失分担制度》，中国政法大学2006年硕士学位论文；张晓芝：《论国际法未加禁止之行为引起损害后果的国际赔偿责任》，《西北大学学报》（哲学社会科学版）2003年第2期。

责任领域中应适用严格赔偿责任原则。这是因为：(1) 传统国际法的过失责任需要行为主体在主观上（或心理上）存在"故意"或"疏忽"，也即主观上的过错。而在跨界损害领域，受害者一般很难证明加害者的过失所在。因此，如果以"过失责任"来要求受害者提供对方具有过失或疏忽的证明是不公平的。(2) 基于国际法不加禁止活动所具有的高度潜在危险性和损害后果的严重性，在社会发展的现阶段，无论采取怎样的预防措施，也不论进行何种预测，损害的发生总是在所难免的，现实就是在决定从事该活动的同时，将他人置于莫大的险境之中。另一方面，跨界损害的发生往往是既非故意也非疏忽。这就要求决定开始该活动者，基于此等事实，就应该承担由其活动所带来的危险和损害而承担严格责任，否则往往会导致不当地保护损害活动行为国的利益而使受害国的利益得不到保障。(3) 在跨界损害领域适用传统的过失责任，一旦造成跨界损害，则活动的行为主体就不仅会轻而易举地逃避责任，事实上还会以造成跨界损害后果的行为并非违法（现行国际法所不加禁止）为理由，而以他人的牺牲为代价实施此种危险活动，其结果必然导致让第三者来承担相当部分的损失，这从社会学的角度看也是显失公平的。所以，为了维护社会公正，适用严格责任乃是势所必然的。(4) 适用严格责任的重大意义还在于，能够避免一旦发生跨界损害却无法可依的状态。(5) 严格责任促使加害国在实施危险活动前有所顾忌，从而采取更加审慎的态度和更加缜密的预防措施。这样，客观上也起到了预防损害发生或将损害控制在更小、更低的范围和程度的作用。当然，严格责任也不是一成不变的，随着今后有关技术的革新、在跨界损害领域的习惯的积累、预见可能性与"相当注意"内容的确定、高新技术运用的日常化，也是完全可能变化的，也许在某一天就会回归到基于国际不法行为的国家责任的领域，亦未可知。但无论如何从目前的现状来讲，基于上述理由而适用严格责任则是不可缺少的。①

（二）国际损害责任的概念

国际损害责任作为法律责任的一种，是国际义务不履行所处之必为状态，也就是说，国际损害责任是违反国际义务而引起的。因此国际损害责任属于国际法律责任的范畴，是国际法律责任的有机组成部分。它与传统的国

---

① 见林灿铃《国际法上的跨界损害之国家责任》，华文出版社2000年版，第239—240页。

际责任——不当行为的责任相辅相成，共同构成国际法律责任的完整内容。① 国际损害责任是行为责任，国家之所以要对其从事国际法不加禁止行为产生的损害性后果承担责任，最深根源是因为其具体行为违背了国际义务——预防义务和权利不得滥用义务，而不是损害结果本身。同时，我们也要认识到，虽然国际损害责任的法理基础是国家具体行为违背义务，但是，客观世界千差万别，纷繁复杂，"是"与"非"之间存在着许多中间状态，这就要求在认定违反义务时有一定的标准、尺度，使法律具有确定性。而损害性后果，具体讲，超过可忍受程度的损害性后果以及明显大于权利主体所获利益的损害性后果，是认定行为违背国际义务的重要标准。基于此，甚至可以认为，国际损害责任有层次不同的两个根源，其表层根源是损害，深层根源是行为违反义务即违反预防义务或权利不得滥用义务。但只有后者才构成国际损害责任最终归咎点，才是国际损害责任的法理基础。② 也有学者提出了环境损害概念的不明确，认为环境损害的概念和两个问题相关：环境损害的范围以及何种程度的环境损害将会导致国家责任。③

（三）责任主体

如果产生跨界损害的行为是一个国家自主进行的，那么无疑应由该起源国承担国际责任。在国际实践中，危险活动有时还是几国合作进行的。例如，一国委托别国或使用别国的设施或领域发射空间实体，如果此次发射造成了国际损害，其责任就涉及几个国家。在这种情况下，应当是这几个国家承担连带责任，共为责任主体。这是因为，该行为实际上是委托国和发射国共同实施的，提供设施的国家即使没有直接参与发射计划的决定，但其为进行具有高度潜在危险性的活动提供设施或领域，相当于直接参与发射活动，与损害的产生直接相关，应当分担赔偿责任。当然，这几国内部可依据事先的协议确定由谁承担责任，以及如果共同承担的话，如何划分分担的比例。产生跨界损害的活动，除了由国家实施的外，还有许多是由国内的私营企业或其他非政府组织进行的。虽然传统国际责任把行为归因于国家作为国家责任的构成要件，国家不为个人或私营企业的活动承担责任，但在跨界损害领域，

---

① 见张伟《论国际损害责任》，华东政法大学2003年硕士学位论文。
② 见管征峰《论国际法不加禁止行为造成损害性后果的国际责任》，华东政法大学2002年硕士学位论文，第57页。
③ 见李伟芳《国际环境责任法律问题初探》，《法学》1997年第9期。

即使是国家管辖控制下的私营企业、其他非政府组织或个人的行为引起了跨界损害，国家也应承担责任。这一方面是由于国家基于领土主权对其领域内的一切人、物、事具有排他的管辖权，国际法对每个国家均加以义务，使其运用相当注意以防止其本国人民以及居住在其领土内的外国人对其他国家作出侵害行为。这些活动在国家的管辖或控制的范围内实施，国家允可这类活动并获得税收等利益，国家有义务对这些活动实施管理和连续的监督。另一方面，跨界损害一般十分巨大，个人或私营企业一般难以单独担负赔偿责任，为保证受害国能得到充分赔偿，应当由国家承担赔偿责任或由国家担保。①

还有一部分学者专门讨论了跨国公司的环境责任问题，并提出了一些具体的观点。人类为消费而进行的生产和销售活动是造成环境损害的最重要环节，跨国公司是这一活动的重要主体，为约束跨国公司损害环境的行为，国际社会正在采取积极措施。由于跨国公司不是国际法主体，国际上关于环境保护的法律规范尚不完善，因此，跨国公司应主动承担环境责任，除根据有关国际国内法律规范对损害环境的行为承担义务和责任外，还应自觉遵守那些目前还不具有法律拘束力的国际规范。② 还有文章就跨国公司环境法律责任的规则和原则专门进行了探讨，认为跨国公司承担环境法律责任的先决条件之一就是建立明确的归责原则：过错责任原则是民事责任制度基础，但面临窘境；无过错责任原则是核心，风险责任原则是补充，利益衡量原则是根本。多元责任原则构成跨国公司环境法律责任的灵活机制。③

有学者提出，国家对于域外私人行为所造成的损害，也需承担责任，其原因在于国家确实许可了这些私人行为并可进行监督，因而这些行为处于国家的控制之下。在基本上完全置于国家控制下的外空活动领域，国家为私人行为直接承担责任，与之相比较，在很难做到由国家直接控制的防止海洋污染领域，国家只为私人行为承担有限的间接责任，这是理所当然的。不论怎样，国家为域外私人行为承担责任的根据，可以从国家完全可能置私人行为于自己的管理、控制之下这样的事实中去探求。之所以这样说，乃是因为，国家为其领域内私人行为承担责任的根据在于国家基于领域管辖权所承担的国际义务，反过来说，国家对其领域内的人或物的管辖和控制所产生的义务

---

① 见刘军华《论国际损害责任》，《南京财经大学学报》2005年第6期。
② 见马黎《可持续发展与跨国公司的环境责任》，《湖北社会科学》2005年第12期。
③ 见张辉《跨国公司环境法律责任的归责原则》，《安庆师范学院学报》（社会科学版）2004年第2期。

正如本章开始所述。简而言之，国家为私人行为承担责任的根据，可以说乃是基于国家可以将私人行为置于国家的管辖和控制之下这个现实。因而，不论是领域内还是领域外的私人行为的国家责任，都可以认为是与国家传统的属地管辖权和属人管辖权概念相对应的。环境保护在所有国家都是一项首要的国家任务。造成环境负担，尤其在产生有害影响时，都是在国家的控制之下。这不仅涉及对所有其他私人行为的抽象的国家控制，而且也涉及对环境污染的特殊控制。如果国家在国际上承担环境保护责任，则应执行"环境保护是国家任务"的原则。另外，国家承担赔偿责任也可以被看作是"权利与义务的一种平衡"。因为，控制国被推定从这种高度危险的活动中获利，那么它也应该承担与此相关联的其他费用，包括一旦事故发生后所应负的赔偿责任。[①]

（四）求偿机制

1. 求偿主体

根据外空损害赔偿公约的规定，可以向发射国提出损害赔偿的对象有下述三种：(1) 遭受损害的国家，或遭受损害的任一国家的自然人和法人，可向发射国提出赔偿损害的要求；(2) 若受害的自然人或法人的原籍国未提出赔偿要求，该自然人或法人的所在国可就其所受的损害，向发射国提出赔偿要求；(3) 若永久居民的原籍国或永久居民在其境内遭受损害的国家，均未提出赔偿要求，永久居民的居住国得就其所受的损害，向发射国提出赔偿要求。另外，可以认为，除了上述国家可以作为求偿主体外，受到国际损害的个人、企业、组织也可以通过国内司法程序获得赔偿。

2. 赔偿范围

对国际损害后果的赔偿主要包括四个方面：对环境损害的赔偿、对人的生命与健康造成损害的赔偿、对财产损害的赔偿以及因采取预防和防范措施而发生的费用和损害。

3. 求偿程序

外交途径是跨国界环境损害国际求偿的主要途径。当跨国界环境污染事件发生时，直接受到伤害的往往是公民，这时国家对其国民受到的伤害向责任方提出国际求偿。受害国可以直接向污染输出国提出抗议、谴责，通过谈判或采取其他的方式对加害国施加压力，督促其承担跨国界环境损害的国际

---

① 见林灿铃《国际法上的跨界损害之国家责任》，华文出版社2000年版，第180—181页。

责任。通过外交途径未能实现国际求偿时，受害国可以通过法律途径来实现其求偿意愿。当今国际社会，选择仲裁是一条可行的途径。仲裁就是当事国根据协议把争议交给自行选择的仲裁员处理，并相互约定遵守其裁决的解决争端的方式。通过国际司法途径实现国际求偿，是指当事方把有关求偿的争议交给一个事先成立的、由独立法官组成的国际法院或者国际法庭。目前，解决国际求偿问题的国际司法机关主要是指国际法院，在历史上还存在国际常设法院。从目前的国际实践来看，进行外交谈判与利用国内法院进行求偿是一种平行的机制。也就是说，受影响国或受害人通过外交途径向起源国提出越境损害的求偿要求以前，没有必要用尽当地一切法律救济。其目的也是为了最大限度地保护受害方，使其能尽快得到赔偿。受害方可以选择利用对其更为有利的方式。但是一旦进行了选择，受害方即不能就同一损害利用两种渠道同时提出求偿要求，许多有关的国际公约都是这样规定的。①

（五）国际环境损害责任的私法化

国际环境损害责任的私法化是国际环境损害责任领域比较新颖的观点，主要论文有那力的《国际环境损害责任的私法化》和杨利雅的《论国际环境责任的私法化》。这些文章旨在探讨国际环境损害责任的多元化和发展趋势，从理论上对国际环境损害责任私法化的内容和法学方法论问题进行了系统的分析、探讨。通过对《国际油污损害民事责任公约》规定及其实践、其他公约以及地区性公约的分析，可以看出具有一种共性，即这些公约都强调，除了就外空物体造成的损害国家应承担责任这种例外之外，民事主体的民事责任才是主流体制。已经形成、需要强调的一项原则是，运营人并不总是责任人，在事故发生时能够采取最有效的风险控制手段的人才应该承担主要责任。在总结国际社会有关法律和实践的基础上，国际法委员会确定应该以环境损害造成的损失的分担问题为中心，构筑国际环境损害责任体系。责任分担的模式和原则需要从以上的诸条约中总结、抽象出来。对责任分配机制进行深入研究的目的是建立一种既有利于国际环境保护，能保障环境事故受害人的合法权益，又能被各国普遍接受的、不影响容易造成环境污染和损害领域和行业进行正常经济社会活动（例如海上石油运输）的责任分配体制。此外，国际环境损害民事责任的要素包括：诉由、因果关系、注意义务

---

① 见张伟《论国际损害责任》，华东政法大学 2003 年硕士学位论文；何理想：《跨国界污染的国家责任》，《长安大学学报》（社会科学版）2006 年第 2 期。

的履行、损害与赔偿的确定、环境本身和自然资源的损害能否得到赔偿、损害的计量、诉讼资格、适当管辖权。① 而杨利雅的主要观点是：民事责任是国际环境责任承担的主要方式。用民事责任来解决国际环境争议的方式主要有两种：第一种是制定统一的国际实体法；第二种是利用冲突规范。② 在环境损害责任领域，大多数学者的研究都是从整个环境领域着手，对于某个环境具体领域的损害责任的研究建树不多，如有关南极环境损害责任的研究近十年就只有一篇文章，③ 越境转移有害废物的国际责任方面也有零星的两三篇文章。④ 总之，虽然环境损害责任方面的文章和论著还有一些，但是总体上研究还是比较薄弱，有很多问题都没有得到很好的澄清，这有待中国国际法学者的进一步努力。

四 国际组织的国际责任

在本章第一部分有关国际责任主体的述评中，已经对国际组织的国际责任主体地位进行了初步的说明。但是，由于国际组织的国际责任是近年来中国学者研究的一个热点问题，研究成果也比较多，因此值得进行专门介绍和总结。国际组织的国际责任在很多方面，都可以参考或者借鉴国家责任的一些规定，但是它也有自身的特点，这也是中国学者着重研究的内容，其主要方面包括：国际组织承担责任的法理依据、国际组织承担责任的内容、国际组织与成员国的责任分担问题以及联合国的责任问题。

（一）国际组织承担责任的法理依据

国际组织承担责任的法理依据主要在于国际组织具有国际法律人格。国际责任以责任能力的存在为前提。依据国际法，只有国际法主体才能以自己的名义参与国际关系，独立承担国际法上的权利、义务和责任。因此，国际组织有无责任能力，归根到底取决于国际组织有没有国际法主体资格的问题。国际组织有无主体资格不能抽象地一概而论，要依具体组织而定。目前，几乎所有的国际法学者都接受了这种观点，即"国际组织在行使其职

---

① 见那力《国际环境损害责任的私法化》，《当代法学》2004年第18卷第4期。
② 见杨利雅《论国际环境责任的私法化》，《求索》2006年第7期。
③ 见李微微《南极环境损害责任制度的新发展》，《法学评论》2000年第3期。
④ 见斜晓东《有害废物越境转移对传统国家责任的挑战》，《现代法学》2004年第26卷第1期；赵建文：《越境转移有害废物的国际责任》，《中国法学》1997年第6期。

权范围内具有国际法人资格"。许多国际组织的组织条约或条约草案在其文本中也明示或默示地承认该组织的国际法主体地位,例如《非洲统一组织宪章》、《美洲国家组织宪章》和《东南亚国家联盟成立宣言》等。国际组织拥有国际法主体资格,自然而然对其国际不当行为有承担责任的能力和承担责任的必要。国际组织是国际法主体,具有承担国际责任的能力,但其责任范围会因组织的不同而有差异。这是因为,国际组织的权力来源于成员国权力的让与,国际组织的人格基于其组织基本文件的规定,局限于基本文件规定的范围和条件之内,服务于实现组织宗旨和职能的目的,因而国际组织只可能在这个有限的主体范围内从事活动。因此,国际组织承担国际法律责任,是其作为国际法的主体的必然结果。此外,权利义务对等原则和国际法律秩序稳定的需要也是国际组织承担责任的法理依据。①

(二) 国际组织承担责任的内容

国际组织承担责任的各种具体方式,即国际组织责任的内容,在很大程度上也只能借鉴国家责任内容的有关规定,同时,由于国际组织自身存在的特点而使得其责任内容也具备一定的特殊性。能够适用于国际组织的承担责任的具体形式,只能包括停止、保证不重犯和损害赔偿(包括恢复原状、补偿和抵偿)三种,它们共同构成国际组织责任的内容。② 限制主权和国际法上的刑事责任则无法适用于国际组织,这是因为,限制主权和国际法上的刑事责任都是针对武装侵略、破坏国际和平与安全等严重国际犯罪行为而采取的一种严厉制裁措施,而国际组织中,除了联合国、欧洲联盟、美洲国家组织、非洲统一组织和东南亚国家联盟等少数具有一般性和政治性宗旨的组织之外,绝大多数国际组织都是在某一确定的狭窄领域内——例如通讯、气象、海事、劳动立法、各种商品的生产和消费等——发挥其特定职能。也就是说,多数组织的主体资格和权力能力局限于某专门领域,它们没有必要也没有可能从事诸如发动侵略战争和破坏国际和平与安全那样的犯罪,从而也就不会承担与之相应的"限制主权"和"刑事责任"之类的惩罚。再者,尽管国际组织是国际法主体,但它不同于国家,没有主权,也就没有限制主

---

① 见慕亚平、郑艳《论国际组织的国际法律责任》,《中山大学学报》(社会科学版) 1999 年第 3 期;另见龚向前《试论国际组织的法律责任》,《佛山科学技术学院学报》(社会科学版) 2004 年第 22 卷第 5 期。

② 见李红《国际组织的责任》,中国政法大学 2006 年博士学位论文,第 105—106 页。

权的可能。①

(三) 国际组织与成员国的责任分担问题

对于国际组织承担国际法律责任的分担问题，也存在争议：责任是由国际组织单独承担？还是由成员国承担？或者是由国际组织和其成员国共同承担？如果由国际组织单独承担，该组织因承担责任而产生的债务该如何实现？如果组织和成员国共同承担，是组织还是成员国负主要责任？如果由成员国承担，该哪个或哪些成员国承担？对于这些问题，国际法学者仁者见仁、智者见智。国际组织在绝大多数情况下应以国际法主体资格单独承担责任，除非有条约明示规定实行共同承担。而且，即使在共同承担责任的情况下，赔偿请求也应先向国际组织提出，只有在经过合理期限仍未满足的情况下，才能向成员国提出。② 另有学者认为，这一方面的法律机制应该符合以下两个标准才是良好的：一是要较好地保护国际组织的独立性，由此保护国际组织在国际社会的进一步发展，否则就不符合国际社会组织化发展的大趋势；二是要保护受害方的合法权益，否则就会失去法律的公正性，甚至是鼓励不法行为的发生，也不符合责任法律机制遏制不法行为的宗旨。不可否认，在这两个标准之间存在着一定的矛盾，不过，也正是在这种矛盾张力的推动下，国际组织法律责任机制才会不断地趋于完善。③ 还有学者认为，首先，如果国际组织没有履行足够的责任义务，或者成员国没有有效地控制国际组织的越权行为，这时成员国可能承担辅助责任或连带责任。其次，成员国在国际法上被视为国际组织的代理人，部分成员国的过错也构成国际组织的责任，国际组织应为成员国的过错承担责任。此外，如果一国派遣官员到一国际组织，并以该组织官员的身份行事，则其行为应由该国际组织而不是由派出国负责；如果成员国与国际组织采取共同行动而引起责任，国际组织应承担责任，但每一个成员国均需为自己所涉及的行为负责。最后，成员国实际控制下的行为，即使以国际组织名义行事，所产生的国际责任也主要由

---

① 见慕亚平、郑艳《论国际组织的国际法律责任》，《中山大学学报》(社会科学版) 1999年第 3 期。另见夏林华《国际组织的国际法律责任问题研究》，湖南师范大学 2004 年硕士学位论文。

② 见夏林华《国际组织的国际法律责任问题研究》，湖南师范大学 2004 年硕士学位论文；另见慕亚平、郑艳《论国际组织的国际法律责任》，《中山大学学报》(社会科学版) 1999 年第 3 期。

③ 见李红《国际组织的责任》，中国政法大学 2006 年博士学位论文。

成员国承担。①

（四）联合国的责任问题

在有关国际组织的国际责任的研究中，联合国这一最重要的国际组织的责任问题应该是一个重点。但是，在中国学者的研究中，除了在有关国际责任以及国际组织的国际责任的一般性研究中，对于联合国的责任问题有所涉及之外，专门性的研究比较少，仅有的一本专著和两篇论文，都出自同一位作者。② 这位作者的主要观点是，现存的国家责任制度经过必要的调整，可以适用于联合国组织的责任及其维和行动的国际人道主义责任，这不仅具有切实的理论基础和充分的法律根据，同时也具有鲜明的现实意义。联合国的国际责任能力是其享有国际人格的法律结果。尽管联合国仅具有有限的国际人格，但是这并不必然对其责任能力形成限制。作为国际法主体，联合国完全能够独立地为其不法行为承担国际责任。联合国作为国际社会最大和最重要的一个国际组织，它的国际责任应该在将来得到学界更广泛的关注和研究。

五 对国际责任研究的总体评价

国际责任是现代国际法上最为基础和重要的制度之一，对于体现国际法的法律性、树立国际法的权威性、促进国际关系的健康和稳定发展，具有十分重要的意义。西方学者也一直将该问题作为国际法中的一个重要课题加以研究。近十年来，随着国际法的蓬勃发展以及国际法委员会对《国家责任的条款草案》和《国际法不加禁止行为造成损害性后果的国际责任条款草案》的编纂，国际责任作为国际法的一个重要领域得到了中国越来越多的国际法学者的重视，也涌现出了一些很优秀的专著和论文。但是，对于国际责任特别是国家责任问题的研究，中国学者大多从《国家责任条款草案》出发，比较注重对文本的研究，尽管也涉及了一些案例，但是很少有学者把笔触放到国内，从中国的实践角度来探讨国家责任问题，这在今后的学术研

---

① 见龚向前《试论国际组织的法律责任》，《佛山科学技术学院学报》（社会科学版）2004年第22卷第5期。

② 见孙萌《论国家责任制度在联合国组织的适用》，《中国法学》2005年第1期；《论联合国的国际责任能力》，《外交评论》2006年总第88期；《联合国维和行动违法责任研究》，知识产权出版社2006年版。

究中值得引起学者的重视。由于国际责任涉及的理论和实践问题极其复杂，还有中国国际法学界一直将该问题视为冷门问题的传统，中国学者对于这一领域的研究相对于国际法其他领域是远远不够的，诸多的理论和实践问题仍有待学界的进一步研究。

第三章 国际条约法研究的新发展

国际条约法是国际法中最为核心也最为传统的部门之一，因此发展得比较成熟，在冷战结束以后国际格局大变动、国际法律大发展的时期，并没有太多的制度性发展。因此，在过去的十几年间，同其他国际法的分支学科相比，总的来说中国的国际法学者专门讨论条约法的论文和著作相对较少，对于国际条约法基本理论并没有取得任何突破性研究，只是在实践过程中对原有的理论有了更全面、更深入的理解和认识。尽管如此，仍然可以看到国内学者在这个领域中取得的一些令人鼓舞的成就。

条约法的基本理论方面出现了一些新的研究领域。如有的学者指出，尽管现代国际法的发展主要是依靠多边条约的理论和实践的发展，但是也不能忽略双边条约对国际法的作用和意义，因此该学者认为，双边条约之所以是适格的国际法渊源，就在于其规定了体现当事各方权利义务关系的法律规则。有学者讨论了《欧盟宪法条约》的性质问题，得出结论说欧盟宪法只是在面对难以逾越的主权障碍时所产生的妥协折中的产物，但却推动了区域国际法的发展和创新。地方实体的缔约能力问题是一个纯粹的国际法的理论问题，有学者对此作了深入透彻的分析，认为只要地方实体的缔约能力得到其本国的合法授权，并得到国际社会其他成员尤其是其他国家的承认，国际法理论就会接受地方实体成为缔约主体。在条约的保留方面，许多学者在论文中反复强调了"和谐一致"规则的适用，认为这是在鼓励尽可能多的国家参加条约与保持条约的完整性之间维持一种平衡应当遵循的一项原则。还有学者探讨了《联合国宪章》的解释权问题，并分析了《宪章》的解释主体，解释范围，以及解释方法等理论问题，丰富了国际法的理论。国际条约对第三国的效力问题是国际法的一个传统的理论问题，但是很少有学者讨论国际法对私人的效力问题，有学者撰文指出国际条约对私人的效力包括三种情形：一是条约对私人的利益产生影响；二是条约为私人创设权利；三是条约为私人创设行为规范。有学者还根据国内法的法律冲突理论探讨了当国际条约之间发生冲突时如何解决的问题，可以说这也是国际法理论的一个创新。不平等条约问题是一个历史问题，在现实的国际法理论中讨论它的理论价值和意义，同样会有新的理论收获。学者们从不平等条约的概念起源、不平等条约对清末法制变革的直接影响、义和团运动对不平等条约体系的重大影响、戊戌变法时期维新派对不平等条约的认识、薛福成修改不平等条约的思想问题以及顾维钧通过外交途径争取废除不平等条约的实践活动等方面，论述了不平等条约问题。

学者们对国际法与国内法的关系和国际法在国内的适用问题讨论得比较热烈，见仁见智，很好地发展了这方面的理论。有学者从当代科学发展的新理论高度探讨了国际条约和国内法的关系；许多学者从单个领域中讨论了国际法的这一理论问题，如国际人权法与国内法的关系；更多的学者赞同国际法与国内法的关系应是对立统一的关系，两者的关系在本质上应该是协调发展；还有学者建议以法律规范的和谐统一作为科学地认识国际法与国内法关系的逻辑点；国家主权论者主张，国际法与国内法二者何者优先的问题，是由国家主权决定的。

关于国际法在国内的适用问题，有学者指出主要涉及两个问题，即国际条约能否直接适用于国内？国际条约与国内法发生冲突时如何解决？有学者分析认为，世界主要国家均以宪法或宪法性规范的形式，明确规定国际法在国内法中的效力问题，很多学者从国内宪法的角度探讨了国际法的效力问题，并提出了一些建议。在分析国际法在国内的适用方式时，学者们认为无论是转化还是纳入的方式，在本质上并无任何区别，这两种方式都是在国内法中适用条约的有效方式。采取哪一种方式也完全是国内法的问题，本质上都是通过国内法的接受而使条约在国内实现其效力。当国际法与国内法发生冲突时，有学者借鉴国内法的处理方式，建议采取高位法优于低位法、后法优于前法等原则。

中国学者也研究了国际法在国内适用的实践问题，但学者们更多地关注的是条约如何在中国国内适用的问题。学者们从国际法与中国国内法的关系、条约在中国的适用方式以及当国际法与中国的国内法发生冲突时何者优先三个方面着手，论述了中国现阶段适用国际法的情况，并对其中的不足之处作了评析，许多学者还给出了自己的建议。

以下就从条约法的基本问题、条约的缔结、保留、解释、效力、终止或暂停实施、国际条约与国内法的关系以及国际组织与条约的关系等几个方面，对近十年来中国学者在国际条约法研究方面的新发展进行述评。条约是现代国际法的主要渊源，但是与另外一项同等重要的渊源即习惯或习惯国际法有非常紧密的联系，因此对相关研究的述评也结合进对条约法理论研究的述评中。

一 条约法的基本问题

近年来，无论是国外还是国内的学者对条约的基本问题的研究并没有多少突破性的进展。但是，还是有学者致力于条约的基本问题的研究，并取得了一定的成效。

有学者指出，诸多条约的签订与生效极大地丰富和发展了国际法的内涵和体系，如果没有这些条约的签订，国际法不可能发展到今天这个地步。较之于习惯国际法和一般法律原则等其他国际法渊源，由于条约具有能够快速、及时、明确地确定各类国际法主体之间的权利和义务关系的优点，以及复杂的经济和技术问题不能用习惯法来调节，因此国际法主体之间订立的条约越来越多，条约成了国际法的最重要渊源。条约不但是国际法主体参与国际关系和进行国际交换的主要工具，而且成为国际法主体解决彼此之间各种争端的必不可少的法律工具。条约作为国际法最重要的渊源，构成了当代国际法律体系的基本框架，并且成为约束国际法主体进行国际交往的主要法律依据。①

条约和习惯是国际法的两个最主要渊源，从而也是国际造法的两种主要方式。有学者对习惯造法和条约造法各自的优、缺点，关于习惯和条约在国际法渊源中的相对地位以及在国际造法中的作用等问题，作了系统的探讨。② 另外，两者之间的联系和区别一直是国际法理论的难点。有学者认为，一项新的习惯国际法规则产生于一项内容相同的成文规则之时，其产生是以成文条约为前提的，但是公约约文并不一定能够导致习惯法的产生。习惯法产生的标准是其形成的主客观条件是否被充分满足。以条约为基础产生习惯法的方式并不是习惯法形成的一条捷径，习惯法的拘束力绝不是一次性获得的，而是逐渐性的。以条约转化成为习惯法这一过程所体现的是对普遍原则进行反映的具体要求。③ 有学者在以往理论的基础上作了更深入的理论分析，认为条约规则成为一般习惯法是习惯法中久已确立的规则。《维也纳

---

① 见李伯军《对条约在国际法中的地位、缺陷与发展趋势问题的探讨》，《时代法学》2004 年第 3 期；另参见江国青《论国际法与国际条约（续一）》，《真理的追求》2000 年第 10 期。
② 见姜文忠《习惯和条约的国际造法功能比较》，《法学》2001 年第 4 期。
③ 见孙萌《以条约为基础产生的习惯法》，《法学》2001 年第 8 期。

条约法公约》除了承认条约规则成为一般习惯法的可能外,没有规定条约规则成为一般习惯法的条件。但国际法院在北海大陆架案中对条约规则成为一般习惯法的条件作了权威性表述。条约规则成为一般习惯法只是形成习惯法的方法之一,它同样必须满足《国际法院规约》第 38 条规定的条件,即常例的存在及接受为法律,这是没有疑问的。问题是它是否还必须具备另外两个条件:规则创立性和普遍性条约。应该说普遍性条约并不是条约规则成为一般习惯法的必要条件。诚然,广泛的和有代表性参加的条约在适用过程中更容易形成常例,很有可能成为一般习惯法规则,但普遍性条约决非是条约规则成为一般习惯法的必要条件。实际上,双边条约和缔约方有限的多边条约所规定的规则也有可能成为一般习惯法。但规则创立性应该是条约规则成为一般习惯法的要件。可以将条约规则成为一般习惯法的形成过程概述为:条约当事国通过条约的适用或其他国家实践提出单方面权利主张,非当事国根据国际社会的利益,主要是根据自己的利益评价条约规则,通过国家实践接受其为法,从而使条约规则成为一般习惯法规则。条约规则成为一般习惯法不是突然完成的,它取决于国家实践和法律确信何时具备,而不取决于条约预先确定的某个阶段。习惯法具有的流动和充满活力的特性,使得抽象地确定在何时国家实践和法律确信产生习惯法非常困难。而且,确定习惯法的"生日"实际上是无用的,对司法实践也没有任何意义。人们只能并且只需查明在确定的时间内习惯法规则是否存在即可,而没有必要也不可能预先规定习惯法的形成时间。①

此外,有学者指出,由于在不恰当的程度上强调作为法律渊源的规则应具有拘束力的普遍性和适用的自动性,因此多数学者将双边条约拒斥于国际法渊源之外。事实上,在同一事项上具有相同或相似条款的双边条约并不总是能促进习惯法的生成和证明其存在,双边条约之所以是适格的国际法渊源,就在于其规定了体现当事各方权利义务关系的法律规则。② 多边条约含义的界定影响着条约在国际法中的地位,有学者以多边刑事条约为例对其含义进行了界定。③ 还有学者认为条约采用联合声明的名称和形式,是基于种种现实与法律的考虑的,联合声明不一定都是条约,而作为条约的联合声明

---

① 见王军敏《条约规则成为一般习惯法》,《法学研究》2001 年第 3 期。
② 见杨卫东、郭斌献《双边条约与国际法渊源》,《中国青年政治学院学报》2001 年第 2 期。
③ 见刘远山《略论多边刑事条约的概念、特征和种类》,《河北法学》2004 年第 22 卷第 7 期。

的法律拘束力绝不逊色于一般条约。①

有学者探讨了关于《欧盟宪法条约》性质问题，即该文书究竟是一部联邦宪法抑或仅仅是一部宪法性条约？该学者指出，在今天的国际政治现实中，试图以一个国际组织或者区域一体化组织来颠覆、代替传统的民族国家的做法，即使在文化同源的欧洲，对大多数政治家和普通民众来说也是超前和难以接受的。所以现时的欧盟宪法只是在面对难以逾越的主权障碍时所产生的妥协折中的产物。但是，欧盟条约的宪法化对国际组织法、区域国际法乃至整个国际法的发展都有着重要意义：它开国际组织宪章宪法化之先河，为国际组织法律化提供了思路和模式；其规定大大超出了一般区域国际法的基本规范，为其他区域一体化组织的发展提供了借鉴，推动了区域国际法的发展和创新；欧盟宪法的产生开创了一个民族国家体系与超国家治理并存的新时代，对走向全球治理的国际法也必将产生重大影响。②

"法治与国际和谐社会"是 2006 年 9 月在中国召开的世界法律大会的主题，反映了目前国际国内建设和谐社会的普遍要求和美好愿望。国际和谐社会是"世界各国和平共处，共同繁荣，全面可持续发展的社会"，国际社会应以和谐作为发展目标。有学者研究了国际条约与构建国际和谐社会的关系，认为构建国际和谐社会应以国际条约为基础，国际条约对构建国际和谐社会具有基础和保障作用。和谐的实现在法律框架下表现为权利与义务的均衡。国际条约为国家设定的权利与义务是实现国际社会和谐的关键，当国家之间的权利与义务失衡时，和谐就很难实现了。应该说，从过去到现在，条约必须遵守原则都一直是条约法中一项最重要的基本原则，该原则要求不仅按照条约的文字，而且也按照条约的精神履行条约，要求不仅不以任何行为破坏条约的宗旨和目的，而且予以不折不扣的履行。这一原则为国际间的互依互赖创造了条件，从而确保了国际关系的稳定和国际和平的维持，并最终为国际社会的和谐提供了保障。可是，在国际实践中，违反条约的行为也是存在的，但这些违反条约的事实不能抹杀绝大多数的重要条约得到遵守的事实。国际条约对国家之间关系的调整，最终应达到各种关系的和谐，和谐是通过对不和谐的调整逐渐实现的，从不和谐到和谐显然是矛盾不断解决、协

---

① 见柳华文《论作为条约的联合声明》，《法学杂志》1997 年第 6 期。
② 见戴轶《宪法乎？条约乎？——对〈欧盟宪法条约〉的法理学分析》，《欧洲研究》2005 年第 2 期。

调的过程。①

二 条约的缔结

（一）地方实体的缔约能力

有学者结合联邦国家组成部分及中国特别行政区的缔约实践，分析了一个国家内部作为其组成单位的地方实体是否可能具有缔约能力以及这种能力的特点问题。判断地方实体是否具有国际人格的标准，应该是主权国家是否承认其具有这种人格，或者该实体的出现是否是主权国家有意创设一国际人格者的直接结果。但是这又涉及国家主权的问题。一国内部的地方行政区域原则上并不具有国际人格，其他国际法主体与此种实体交往不能损害该实体所属国的主权和领土完整。因此，某一地方实体是否具有国际人格，仅有其他国家的承认这一条件是不够的，还必须依据其所属国对其参与国际关系的能力的承认或者授权。在本国对其地方行政区域参与国际关系的能力予以授权之后，该实体具有相应的国际人格就不与国家主权原则相冲突。地方实体原则上不具有缔约能力，如其具有缔约能力，必须存在非常例外的因素。这种例外的因素即是地方实体所属国的同意及国际社会的承认两项条件，在这两项条件都具备的情况下，地方实体才具有相应的国际人格，可以与其他国际法主体发生条约法律关系。总之，国际法理论并不排除地方实体具有缔约能力的可能性，只要这些实体的缔约能力得到其本国的合法授权，并得到国际社会其他成员尤其是其他国家的承认。②

（二）条约的批准

有学者认为，中国1982年《宪法》是在中国改革开放初期制定的，其中有关条约批准的宪法程序已不适应复杂多变的国际形势的需要，亟待修改。修宪应该结合在中国建立违宪审查制度这一重大问题，考虑修改现行条约批准的宪法程序。针对具体的宪法条款，该学者介绍了自己的建议。③

---

① 见栗晓宏《国际条约与构建国际和谐社会》，《当代法学》2006年第2期。
② 见尹文强《论地方实体的缔约能力问题》，《外交评论》2006年总第89期。
③ 见张乃根《论条约批准的宪法程序修改》，《政治与法律》2004年第1期。

三 条约的保留

条约的保留问题是国际条约法的理论和实践中一个极为复杂的领域,一直是国内国际法学者关注的焦点。

有学者认为,条约的保留制度很好地协调了使条约得到更多国家的接受和维护条约的完整性之间的矛盾,但总的趋势是限制保留,特别是人权条约的保留。考虑到国际人权法在当前的发展水平以及各国相当程度上的多样性,只要保留是合理和不可避免的,就是可接受的。①

学者们对国际人权条约的保留问题尤为关注,这是因为,允许保留使得人权条约更具普遍性,而不加限制的保留毫无疑问将破坏人权条约的宗旨和目的。如何在保存条约的价值和争取条约的普遍参加之间维持一种平衡,这在国际法的理论和实践中一直是存在很大争论的问题。国家根据国际人权条约所承担的责任既有强行性责任,也有一般性责任。而且,我们必须看到国际人权条约中强行法的内容毕竟只占很小一部分,当事国所承担的普遍性义务并不多,"相互性"原则仍然适用于人权条约,绝大部分义务仍是以相互接受、相互履行为基础的。国际人权条约和其他多边条约并没有本质的区别,多边条约的保留制度同样适用于国际人权条约。② 实践表明,在条约允许保留的场合,国家一般都会充分利用这种机会。一国对国际人权条约作出保留,并非不愿意尊重和保护人权,而是由于各种各样复杂的原因促成的。在人权国际保护方面,主权问题尤显敏感,国家在承诺其国际义务时,不得不慎重考虑政治的、法律的以及实际存在的因素,这些因素就是导致国家在批准或加入国际人权条约时作出一个或多个保留的原因。因此,不得不在鼓励尽可能多的国家参加条约与保持条约的完整性之间维持一种平衡。在大多数多边条约中,这一平衡职能是由"和谐一致"规则实现的。在条约没有明确规定时,则适用"和谐一致"规则,但条约有时也明文规定保留规则,

---

① 见孙世彦《对国际人权条约保留的原因》,《北大国际法与比较法评论》2002 年第 1 卷;孙世彦:《国际条约和国内法的关系与对国际人权条约的保留》,载朱晓青、黄列主编《国际条约与国内法的关系》,世界知识出版社 2000 年版;赵建文:《〈公民权利和政治权利国际公约〉的保留和解释性声明》,《法学研究》2004 年第 5 期;戴瑞君:《浅析对人权条约的保留——以〈消除对妇女一切形式歧视公约〉为例》,提交中国社会科学院国际法研究中心"第三届国际法论坛:国际法的新发展"的论文。

② 见何鹰《ICCPR 及其任择议定书的保留、限制和克减》,《社会科学研究》2005 年第 3 期。

如绝对禁止保留规则、泛美规则、明确列举规则、多数规则以及欧洲联盟规则等。可以说，每一种规则既有其合理之处，也有不尽如人意的地方。某一条约究竟应该选择适用哪一种保留规则，除了分析各类保留规则的特点外，条约的性质、条约的适用范围、缔约国的意图以及缔约国的数目等，都是需要予以考虑的因素，但最后的结果还是取决于缔约各国的协商一致。①

有学者指出，一个国家在签署、批准或加入条约时，可能声明它对条约某些规定的理解，即提出所谓的"解释性声明"。在有关国家发表的有关公约的"解释性声明"中，有的是真正的解释性声明，有的则是以解释性声明的名义提出的保留。欲以解释性声明或其他名义达到保留的目的，其效果是不确定的。关于解释性声明是否是保留的问题，要根据具体声明是否具有更改或排除条约规定的法律效果来确定，这也是条约的保留与解释性声明的主要区别。即使对于所谓的"限制性解释性声明"的性质，也需要根据上述区分标准具体分析，笼统地或一般的肯定它是或不是保留的说法是不正确的。②

另有学者探讨了国际统一私法公约的保留对实现其宗旨的积极和消极影响，指出在中国改革开放、发展社会主义市场经济的背景下，研究国际统一私法公约的保留问题具有重要的意义。③

四　条约的解释

在条约的解释方面，有学者讨论了《联合国宪章》的解释问题，指出《宪章》的法律特性及特殊法律地位决定了它在解释上的独特性。尽管《宪章》中没有任何关于解释的条款，但仍可从国际法和条约法的一般规则出发，认识和理解对于《宪章》的解释问题。根据罗马法的格言"谁制定的法律谁就有权解释"，联合国的会员国作为《宪章》的制定者，应该有权解释《宪章》。从国际条约法上讲，会员国对《宪章》的解释权也是不言而喻的，因为条约主要是由缔约国来解释和适用的。联合国的所有会员国都有权

---

① 见万鄂湘、郑曦林《论国际人权条约的保留》，《武汉大学学报》（哲学社会科学版）1995年第6期。

② 见石磊《试论条约保留的概念及与解释性声明的区别》，《信阳师范学院学报》（哲学社会科学版）2003年第4期；赵建文：《〈公民权利和政治权利国际公约〉的保留和解释性声明》，《法学研究》2004年第5期。

③ 见徐国建《国际统一私法公约的保留》，《中国社会科学》1995年第5期。

解释《宪章》，但这并不意味着会员国有任意的解释权。联合国的主要政治机构是大会和安理会，它们亦有权对《宪章》的规定做出解释，在旧金山制宪会议上所通过的一个关于《宪章》解释的声明对此已予以确认。关于联合国各机构是否有权解释《宪章》的问题，在旧金山制宪会议的第四专门委员会第二委员会（关于法律问题的委员会）上曾经审议过。但该委员会决定不把解释问题在《宪章》中做出明确规定，只是在该委员会的最后报告中含有一份关于解释的声明。除了大会、安理会和国际法院这些旧金山会议解释声明中明确提及的联合国主要机构之外，有权解释《宪章》的机构还有联合国的其他机构和附属机构，如经社理事会、联合国秘书长、人权委员会、国际法委员会等。最后还应提及学者们对《宪章》进行的学理解释，这种解释是学者在其论著中关于特定的《宪章》条款应当如何解释的意见。① 而《宪章》的解释规则及解释方法归纳为五种：文义解释（用语的通常意义规则）、系统解释（联系上下文的方法）、目的解释（与条约的目的与宗旨的关联）、历史解释（借助准备资料的方法）以及惯例解释。②

有学者讨论了 WTO 争端解决机构对 WTO 规则的司法解释权问题。在 WTO 争端解决实践中，主要由专家组和上诉机构承担了规则解释的重任。专家组和上诉机构在争端解决程序中采用的主要解释方法包括：文法解释方法、系统解释方法、目的解释方法和历史解释方法。③

有学者也探讨了有关欧盟法的解释问题。指出欧盟法的法律解释权专属于欧洲法院享有。欧洲法院的法律解释权范围不仅涉及法院在适用欧盟法时需做出的解释，而且对于相关的欧盟二级立法是否符合欧盟法基本条约的规定及其精神，欧洲法院也可对其进行解释和判断。欧盟法解释的客体范围包括欧盟的基础条约和根据欧盟条约制定的条例、指令和决定。结合欧盟法的特性及其实践，统一解释原则在欧盟法解释实践中具有重要意义。欧洲法院在其几十年的解释实践中，逐渐确立了以下几种主要的解释方法：文义解释、历史解释、体系解释和目的解释。④

---

① 见黄瑶《联合国宪章的解释权问题》，《法学研究》2003 年第 2 期。
② 见黄瑶《论〈联合国宪章〉的解释方法问题》，《中国法学》2003 年第 6 期。
③ 见翁国民、蒋奋《论 WTO 规则的法律解释方法——兼谈国际条约法的解释理论在 WTO 争端解决机制中的运用》，《当代法学》2004 年第 18 卷第 5 期；另参见张乃根《论 WTO 争端解决的条约解释》，《时代法学》2005 年第 6 期。
④ 见徐淑霞《论欧盟法的解释》，《齐鲁学刊》2005 年第 6 期。

五 条约的效力

(一) 条约对第三方的效力

在条约的效力方面,有学者讨论了条约对第三国(方)的法律效力问题,认为在某些特殊情况下,条约也会为第三国(方)创设义务或权利,主要有三种情况:根据《维也纳条约法公约》第 35 条和第 36 条的规定,第三国(方)可以承担条约所规定的义务或享受条约中的权利;根据《维也纳条约法公约》第 38 条的规定,条约所载规则成为习惯国际法而对第三国(方)有法律效力;由于"客观制度",条约可为第三国创设义务或权利。根据《维也纳条约法公约》第 37 条第 1 款的规定,条约为第三国(方)创设的义务,如条约缔约国和第三国(方)未另作协定,要取消或变更这些义务,必须经条约缔约国和第三国(方)双方同意才行,任何一方都不能单方变更或取消该义务。根据《维也纳条约法公约》第 37 条第 2 款的规定,对第三国(方)授予的权利,缔约国不得任意取消或变更,除非第三国(方)同意缔约国这样做。这项规定对第三国(方)保持自己享有的权利有利。这是因为,从实践上看,凡是授予第三国(方)权利的条约都属于同时对第三国(方)规定了义务的条约,为保证第三国不致发生只履行义务而不能享受权利的不公平现象发生,《维也纳条约法公约》第 37 条第 2 款规定了非经第三国(方)同意,条约缔约国不得变更或取消第三国(方)享有的权利。严格来说,此项规定与其说是为了更好地维护第三国(方)的利益,还不如说是为了更好地维护国际习惯。[①]

(二) 条约对私人的效力

有学者撰文指出,国际条约对私人的效力包括三种情形:一是条约对私人的利益产生影响;二是条约为私人创设权利;三是条约为私人创设行为规范。对私人利益产生影响的条约并不需要直接规定私人的权利与义务,通过规定缔约国之间的权利义务即可使私人获得某种利益或使其利益范围受到某种限定。识别条约是否为私人创设权利的标准,是条约所规定的权利的实现是否需要依托国内法规定;如果条约所规定的私人权利可不经国内法而自行

---

① 见王庆海、刘爽《条约对第三国(方)的法律效力》,《法学研究》2001 年第 4 期。

成立，就可以说条约为私人创设了权利。为私人创设行为规范的条约，虽然也要由国家承担条约义务，但条约所创设的规范是准备给私人适用的；某一个国家参加这类条约的主要后果，是使得私人承受条约所创设的规范的约束。条约对私人发生效力是因为私人与缔约国之间存在着某种联结因素，主要是国籍和所在地。当国家之间的联系密切到一定程度的时候，就需要对彼此的主权加以限制；当私人之间的联系密切到一定程度的时候，就会要求排除各个国家依照国内法所施加的不当限制而寻求适用统一的国际法规范。[①]

（三）条约之间的冲突

在这方面，有学者通过分析 WTO 与多边环境协议之间的冲突，讨论了条约的冲突问题。条约冲突被界定为，缔约方就同一事项缔结了两个或者数个内容不同的条约，从而造成的不同的条约之间产生矛盾的情形。条约冲突直接产生的一个问题是：在不同条约规定的权利义务互相矛盾的情况下，缔约方如何享有或履行相互冲突的权利或义务。一般就国家而言，其所缔结的条约发生冲突时，解决这些冲突的途径和方法有四种：第一，《联合国宪章》义务优先。第二，依照条约规定的规则进行，即条约明确规定了优先适用规则的，依照该规则适用之。第三，适用后法优于先法原则，如果就同一事项先后缔结了两个不同的条约且缔约国完全一致，一般后一个条约规定的义务居于优先地位。先前的条约如果并没有因为后来订立的条约而终止或停止实施，那么先前的条约只在与后一个条约不相冲突的范围内继续有效。第四，确定当事国之间有效的条约予以适用，即如果就同一事项先后缔结了两个不同的条约且缔约国不一致，那么同时为先后两个条约的当事国之间，适用上述后法优于先法的原则；只为其中一个条约的当事国与同时为先后两个条约的当事国之间，仅适用它们之间同为其当事国的条约。[②]

（四）不平等条约问题

不平等条约已经成为一个历史概念，但中国学者们从现代国际法的角度，对这个问题提出了一些新的认识。有学者以专著深入研究、全面论述了

---

① 见车丕照《论国际条约对私人的效力》，载朱晓青、黄列主编《国际条约与国内法的关系》，世界知识出版社 2000 年版。

② 见祁欢《WTO 与多边环境协议（MEAs）关系中的条约法问题》，《北京工商大学学报》（社会科学版）2004 年第 3 期。

中国的近代条约制度，把西方列强强迫中国签订一系列不平等条约放在资本主义国家建立"世界国家秩序"的历史大背景下加以考察，揭示了近代中国条约制度的内涵及其发生、发展直至终结的历史流程，系统论述了条约制度的各个方面，诸如领事裁判权制度、通商口岸和租界制度、协定关税制度，等等，对每项具体制度的形成、内容及特质都作了深入的研究和周详的论述。①

有学者论述了近代不平等条约对清末法制变革的直接和间接影响，阐明了两者的相互关系，使我们能够从历史的角度总结过去，关注今天的法制变革，进而从中吸取某些值得借鉴的内容。② 有学者认为义和团运动对现存的不平等条约体系产生了重大影响。由于义和团运动表现出强烈的反抗精神，列强不得不吸取教训，有所顾忌，对某些条约特权采取了谨慎的态度。同时，在中国反对不平等条约的历程中，义和团运动是一个重要环节，具有极其重要的地位，为这一斗争的最终胜利铺垫了一块必不可少的基石。③ 有学者认为，戊戌变法时期，维新派认识到不平等条约严重影响中国的国计民生和民族资本主义发展以及对中国主权的侵害，主张通过内部改革和外交手段，以及利用国际法等途径解除其压迫。维新派的认识能将不平等条约与民族危亡联系起来，并注重其经济方面的危害，同时又存在缺乏完整性和理论高度、对帝国主义抱有某种幻想等局限。④

有学者考察了不平等条约的概念在中国的起源，认为其基础正是对国际法较为全面的了解和较为深入的认识，由此造成以孙中山为首的同盟会革命党人开始使用不平等条约的概念。⑤ 有学者立足于帝国主义侵略所及的中国当地条件，更多从文化视角考察了不平等条约体系的形成及其发生作用的进程，大致形成一个中外关系的认识框架。⑥ 有学者从经济、政治与军事三个

---

① 见李育民《近代中国的条约制度》，湖南师范大学出版社1995年版；另参见郭汉民《不平等条约研究的新拓展——评〈近代中国的条约制度〉》，《湖南师范大学社会科学学报》1996年第2期。

② 见赵晓耕《近代不平等条约与清末法制的变革》，《浙江社会科学》1999年第1期。

③ 见李育民《义和团运动对不平等条约体系的影响》，《湖南师范大学社会科学学报》2001年第6期。

④ 见李育民、李斌《戊戌时期维新派对不平等条约的认识》，《湖南师范大学社会科学学报》1999年第2期。

⑤ 见张建华《孙中山与不平等条约概念》，《北京大学学报》（哲学社会科学版）2002年第2期。

⑥ 见罗志田《帝国主义在中国：文化视野下条约体系的演进》，《中国社会科学》2004年第5期。

方面分析了不平等条约对中国领水主权构成的严格限制。① 有的学者分析了晚清著名思想家、外交家薛福成修改不平等条约的思想问题;② 有的学者对顾维钧通过外交途径争取废除不平等条约的实践活动作了历史性的研究工作。③ 另有学者考察了近代日本修改不平等条约的历史情况。④

六 条约的终止或暂停实施

(一) 情势根本改变原则

有学者论述了情势根本改变原则，指出很多国际法学者都接受在条约中必然含有暗示"情势不变"的条款，一切国际条约都是在这一隐含的条件下签订的，隐含的条件同明示的条件一样，都是构成条约的要素、值得考虑的内容。国际公法学家认为这一原则是实证法的规则，似乎是正确的。但在国际法委员会的报告中，条约中含有暗示"情势不变"条款的理论却遭到了反对，委员会宁愿将根本改变的原则置于公正和合理的基础上，甚至宁愿用"情势根本改变"取代"情势变迁"。以情势根本改变为由变更条约关系，原则上是一个条约的解释问题，只有这样才能符合条约必须信守原则。所谓情势根本改变，一方面并非是任何情势发生改变——这使情势根本改变原则的适用范围太宽泛，很容易成为国家破坏条约义务的工具；另一方面也不仅指缔约国的意思所认定的情势发生改变——这以国家的意思为判断的标准，致使法律规则失去其客观的标准，而是指条约缔结时条约规定所根据的情势发生了变迁。但是，一个当事国无权简单地声明，由于情况改变使其无法承受条约义务，从而它不再认为受该条约的拘束；正当的办法应该是，先向另一当事国（或各当事国）请求同意将该条约废止，或是在提出请求的同时，提出将任何争执问题提交司法裁决的建议。⑤

---

① 见刘利民《试论不平等条约对中国领水主权的限制》，《湖南师范大学社会科学学报》2005年第3期。
② 见胡门祥、陈安贤《薛福成修改不平等条约的思想》，《广西社会科学》2003年第10期。
③ 见岳谦厚《顾维钧废约外交考察》，《社会科学辑刊》2000年第4期。
④ 见周启乾《近代日本修改不平等条约的考察》，《天津社会科学》1999年第2期。
⑤ 见原江《情势根本改变原则与条约法》，《思想战线》2003年第2期。

(二) 条约法上的单方解约或退出权

条约的单方退出也是条约终止的一个理由。有学者指出，条约法上的单方解除或退出主要在几种情形中发生：条约明文规定、条约当事国同意、他方违约、条约履约不能、条约隐含此种权利、情势重大改变等。该学者分别论述了上述几种单方解除或退出条约的情形，认为在条约明文规定或条约当事国同意时，国家行使这种权利是不存在什么问题的；而在他方违约、条约履行不能、条约隐含此种权利及情势重大改变等场合，国家行使单方解约或退出权受到严格的限制。总之，国家在行使单方解约或退出权时，不仅有严格的实体上的限制，还要遵循程序上的要求。无论如何，国际法律秩序的最重要的目的之一是稳定国际关系，这必然要求国家在行使单方解约或退出权时谨慎从事。①

七 国际条约与国内法的关系

(一) 国际法与国内法的关系

国际法与国内法的关系问题，是国际法学界长期以来争议颇多、众说纷纭的一个重大理论问题，同时也是涉及各国立法的一个重要实践问题，中国学者在近十几年中也对此给予了相当程度的关注。有学者介绍称，关于国际法与国内法关系的学说最早出现在英国，英国法官塔尔博特（Talbot）勋爵在1737年称国际法属于普通法的"一部分"或者可以说国际法"自然地"、"同时地"诞生于普通法之中。1919年德国魏玛宪法规定了一般国际法规则是国内法的一部分，是世界历史上第一部包含有此种条款的成文宪法，为其后许多欧洲国家所借鉴。②

有学者从探讨凯尔森的法律规范体系理论出发，分析了国际法与国内法的关系，认为根据凯尔森的理论，国际法和国内法的相互关系只可能是两种类型：一种是凌驾关系，即国际法凌驾于国内法之上，或相反，国内法凌驾于国际法之上；另一种是平等关系，但平等关系所带来的同等地位就必然要

---

① 见郑曦林、桂宾《论条约法上的单方解约或退出权——兼评〈核不扩散条约〉的退出条款》，《法学评论》1995年第1期。
② 见金铮《国际法在欧洲国家的适用问题研究》，《政法学刊》2006年第4期；另见张乃根《重视国际法与国内法关系的研究》，《政治与法律》1999年第3期。

求有一个高于二者之上的第三秩序。由于第三秩序是不存在的，故国际法与国内法必然处于上下级关系，而不属于平等关系。该学者指出，在凯尔森看来，主张国内法凌驾于国际法之上或国际法凌驾于国内法之上的两种观点分歧的关键在于对主权问题的看法。前者的结论是，国家具有主权，本国法律秩序是最高法律秩序，在它之上并不存在任何秩序；后者当然反对国家主权观念。由于国际法和国内法的形成和制定都离不开国家的主权，因而很自然地国家主权成为国际法和国内法关系的基本因素，尽管并不是唯一的因素。如果否认国家主权的相对性，片面强调一国国家意志，将国家主权看成绝对化、极端化，不受任何限制的权力，必然会认为国家主权者制定的国内法高于一切，国际法与国内法相抵触者无效，从而根本否认国际法的地位和作用，得出国内法优于国际法的一元论。国际法优先于国内法的一元论则体现了这样一种观点：将国家主权视为战争的根源而予以完全否定，将国际法看作是世界法而优先于国内法。他们在对绝对主权论进行反思的同时走向另一个极端，陷入了否定国家主权论的泥潭，否定了国家主权的神圣不可侵犯性，也否定了国家主权原则始终是国际法的根本原则。凯尔森认为，只有在我们把国际法的首要地位当作我们解释法律现象的根据时，一切国家平等的观念才能加以保持。各国只有在它们不被预定为主权者时，才能被认为是平等的。① 有学者指出了凯尔森国际法学思想的谬误和远离现实的一面：（1）凯尔森在对法进行分析时过于强调纯粹公式，忽视了创造、适用和遵守法的人的因素；没有探讨法的社会目的和社会效果。（2）凯尔森未能对国际法的本质和效力根据作出彻底的解释。（3）凯尔森没有意识到国际法与国内法所存在和发展的不同的社会基础，而是简单地将国际法与国内法按相似的两类法统一在一个体系中，并分为不同的等级层次。②

有学者指出，应当从当代科学发展的新理论高度来思考国际条约和国内法的关系：一是当代的系统科学给我们启示，国际条约和国内法同属法制系统，有其共性，而且这两个子系统是互相联系和互相渗透的；二是法律世界化的趋势，研究国际条约和国内法的关系离不开当今世界法的发展总趋势；三是坚持国家主权原则和全人类总体利益原则的结合，这应是当代国际法最

---

① 见张兴平《论国际法与国内法关系——以国际政治为视角》，《甘肃社会科学》2003年第5期；陶凯元：《国际法与国内法关系的再认识——凯尔森国际法学思想述评》，《暨南学报》（哲学社会科学版）1999年第1期。

② 见陶凯元《国际法与国内法关系的再认识——凯尔森国际法学思想述评》，《暨南学报》（哲学社会科学版）1999年第1期。

基本的原则，研究国际条约和国内法的关系也离不开这个最基本的原则；四是应把握国际法的本质属性即国际社会性，科学地认识国际法的性质和发展趋势。① 还有学者从国际政治的角度论述了国际法与国内法的关系。②

有学者从法理学的高度探讨了国际法与国内法的关系，以法律规范的和谐统一作为科学地认识国际法与国内法关系的逻辑点，通过对法的调整机制和内在特质所具有的普遍性进行分析，提出了关于国际法和国内法关系的"法律规范协调说"。③ 国际法与国内法相互关系的本质应该是协调发展，既要反对颁布国内法去否定公认的国际法准则的错误倾向，又反对打着国际法的旗号，以人权来否定国家主权的错误倾向。④ 有学者指出，对于国际法与国内法关系的研究，既要看到一元论的合理性和历史进步性，又要正视其谬误和脱离现实的时代局限性；既要看到二元论中的合理部分，也要认清它过分强调形式上的对立，忽视实际上的联系的片面性。⑤ 有学者认为，国际法与国内法的关系应是对立统一的关系。它们对立统一的根源可以从国家主权因素上找到答案：由于国际法与国内法的制定与形成均离不开国家主权，国内法是国家意志的反映，而国际法是各国协调意志的反映，它们都反映了国家意志，因此它们之间必定具有一致性，相互联系性，进而具有同一性。国内法与国际法的制定均离不开国家主权，但国内法的制定更能体现国家主权神圣性的一面，因为国家法律的制定在本质上是属于一国管辖范围内的事项；而在国际法的制定过程中则更多地反映了国家主权的相对性的一面。这就是国际法与国内法对立统一关系的根源。而国际法与国内法冲突的最终解决离不开国家主权。⑥ 国际法与国内法二者何者优先，也是由国家主权决定的。国家主权是一国独自处理对内对外事务的最高权力，是国家的根本属

---

① 见潘抱存《国际条约与国内法关系的科学思考》，载朱晓青、黄列主编《国际条约与国内法的关系》，世界知识出版社 2000 年版。

② 见张兴平《论国际法与国内法关系——以国际政治为视角》，《甘肃社会科学》2003 年第 5 期。

③ 见李龙、汪习根《国际法与国内法关系的法理学思考——兼论亚洲国家关于这一问题的观点》，《现代法学》2001 年第 1 期；另见孙笑侠《合乎时代主题的理论创新——评〈国际法与国内法关系的法理学思考〉》，《现代法学》2001 年第 1 期。

④ 见余先予《论国际法与国内法的协调》，载朱晓青、黄列主编《国际条约与国内法的关系》，世界知识出版社 2000 年版。

⑤ 见唐颖侠《国际法与国内法的关系及国际条约在中国国内法中的适用》，《社会科学战线》2003 年第 1 期。

⑥ 见欧阳强《国家主权是国际法与国内法关系的基本要素——兼论国际法与国内法的关系》，《湖南省政法管理干部学院学报》2002 年第 2 期。

性，具有绝对性、至高性、不可转让性等特点。但在国际合作日益普遍的情况下，主权的部分让渡已成为必然，但这种让渡是以维护本国根本利益为前提的。因此，如果一国缔结了某一条约，在实际上已让渡了自己的部分主权。它的这部分主权受国际法的制约。那么，在这一领域里，国际法的效力优于国内法的效力。如果国家违反该国际法，则要承担违反国际法的责任。①

有学者认为，国际人权法与国内法的关系实质上是整个国际法与各国国内法的关系，正如英美普通法国家一般说来偏重对国际法与国内法关系的实际解决方法以及各国在这方面的实践一样，各国学者在讨论国际人权法与国内法的关系时，往往重视其实践问题，即国内法院如何适用国际人权法规则的问题。② 有学者论述了国际人权公约与国内宪法的关系，指出国际人权公约中的人权应当基于国际人权公约和国际法的特性受到国内宪法的保障，而不是在国内法上产生直接的法律效力。普遍的人权应当得到每一个国家的尊重，但是，由于不同的适用条件，每个国家保障人权获得具体实现的方式和方法，其程度不得导致侵犯国内宪法的权威。③

应该认识到，国际法和国内法是法律的两个不同的、独立的体系，其产生和发展的社会基础、调整对象、效力根据、法律渊源、实施措施等均不同。但这两个法律体系也并不是彼此孤立的，它们之间有着互相渗透和互相补充的密切联系。④ 而探讨国际法与国内法的关系，其目的在于解决国际法在国内如何适用的问题，解决国际法主要是国际条约在国内具有何种法律地位的问题。⑤

（二）条约在国内的适用理论

从理论上讲，有的条约如同盟条约、友好和互不侵犯条约所规定的纯属政治性的国际义务，通常只需国家对外履行，而不发生在国内适用的问题。有的条约则一方面确立国家间的关系，同时也涉及人民的权利义务或国内法

---

① 见张兴平《论国际法与国内法关系——以国际政治为视角》，《甘肃社会科学》2003 年第 5 期。
② 见黄瑶《国际人权法与国内法的关系》，《外国法译评》1999 年第 3 期。
③ 见莫纪宏、宋雅芳《论国际人权公约与国内宪法的关系》，《中国法学》1999 年第 3 期。
④ 见陶凯元《国际法与国内法关系的再认识——凯尔森国际法学思想述评》，《暨南学报》（哲学社会科学版）1999 年第 1 期。
⑤ 见朱子勤《国际条约在国内法律体系中的地位》，《中国律师》2004 年第 1 期。

规的修改。对于后一类条约,国家为了履行国际义务,就必须保证在国内适用。在当今世界,越来越多的条约涉及了私人的权利义务或传统上属于国内管辖的事项,因此绝大多数条约都将会产生国内适用的问题。①

有学者指出,国际法与国内法关系的实践方面主要表现为国际法在国内的效力问题,或者说国际法在国内法院的适用问题。② 世界主要国家均以宪法或宪法性规范的形式,明确规定国际法在国内法中的效力问题,并且采用不同的方法将国际法或采纳或转变为国内法。虽然在效力层次上有所差别,但基本上大部分国家都承认国际法在国内法中的效力。各国宪法中有关国际法与宪法的效力关系的一般规定,主要有两种类型:宪法的效力优于国际法;国际法的效力优于宪法。各国宪法并不能规定国际法在国际关系中的效力,只能规定国际法在其国内的效力。各国宪法有关国际法与国内法关系的规定,是各该国关于在其国内处理国际法与其国内法的效力关系的规定,绝不是关于国际法在国际关系中的效力的规定。国际法在国际社会或国际关系中的效力,是从其渊源中获得的,并不依赖国内宪法的规定。各国宪法中有关国际法与其国内法的效力关系的规定本身属于国内法的范畴,仅仅适用于该国国内,在国际关系中是不发生效力的。国际法的实施往往需要各国依据其宪法或法律采取相应的措施。各国宪法及其他国内法的制定和修改应当参照国际法的规定。各国不得以宪法及其他国内法为理由不履行国际义务。各国可以通过条约保留制度处理国际条约与国内法的冲突。而违背国际法的宪法或法律规定、法院判决,在国际关系中不具有法律效力。各国宪法应受国际法的制约。只有在国际法许可的范围内,或者不与国际法相抵触的范围内,各国宪法、法律或判决的效力才是有保障的。如果一国宪法或法律的规定影响到国际义务的履行,应当修改宪法或法律。二元论学者认为,由于各国宪法和法律的制定和在其国内发生效力并不依赖任何国际法上的程序,国际法与国内法是不同的法律体系,各自在自己的效力范围内发生效力,二者并不发生地位高下的效力关系。根据国际法优先的一元论学者的观点,违反国际法的宪法或法律,不仅在国际关系中无效,在其国内也是无效的。③

国际条约在国内法中的适用是一个比较复杂的问题,其复杂性首先表现

---

① 见朱志晟、张亮《条约在国内适用的若干问题探讨》,《现代法学》2003年第4期。
② 见朱伟东《国际法在非洲国家国内法中的地位和作用》,《时代法学》2004年第6期。
③ 见赵建文《论国际法与宪法的效力关系》,《时代法学》2004年第6期;张德瑞:《论我国宪法部门和国际法的冲突与协调》,《郑州大学学报》(哲学社会科学版)2005年第6期。

为国际法对此问题并无明确、统一的规定,通常由各国宪法自行规定,而各国国内法又有不同的处理方法。其次,国际条约在国内法中的适用实际上包括两方面的问题,即国际条约能否直接适用于国内?国际条约与国内法发生冲突时如何解决?①

一国缔结或参加了国际条约之后,就必须履行条约义务,并应保证其国内立法不与其条约义务相冲突。为此,缔约国通常需要将条约并入或转化为国内法。所谓并入,又称纳入,即国家一旦缔结或加入某一国际条约,该国际条约便自动地成为国内法的一部分,从而无须转化即可在国内法中直接适用。采用这一方式的国家通常是在宪法中予以明确规定,如美国、奥地利、法国、荷兰、日本等。有学者指出,一国接纳国际公约的方式固然可制约公约在该国的法律地位,反过来,公约自身的规定及其性质等亦可影响、制约着当事国接纳它的方式进而影响其在该国的法律地位。在此方面,一个比较典型的例子即是所谓的自执行条约与非自执行条约的区别及其不同功能的体现。② 自动执行条约是指可以在国内法体系中无须求助于国内立法即可实施的国际条约。而非自动执行条约是指在一国之内发生效力之前要求制定使其能够实施的法令的国际条约。所谓转化,是指国际条约在国内法发生效力的前提是国际条约在本质上不能直接在国内适用,必须由国家通过个别的立法来实施条约,这种立法活动可能是立法行为,也可能是国际条约颁布或其他宪法程序。采用这一方式的国家主要有英国、英联邦国家、爱尔兰及北欧国家等。③

无论是转化还是纳入本质上并无任何区别,这两种方式都是在国内法中适用条约的有效方式。采取哪一种方式也完全是国内法的问题,本质上都是通过国内法的接受而使条约在国内实现其效力。转化和纳入的不同之处在于,转化是国内法的多次接受,即在国内法中间接适用条约,而纳入则是国内法的一次性总体接受,即在国内法中直接适用条约。学者们就这两种方式的优缺点进行了比较,得出结论认为采取哪种方式应取决于条约的性质和规定。对于直接规定自然人和法人权利义务的条约,只要其条款是明确具体

---

① 见唐颖侠《国际法与国内法的关系及国际条约在中国国内法中的适用》,《社会科学战线》2003年第1期;另参见江国青《论国际法与国际条约(续完)》,《真理的追求》2000年第11期。

② 见李守芹《略论海事审判中国际公约适用的相关问题》,《人民司法》2004年第2期;另见许俊强《论海事国际公约的适用》,《人民司法》2003年第11期。

③ 见车丕照《论条约在我国的适用》,《法学杂志》2005年第3期;另见唐颖侠《国际法与国内法的关系及国际条约在中国国内法中的适用》,《社会科学战线》2003年第1期。

的，如一些私法性质的条约（海商、货物贸易等方面的公约），就完全可以采取纳入的方式直接适用，而不必再经国内立法来体现，造成重复劳动和资源的浪费。对于那些与国家利益有着重大影响的条约，如果直接纳入适用将会极大地限制国家主权在国内的行使，其不利影响是显而易见的。事实上在许多名义上可直接纳入适用条约的国家，在实践中却对条约是否可以直接适用做了区分，而且越来越倾向于采用转化的方式。总之，转化和纳入这两种方式各有其优劣，应视条约的不同而相应采用。不过，似乎采用转化的方式在国际关系日趋复杂的今天，更有利于维护国家的主权和利益。①

有学者指出，国际条约与国内法的冲突问题实际上就是国际条约与国内法的相互地位问题。国际法对此没有强制性的统一规定，各国在实践中也有不同的解决办法。但至少有一条原则已得到各国的普遍首肯，即国家不能以国内法为理由来违反或规避国家应尽的条约义务。正如李浩培所言，在当事国国内，立法、司法、行政这三个部门都有适用条约的职务。这一原则在国际法院、国际常设法院、常设仲裁法院的判例中得以确立。这项原则表明，如果一个国家的国内法不符合国际法，导致有关国家遭受损害，就在国际上引起承担国际责任的结果。由此，似乎可以得出国际条约优于国内法的结论。但实际上，各国国内法对于国际条约与国内法的冲突都有比较明确的规定。关于国际条约与国内法的相互地位，主要有以下几种情况：（1）国际条约在国内法中没有任何地位；（2）一切国内制定法优于国际条约；（3）国际条约与国内制定法处于同等地位；（4）宪法规定国际条约优于国内法；（5）宪法规定国内法与国际条约相抵触时不予适用；（6）国际条约优于宪法。有学者进一步分析道，必须先指出此处所指的与国内法发生冲突的条约只能是可直接纳入在国内适用的条约。对于那些需要转化成国内法适用的条约，由于其本身并不能为国内司法和行政机关所直接适用，则只能间接通过制定相应国内立法适用。因此，只有在采用直接纳入的方式时才会产生条约和国内法冲突的问题。按照国内法的一般原则，两个法律在发生冲突时，一般采取高位法优于低位法、后法优于前法等原则。因此，要在国内法中解决条约与国内法的冲突，首先必须确立条约在国内法上的地位。从各国的国内实践来看，由于如何在国内法中履行条约完全是一国国内法的事情，条约在国内法上并非处于绝对优先的地位。另外，采取后法优于前法的原则，不可避免的将导致制定在后的国内法优先于缔结在前的条约。因此，以

---

① 见朱志晟、张亮《条约在国内适用的若干问题探讨》，《现代法学》2003年第4期。

上做法虽然可以从国内法上解决冲突,但国家仍将因违背条约义务而在国际法上承担国家责任。另一种解决方法是适用特别法优于一般法原则,把国际条约视为特别法,使国际条约优于国内法。①

总之,虽然必须善意履行条约义务,但至于采用哪种方式履行,完全是主权国家自己的事情。条约在法院直接适用也好,规定其不可直接适用须经立法转化也好,是由主权国家根据其宪法或宪法性文件自己决定的,其他国家无权干涉。只有当一国没有在国内履行其条约义务时,其他国家才有权在国际层面上主张该国的国家责任,而且也仅能在国际层面上主张。同时,善意是国际法存在和发展的前提和基础,这不仅体现在各方应善意履行其自己的条约义务,也体现在各方应善意理解和尊重他方履行条约义务的方式。②

(三) 世界各国的国家实践

国内学者对国际条约在外国的适用也作了相当的研究,既介绍了相关国家适用国际法的情况,同时又可以以此为鉴反观中国的情况。下面就从学者们研究所关注的不同区域作出述评。

1. 国际条约在欧洲国家的适用

对于国际条约在国内适用的做法,英国采用转化方式,即必须通过议会的立法行为将条约的内容制定为国内法后才在英国适用。法国、荷兰、瑞士等国采用并入式,即通过宪法规定,将条约一般地纳入国内法,在国内直接适用,而无须将其转变为国内法的形式。德国是典型的采纳混合式的国家,根据条约性质或内容做出区分,有些条约以并入的方式在国内直接适用,有些则需要采取一定的立法措施将其转化为国内法后才能适用。有学者通过论述德国在实施海牙诱拐公约的立法与实践,阐述了德国在国内适用国际法的情况。③ 规定当国际条约与国内法冲突时,条约优于本国宪法的欧洲国家有荷兰。规定条约优于本国法律的国家有法国、比利时等国。规定条约与本国法律具有同等效力的地位的国家有德国、意大利、奥地利等国。在有宪法法院的国家中,审查国际法与国内宪法基本原则的一致性的权力归于宪法法

---

① 见唐颖侠《国际法与国内法的关系及国际条约在中国国内法中的适用》,《社会科学战线》2003 年第 1 期;另参见朱志晟、张亮《条约在国内适用的若干问题探讨》,《现代法学》2003 年第 4 期。

② 见段涛《国际条约在国内的效力及其适用考察——以 WTO 协定的实施为例》,《理论探索》2006 年第 4 期。

③ 见杜焕芳《德国实施海牙诱拐公约的立法与实践》,《德国研究》2005 年第 3 期。

院，这种功能在一些欧洲国家是通过在条约批准前允许宪法法院作出咨询意见而实现的。①

2. 欧盟

中国学者们对欧盟法这一特殊的区域性国际法做了较为深入的研究，这方面论文和著作的数量也相当可观。有学者指出，如同一般国际法与国内法一样，欧共体法与成员国法的关系主要涉及两方面的问题。首先，欧共体法在各成员国的法律秩序中是否具有直接的效力和直接的适用性？其次，当欧共体法与成员国法发生抵触时，何者优先？遗憾的是，欧共体的基本条约对于这两大关系问题并未作出一般性的规定，只是规定了某种欧共体法律渊源的直接适用性。幸好欧共体基本条约赋予了欧洲法院统一的解释权。正是这一司法机关充分发挥其权威的欧共体法解释权，在实践中确立了欧共体法的直接效力和优先于成员国法的两大基本原则。这两项由判例产生的原则实质上是欧共体法的基本特征，自20世纪60年代以来，一直指导着欧共体法与成员国法的关系。"直接适用"和"直接效力"这两个概念的混乱在欧共体法中同样十分突出。必须明确的是，"直接适用"是欧共体基本条约中所采用的一个术语，而"直接效力"则是欧洲法院在其判例中惯用的表达方式。在欧共体法中，"直接适用"概念被用来说明其条例（regulation）这一立法形式在各成员国运作的途径。欧共体条约第249条（原第189条）明文规定条例应在"所有成员国内直接适用"。这就意味着，欧共体以条例形式的立法在各成员国自动适用，不需要经过国内立法机关的批准、核准、确认、接受等转化手续。换言之，条例一经欧共体立法机关通过，就自动成为各成员国法的组成部分，直接约束成员国的国家机关或政府机构和司法机关。有学者分析了欧盟基本条约使用的"直接适用"概念和欧洲法院判例中使用的"直接效力"概念之间的区别。"直接效力"的含义是，就赋予个人以权利和在某些情况下课加义务而言，某些欧共体基本条约的条文和欧共体的立法可以在成员国产生直接的效力，即直接由国内法院执行。从严格的意义上讲，"直接适用"和"直接效力"分别涉及欧共体法与成员国法关系中两个不同的方面，尽管这两个方面密切相关。"直接适用"针对的是一项欧共体法——如条例——在各成员国操作中产生效力的方式，而"直接效力"则说明一项欧共体法在成员国正式生效后的效力，尤其是针对个人的权利和义务而言。该学者指出，"优先"问题过于重要和敏感，欧共体条约对此并未

---

① 见金铮《国际法在欧洲国家的适用问题研究》，《政法学刊》2006年第4期。

作出明确规定,而是在实践中由欧洲法院和成员国法院(在欧洲法院的协助下)来处理的。欧共体法优先于成员国法的原则首次确立于 1964 年的"柯斯塔案"。在欧共体法与国内法的关系方面无须援引成员国有关调整国际法与国内法关系的宪法规定。另外,欧共体法的优先地位是绝对的和无条件的。欧洲法院的判例还表明,欧共体法的优先不仅适用于欧共体基本条约的规定,而且包括欧共体的立法,更重要的是,还适用于欧共体与第三国缔结的国际协定。① 还有学者从欧共体竞争法与成员国竞争法之间的双重控制体系关系入手,说明了当两法均适用于某一案件时,哪一个优先适用的问题。就竞争法领域而言,确立了共同体竞争法的效力优先于成员国竞争法的是 1969 年的 Walt Wilhelm 案。②

有学者指出,欧盟法在成员国的适用,既反映了国际法中强行法规范不断增加的情况,同时也说明以欧盟为代表的国际组织在其各自的职责范围内形成了自己的法律制度和法律秩序,它不但要求一切成员国严格履行自己所承担的国际责任和义务,调整好国内法与国际法的关系,而且相关专门法院(如欧洲法院)的成立,提高了国际法在执行和实施方面的强制性和权威性。这使国际法不仅约束主权国家,而且越来越多地约束主权国家国内的公民和法人,并为其创设权利义务,从而使国际法日益深入人心。③

3. 其他国家

有学者讨论了国际条约在加拿大的执行问题,指出实行联邦制的加拿大采用"转化"的方式执行国际条约。这导致政府执行所缔结条约依赖于加拿大联邦与省之间的分权,因为在"转化"条约过程中,首先需要解决条约内容涉及的是联邦权限内的事务,还是属于省权限内的事务;接着才能确定谁有权为执行条约进行转化立法。但是,由于加拿大宪法对联邦与地方的权力做出了分工,这就存在矛盾,即加拿大联邦政府缔结的条约需要由各省地方政府具体执行。可是,地方政府不被联邦政府控制,常常与联邦政府立场不一致且极少接受劝说,导致联邦政府所缔结条约在各省难以得到执行。由于目前加拿大没有一部可以对全国各省起到统一规范作用的宪法,因此,联邦与各省的争端解决也就没有一个统一的尺度,以致省权运动高涨,各省纷纷抵制联邦立法,最终使得联邦缔结的国际条约无法顺利转化为各省接受

---

① 见曾令良《论欧共体法与成员国法的关系》,《法学论坛》2003 年第 1 期。
② 见向在强《欧共体竞争法与成员国竞争法关系初探》,《河北法学》2004 年第 10 期。
③ 见蔡高强、刘健《论欧盟法在成员国的适用》,《河北法学》2004 年第 4 期。

的国内法。解决这一问题的关键,是如何在联邦制中对联邦与省的权力进行合理划分,这种合理划分应当依赖于当时具体的社会环境对联邦与省之间合作的要求。① 另外,还有学者探讨了国际法与国内法的关系问题对致力于宪政改革的非洲国家具有的重要理论意义和现实意义。②

(四)条约在中国的适用

1. 在中国内地的适用

(1) 条约适用的理论和实践

在近十几年条约法研究的新发展中,学者们关注更多的是条约如何在中国国内适用的理论和实践。这种现象既体现为在中国批准某个条约后,学者们发表论文或专著对其进行介绍和评论,以促进对该条约更全面、更深入地了解;同时又体现在对那些中国尚没有批准但其批准在国际和国内具有重大影响的条约的论述中。许多学者讨论了国际条约在中国的地位和效力问题,即国际法与中国国内法的关系问题、条约在中国的适用方式问题以及当国际法与中国的国内法发生冲突时何者优先的问题。③

有学者分析了条约是否是中国法律的渊源之一以及是不是中国法律体系的组成部分的问题。④ 在条约的国内效力问题上,中国宪法没有作出规定,也没有其他的立法规定这一问题,连1999年制定的《立法法》这一规范法律间关系的法律对此问题也保持了沉默。在国内法体系中,立法者的不同身份决定了法律文件的效力等级;条约的效力等级也是由决定其生效的机关的地位所决定的。根据此规定以及中国《宪法》和其他法律的规定,学者认为可对条约在中国国内法中的效力等级做如下归纳:第一,中国所缔结与参加的任何条约的效力都在宪法的效力之下,任何条约条款都不得与宪法规定相冲突。中国《宪法》并没有直接规定条约与宪法的关系,只是规定:"一切法律、行政法规和地方性法规都不得同宪法相抵触。"但从立法程序分析,宪法效力在条约效力之上。第二,全国人大常委会批准的"条约和重要协定"与全国人大及全国人大常委会制定的法律具有同等效力。第三,

---

① 见徐亚文、黎文娟《从国际条约的执行看加拿大联邦宪法问题》,《政法论丛》2006年第1期。
② 见朱伟东《国际法在非洲国家国内法中的地位和作用》,《时代法学》2004年第6期。
③ 见朱晓青、黄列主编《国际条约与国内法的关系》,世界知识出版社2000年版。
④ 见陶正华《关于条约效力的几个问题》,载朱晓青、黄列主编《国际条约与国内法的关系》,世界知识出版社2000年版。

中国对外缔结的不需经全国人大常委会批准而需经国务院核准生效的条约和协定，与国务院制定的行政法规具有同等效力。第四，以中国政府部门的名义对外缔结的协定与国务院部委规章具有同等效力。由于中国缔结和参加的国际条约与协定处于不同的效力等级，因此，笼统地谈论条约在中国法律体系中的地位和适用问题是不严谨的。我们必须首先明确我们所谈论的条约或协定是处于什么效力等级上的条约或协定。同样被称作"协定"的国际协议，有的会与法律处于平等地位，有的则仅处于行政规章的地位，这当然会影响到国际协议在国内的适用。① 明确国际条约在中国国内法中的效力等级，有利于中国积极主动地捍卫国家利益，亦符合国际实践的习惯做法。②

关于国际条约在中国国内法中的适用方式，虽然中国《宪法》、《立法法》和《缔结条约程序法》未作统一规定，但是学者们通过对实践情况的考察推断出三种观点。一种观点认为，中国采用的是自动纳入方式。有学者进一步指出采用这种方式并不意味着每一个国际条约在中国生效后都必须执行，我们可以在实践中区分"自动执行的条约"与"非自动执行条约"，这样既减少了立法工作量，又为我们决定是否直接适用条约提供了一个缓冲。③ 另一种观点认为，中国在立法中处理同国际条约、国际法的衔接和适用有三种方式：（1）直接将国际条约的规定在国内法上予以明确规定，如《领海及毗连区法》、《缔结条约程序法》等；（2）就国际条约的适用问题作原则性的规定，如《民法通则》第 142 条第 2 款的规定等；（3）根据中国缔结或参加的国际条约的规定，及时对国内法作出相应的修改或补充，如《商标法》和《专利法》的修改。还有一种观点认为，根据中国现有的立法和司法实践，在中国适用国际条约有三种方式：（1）在国内法中直接适用国际条约；（2）既允许直接适用有关国际条约，同时又将有关国际条约的内容制定成国内法而予以实施；（3）只允许间接适用国际条约。有学者认为，国际条约在中国的适用主要是采用自动纳入的方式，但也不排除根据国

---

① 见车丕照《论条约在我国的适用》，《法学杂志》2005 年第 3 期；另见陈寒枫、周卫国、蒋豪《国际条约与国内法的关系和在中国的实践》，载朱晓青、黄列主编《国际条约与国内法的关系》，世界知识出版社 2000 年版。

② 见吴慧《国际条约在我国国内法上的地位及与国内法冲突的预防和解决》，《国际关系学院学报》2000 年第 2 期；另见杨泽伟《论国际法在中国国内法上的效力》，《河北法学》1996 年第 5 期；张丽娟：《论国际条约与中国国内法的关系》，《甘肃政法成人教育学院学报》2001 年第 2 期。

③ 见段涛《国际条约在国内的效力及其适用考察——以 WTO 协定的实施为例》，《理论探索》2006 年第 4 期；朱子勤：《国际条约在国内法律体系中的地位》，《中国律师》2004 年第 1 期。

情制定不违反国际条约规定的国内立法的情况。采用自动纳入方式主要可以从中国的法律、法规、司法解释和外交声明中推定出来。① 关于条约在中国的适用方式问题，有学者主张它应当满足三点原则，即符合国际潮流、符合中国特色、具备良好的弹性和可操作性，并建议以"纳入"作外壳，但以"转化"模式为内核，即从国际法的角度，中国承认国际法在国内的法律效力，在国内法角度，作为国际法主要渊源的国际条约，必须统一经过"转化"才可以在国内适用。② 另有学者认为，国际条约和国内立法是两个不同的法律领域，国内法院直接适用国际条约不仅将导致国家主权对内职能的削弱，而且实际上也不利于国家履行国际条约的国际义务。因此，修改原有的国内立法或者制定新的法律法规，使其符合中国所缔结的国际条约的义务，才是中国履行条约义务的唯一方法。③

条约在被转化为国内法之后，便不存在条约与国内法的冲突问题，而在"并入"的情况下，就可能出现条约规则与国内法规则的冲突问题，也就是二者的相互地位问题。对此，中国《宪法》和其他宪法性法律同样没有规定。有学者建议，条约在中国法律体系中的地位应处于宪法之下，与一般国内法地位相等。这样既维护了中国法律的尊严，又不会因为执行国内法而出现违反条约义务、承担国际责任的情况。尽管《民法通则》和其他一些法律都规定中国缔结或者参加的国际条约同中国法律有不同规定的，适用国际条约的规定，但这里所说的"条约"应解释为狭义的条约，即经过全国人大常委会批准的条约，其他的条约与协定在效力上不应高于全国人大及其常委会所制定的法律。如同上文所分析的那样，不同的条约和协定具有不同的效力等级，因此所谓国际条约具有高于国内立法的效力应解释为：在每一效力等级中，国际条约或协定的效力高于国内立法的效力。国内立法的效力高于下一位阶的国际条约或协定的效力可能会带来一个问题，即条约规定的义务在国内不能得到履行。该学者认为，如果出现这种情况，那是因为决定条约效力的机关违背了已有的上位法的规定，或者是上级机关认为必须制定与

---

① 见唐颖侠《国际法与国内法的关系及国际条约在中国国内法中的适用》，《社会科学战线》2003年第1期；另见段涛《国际条约在国内的效力及其适用考察——以WTO协定的实施为例》，《理论探索》2006年第4期。

② 见余敏友、周阳《论从建设社会主义法治国家角度构建条约在中国的适用模式》，《武汉大学学报》（人文社会科学版）2000年第2期。

③ 见张晓东《也论国际条约在中国的适用》，《法学评论》2001年第6期。

已有条约规定不一致的法律、法规。①

就如何解决国际条约与国内法的冲突，学者通过分析中国的实践，认为大致有以下四种方式：（1）修改国际条约或国内法，消除两者之间的冲突，这也可以说是冲突解决的一种最为彻底、最为有利的方式；（2）适用"解释一致"规则消除国际条约与国内法之间不一致的情况，即将二者不一致之处解释为一致以消除冲突的方式；（3）规定国际条约调整的事项不再适用国内法，从而避免国际条约与国内法发生冲突，即只要有关事项属于国际条约的调整对象，就适用国际条约的规定，不再适用有关的中国法；（4）规定在国际条约与中国国内法有不同规定时，优先适用国际条约，这是比较广泛的做法。② 有学者指出，中国预防国际条约与国内法冲突的原则和方法主要有：（1）当中国政府签署的条约与国内法不能协调一致时，全国人大常委会可以暂不批准条约；（2）通过对条约作出保留，使条约与国内法一致；（3）通过修改国内法，使条约与国内法一致。③ 还有学者建议，为防止违约现象的出现，应把违反条约的审查纳入违宪的审查范围，主要模式应采用复合式审查模式，即由最高权力机关——全国人民代表大会常务委员会——以及政府和法院共同行使。④

有学者对于中国适用国际条约的实践操作提出了以下几点参考建议：（1）修改《宪法》，在《宪法》中明确规定关于国际条约适用的条款。该学者认为应当采用自动纳入的方式，并规定当二者发生冲突时，优先适用国际条约的规定。这种方式既有其合理的一面，但同时也是实行起来困难最大的，因为修宪的可能性在近期是微乎其微，这种建议似乎不具有太大的实际意义。（2）因为修宪程序上的繁琐与实行上的不便，也可以沿用在具体法律中加入适用国际条约的条款。（3）在上述两项建议都难以实行的情况下，可以考虑制定专门立法，承认条约为国内法的一部分，国际条约在国内实施应当通过国内立法程序。这样既可解决某些条约的条款本身不能直接适用于国内的问题，也便于国家履行国际法的义务；缺点则是不符合经济原则，也

---

① 见车丕照《论条约在我国的适用》，《法学杂志》2005年第3期；朱志晟、张亮：《条约在国内适用的若干问题探讨》，《现代法学》2003年第4期。

② 见唐颖侠《国际法与国内法的关系及国际条约在中国国内法中的适用》，《社会科学战线》2003年第1期。

③ 见吴慧《国际条约在我国国内法上的地位及与国内法冲突的预防和解决》，《国际关系学院学报》2000年第2期。

④ 见黄卫东《略论条约入宪》，《理论界》2005年第4期。

第三章 国际条约法研究的新发展

与国际法集中化的趋势不相适应。①

（2）有关WTO规则的适用问题

中国加入WTO后，面临的一个重要法律问题就是WTO协定与国内法之间的法律关系。有学者认为，在国内法没有相应规定时，适用WTO协定尚缺乏法律依据，而WTO协定与国内法相冲突时适用问题较为复杂，该学者建议WTO协定效力应优先于行政法规、地方性法规、政府规章；WTO协定与全国人大常委会制定的法律相冲突时，一般适用"后法优于前法"原则；WTO协定与全国人大制定的基本法相冲突时，视基本法规定而定；WTO协定效力低于宪法。② 有些学者还讨论了中国应当以何种方式在国内实施WTO协定的问题，目前主要有三种不同的观点：第一种观点认为，中国不宜承认WTO规则的直接适用效力，而应采用转化法，司法和行政执法机关不能在具体案件中直接援引WTO规则。③ 第二种观点认为，WTO规则可以在国内直接适用，而不需要转化为国内法律再加以适用。而且，当出现国内法与WTO规则不一致时，应优先适用WTO规则。但最高人民法院于2002年9月12日颁布的《关于审理国际贸易行政案件若干问题的规定》中的态度却与此正好相反。最高人民法院负责人就此项规定的解释是：中国将不直接适用WTO规则，而是通过修改和制定国内法律的方式来转化实施WTO规则。④ 第三种观点认为，中国应当采用转化与并入相结合的模式。⑤

2. 条约在港澳台的适用

有学者专门论述了国际条约在中国港澳台地区的适用情况，⑥ 指出根据《维也纳条约法公约》规定，只要没有相反的规定，即使条约本身没有关于领

---

① 见唐颖侠《国际法与国内法的关系及国际条约在中国国内法中的适用》，《社会科学战线》2003年第1期。

② 见贺小勇《论WTO协定与国内法的法律关系问题》，《政法论丛》2001年第1期；另见张乃根《论WTO法与域内法的关系：以WTO争端解决机制为例》，载朱晓青、黄列主编《国际条约与国内法的关系》，世界知识出版社2000年版。

③ 见石现明《论WTO协定在我国执法和司法实践中的不适用——以国际法和国内法的关系为视角》，《四川师范大学学报》（社会科学版）2006年第1期；另参见伍亚荣《论WTO协议的法律效力及在中国法院的适用》，《法律适用》2001年第2期；黄涧秋《论WTO协定在国内法院的适用》，《山西省政法管理干部学院学报》2001年第3期；张亮、赵亚娟：《论WTO协议在中国的适用》，《政法论丛》2001年第6期。

④ 见车丕照《论条约在我国的适用》，《法学杂志》2005年第3期。

⑤ 见石现明《论WTO协定在我国执法和司法实践中的不适用——以国际法和国内法的关系为视角》，《四川师范大学学报》（社会科学版）2006年第1期。

⑥ 见袁古洁《条约在中国内地与港澳台适用之比较》，《法学评论》2002年第5期。

土范围适用的规定,也应推定条约适用与各当事国的全部领土。由于香港、澳门和统一后的台湾只是中华人民共和国属下享有高度自治权的地方行政区域,须经中央人民政府授权后,才能享有非政治性领域的部分缔约权,因此港、澳、台在适用条约上各有不同。自 1997 年 7 月 1 日起,有 214 项多边国际条约适用于香港特区,除中国政府予以声明和保留的条款外,作为条约当事方的国际权利和义务都将由中国政府承担。回归后,下列几种情况的多边条约适用于香港:(1)外交、国防类或根据条约的性质和规定必须适用于国家全部领土的条约;(2)经征询香港特区意见后,根据香港特区的情况和需要,决定条约是否适用于香港,由此决定的不适用于中国内地而仅适用于香港特区的国际条约;(3)中国内地与香港特区同为某一条约的当事国时,而该条约一般不能适用于中国内地与香港特区之间。另外,根据《香港特别行政区基本法》第 39 条的规定,国际公约不能直接适用于香港,而必须通过香港本地立法转化。条约在香港特区法律制度中的地位,在回归前后并无根本改变,仍然低于制定法。① 澳门特区与香港特区的法律地位一样,在处理与内地间的关系时不能适用国际条约。关于条约在澳门特区法律制度中的地位,《澳门特别行政区基本法》同样未作明文规定。一般而言,澳门本地立法的效力应低于条约,当澳门本地立法与条约的规定相冲突时,应优先适用条约。至于条约的效力是否高于《澳门特别行政区基本法》和"在澳门特区实施的全国性法律"的问题,目前无论是在学术界还是在澳门特区的条约实践中均无定论。之所以现阶段就研究条约在台湾的适用问题,主要是因为台湾与大陆和平统一之后,亦将成为中国的特别行政区,台湾适用条约的方式有可能继续。从台湾的地方"立法"和司法实践来看,国际条约可在台湾直接适用。在判例方面,也有台湾地方法院适用条约作为判决基础的例子。

八 国际组织与条约的关系

国际组织的缔约权是国际组织对外行为能力的最突出表现,但对于国际组织缔约权的问题,在国际法学界尚存在较大争论。有学者对国际组织缔约权的法律依据、范围及其发展趋势作了初步探讨,同时指出,国际组织缔约权的法律依据应该是"职能需要说",也就是说,国际组织的缔约权来源于国际组织为实现其宗旨、履行其职能之需要。但是,国际组织是不能缔结与

---

① 见梁淑英《浅析条约在香港的适用》,《政法论坛》1999 年第 1 期。

各该组织的宗旨与职能毫无关系的任何条约,除非得到其成员国的特别授权。①

国际组织建立的基础是根据一般国际法而缔结的一种多边条约,国际组织的权利来源、组织机构、活动准则也都建立在该多边条约的基础之上。全球性的、管辖事项广泛的、成员国众多的组织,其行为规范适用的空间大,法律效果为国际社会所普遍承认,对条约法的发展往往能产生根本性的影响。综合性国际组织由于其成员的广泛性和调整国家关系的普遍性,以及组织本身的组织基础,对条约制度有不少创新,对条约效力也有实质性的突破。专门性国际组织在某些问题上采用多数或特定多数表决制,简化了条约缔结的基本步骤;由于其特殊的职能目的,就其职能范围所涉条约的缔结程序往往不同于条约法的一般规定,而有一些从传统条约法来看较为激进之处。区域性国际组织的条约对国家主权有不同程度的制约。欧盟的"超国家"因素极强,因而欧盟对条约法制度有一些独特的发展。② 另有学者讨论了国际组织所缔结的条约与该国际组织的成员国之间的关系问题,指出国际组织缔结条约可能会产生以下几层法律关系:(1)国际组织与缔约他方之间的条约关系;(2)国际组织与该组织成员国之间有关该条约的法律关系;(3)国际组织成员国与缔约他方之间的法律关系;(4)国际组织与其成员国之外的条约第三方的关系。接着,对这几层法律关系进行了深入的分析。③

九 对国际条约法研究的总体评价

近十几年来,在国际条约法的研究方面,虽然中国学者取得了一些可喜的成绩,但是总体来讲,发展状况仍是比较缓慢的,并没有取得较大的进展。分析这一现象的原因,首先是中国国际法学者从思想上没有给予条约法的基础理论问题研究以太多的重视。其次是客观上这部分的理论问题显得较为深奥和枯燥,如果出于功利主义,就很难静下心来好好研究国际条约法的基本理论问题,再加上这部分的研究很难出成果,所以很少有学者问津。再次是国家对学术界的作用并不是十分重视,学者们很难了解中国条约法律实

---

① 见许楚敬《论国际组织的缔约权》,《湖南省政法管理干部学院学报》2000 年第 5 期。
② 见张毓、邹日强《国际组织对条约法制度的影响》,《青海社会科学》2004 年第 3 期。
③ 见石磊《国际组织所缔结的条约与成员国的关系》,《法学评论》2003 年第 2 期。

践中存在和遇到的实际问题，因此也很难获得第一手的资料、进行针对性的研究。

为了更好地促进中国国际法学的发展和国际法律的实践，我们应该重视国际法基本理论的研究工作，特别是加强对国际条约法的研究工作，例如，应当充分重视对条约的性质、条约的效力、条约的解释、条约的解除等问题的研究，尤其应当进一步发展有关国际法与国内法关系的理论，并结合中国的实践，总结和创造出具有中国特色的国际法特别是国际条约在中国国内适用的理论体系，只有这样才能为中国国内的法制建设、对外法律活动以及中国对国际法制的贡献打下坚实的理论基础。

第四章 国际组织法研究的新发展

随着经济全球一体化趋势的增强、人类相互协作与依赖程度的深化和细化，国际组织在20世纪得到了突飞猛进的发展，甚至有人称20世纪为"国际组织的世纪"。① 国际组织的发展不仅反映在数量的激增上，还反映在活动领域的不断扩大、组织结构的日益完善、组织规模的日趋庞大等方面。从宏观上看，目前国际组织已经形成了以联合国为中心的网络分布以及对国际关系的影响力不断加强的特点与发展趋势。如今的国际组织呈现出以下几个特点：②

第一，国际组织发展加速扩张。据统计，从1990—1998年的9年中，各类国际组织以平均每年净增2500个的速度发展，增长率比20世纪80年代提高了一倍多，1998年底的国际组织总数已高达48350个，比1990年的26656个增长了81%。有学者形容，"数目如此巨大、增长如此迅猛的国际组织已如空气一样弥漫于地球之上，人们早已感受到国际社会组织化的汹涌来势了"。③

第二，国际组织活动范围扩大。现代国际组织的发展，早已冲破创立时期的地域、领域局限，活跃在当今世界人类生活的所有方面。从普遍性到专门性，从全球性到区域性，从政府间到非政府间，从政治、经济、文化、社会到生态、卫生、人权等方面，几乎覆盖了世界的各个领域，其类型的多样性、领域的广泛性前所未有。

第三，国际组织规模庞大，形成复杂的国际组织网络。"国际组织是许

---

① 孙仲：《国际组织理论研究评析》，《浙江大学学报》（人文社会科学版）2001年第31卷第2期。

② 见张丽华《全球化背景下的国际组织分析》，《长春理工大学学报》（社会科学版）2007年第1期。

③ 饶戈平：《全球化进程中的国际组织》，载饶戈平主编《全球化进程中的国际组织》，北京大学出版社2005年版，第2—3页。这里所说的国际组织既包括了国家间或政府间国际组织，也包括了国际非政府组织。

多不同层次之间联系的网络、规则和机构。"① 大量国际组织建立并形成网络，标志着国际社会组织化的深入程度。例如联合国与18个专门性的政府间机构建立了密切的、非隶属的关系，还给予许多非政府国际组织以咨商地位。国际组织的外交已成为除国家外交之外当代社会最重要的外交形态之一。②

第四，国际组织的职能作用不断变化。国际组织既是国际和平与安全的维护者，又是国际社会行为规则的制定者；既是国际事务的管理者和组织协调者，又是国际资源的分配者；既是国际社会的论坛和谈判场所，又是解决国际争端的机构。③

第五，国际组织对国家的影响越来越显著。随着国家间国际交往的日益增多，国际组织的触角不断地深入国家主权的管辖范围，国家的军备、人权、贸易、关税、环境保护、知识产权等诸多方面均受到种种影响和不同程度的制约。国际组织对主权国家形成了很大的挑战，国家所拥有的排他性地处理国内事务的权利，开始不同程度地转移到许多国际组织手中。

随着国际组织的蓬勃而多样的发展和中国与越来越多的国际组织建立起联系，对国际组织的研究也越来越受到国际法学界的重视，国际组织法学逐渐成为中国国际法学研究中成果最多的部门之一，同时学者们的研究内容和研究方法也在不断地深化和多样。可以说无论在"量"上还是"质"上，中国的国际组织法研究在这十几年间均取得了长足的进步。这些研究为中国更好地利用国际组织扩大对外交往与合作、借助国际组织发挥更大的影响、争取和维护国家利益、促进现代化建设提供了理论指导。因此，对国际组织法十年来的研究从不同的领域和方面予以回顾和评价是非常必要的。在此需要提出的是，国际组织可以有狭义和广义两种理解。狭义上的国际组织仅指国家间或政府间国际组织，即其成员只能或主要是主权国家（由其政府代表），这类组织的数量不多，但地位最为重要、影响最为广泛，因此也是国际法学研究的重点。广义上的国际组织则除了国家间或政府间组织以外，还包括国际非政府组织，这些组织的数量更为庞大，影响力也日渐增加，而且

---

① ［英］罗伯特·基欧汉、约瑟夫·S.奈：《权利与相互依赖——转变中的世界政治》，段胜武、张星萍译，中国人民公安大学出版社1992年版，第56页。

② 见张丽华《全球化背景下的国际组织分析》，《长春理工大学学报》（社会科学版）2007年第1期。

③ 见饶戈平《全球化进程中的国际组织》，载饶戈平主编《全球化进程中的国际组织》，北京大学出版社2005年版。

也逐渐被纳入到国际组织法的研究视野中。在以下述评中，除非特别指明，否则国际组织仅指国家间或政府间国际组织；对于有关国际非政府组织的研究，则在第六部分中专门予以述评。

一 国际组织法总论

国际组织法总论是国际组织法的基础和总纲，对国际组织法各部分的研究起着原则性的指导作用，其内容也对各类不同的国际组织的研究具有实用性。最近十几年间，中国学者对国际组织法总论的研究比较重视，也取得了一定的成果。

（一）国际组织的基本问题

对国际组织基本问题的研究包括对国际组织的历史、法律人格、权能、行政体制、发展趋势等问题的总括性研究。目前来看，中国学者对国际组织基本问题的研究与其他各领域相比，关注度还不高、研究力度还稍显薄弱。

其一，对国际组织的历史的研究。国际组织是国际关系发展到一定阶段的产物，其产生的历史前提是独立的主权国家的多国家体系的形成和对国家间多边交往的需求，其产生的理论准备是庇埃尔·杜布瓦、埃默里克·克鲁塞、卢梭等思想家在国际组织产生以前提出的，建立世界性组织或政府以解决人类共同事务的、维护世界和平稳定的设想。[①] 在国际组织的历史演变过程中，学者认为"欧洲协作"对国际组织的形成与发展起到了重要作用：第一，"欧洲协作"规定定期举行会议，使多边外交成为一种较稳定的体制，从而直接孕育和促进了国际组织的发展；第二，"欧洲协作"时期的外交会议内容逐渐增多，不仅以过去的媾和为限，会议宗旨增加了许多；第三，"欧洲协作"还使得会议程序有所更新。[②]

其二，对国际组织的法律人格的研究。虽然国际组织具有国际法律人格已经不是一个理论问题而是一个客观事实了，但是围绕这一问题的深层次研究并没有停止。国际组织在国际事务中的作用越强，同国际组织的法律人格相关的问题就表现得越复杂，以至于这一问题被不断地重新提起。而研究比较集中的问题有三个：国际组织的法律人格的法律根据和法理基础、国际组

---

① 见张丽华《国际组织的历史演进》，《东北师范大学学报》（哲学社会科学版）2003年第5期。
② 见杨泽伟《欧洲协作对国际组织形成与发展的影响》，《法学杂志》1995年第5期。

织法律人格的内涵和表现形式、国际组织法律人格的属性的法律后果。① 此外，对于国际组织具有法律人格而产生的国际组织的法律责任问题，也有不少学者进行了研究，这部分内容将放在"国际责任"一章中进行回顾和评价。

其三，对国际组织权能的研究。近十几年中国学者较多研究的是国际组织的缔约权和国际组织的隐含权能。对于国际组织的缔约权，学者们对其法律依据、范围、发展趋势进行了研究。在法律依据方面，"组织章程说"和"职能需要说"得到了大多数学者的支持；在范围方面，把国际组织的缔约权限定在"执行其职务"和"实现其宗旨"的范围之内得到了学者们的赞同，但在实践中如何界定其标准仍然是未解决的问题；在发展趋势方面，学者认为国际组织缔结的条约将大量增多，国际组织缔结的条约内容将偏重于经济和环境方面，区域性国际组织作为缔约一方的情况将增多，国际组织相互间缔结条约的情况将增多。② 对于国际组织的隐含权能，也有学者对其地位、特征、规范化途径进行了研究。在地位方面，国际组织的隐含权能来源于明示权能，是明示权能的有益补充且有可能转化为明示权能；在特征方面，国际组织的隐含权能具有不具体性、易被滥用性和争议性等；学者认为可以通过确定国际组织隐含权能的确认机关和确认形式使之规范化。③

其四，对国际组织的行政体制的研究。国际组织的行政体制的特点是"三级体制"、依条约或协议而建立、广泛的代表性和高度的中立性、非主权性和非强制性、财政依靠会员国的会费；国际组织的行政机构设置包括权力机构、执行机构、管理机构、辅助机构和司法机构；而对国际组织的行政机制的运作的研究包括了对国际组织的会议召集机制、决策程序、表决机制、财政活动等的研究。④

其五，对国际组织发展趋势的研究。如今的国际组织明显地呈现出数量、种类、活动范围大大增加，出现了具备"超国家"因素的国际组织，民间性国际组织的活动愈发重要等特点。学者们根据这些特点和相关的实践

---

① 见饶戈平《论政府间国际组织的法律人格》，载饶戈平主编《全球化进程中的国际组织》，北京大学出版社 2005 年版。

② 见饶戈平《国际组织法》，北京大学出版社 1996 年版；许楚敬：《论国际组织的缔约权》，《湖南省政法管理干部学院学报》2000 年第 5 期。

③ 见简吉松、汪向群、李雅琴《论国际组织的隐含权能》，《华中理工大学学报》（社会科学版）1999 年第 3 期。

④ 见张贵洪《国际组织的行政体制初探》，《世界经济与政治》1999 年第 6 期。

对国际组织及国际组织法未来的发展做出了自己的预测，比如认为国家主权原则会受到冲击，但仍然会是国际组织法的基本原则；认为国际组织法的研究对象——国际组织的传统范围将被突破；认为联合国体制的变革将有力推动 21 世纪国际组织法的发展。①

（二）国际组织与国家的关系、国际组织与国际关系的关系

狭义上的国际组织仅仅或主要由国家组成，因此必然与国家发生和存在各种关系。从学者的研究来看，国际组织与国家的关系包含两个层次的内容，一是国际组织与代表着主权的国家之间的关系，即国际组织与国家主权之间的关系；二是国际组织与其成员国及非成员国的关系。在第一个层面上，两者的关系分为三个阶段：20 世纪前，国家主权占主导地位、国际组织影响不大；20 世纪，国际组织成为国际关系行为主体，对国家主权产生一定的限制，出现主权的让渡；20 世纪末开始，在全球化的推动下，国家主权的弱化趋势加深，国家主权和国际组织此消彼长。② 在第二个层面上，国际组织是区别于其成员国而独立存在的常设机构，国际组织作为常设机构表示其意志和行使权力的手段就是国际组织以自己的名义作出决定。国际组织正是通过作出决定来调整它与成员国之间的关系，国际组织的决定原则上只能约束其成员国，而成员国是否受其约束，主要看设立国际组织的条约是否授权该组织可以就某一事项作出有约束力的决定。在这里，作出决定的机构和作出决定的表决制度成为学者的关注点。就国际组织与非成员国之间关系而言，两者均为独立的国际法主体，彼此之间的交往以互相承认对方为前提，因此国际组织对非成员国的承认、非成员国对国际组织的承认自然而然成为这个方面研究的热点。③

国际组织作为越来越重要的国际行为者，必然与国际关系发生联系、存在互动。中国学者认为，国际组织对国际关系、对全球化发展都有着不可低估的积极作用。国际组织在促进广泛的国际合作与协调、管理全球公共问题、调停和解决国际冲突、使国际关系民主化、提供国际活动的空间等方

---

① 见高岚君《国际组织法 21 世纪发展的几点思考》，《当代法学》2001 年第 12 期；宋连斌、肖永平：《现代国际组织发展的新趋势》，《法学杂志》1997 年第 1 期。

② 见张丽华《非零和博弈——国家主权和国际组织关系的再思考》，《社会科学战线》2004 年第 2 期。

③ 见黄涧秋《试论国际组织与国家的关系》，《世界经济与政治》2002 年第 6 期；饶戈平：《国际组织法》，北京大学出版社 1996 年版。

面，都发挥着其独特作用，影响着国际关系的变化和发展。① 同时，国际组织还是全球性法律原则、规则的创制者，是全球性规则的组织实施者，是全球化进程的管理者，是全球化进程中的争端解决者，妥善地处理着全球性问题，推动着全球化的健康和平衡发展。反过来，国际关系的发展变化和全球化进程也推动着国际组织的纵深扩展，为其提供发展的平台，促使其职权的扩大，也对其提出了新的挑战。②

（三）国际组织对国际法的影响

国际组织作为重要的国际法主体，无论是对于国际法律规则的创制和实施，还是国际法律制度的建立和运作，均起着越来越重要的作用。中国学者既对国际组织对国际法的总体影响进行了研究，也对国际组织对国际法的各个部门法的影响进行了研究。

有学者认为，国际组织的发展对国际法总体而言有以下影响：③ 第一，国际组织的发展使得国际社会日益组织化，凝聚力不断增加，这使得国际法以不集中、不充实、自助原则为特点的"原始性"开始变化，国际法的松散现象也在朝着较为集中的方向发展。第二，由于国际组织的发展，国际法主体和国际法渊源的范围都进一步扩展了，从而大大丰富了国际法律秩序的内容。第三，国际法的调整范围日益扩大，国家的"保留范围"相对缩小。④ 国际组织的触角不断伸入国家主权的管辖范围，使国家军备、人权、贸易、关税、投资、环境保护、知识产权等方面都受到了不同程度的制约。第四，国际组织的迅猛发展也使得国际法的实质内容处于变动之中，这在国际法的组织基础、规范效力、执行措施等方面均有反映。

中国学者还特别针对国际组织对条约法、对国际贸易法以及对解决争端的国际法的影响进行了研究。在对条约法的影响方面，学者从全球性、综合性国际组织对条约法制度的根本影响、专门性国际组织对条约法制度的特殊性影响和区域性国际组织对条约法制度的独特发展三个角度进行了研究；⑤

---

① 见张贵洪《国际组织：国际关系的新兴角色》，《欧洲》2000 年第 4 期。
② 见饶戈平、黄瑶《论全球化进程与国际组织的互动关系》，载饶戈平主编《全球化进程中的国际组织》，北京大学出版社 2005 年版；潘一禾：《中国加入当代国际组织的文化定位探索》，《浙江大学学报》（人文社会科学版）2001 年第 31 卷第 2 期。
③ 见梁西《论国际社会组织化及其对国际法的影响》，《法学评论》1997 年第 4 期。
④ 见梁西主编《国际法》，武汉大学出版社 1993 年版，第 19—21 页。
⑤ 见章毓、邹日强《国际组织对条约法制度的影响》，《青海社会科学》2004 年第 3 期。

在对国际贸易法的影响方面，学者认为国际组织推动了国际贸易统一法的迅速发展、丰富了国际贸易法的内容、促进了国际贸易法的合理化;① 在对解决争端的国际法的影响方面，学者的观点是国际组织丰富了国际争端的概念和内容、赋予了国际争端新的特征、创立了新的解决争端的法律方法——咨询程序、改进和加强了国际司法程序、推动和促进了争端的和平解决并对争端解决的结果进行积极监控，等等。②

二 联合国

联合国问题是近十年间国际组织法研究领域的最大热点。中国学者极为重视对联合国的研究，近年间也不断有从国际法角度研究联合国的力作涌现，可以说"全面、深入、细致"三个词语是对中国学者对联合国问题的研究现状的最好概括。本节将从联合国的地位和作用以及联合国改革两大方面回顾和介绍中国学者近年来对联合国问题研究的主要成就。

(一) 联合国的地位与作用

联合国60多年来在集体安全制度、国际争端解决、国际经济新秩序、国际法的编纂与发展等方面为建立新的国际法律秩序作出了巨大的贡献，并已担负起"全球治理"的重任。

第一，联合国是国际和平与安全的维护者。联合国建立的集体安全制度以其组织化、范围广泛化、对象多样化、重强制措施的特点在战后发挥了独特的作用，③ 尽管实践证明它并非十全十美，对于非传统安全问题它也表现得力不从心，但是不能否认的是，这些行动曾经有效地缓和、平息了多起地区武装冲突和内部动乱，防止了战火的蔓延和升级，为恢复和平、解决争端奠定了基础。④ 第二次世界大战后60多年来，没有发生新的世界大战，在可预见的今后一段较长的时间也不会发生新的世界大战，和平的观念成为不

---

① 见陈立虎、吴晓鹏《简评国际组织对国际贸易法的发展》，《法学评论》1999年第6期。
② 见余敏友《论国际组织对解决争端的国际法的主要发展》，《武汉大学学报》（哲学社会科学版）1998年第6期；余敏友：《论国际组织对解决国际争端的法律方法的若干重大贡献》，《法学评论》1998年第3期。
③ 见金永明《联合国国际安全保障体制研究》，《政治与法律》2005年第3期。
④ 见饶戈平《全球化进程中的国际组织》，载饶戈平主编《全球化进程中的国际组织》，北京大学出版社2005年版。

可逆转的潮流，可以说在维护世界和平与安全领域，联合国发挥了至关重要、不可取代的作用。[1]

第二，联合国是和平解决国际争端的促进者。《联合国宪章》规定了以和平方式解决争端的义务，但和平解决争端已不仅仅是依赖争端当事国本身，而是在很大程度上依赖于国际组织的相关机制。联合国不仅扩展了争端的内涵，将"其持续可能危及维护国际和平与安全的争端"涵括在内，而且建立起政治解决和司法解决的程序，有效促成了争端的和平解决。[2] 尤其值得一提的是联合国的司法机构——国际法院，它充分发挥了其咨询管辖和争端管辖两方面的职能，对国际争端的和平解决也有促进作用。[3]

第三，联合国是国际事务的管理者和组织协调者。一方面，联合国大会和各理事会为各主权国家提供了交流、议事、谈判的平台，协调着各成员国的政策和行动；另一方面，联合国的各专门机构在各自的专门性或技术性领域内，也逐渐成为协调和管理相关活动的中心。在一定意义上，联合国行使着国际社会的政府性行政职权，规范和监督着成员国的行为，组织和协调着全球经济、社会、文化的整体发展。[4]

第四，联合国是国际法发展的推动者。联合国及有关专门机构组织和推动了许多重要的国际公约的起草、通过和实施，比如《联合国海洋法公约》等。尤其是联合国国际法委员会，它已经成为国际法编纂的主要机关，致力于对外交关系法、领事关系法、条约法等领域的法律编纂，对国际法的形成和发展做出了多方面、多形式的贡献。[5] 有学者甚至说，正是联合国等国际组织的兴起促进了现代国际法的大发展，国际社会也越来越重视借助联合国等国际组织的这种国际立法的辅助作用。[6]

第五，联合国应当成为"全球治理"重任的承担者。有学者认为，全

---

[1] 见周洪钧《联合国的进程及新视角》，《华东政法学院学报》2005年第6期。
[2] 见龚向前《联合国与国际法律秩序的发展》，《政治与法律》2004年第1期；饶戈平：《全球化进程中的国际组织》，载饶戈平主编《全球化进程中的国际组织》，北京大学出版社2005年版。
[3] 见王大为《联合国的司法机构》，《国际政治研究》2001年第4期。
[4] 见饶戈平《全球化进程中的国际组织》，载饶戈平主编《全球化进程中的国际组织》，北京大学出版社2005年版；周洪钧：《联合国的进程及新视角》，《华东政法学院学报》2005年第6期。
[5] 见黄惠康《国际法委员会的工作与国际法的编纂及发展》，《湖南师范大学社会科学学报》1998年第6期；庾国庆：《论联合国与现代国际法的发展》，《法律科学》1996年第1期；龚向前：《联合国与国际法律秩序的发展》，《政治与法律》2004年第1期。
[6] 见饶戈平《全球化进程中的国际组织》，载饶戈平主编《全球化进程中的国际组织》，北京大学出版社2005年版。

球化给人类带来的负面影响已经把全人类的安危联系在一起，全球治理已是当务之急。而目前在国际事务中能扮演核心角色的也就只有联合国这一全球最大、职责最广泛、最具权威性的国际组织，联合国理应扛起"全球治理"的重任，充分发挥其主导作用。①

（二）联合国改革

联合国改革问题是近年来国际关系和国际法中的一个焦点和热点，中国学者也对此进行了大量的研究，成果颇丰。学界的普遍观点是，联合国成立60多年来在国际事务中发挥了举足轻重的作用，但其组织结构、规章制度和活动方式等都有很多方面不再适合当今世界的需要，因此改革势在必行。但联合国改革又是一个长期而艰巨的过程、必须小心审慎地对待。

1. 联合国改革的动因——面临新的问题与挑战

学者认为，在国际安全方面，新的安全问题使联合国不得不面对很多新的、非常严峻的挑战：冷战的结束使许多被掩盖了的种族、宗教、民族矛盾一起凸显出来，并且越来越严重地威胁着世界的稳定；恐怖主义、跨国有组织犯罪、环境恶化和生态灾难等新的问题也不断涌现。也正是由于以上问题的出现，使得联合国维和部队越来越多地被授权使用武力，甚至出现了干涉国家内政的情况，明显走向"强制和平"并突破了"大国不介入"原则。②在新的形势下，怎样使联合国维和行动既维护国家主权原则、避免霸权主义和强权政治，又能维护地区的稳定与和平，使维和行动符合联合国宪章的宗旨和原则，这是联合国面临的一个重要课题。在处理上述问题时，联合国的集体安全机制已经显得有些不能适应需要了，这是联合国需要改革的一个重要原因。③

在国际政治秩序方面，由于冷战结束，两极格局解体，世界向多极化格局发展，美国也因此成为世界上唯一的一个超级大国。美国所奉行的"先发制人"和"单边主义"行事原则严重动摇和冲击了《联合国宪章》的宗旨，这使得联合国陷入了由一个国家间多边组织向一个为超级大国利益服务

---

① 见季丽新《联合国与全球治理》，《东岳论丛》2006年第27卷第3期。
② 见孙红霞《论联合国进行实质性改革的紧迫性》，《世界经济与政治》2005年第7期。
③ 见陆建新《联合国维和行动：现状与挑战》，《世界经济与政治论坛》2005年第3期；盛洪生：《联合国维持和平行动面临的法律新挑战——基于对联合国刚果（金）维持和平行动的个案分析》，《法学评论》2005年第6期；慕亚平、陈晓华：《世纪之交议维和——对冷战后联合国维持和平行动的评价与思考》，《法学评论》2001年第6期。

的组织蜕变的危险境地。① 这使得联合国在某些重大国际问题上显得无能为力。当今,联合国成员国的队伍不断扩大,但联合国的作用与其所解决面临问题的效率以及国际社会寄予的希望和要求极不相称。"9·11"事件后的情势凸显了国际集体安全体制的被动性和滞后性。因此,复杂的程序要求,虽然曾经保证了《联合国宪章》所确立的原则以及实践过程中的相对公正,但随着国际局势的发展,它也使得安理会反应迟钝和拖沓。②

在国际经济秩序方面,随着某些国家经济力量与经济地位的不断提升,其政治诉求也相应增长。这些国家渴望在联合国以及安理会中,能够在维持国际和平与安全事务方面发挥更重要的作用,以体现其自身的国际经济地位,进而从经济大国走向政治大国。③ 此外,南北经济差距进一步扩大,也需要联合国积极努力地进行解决:不少发展中国家在全球化的浪潮中被边缘化,最不发达国家的数目持续上涨,已占到联合国全体成员国四分之一还多。④ 这种现状也要求联合国进行改革,以便更好地反映发展中国家的利益。

在国际法律秩序方面,全球化的背景下,各种国际性矛盾和问题纷纷爆出,这些矛盾和问题引发了国际法律秩序危机,也震荡着在维持世界和平与安全方面负有重要责任的联合国。1999年北大西洋公约组织在没有安理会授权也没有通知安理会的情况下对南斯拉夫进行大规模空中打击、2001年经历了"9·11"事件后的美国在阿富汗领土上进行报复战争、2003年美国由于在大规模杀伤性武器问题上与伊拉克发生严重分歧而对伊拉克发动战争,这些近在眼前的例子都是对国际法、对国际法律秩序的公然挑衅,国际法律秩序面临危机,⑤ 联合国必须对此作出反应。

除了上述主要问题,联合国财政状况的恶化、其他国际组织的挑战、环境、生态、难民等因素也都刺激了联合国的进一步改革。⑥

---

① 见王德华《联合国改革任重而道远》,《社会观察》2005年第2期。
② 见孙建社《联合国面临的挑战与发展》,《南京师范大学学报》(社会科学版)1996年第1期;陈须隆:《浅论联合国改革》,《国际问题研究》2004年第3期。
③ 见李雪平《联合国安理会改革的国际法思考》,《法律科学》2005年第4期。
④ 见吴妙发《联合国改革:一项重大的国际政治建设工程》,《国际问题研究》2004年第5期。
⑤ 见李雪平《联合国安理会改革的国际法思考》,《法律科学》2005年第4期。
⑥ 见孙建社《联合国面临的挑战与发展》,《南京师范大学学报》(社会科学版)1996年第1期;衷而彬:《浅议联合国改革》,《重庆教育学院学报》2004年第4期。

2. 联合国改革的主要内容

第一，安理会的改革。安理会是联合国中权力最大的机关，并在多个方面承担和发挥着重要作用——多边合作的主要场所、推进国际关系民主化的重要场合、实现和平解决争端的核心机构、推动国际关系法制化的重要渠道，[①] 因此安理会的改革成为联合国改革的重中之重。首先，安理会成员的组成已经渐渐不能反映联合国成员国的立场。联合国成员国的数量增多而常任理事国的数量保持不变，使得安理会想要全面反映会员国的意见成为一件很困难的事情，因此安理会改革的一个方面就是考虑是否扩大安理会。其次，安理会中否决权的使用问题也是值得商榷的。五大常任理事国获得和享有一票否决权主要是因其在第二次世界大战中作出了重大的牺牲和贡献，但随着国际形势的变迁，许多第三世界国家、发达国家均表示了对否决权的不满，其中一个主要原因就是少数大国拥有的否决权与国际关系民主化及《联合国宪章》中规定的各国主权平等原则相背离。因此有些学者主张取消否决权，有些学者主张限制否决权的使用范围与方式。最后，安理会现有的工作方式亦需改革。联合国以及安理会中的工作有许多惯例和不成文的规矩，最典型的就是大国磋商机制，几乎联合国的所有重大决议都是经过这种方式形成的。如今越来越多的国家强烈要求能参与到联合国的决策过程中，要求加强对安理会的监督、增加安理会工作的透明度、加强五大国与事件当事国的磋商，使联合国的重大决议不仅能反映大国的意愿，也能尊重并反映相关地区有关当事国的愿望。[②]

第二，经社理事会的改革。加强经社理事会的作用是联合国改革的另一项主要内容。[③] 中国学者认为，当前的经社理事会会议缺乏突破及创意——国际社会要求其能够讨论与联合国广大成员国现实及长远利益相关的国际问题，而不是如现在般忙于行政事务、无暇解决实际问题。此外，经社理事会会议还应当与国际重要经济和金融问题挂钩，加强经社理事会与国际货币组织和世界银行等组织的密切合作与积极互动，使经社理事会在推动联合国实现千年发展目标、加强南北合作、建立健全开放、公平的多边贸易体制和公

---

① 见王德华《联合国改革任重而道远》，《社会观察》2005年第2期。
② 见李雪平《联合国安理会改革的国际法思考》，《法律科学》2005年第4期；梁西：《国际困境：联合国改革问题——从日、德、印、巴争当常任理事国说起》，《法学评论》2005年第1期；李瑛：《论联合国安理会否决权的利弊及改革问题》，《政法学刊》1997年第4期。
③ 见吴妙发《联合国改革：一项重大的国际政治建设工程》，《国际问题研究》2004年第5期。

正合理的国际经济新秩序、实现全球协调平衡发展等方面作出自己的贡献。①

第三，会费改革。联合国的经常性预算和维持和平行动经费主要来源于成员国缴纳的会费，各国所交纳的会费额度根据各国经济发展水平及其在联合国中的责任来确定。该两项预算草案由联合国秘书长提出，并交由联合国大会以协商一致的方式批准通过。② 如今，却有一些国家出于各种原因，以联合国会费为筹码来获取自己的利益，这使得联合国屡次陷入财政危机。如何既尽可能公平地进行会费份额的分配，保证联合国日常经费的充足，又能使其最大限度地体现各国的权益，从而使某些国家不再以会费要挟联合国，成为联合国改革不得不考虑的重要内容。③

除了以上联合国改革的重要内容外，学者们还提出了许多其他的改革措施：如建立新体制和制度、加强同联合国建立关系的专门机构与联合国的合作、增加专门机构每年工作重点的透明度、精简机构人员和组织、缩短大会期限和突出议题重点等。以上这些方面也是联合国改革需要考虑的内容。④

3. 联合国改革的前景

至于联合国改革的前景，学者们普遍认为，联合国的改革在削减预算、减少支出、精简人员、合并机构等许多方面都取得了或多或少的进展，但在安理会改革这个硬骨头上停步不前，而联合国的财政、维和等问题在很大程度上还是依赖于安理会的改革，安理会改革的成败可以说直接决定着联合国改革的走向；加之如今的国际政治依然是大国政治和强权政治，尽管世界发展的趋势是多极化，这个趋势还没有成为一种事实，这就决定了联合国改革是一个长期而艰巨的过程。联合国改革不会一帆风顺，而是一个复杂的较量过程，是一个要被小心翼翼对待的过程。⑤

---

① 见李英《联合国改革走向何方》，《党政干部学刊》2005 年第 8 期；金学明：《联合国经社系统的作用与局限》，《江苏社会科学》1995 年第 4 期。

② 见刘婉媛《会费成为改革筹码、预算危机"阴影"下的联合国》，http：//finance.qq.com/a/20051219/000260.htm。

③ 见盛洪生《论联合国维持和平行动经费的法律问题》，《甘肃政法学院学报》1995 年第 4 期。

④ 见陈须隆《浅论联合国改革》，《国际问题研究》2004 年第 3 期；衷而彬：《浅议联合国改革》，《重庆教育学院学报》2004 年第 4 期。

⑤ 见孙书华、邓侠《试论联合国改革与国际法发展的互动性》，《社会科学家》2005 年 5 月增刊；吴妙发：《联合国改革：一项重大的国际政治建设工程》，《国际问题研究》2004 年第 5 期。

（三）其他问题

此外，对于联合国的国际责任能力问题、① 联合国的会员国资格问题、② 联合国制裁的定性问题、③《联合国宪章》的解释问题、④ 联合国与国际公务员法律制度的发展问题⑤等，中国学者也都进行了专门而独到的研究。

三　欧洲联盟

1992年2月7日，欧洲共同体12个成员国在荷兰的马斯特里赫特共同签署了《欧洲联盟条约》。1993年11月1日，《欧洲联盟条约》正式生效，自此，一个一体化程度更高、在国际舞台上作用更大的区域性国际组织——欧洲联盟诞生了。中国学者从此也开始了对欧盟的研究，尤其是1995年之后，研究欧盟的论著、文章频频出现，并不断向着深化和细化的方向发展。总结起来，中国学者对欧盟的研究主要有以下几大问题：

（一）欧盟的法律人格和欧盟法的性质

在2004年的《欧盟宪法条约》通过之前，中国学者大多认为欧盟不具有国际法律人格，因为《欧洲联盟条约》中并没有类似欧共体条约第210条那样的条款来明确赋予欧盟国际法律人格；实践中欧盟也没有缔约权力，不能够承担法律义务。⑥ 而在2004年通过《欧盟宪法条约》之后——其第一部分第七条规定"欧盟具有法律人格"，中国学者的观点转变为，虽然《欧盟宪法条约》赋予了欧盟单一的法律人格，但其法律人格在实践中的具体表现还主要是在缔约权方面，与欧共体的法律人格比起来还显得单薄；《欧盟宪法条约》赋予欧盟单一的法律人格还仅仅是一个开端，欧盟要成为

---

① 见孙萌《论联合国的国际责任能力》，《外交评论》2006年总第88期。
② 见余民才《论联合国会员国资格的继承》，《中国法学》1996年第5期；杨成铭：《从联合国会员国资格论台湾不能"重返联合国"》，《法学评论》1995年第3期。
③ 见简基松《联合国制裁之定性问题研究》，《法律科学》2005年第6期。
④ 见黄瑶《〈联合国宪章〉的解释权问题》，载饶戈平主编《全球化进程中的国际组织》，北京大学出版社2005年版。
⑤ 见赵劲松《联合国与国际公务员法律制度的发展》，《外交评论》2006年总第90期。
⑥ 见黄德明《略论欧洲共同体与欧洲联盟的法律人格》，《法学评论》1998年第6期。

成熟的法律人格者还需要更多的演变与发展。①

关于欧盟法的性质，中国学者认为，欧盟法是欧洲统一运动的产物，它既是一种特殊的区域性国际法，又是对传统的国际法的突破和发展；既有别于一般国际法，也有别于联邦法，而是一种独特的法律制度。欧盟法的超国家性和局限性是其两大基本特征：其超国家性的表现是它在成员国的直接效力和优先地位；其局限性在于它的调整范围具有明显局限性、欧盟不具备制定欧盟法的自主性、欧盟法的生效实施依赖于成员国政府的有关机构以及欧盟法对违法者缺乏有效的直接制裁手段四个方面。②

（二）欧盟法在成员国的适用问题

欧盟法与成员国法的关系，或者说欧盟法在成员国的适用，涉及一系列的问题，其中最主要的两个问题是：欧盟法在各成员国的法律秩序中是否具有直接的效力？当欧盟法与成员国法发生抵触时何者优先？③ 中国学者通过考察英国、德国、法国等成员国的相关实践，④ 得出了欧盟法在其成员国具有直接效力和优先地位的结论。首先，"直接效力"包括两方面的含义：其一是欧盟法的规则，无须通过国际上所通用的"转化"或"纳入"的方式，即可自动进入成员国的国内法律体系并产生法律效力；其二是成员国公民和法人可在国内法院诉诸欧盟法为其创设的权利，国内法院对此项权利负有保护的义务。学者认为，欧盟的条约并未对欧盟法作为一个整体能否在成员国国内法中产生直接效力问题做出明确规定，但欧洲法院通过"范根路斯案"等一系列判决确立并全面阐述了欧盟法的"直接效力"。其次，"优先地位"也包含两方面的含义：其一，如在欧盟法公布之前，成员国已经存在的法律中有内容与欧盟法发生冲突，则这些内容立即失效；其二，在欧盟法公布之后，成员国公布的法律中与欧盟法发生冲突的内容也应属无效。在这两方面中，第一方面的内容是各成员国比较容易接受的，因为各成员国需要遵循欧盟法的"直接效力"；而第二方面的实质是要求欧盟的"前法"优于国内法

---

① 见雷益丹《论欧洲联盟的法律人格》，《法学评论》2006年第3期。
② 见凌慧明《欧洲联盟法与一般国际法之比较》，《法学杂志》1997年第2期；隋伟：《一种独特的法律制度——论欧洲联盟法的性质》，《南开学报》1996年第3期；黄勇：《论欧洲联盟的法律性质》，《政治与法律》1999年第4期。
③ 见曾令良《论欧共体法与成员国的关系》，《法学论坛》2003年第8卷第1期。
④ 见蔡高强、刘健《论欧盟法在成员国的适用》，《河北法学》2004年第22卷第4期；刘卫翔：《论欧共体法的地位及其与成员国法的冲突》，《法学评论》1995年第1期。

的"后法",欧洲法院通过著名的"科斯塔案"也确立了欧盟法的"优先地位"。①

欧盟法在成员国的适用涉及的另一个主要问题是欧盟法国内适用的国际法意义问题。有学者认为,欧盟法的国内适用说明了以下三方面的意义:第一,国际法日益得到了普遍的遵守;第二,主权国家开始自觉、灵活使用国际法以维护国家利益;第三,国际组织在国际法的国内适用方面能够发挥重要作用。②

(三) 欧洲一体化与国家主权让渡问题

以欧盟为代表的欧洲一体化对作为国家之最基本要素和国际法之基础的国家主权提出了许多新的问题和挑战,因此近十几年来,中国国际法学界对欧洲一体化对国家主权的影响问题相当关注,研究成果也相当丰富。

中国学者通过对欧洲一体化发展历程的研究,认为一体化进程中的每一次飞跃都是各成员国向欧盟转移一定职能和权力的结果。如何看待这种"转移"的性质呢?学术界有以下观点:第一种观点认为是国家主权的让渡;③第二种观点认为国家主权权力的转让;④第三种观点认为是国家主权权力的让渡。⑤中国学者更普遍地认同和使用第一种观点,即欧洲一体化进程中发生的国家职能与权力的大范围和深度的转移已经属于主权的范畴,应被认为是主权的让渡。

而之所以会发生主权让渡,学者认为有以下原因:⑥(1)欧洲国家统一的资本主义民主政治制度为欧洲国家主权让渡提供了政治条件;(2)欧洲国家大体相当的经济发展水平为实现国家的主权让渡提供了经济条件;(3)统一的欧洲文化观念和社会心理是欧洲国家实现主权让渡的文化条件;

---

① 见翁国民《关于欧洲联盟法的若干问题》,《外国法译评》1999年第4期;田德文:《欧共体法探析》,《欧洲》1995年第1期;曾令良:《论欧共体法与成员国的关系》,《法学论坛》2003年第8卷第1期。

② 见蔡高强、刘健《论欧盟法在成员国的适用》,《河北法学》2004年第22卷第4期。

③ 见赵伯英《主权观念和欧盟成员国的主权让渡》,《中共中央党校学报》1999年第2期,戴炳然:《深化与扩大的挑战——评马约后的欧洲一体化》,《法学评论》1999年第2期。

④ 见曾令良《论冷战后时代的国家主权》,《中国法学》1998年第1期。

⑤ 见韦经建、庞小妹《论欧洲联盟法的效力及其对于国家主权理论的影响》,《法制与社会发展》1999年第6期;陆灵华:《略论国际合作与国家主权》,《广西社会科学》1996年第1期。

⑥ 见宋全成《欧洲一体化进程中的国家主权的部分让渡如何可能?》,《文史哲》2000年第2期。

(4) 建立"欧洲人的欧洲"与重现欧洲作用的梦想和努力也是欧洲国家让渡主权从而走向一体化的重要条件。

学者还总结了欧盟成员国主权让渡的特征，主要有以下几方面：[①] (1) 自愿性，即欧盟成员国让渡主权的行为是在自主、自愿的基础上做出的；(2) 相互性，即欧盟成员国向欧盟让渡主权不是单方面的，而是相互的——并非一个国家向另一个国家让渡主权，让渡出来的主权是大家共享；(3) 渐进性，即欧盟成员国向欧盟让渡主权是渐进的，这种渐进性无论是从欧洲一体化的整个进程来看，还是在每一个具体领域（经济、政治、军事）中，都表现得十分明显；(4) 制度性，即欧盟国家向欧盟让渡主权是有法律、制度保障的，欧盟的民主制衡机制保证成员国让渡的主权能够得到有效、公平、公正的行使。

对于欧盟国家主权让渡的影响，中国学者认为，尽管这种让渡动摇了主权不可让渡的观念，使得对内最高统治权和对外独立自主权趋于模糊并导致了领土和疆域观念的变化，[②] 但是，这种主权的让渡是欧盟所有成员国出于对利益的追求而作出的符合其根本利益的选择，也是其必须面对的现实，这本身就是国家主权一致的体现。它并没有根本改变主权的地位，与国际法所主张的主权独立与平等也并不冲突。[③] 此外，学者还认为，欧盟国家的主权让渡使欧盟的国际地位得到了加强，对维护区域和世界和平作出了积极的贡献[④]；欧盟国家的主权让渡还对国家主权、国际法主体的资格、国际法和国内法的关系、国际组织的权利能力与行为能力等国际法传统问题造成了冲击，丰富和发展了国际法的理论与实践。[⑤]

最后，学者认为在欧洲政治一体化的进程中，主权让渡还存在三方面的

[①] 见朱贵昌、胡谨《欧洲一体化与国家主权的转让》，《山东大学学报》（哲学社会科学版）2001 年第 2 期；曲波：《欧盟一体化对国家主权理论的影响》，《当代法学》2001 年第 10 期。

[②] 见刘文秀《欧盟国家主权让渡的特点、影响及理论思考》，《世界政治与经济》2003 年第 5 期。

[③] 见杨晓慧《欧盟对主权理论的挑战》，《广西社会科学》2003 年第 4 期；李振全：《浅议国际法上的国家主权问题——对欧共体（欧盟）特例的研究》，《国际观察》2000 年第 3 期；戴秉然：《欧洲一体化中的国家主权问题》，《复旦学报》（社会科学版）1998 年第 1 期。

[④] 见刘文秀《欧盟国家主权让渡的特点、影响及理论思考》，《世界政治与经济》2003 年第 5 期。

[⑤] 见杨丽艳《东盟与欧盟一体化进程比较研究及其对现代国际法之影响》，《法学评论》1997 年第 5 期。

困难:① (1) 让渡"对外独立权"的困难,具体表现在构建欧盟"共同外交和安全政策机制"方面各国态度不一,以及欧盟各国在外交事务上存在巨大的利益差异、体现出不同的外交意图;(2) 让渡"自卫权"的困难,长期以来欧盟各国在推进防务联合方面始终存在尖锐的分歧,其构建共同核保护体系的实践失败了,也始终未形成独立有效的集体防务体系,这种局面到今天仍未有多大改观;(3) 让渡"对内最高权"的困难,这一困难的原因主要是,欧盟各国作为主权国家对于有关"对内最高权"的主权让渡更为谨慎和小心翼翼,各个成员国对让渡对内最高权的想法和做法也存在很大的不一致性。

(四)《欧盟宪法条约》

《欧盟宪法条约》在2004年罗马峰会上通过之后,中国学者紧跟时代步伐,也开展了相关的研究。中国学者认为,《欧盟宪法条约》的问世是欧盟内部和外部产生变革的产物,是欧盟从抽象的区域性国际组织向实体的欧洲联邦过渡的先导,②它的生效和施行将进一步提高欧盟一体化的程度,包括更加紧密的经济联合和启动政治一体化的大盘,进一步加强国际组织法律化的趋势。③

对《欧盟宪法条约》的法律属性及其意义的分析是这个研究领域的重点之一。中国学者认为,《欧盟宪法条约》具有两重性:一方面,《欧盟宪法条约》已经具备了主权国家宪法的一些属性,其功能超越了国际组织的章程,更接近主权国家的宪法——其形成过程带有一定的"民主性",其形式和内容也具有主权国家宪法的一些特征;另一方面,《欧盟宪法条约》本质上仍然没有脱离国家间条约的范畴,欧盟制宪的目的不是建立一个新型的主权国家,《欧盟宪法条约》产生的基础和程序仍然是国家间的合意,具体内容也更多地体现了国际组织章程的性质。《欧盟宪法条约》的这种两重性是由欧洲一体化的发展现实状况决定的,是欧盟在面对主权障碍时妥协折中的产物。《欧盟宪法条约》的宪法化对国际组织法、区域国际法乃至整个国际法的发展都有着重要意义:它开国际组织宪章宪法化之先河,为国际组织

---

① 见胡文涛《透视欧洲政治一体化进程中主权让渡的困难》,《华南师范大学学报》(社会科学版)2002年第6期。
② 见杨成铭《〈欧盟宪法条约〉对欧盟人权保护的影响》,《法学杂志》2006年第1期。
③ 见王展鹏《欧盟条约宪法化与国际组织法律化》,《欧洲》2002年第5期。

法律化提供了思路和模式；它的规定大大超出了一般区域国际法的基本规范，为其他区域一体化组织的发展提供了借鉴，推动了区域国际法的发展和创新；它的产生开创了一个民族国家体系与超国家治理并存的新时代，对走向全球治理的国际法也必将产生重大影响。[1]

还有学者专门对《欧盟宪法条约》对欧盟人权保护的影响问题进行了研究，认为《欧盟宪法条约》将对欧盟人权保护产生更为直接更为深远的影响：它是对欧盟目标不对称状态的矫正，使欧盟人权保护由政治层面走向了法制道路，从根本上弥补了欧盟的"人权赤字"并使欧盟的人权保护由点到面，使欧盟的人权保护制度与欧洲理事会的人权保护制度相联结，将使欧盟的人权保护逐步处于区域性和全球性人权保护的领跑地位。[2]

不过，由于《欧盟宪法条约》并未能够生效，因此有关研究目前已经不再具有太多的现实针对性。

（五）其他问题

除上述问题之外，中国学者对欧盟的公民问题[3]、欧盟的共同外交与安全政策问题[4]、欧盟的司法与内务合作问题[5]、欧盟的环境政策问题[6]以及欧洲法院的相关问题[7]也有法律分析和独到见解。

四 其他区域性国际组织

中国学者对除欧盟之外的其他区域性国际组织也有涉猎，但研究不多、成果偏少。其中，由于地缘因素，对东南亚国际联盟的研究稍多，但仍显现

---

[1] 见戴轶《宪法乎？条约乎？——对〈欧盟宪法条约〉的法理学分析》，《欧洲研究》2005年第2期；曾令良：《论〈欧盟宪法条约〉草案的两重性》，2003年在中国欧洲研究会第九届年会上所作的大会发言。

[2] 见杨成铭《〈欧盟宪法条约〉对欧盟人权保护的影响》，《法学杂志》2006年第1期。

[3] 见尹生《欧盟公民的产生与现代国际法的发展》，《江汉论坛》2004年8月；张锡盛：《关于欧共体公民的基本权利》，《欧洲》1999年第3期。

[4] 见宋英《欧盟共同外交与安全政策的法律分析》，《欧洲研究》2004年第5期。

[5] 见方长平《欧盟司法与内务合作：动力、机制与问题》，《欧洲》2000年第6期。

[6] 见张英《欧共体环境政策的法律基础、目标和原则探析》，《法学评论》1998年第4期。

[7] 见刘世元《欧洲法院的管辖权及其在欧洲一体化进程中的作用》，《法学评论》1999年第4期；张英：《从阿姆斯特丹条约看欧洲法院管辖权的新变化》，《法学评论》2000年第5期；王千华：《评欧洲法院司法能动性的贡献及其限度》，《法学评论》2001年第5期；董国路：《略论欧洲法院司法审查的对象》，《法学评论》2002年第5期。

出数量不足、深度不够的特点。今后中国学者仍需加强对这一领域的研究。

(一) 东南亚国家联盟

东南亚国家联盟（以下简称东盟）成立于1967年，作为一个亚太地区的区域性组织，它在国际舞台上发挥着越来越重要的作用。由于东盟成员国是中国的近邻，与中国在文化、历史、地理、民族和经济贸易等方面有千丝万缕的联系，对它的研究可以作为中国与世界经济接轨的借鉴，从而进一步推动中国与世界经济的协调合作与发展。中国学者有关东盟的研究涉及了如下方面：

第一，东盟的性质。有学者认为东盟是区域性国际经济组织，理由是东盟具备了区域性国际经济组织的条件，即成员国具有地理上的相邻性，历史文化等背景的同质性，社会、政治、经济和军事等重大事务的关联性和相互依赖性，以进行广泛的国际合作并结成永久性组织的要求。[1] 但是，也有人认为东盟是一个由政治性转向经济性的区域组织，带有较强的据时代变化而变化的特点。[2]

第二，东盟的法律地位。东盟作为一个区域性国际经济组织，当然也具备一定的法律人格和法律地位，主要表现在：（1）东盟把自己定位在地区性的合作联盟上，并在其基本文件《东南亚国家联盟宣言》中列举了其法律地位及职权范围；（2）在与非成员国的交往方面，东盟在地区安全事务中已开始较积极地以区域组织的身份与周边国家，尤其是大国交往；（3）在与成员国的关系方面，东盟将与成员国的关系视为是国际组织内最基本、最日常的工作，属于组织内部的问题；（4）东盟已经在缔约权、对外交往权、召开国际会议的权力等方面表现较为出色。[3]

第三，东盟一体化的特点和作用。东盟的一体化除了具有一体化的一般共同特点——以经济为主、具有明显演进性、发展不平衡之外，还具有自己的两大特点：一是一体化进程有较强的阶段性，二是东盟一体化的程度不断提高。东盟的一体化不仅促进了本地区的经济快速发展以及集体安全保障的建立，而且对世界尤其是亚太地区产生了不可忽略的作用，同时也以其频繁

---

[1] 见梁西《国际组织法》，武汉大学出版社1998年版，第278—279页。
[2] 见杨丽艳《关于东盟的几点国际组织法思考》，《法学评论》2000年第5期。
[3] 同上。

的一体化实践活动丰富了现代国际法的内容。①

第四，东盟与现代国际法。有学者认为，在国际经济新秩序的建立过程中，世界、区域经济一体化势必会使世界和区域经济更加秩序化、更加效益化，从而实现现代国际法对世界和平与发展的价值追求。东盟顺应了世界潮流，以一个发展中国家群体的角色发展和丰富了现代国际法，即在组织方面能够自觉地运用一体化的最有效的方式——区域性国际组织的形式和国际合作中南南合作的方式。此外，东盟还积极运用国际法上的一些有效形式，如国际会议形式和区域内军事防务一体化，来探索适应新的安全环境的安全战略；在国际人权方面，则坚持带有发展中国家认同的人权观念，如坚持生存权、发展权和民族自决权，否认西方的人权观，以及以欧美价值观为内容的人权外交。②

学者普遍认为，虽然东盟与欧盟相比仍然是一个一体化进程较低的区域经济组织，但其在区域一体化方面仍表现得较为出色，在国际社会发挥了其独特的作用。东盟的一体化程度在可预见的未来还会逐渐加深。③

（二）其他问题

除了东南亚国家联盟之外，中国还有个别学者对其他区域性国际组织及其相关问题进行了研究。比如对非洲联盟的研究④、对区域性国际组织运用武力问题的研究⑤、对区域性人权制度的研究⑥等。

五 世界贸易组织

世界贸易组织（WTO）是当今世界最重要的国际经济组织之一，于

---

① 见杨丽艳《东盟与现代国际法》，《东南亚研究》1997 年第 3 期。
② 同上。
③ 见马燕冰《东盟加速一体化及对地区的影响》，《现代关系》1996 年第 1 期；王鸣鸣：《东盟的崛起与亚太地区中美日三边关系》，《世界政治与经济》1996 年第 3 期。
④ 见黄德明、李陵霞《非洲联盟和平与安全理事会初探》，《法学评论》2004 年第 6 期。
⑤ 见郑雪飞《浅析对区域性国际组织运用武力的法律控制》，《南京师范大学学报》（社会科学版）2000 年第 4 期。
⑥ 见万鄂湘、陈建德《〈欧洲人权公约〉与欧洲人权机构》，《法学评论》1995 年第 5 期；洪永红、贺鉴：《非洲人权法院对欧美人权法院的借鉴——个体和非政府组织参与人权诉讼》，《法学杂志》2002 年第 6 期；谷盛开：《亚洲区域性人权机制：理念与构建》，《现代国际关系》2006 年第 2 期。

1995年1月1日正式成立，中国于2001年加入。世界贸易组织被人们形象地比喻成"经济联合国"，它作为规范世界经济运行，引导全球经济一体化趋势的主要力量，在当代国际经济贸易领域的重要性是显而易见的。在中国对WTO的研究主要集中在国际经济法学领域，但是近年来，也开始有学者从国际公法的角度对其进行研究，这些研究主要涉及以下三方面的问题。

（一）国际法中的WTO规则

有学者认为，WTO法属于国际公法范畴。尽管WTO作为非联合国系统的国际经济组织，不要求其成员必须是主权国家，而可以是不享有国家主权的单独关税区，如欧洲共同体、中国香港、中国澳门和中国台湾，但是，以《建立WTO协定》为基础的WTO规则是国际条约法。[1]

也有学者认为，WTO规则就像国际环境法、国际人权法和国际海洋法一样，是国际法规则的一部分。WTO规则是国际法中的这样一些规则，即在某些方面相对于一般国际法的某些规则构成的某些特殊国际法规则。首先，WTO规则是一般国际法规则。WTO已成为国家间几乎全部贸易关系的一般性的且日益成为普遍性的法律框架，从这个角度讲，贸易自由化规则是一般国际法规则，允许继续存在或创设一些更集中或更具体的国际法规则（诸如关于环境、人权的某些规则，或关于海洋法的规则，还有关于关税联盟和自由贸易区的规则等）。其次，WTO规则是国际法一般规则中的特殊规则，同时也构成国际法的一般规则。主要有以下几点：（1）WTO规则明显创设了一些国际法上原来没有的权利或义务；（2）WTO规则超出了一般国际法的规则；（3）WTO规则确认了原有的一些国际法规则；（4）在建立世界贸易组织协定于1994年4月15日生效之前，一些WTO规则就已经存在；（5）非WTO规则是WTO规则的补充。[2]

（二）国际公法各领域对WTO的影响

国际公法的一些重要领域都对WTO产生作用和影响，这些作用和影响的根源在于WTO条约及其规定的义务。正是WTO条约及其义务建立了WTO与国际公法这些领域的联系，导致了这些领域对WTO的作用和影响。

---

[1] 见张乃根《论WTO争端解决机制的几个主要国际法问题》，《法学评论》2001年第5期。

[2] 见周忠海《论国际法在WTO体制中的作用》，《政法论坛》2002年第20卷第4期。

第一，条约法领域。条约是 WTO 建立和效力的依据，WTO 的建立和运行依赖于条约。正是条约为关税及贸易总协定（GATT）缔约方和 WTO 成员规定了关税减让等各项义务；也正是在条约的基础上，WTO 才最终成立。根据"约定必须遵守"原则，承担有关义务的国家和地区必须信守条约的规定。条约成为推动世界贸易自由化的有效手段。WTO 正是通过条约发挥着调整全球贸易关系的实际作用。当然，条约法对 WTO 的作用，不仅体现在 WTO 条约的缔结和效力问题上，还体现在它的解释、适用、修改、失效等一系列问题上。因此条约法是对 WTO 影响最深的国际公法领域。此外，由于条约在国际公法中并不是孤立地存在，它与国际公法另外一些重要问题或领域有着密切关系，并深受这些领域的影响，而这些领域也通过条约深刻影响 WTO。下文所述的几个领域即是如此。

第二，国际法的渊源领域。条约的国际法渊源性质及其与习惯的关系完全适用于 WTO 的情况。WTO 条约，包括 WTO 宪章及其涵盖协议，属于协定国际法范畴，是主要关于贸易问题的条约规则。但是 WTO 规则如同其他条约规则一样，受到条约性质（不及于第三国）的限制，因此 WTO 同样需要习惯国际法，也受到习惯国际法的作用和影响。①

第三，国际法与国内法关系领域。国际法与国内法的关系，尤其是国际法在国内的效力问题，完全适用于 WTO。WTO 成员有义务遵守 WTO 条约的规定，有义务使其境内的法律与 WTO 条约的规定保持一致。至于说采用哪种实践，属于其自由裁量的范围。在这方面，它们不仅要考虑自己对待条约的一贯态度，也要考虑 WTO 义务的内容。②

第四，国际责任领域。关于国际责任的国际法规定也应该适用于 WTO。WTO 条约为其成员创设了义务，这种义务从性质上看，与国际法的其他义务（例如外交关系法、海洋法所创设的义务）是一样的，都是法律的义务。违反 WTO 义务，如同违反国际法的其他义务一样，都面临责任问题。此外，在 WTO 框架下，并没有专门的责任制度，而 WTO 成员国违反 WTO 义务，特别是对其他成员造成损害时，又必然引发责任问题，这就需要用国际法的标准

---

① 见李鸣《国际公法对 WTO 的作用》，载饶戈平主编《全球化进程中的国际组织》，北京大学出版社 2005 年版。
② 见汤树梅《论 WTO 规则与国内法和国际条约的关系》，《中国人民大学学报》2004 年第 3 期；贺小勇：《论 WTO 协定与国内法的法律关系问题》，《政法论丛》2001 年第 1 期；曾令良：《WTO 协议在我国的适用及我国法制建设的革命》，《中国法学》2000 年第 6 期；宫万炎：《WTO 规则在中国国内法的适用》，《福建政法管理干部学院学报》2000 年第 4 期。

加以处理。国际法关于国际责任的规定,提供了这样一个统一的标准。①

第五,人权领域。国际人权法的发展对国际经济组织及其原则提出了挑战。就 WTO 而言,它所奉行的贸易自由的原则就被认为同尊重人权的原则存在某种固有的矛盾。欧洲法院的一些案例已经倾向于人权优先原则,也就是说,已经开始用人权的标准检验贸易的规则。尽管欧洲的经验似乎还未扩展到 WTO,但其影响已经产生。人权对 WTO 的作用是值得注意的动向。②

国际公法在以上这些领域对 WTO 的作用和影响充分说明了 WTO 对国际公法的依赖关系。由 WTO 条约组成的 WTO 规则只不过是国际公法的一个方面或领域,是协定国际法的一个部分,同国际公法的其他领域及协定国际法的其他部分一样,根植于国际公法的土壤中,运行于国际公法的环境里。③

(三) WTO 争端解决机制对国际法的意义

首先,WTO 争端解决机制对当代国际法的理论与实践提出了许多具有挑战性的问题。WTO 争端解决机制所具有的准司法性质与其"规则导向"密不可分,形成了全新的和平解决国际贸易争端的独特机制。该机制采取了国际法优于国内法的原则,对保障 WTO 规则的约束力起到了不可替代的作用。WTO 争端解决机制没有也不可能否定国家主权的存在,而是在经济全球一体化时代,各国各地区寻求最大限度的国际合作之产物。④

其次,WTO 争端解决机制强化了国际法的效力。国际法一直以来都是以"软法"、"弱法"的形式出现,努力加强国际法的拘束力以有效解决国际争端,是国际法发展的一个方向。WTO 争端解决机制作为一种准司法性的争端解决机制,不论是其制度设计还是其司法实践,都体现了使国际法的效力不断得到加强的发展趋势。但是,也应当清醒认识到,世贸组织争端解决机制虽然确实使国际法的效力得到大大加强,但这种影响依然还是有限的。⑤

---

① 见李鸣《国际公法对 WTO 的作用》,载饶戈平主编《全球化进程中的国际组织》,北京大学出版社 2005 年版。

② 同上。

③ 同上。

④ 见张乃根《论 WTO 争端解决机制的几个主要国际法问题》,《法学评论》2001 年第 5 期;白明韶:《WTO 下美国国家主权保护机制及其启示》,《学术研究》2002 年第 1 期。

⑤ 见李双元、李娟《从世贸组织争端解决机制谈国际法效力的强化》,《时代法学》2005 年第 6 期;张乃根:《论 WTO 争端解决的国际法拘束力》,《复旦学报》(社会科学版) 2003 年第 6 期。

最后，WTO争端解决机制也对其他国际法体制有所启示。在当前国际关系日趋复杂多变，尤其是联合国的权威受到严重挑战之时，WTO争端解决的模式具有十分重要的意义。除了该模式具有的规则为导向、管辖强制性、磋商与准司法程序相结合等特点可供其他国际法体制借鉴之外，WTO争端解决机制所特有的国际法拘束力更是目前其他全球性争端解决机制所没有或不及的。诚然，WTO争端解决的是国际贸易争端，而非政治方面的争端，因此WTO的争端解决模式不可能适用于联合国安理会以及联合国国际法院的争端解决。但是国际社会能够创造出WTO争端解决机制，这对解决诸如国际和平与安全等对于整个人类具有更加重大意义的争端，无疑是很好的启迪。①

六 国际非政府组织

在当代，各类全球化问题，如环境、人权、疾病以及其他各类超越国界问题的重要性日益增加，国际非政府组织在努力解决这些问题的过程中，其数量、规模、类型在过去的几十年中都大量增加，从政治、法律、社会、经济、人权、妇女、教育到环境和体育领域，它们活动的领域非常广泛，在国际事务中发挥着重大作用。国际非政府组织的发展和活动已经影响到了传统的国际法律秩序，对国际法也产生了许多重要的影响。② 因此，中国学者也较为重视从国际法视角对国际非政府组织的研究，近年来成果显著。

（一）国际非政府组织的定义、法律地位和重要影响

1. 国际非政府组织的定义和特征

中国学者普遍认为，联合国经济及社会理事会的1296号决议中的有关内容是目前对于国际非政府组织较为权威的表述。该决议指出，一个国际非政府组织必须是"具有代表性并具有被承认的国际地位：对于一个覆盖了世界上不同地区的相当数量的特殊领域的人们，它应该代表其中的大多数并表达其中主要部分的观点"。也就是说，要将那些仅涉足国内事务的非政府

---

① 见张乃根《论WTO争端解决的国际法拘束力》，《复旦学报》（社会科学版）2003年第6期。

② 鄂晓梅：《国际非政府组织对国际法的影响》，载饶戈平主编《全球化进程中的国际组织》，北京大学出版社2005年版。

组织排除在外，但又不拘泥于非政府组织的成员和经费来源是否具有国际性质。有学者尝试对国际非政府组织作如下定义：非政府组织是指非由一国政府或政府间协议建立、能够以其活动在国际事务中产生作用、其成员享有独立投票权的民间组织。① 但是由于当代社会中国内事务与国际事务越来越难以截然分割，这个定义的外延事实上将非常广泛。

从上述决议和定义出发，学者总结出作为一个国际非政府组织所必须具备的一些特征：第一，它不是由国家根据条约成立的，而是由自然人或法人根据国内法成立的；第二，它在经济以及政治方面独立于国家；第三，它必须有跨界的行动范围并且其结构也应该是国际性的；第四，它具有组织结构、特定领域和非政府的目的，遵守法律，不以营利作为其主要目的。②

2. 国际非政府组织的法律地位

中国学者大多认为，国际社会至今没有任何国际公约对非政府组织的法律地位做出统一规定，更不存在这方面的习惯法规则。在区域范围内，欧洲理事会曾在1986年主持制定了一项《关于承认国际非政府组织法律人格的欧洲公约》，但该公约仅仅规定各缔约国相互承认在另一国内建立的非政府组织所具有的法律人格和相应的权利与责任，也就是说相应的实体规则仍取决于各国国内法的不同规定。因此学者认为它仍旧不是一份在跨国层面上使非政府组织获取法律人格的公约。总之，大多学者认为，尽管非政府组织的法律地位主要限于咨商地位，在某些区域性司法制度中具有诉讼权，某些非政府组织也从功能性主体演进至法律性主体（如红十字国际委员会被广泛承认为一种特殊的国际法主体③、国际自然保护同盟、世界自然保护基金在相当程度上也被认为国际法主体④），但非政府组织离国际法的主体资格仍有不小的距离。⑤ 同时，也有少数学者认为，非政府组织在一定限度内可以

---

① 见黄志雄《非政府组织：国际法律秩序中的第三种力量》，《法学研究》2003年第4期。
② 见鄂晓梅《国际非政府组织对国际法的影响》，载饶戈平主编《全球化进程中的国际组织》，北京大学出版社2005年版；陈彬：《试论国际民间组织在国际法中的法律地位》，《现代国际关系》2004年第3期；文同爱、李凝：《试论非政府组织在国际环境法中的作用》，《时代法学》2006年第4卷第1期。
③ 见李浩培《国际法的概念与渊源》，贵州人民出版社1994年版，第20—21页。
④ 见那力《非政府间国际组织的有关问题探讨——21世纪与中国国际法》，法律出版社2003年版。
⑤ 见刘超《非政府组织的勃兴与国际法律秩序的变塑》，《现代法学》2004年8月；黄志雄：《非政府组织：国际法律秩序中的第三种力量》，《法学研究》2003年第4期；陈彬：《试论国际民间组织在国际法中的法律地位》，《现代国际关系》2004年第3期。

成为国际法的主体，理由是：（1）非政府组织能够独立地参与国际关系，它们所致力解决的问题大多是国际性乃至全球性的；（2）政府间国际组织同非政府组织进行联系也在一定程度上承认了后者在国际关系中的地位；（3）由于非政府组织成员身份的广泛性以及不少非政府组织与政府间国际组织在人员和人事安排上的相互渗透性，非政府组织已成为各国共同活动的场所；（4）由于非政府组织日益广泛地参与国际关系，已有越来越多的国际社会成员承认某些非政府组织具有国际法主体资格。[①]

3. 非政府组织的重要影响

从20世纪90年代以来，国际非政府组织在关于环境、人权、贫困、人口和妇女进步等一系列重要的国际会议上施加了重要影响，让国际社会了解了它们所关心的事务。近几年以来，国际非政府组织更是将其活动范围延伸到国际事务的几乎各个方面，它们的迅速崛起和蓬勃发展让外部世界开始感觉到并重视它们的作用。[②] 联合国前秘书长安南曾列举了一系列事例来说明国际非政府组织的作用：它们成功的游说促使了《禁止使用地雷的渥太华公约》签订；在《国际刑事法院规约》的制定过程中，为使种族屠杀等国际犯罪的受害者得到公正对待，它们进行了不懈的努力；它们还规劝发达国家政府减少最贫穷国家的债务，为减少贫困工作筹措资金，等等。当然，国际非政府组织的作用还远远不止于此，它们广泛参与全球各种事务，显示出官方机构不可代替的独特作用；它们为国际社会增加了新元素，促使国家关系趋向多层次化、国际社会的空间大大扩展；它们还在监督国家和国际组织的承诺、改变国际制度和规范、充当非官方的沟通渠道、帮助有关国家建立关系、创造弥合分歧所必需的信任、帮助有关国家政府或国际组织确立公共政策和协助解决需要紧急处理的问题等方面，越来越多地对国际社会管理机制发挥不可或缺的补充作用。[③]

与此同时，学者还认为，国际非政府组织的迅速发展，也带来了一些消极影响。首先，非政府组织参与和影响全球治理，开始打破长期以来政府独占国际事务治理的局面，而目前国际关系体系基本上还是以国家间关系为框架，非政府组织在"体制外"的活动，可能影响政府在对外事务中的功能，

---

① 见黄世席《非政府间国际组织的国际法主体资格探讨》，《当代法学》2000年第5期。

② 见黄志雄《非政府组织：国际法律秩序中的第三种力量》，《法学研究》2003年第4期；鄂晓梅：《国际非政府组织对国际法的影响》，载饶戈平主编《全球化进程中的国际组织》，北京大学出版社2005年版。

③ 见仲轩《国际非政府组织与中亚色彩革命》，《新疆社会科学》2005年第6期。

甚至导致政府权力弱化；其次，非政府组织活动的目标往往限定于某一领域或某一问题，专心致力于自我追求的目标而不顾大环境及有关国家的具体国情、社情、民情，一定程度上妨碍了全方位、多视角观察和处理问题，容易产生偏执、偏激等行为；最后，许多非政府组织是由某个或极少数国家的人士支配的，因而很容易自觉不自觉地成为其狭隘的国家利益、国家权势和价值观念的代言人，还有一些非政府组织由投机分子或民族、种族、宗教极端分子掌握主导权，这些组织很容易引发国际社会的政治对抗或事端，甚至引发国家关系摩擦和紧张。①

此外，中国学者对近几年来国际非政府组织在国际社会能够发挥重要作用的原因也有研究，认为全球化进程是其中最重要的原因。全球化破坏了主权国家在其领土上的控制行为，而越来越需要在国际层面上为全球问题寻找解决的办法、需要更多国际层面上的谈判和决定，而这些也为国际非政府组织发挥其作用提供了广阔的舞台。② 通信和信息技术的发展和新闻媒体在世界范围的作用也加剧了国际非政府组织影响的程度和范围。③

（二）国际非政府组织与联合国

1. 国际非政府组织与联合国体系的联系机制

随着联合国发展活动的日益丰富以及非政府组织对国际事务影响力的增大，非政府组织在发展活动中与联合国的合作内容越来越广泛，形式日益多样化，逐步形成了一些特有的联系机制。

首先，国际非政府组织在联合国经社理事会享有咨商地位。自从1946年经社理事会确定非政府组织的咨商地位以来，这种地位成为非政府组织在国际法律秩序中一种合法身份的象征，同时也对联合国意义重大。④ 中国有学者论称，"同非政府组织进行正式协商，这是联合国的创造"。⑤ 这种咨商

---

① 见仲轩《国际非政府组织与中亚色彩革命》，《新疆社会科学》2005年第6期。
② 见黄志雄《非政府组织：国际法律秩序中的第三种力量》，《法学研究》2003年第4期；鄂晓梅：《国际非政府组织对国际法的影响》，载饶戈平主编《全球化进程中的国际组织》，北京大学出版社2005年版。
③ 见仲轩《国际非政府组织与中亚色彩革命》，《新疆社会科学》2005年第6期；鄂晓梅：《国际非政府组织对国际法的影响》，载饶戈平主编《全球化进程中的国际组织》，北京大学出版社2005年版。
④ 见黄德明、匡为为《论非政府组织与联合国关系的现状及改革前景》，《当代法学》2006年第20卷第3期；王文：《论非政府组织在联合国体系中的地位和作用》，《国际论坛》1999年第6期。
⑤ 李少军：《国际政治学》，上海人民出版社2002年版。

地位也是非政府组织与联合国进行其他联系机制的法律依据。

其次,国际非政府组织与联合国建立了会议机制。学者认为,非政府组织围绕联合国的各次国际会议建立起来的联系机制,是从 20 世纪 70 年代初开始形成的;从 20 世纪 80 年代末开始,非政府组织开始在联合国召开的国际会议上享有实质性权利;自 1992 年非政府组织第一次被允许在联合国召开的大会上作正式发言后,非政府组织代表以正式或非正式的身份,更为积极地寻求参与联合国会议进程的机会,在会上发言或提交书面意见。① 目前,通过参与联合国各类会议筹备阶段的活动,出席联合国各类会议,影响联合国议事日程及其活动内容,已成为非政府组织介入联合国系统发展活动的重要途径。②

再次,国际非政府组织与联合国建立了机构联系机制。在非政府组织与联合国的发展合作实践中,非政府组织同联合国系统内从事发展活动的许多机构建立起一些制度和运作上的联系。联合国经济社会理事会及一些专门机构都建立了处理、协调与非政府组织关系的相应机关。1975 年,联合国还专门设立了非政府组织联络服务处,以加强联合国与非政府组织之间在各个领域,特别是经济社会发展领域的合作与对话,促进非政府组织经常性地关注整个联合国的发展计划。③

最后,国际非政府组织与联合国建立了论坛机制。在联合国召开国际会议的同一时间和同一地点举行同样议题的非政府组织国际论坛,是非政府组织参与和影响联合国决策的一个重要方式。与联合国的国际会议平行的非政府组织国际论坛,第一次是在 1972 年斯德哥尔摩人类环境大会期间召开的,以后成为惯例。④ 参与论坛活动的非政府组织虽然没有直接介入联合国对发展问题的决策过程,但它们的主张和意见对联合国就发展问题所形成的决议、宣言及行动纲领等产生了重大的影响。⑤

截至 2007 年,约有 3000 个非政府组织取得了联合国咨商地位,数以千计的非政府组织与联合国各机构建立了正式联系。学者认为,联合国积极建立并发展与非政府组织联系的动因有:利用非政府组织在技术和专业方面的

---

① 见孙洁琬《非政府组织与联合国发展活动》,《政法论坛》2004 年第 22 卷第 1 期;赵黎青:《非政府组织与联合国体系》,《欧洲》1999 年第 5 期。
② 见郑启荣《试论非政府组织与联合国的关系》,《外交学院学报》1999 年第 1 期。
③ 见孙洁琬《非政府组织与联合国发展活动》,《政法论坛》2004 年第 22 卷第 1 期。
④ 见赵黎青《非政府组织与联合国体系》,《欧洲》1999 年第 5 期。
⑤ 见孙洁琬《非政府组织与联合国发展活动》,《政法论坛》2004 年第 22 卷第 1 期。

专长；利用非政府组织在动员当地资源方面的优势；利用非政府组织作为输送物资和提供援助的渠道；扩大联合国的影响等。[①] 而非政府组织建立和发展同联合国的联系的主要原因是：获取资助；影响政府间国际组织的决策；通过影响政府间国际组织来争取本国政府重视和财政支持。[②]

2. 国际非政府组织在联合国体系中的作用[③]

首先，国际非政府组织促进了联合国观念的更新。由于非政府组织自身的特点，它能较多地从人类整体利益的高度去看待问题，在一定程度上能对国际社会的普遍要求作出及时响应。因此，非政府组织常常能提出一些具有超前意义和极富创造性的主张。联合国倡导的许多新概念，有不少是源自非政府组织，有的则是在非政府组织的大力宣传和推动下被国际组织所接受。例如，可持续发展观念能够成为联合国成员国的共识，社会弱势群体的权益与福利日益得到重视，贫困问题得到关注，等等，这些都与非政府组织的努力分不开。

其次，国际非政府组织影响联合国政策的制定。虽然在联合国体系内，迄今基本上还没有非政府组织参与决策的机制，但是非政府组织通过上述非正式机制，在联合国体系中影响各种国际会议的决策过程，努力使自己的主张被包含在政府间国际组织的议程中。同时，非政府组织充分利用信息技术带来的便利条件，运用宣传、游说、咨询、教育、民间外交等手段，设法通过各种途径表达自己的思想，倡导并促使某项议程在联合国得到确立，从而影响联合国政策的形成。

再次，非政府组织对联合国的活动进行着监督。非政府组织可以对联合国的承诺、计划和项目的落实进行监督，也可以对联合国的决议和条约的实施进行监督。联合国体系内的各组织和机构已经逐渐接受了它们的做法。非政府组织庞杂博大的工作网络、成员的丰富知识和经验、敢于直言的风格以及坚持不懈的毅力和奉献精神，使它们显示出对实际工作更深入的了解，同时它们又比联合国组织更少一些官僚主义的干扰，这使得有关的非政府组织可以借助舆论压力对联合国实施的活动进行相当程度的监督。

最后，非政府组织对联合国的工作进行着支持。非政府组织中各方面的

---

① 见黄德明、匡为为《论非政府组织与联合国关系的现状及改革前景》，《当代法学》2006年第20卷第3期。
② 见赵黎青《非政府组织与联合国体系》，《欧洲》1999年第5期。
③ 见孙洁琬《非政府组织与联合国发展活动》，《政法论坛》2004年第22卷第1期；赵黎青：《非政府组织与联合国体系》，《欧洲》1999年第5期。

专家众多，信息来源广泛，技术资源雄厚，是联合国开展工作和进行活动的天然盟友。联合国的许多活动在执行过程中都得到了非政府组织的积极协助与密切配合。① 最近几年在联合国召开的环境、人口、妇女、粮食等问题的国际性会议上，联合国官员也都鼓励与会人士回国后，通过成立社团的途径来实现会议确定的目标。

（三）国际非政府组织与国际法

中国学者普遍认为，国际非政府组织在加强国际法方面有重要作用，它们在当代国际法中的行动可以分为几个不同的领域：②

首先，促进国际法的编纂与发展。非政府组织不仅能够通过游说和舆论宣传影响各国政府对国际条约的谈判和批准立场，还通过各国的实践间接地影响习惯国际法规则的形成。另外，非政府组织在联合国等政府间国际组织的活动，也会对后者拟订的条约草案产生影响。

其次，国际非政府组织在国际诉讼程序中的作用。在国际司法程序中，当有关国际司法机构普遍面临案件过多、辩护律师缺少某种专业知识或存在政治偏见、当事方出于诉讼策略而无视公众利益等问题时，人权、环保等公益性非政府组织越来越多地获准以"法庭之友"的身份介入案件，从而对国际法的适用产生了一定影响。

再次，国际非政府组织在加强和实施国际法方面的作用。非政府组织还可以凭借其独特的影响力对某类特定国际公约的实施加以监督，从而丰富和发展了国际法的执行手段。他们监督国家实施其签署的条约，调查和揭露国家违反国际法的行为，所以经常能够迫使国家遵守其国际义务。

最后，还有学者特别提到了国际体育组织的独立法律秩序也体现了国际非政府组织在当代国际法律体系中的作用。③

除了研究国际非政府组织对国际法整体的作用以外，中国还有学者针对国际非政府组织对国际环境法、国际人权法等部门法的影响进行了研究。比如有学者认为，环境问题的全球化对主权国家控制力的削弱和国际环境法的

---

① 见郑启荣《论联合国与非政府组织的关系》，《外交学院学报》1999年第1期。
② 见刘超《非政府组织的勃兴与国际法律秩序的变塑》，《现代法学》2004年8月；黄志雄：《非政府组织：国际法律秩序中的第三种力量》，《法学研究》2003年第4期；鄂晓梅：《国际非政府组织对国际法的影响》，载饶戈平主编《全球化进程中的国际组织》，北京大学出版社2005年版。
③ 见鄂晓梅《国际非政府组织对国际法的影响》，载饶戈平主编《全球化进程中的国际组织》，北京大学出版社2005年版。

综合性、科技性、公益性的特点，正好为非政府组织在国际环境领域的大展拳脚提供了广阔舞台。国际非政府组织对国际环境法的作用不仅表现在如上所述的促进国际环境法的编纂、加强和实施国际环境法等方面，也给国际环境法带来了一些问题——某些权势强大的非政府组织代表西方大国或某些特定社会阶层的利益，片面强调环境保护，忽视经济发展和发展中国家的要求，对发展中国家的社会利益和国家主权构成威胁，从而增强了西方的整体优势，加剧了南北利益的不均衡，加深和激化了南北矛盾；对正常的国际法律秩序构成挑战和威胁，增加了国际社会和国际法发展中的新的复杂因素和不可预测性。[1] 还有学者认为，国际非政府组织在国际人权保护领域发挥了独特的作用，但是由于非政府组织并不具备国际法上的主体地位，它们在国际人权保护领域的作用受到了严重限制，如何确定它们的国际法主体地位并进一步发挥非政府组织在国际人权保护领域的作用，是当代国际法所面临并应该解决的重要问题。[2]

七 对国际组织法研究的总体评价[3]

尽管中国国际法学界对国际组织的研究起步较晚，但随着对外开放的扩大、中国与越来越多的国际组织建立了广泛的联系，对国际组织的研究也相应受到学术界越来越多的重视，并逐渐发展成为国际法研究中一个关注较多、成果较多的领域。特别是近十年间，中国学者对国际组织法学进行了大量研究并取得了可喜的成果，初步统计出版了论著和译著40余本，发表了论文400余篇。

中国学者对国际组织法的研究呈现出以下特点：

从纵向角度看，中国学者对国际组织的研究大致经历了一个对国际组织具体情况的介绍、对国际组织原则与依据的研究和对国际组织在国际事务中的作用这三个不断深入的阶段。在第一阶段，学者一般只做客观介绍、不作分析与评价；在第二阶段，随着对国际法研究的深入，学者们对国际组织的

---

[1] 见文同爱、李凝《试论非政府组织在国际环境法中的作用》，《时代法学》2006年第4卷第1期；何艳梅：《非政府组织与国际环境法的发展》，《环境保护》2002年12月。

[2] 见彭锡华《非政府组织对国际人权的保护》，《法学》2006年第6期。

[3] 我国对国际组织法的研究中呈现的特点和存在的问题，参见孙仲《国际组织理论研究评析》，《浙江大学学报》（人文社会科学版）2001年第31卷第2期；饶戈平：《中国国际法学面临的挑战与使命》，《法学研究》2004年第2期。

研究也被带动扩大到对国际组织的组织原则、法律地位等方面进行探讨；在第三阶段，中国学者越来越重视研究国际组织作为能动的主体，在国际关系中，特别是在协调国家与国家之间的关系中所发挥的独特而重要的作用。

从横向角度看，如果从国际组织的不同类型来看，中国学者的主要研究对象为政府间国际组织，特别是联合国和欧盟；近年来开始向其他国际组织扩展，特别是较为关注国际非政府组织。

从研究方法看，中国学者对国际组织的研究也经历了由单纯的传统人文的分析法到分析、实证等"科学"量化方法的引入，到现阶段的比较研究及体系与社会研究方法应用这样一个由单一到"立体的、多层面"的进步过程。应该说，中国学者对国际组织研究已经初步形成了多层次、多角度的多元化研究格局。

然而，中国学者对国际组织的研究，与国际法学科中的某些其他领域相比，研究人数和成果仍然偏少，并且还存在着两个明显的不均衡问题：（1）学者们的注意力主要放在政府间国际组织上，对其他国际组织的研究较少，更谈不上对不同类型的国际组织进行多角度的比较研究；（2）就具体的国际组织而言，联合国和欧盟几乎是中国学者研究的全部对象，而其他一些国际组织（甚至对中国具有战略意义的国际组织）则往往被忽视。总体来说，中国学者对国际组织的研究目前还处于较低的水平：研究者的视野较窄，常常不能跳出国际组织本身去研究；理论与实践的结合有待进一步强化；过分依赖传统的国际组织的研究方法与成果，没有体现本学科自身特色的研究方法；尚未找到深入研究的突破口与切入点，还有待于后人进行创新与突破。

综上所述，中国学者对于国际组织的研究，经历了一个由浅入深、由简单平面到丰富成熟的发展过程。当然，中国学者由于起步晚等原因，无论从研究的"质"或"量"上都还与世界先进水平有差距。但相信随着中国法学研究的日益成熟、法制建设的不断深入、对国际组织更加积极的参与和利用以及国际法学者队伍的不断壮大，在不远的将来，中国学者可以在国际组织法这一研究领域取得更多的研究成果和更加蓬勃健康有序的发展。

第五章 国际人权法研究的新发展

对人权的国际保护从联合国成立起算，已经历了半个多世纪的风雨历程。国际社会对于人权的国际保护已达成一定的共识，在人权国际保护的立法、机构、程序、实施和执行等方面逐渐形成了较为完善的体系，人权也已经成为全世界关注的热点问题。在过去十余年间，在国际人权保护领域，也出现了许多新的现象、新的发展和新的特点；同时，中国学者对人权的研究成果也已经相当可观，对人权理论、制度和实践的研究取得了长足的进步。总体上，无论是论文还是专著的数量都表明，人权是近年间中国学者的一个热门研究领域。

人权作为一个研究领域或对象，可以分为理论、制度和实践三个方面，就制度又以分为国际和国内两个层次，而国际人权法律制度又可分为规定具体人权的规则和实施这些规则的机制这两个方面。由于此处予以评析的将主要是国际人权法研究的新发展，因此重点将放在对中国学者所进行的有关国际人权理论、制度和实践的研究上。但是，由于有关人权的基本理论对于国际人权法也有涉及和相当的影响，因此也作为国际人权法研究的一个组成部分，予以评析。综合而言，可以从国际人权法的基本理论问题、联合国人权两公约、各类具体人权、少数人和弱势群体的权利、区域人权制度、中国与国际人权法这几个中国学者研究成果较多的方面，来呈现国际人权法研究领域的新发展。

一 对国际人权法基本理论问题的研究

（一）人权的基本理论

人权的理论研究尽管在严格意义上不是国际人权法研究的一部分，但是对理解和研究国际人权法具有重要的意义。在这一方面，学者们从哲学和法学的角度对人权的基本理论问题进行了广泛而深入的研究，其中有不少值得一提的新思想和新观点。

在人权观方面，学者们见仁见智，发表了自己对各种人权观的看法。学者们继续深入分析马克思主义人权观与资产阶级人权观的本质区别，认为两种人权观是两个阶级的世界观、价值观在人权上的表现，它们的区别在于：两者的理论基础不同，两者的历史背景和追求的目标不同，两者的核心和法律形式不同，两者的实践操作也有显著不同——一个具有广泛性、真实性、公平性等特点；一个具有狭隘性、虚伪性、不公平性等特征。① 有学者对美国著名学者路易斯·亨金的新的天赋人权论进行了批判，认为他的人权观念过于绝对化，是人权中美国中心主义的标本，主张所谓国际"人道主义干涉"，是为美国人权政策辩护的。② 有学者指出，西方国家把人权作为外交工具使用，以人权谋求政治目的，其实质是利用人权干涉他国的内政。③ 在民主社会主义的价值目标中，人权是它的重要内容之一，通过社会党国际及各国社会党的有关文件，民主社会主义表达了它关于人权的理论出发点和理论核心。④ 有几位学者对亚欧、中欧、中非的人权观的差异和认同要素进行了比较，认为这是进一步加强地区间的了解与合作、增进友谊的基础。⑤ 有学者对后现代的人权观进行了论述，指出现代的人权观本身存在的缺陷，即西方中心主义、个人主义、抽象和片面等，已不能保证人权的实现，而从后现代的角度对现代人权观念来一番彻底的反思和批判便显得有必要，后现代人权观包括了个人和集体的统一、权利与责任的统一；强调西方价值和东方价值的统一；强调生存权和生活权；不是民族国家的一种工具而是一种目的。⑥ 此外，有学者还论述了邓小平的人权观，就邓小平人权思想的形成和发展过程进行了探讨。⑦

---

① 见张玉田《划清两种人权观》，《东北师范大学学报》（哲学社会科学版）1998年第5期。

② 见郑杭生《评亨金的人权思想——人权中的美国中心主义的标本》，《高校理论战线》1999年第9期。

③ 见郭义《人权问题与国际法——兼评西方国家人权观实质》，《理论界》1999年第3期；另见徐俊忠《西方人权观念与世界人权之争》，《学术界》1996年第6期；张岚：《冷战后国际人权法的不平等适用》，《现代国际关系》1999年第10期。

④ 见郑忆石、车锐敏《评民主社会主义的人权观》，《中国人民大学学报》1998年第4期。

⑤ 见〔新加坡〕许通美《走向积极的亚欧人权对话》，聂秀时译、高鸿钧校，《外国法译评》1998年第2期。另见刘小林、盖伊·希斯考特《试论中欧人权观念的差异与认同要素》，《欧洲》2000年第5期；洪永红：《中非人权观比较》，《西亚非洲》2001年第2期。

⑥ 见王治河、曲跃厚《论后现代的人权观》，《国外社会科学》2001年第6期。

⑦ 见汪习根《论邓小平的人权观》，《现代国际关系》1997年第4期；陈波：《学习邓小平的人权理论》，《高校理论战线》1996年第12期；邹伟：《邓小平人权思想的形成和发展》，《广西社会科学》1997年第2期。

人权的概念是一个没有定论的问题，中国学者一直关注对人权的概念和内容问题的研究。近十年间，中国学者对人权的内涵和外延都进行了详细的论述。尽管可以从不同的角度阐述人权的定义、本质和特征，要达成一个被普遍接受的人权概念是困难的，但是要确定比较清晰、比较一致的人权概念的内涵还是可能的。有学者集中介绍了学者们对人权的定义，总结认为"民权"与"人权"这两个具有不同价值取向的概念均源出于西方历史文化传统之中。民权所代表的是一个"群"的范畴，关涉的是国家权力的合法来源，以及国家权力运作的最高合法依据；人权则是一个"个体"概念，意味着个体作为社会的一个单元在国家、社会中具有的价值和尊严，是确定国家权力限度的界标。从民权到人权，人权高于民权，这是西方政治法律传统生成演进的基本方向和主要特征。[①] 有学者论述了人权的来源和基础，认为从历史实践上看，人权来自于（并且仅仅来自于）人类的后天交往，也就是在斗争与实践社会生活中萌生和发展的。人权既然是在人类社会中孕育生成、发展壮大的，这种动因就必须与人类社会相联系。所以，我们就应当直接聚焦于生活中的人，从人的发展以及人与社会的交互过程中去寻找人权的渊源。人权是发展的概念，有其萌芽、生长的过程，它来源于人类的斗争，通过斗争而得到权利，斗争是人权的黎明。这与马克思所述的人类的历史进步源于阶级斗争实质上是一致的。[②] 有学者论述了人权概念的外延，该学者指出人权观念是历史和文化的产物，不同的历史条件和文化背景，对人权概念的外延有不同的理解和界定。人权概念的外延是一个不断丰富发展的开放系统，应当在最广泛的意义和最大包容度上考虑这个概念所涉及的范围，既要防止将人权概念的外延泛化和庸俗化，又要保证它的开放性、兼容性和科学性；既要正确对待人权概念外延过去的"扩张史"，又要正视它在未来的发展扩充。[③]

在研究了人权的内涵与外延之后，自然而然产生的问题就是人权的体系、分类与等级。人权的体系与分类是人权中的内容要素，中国学者除了沿用国际上通行的"公民权利和政治权利"与"经济、社会、文化权利"、个人权利与集体权利、一般个人的权利和特殊群体的权利、"三代人权"等通

---

① 见王人博《论民权与人权在近代的转换》，《现代法学》1996 年第 3 期。另见夏勇《民本与民权——中国权利话语的历史基础》，载徐显明主编《人权研究》第四卷，山东人民出版社 2004 年版。
② 见何志鹏《人权的来源与基础探究》，《法制与社会发展》2006 年第 3 期。
③ 见李林《人权概念的外延》，《学习与探索》1999 年第 5 期。

行的体系编排和类别划分方法之外,还提出了一些新的认识角度。例如,有学者指出,人权的基本分类是理论上的划分与宣言上的划分两类。通过分类研究,可以发现中国人权体系存在的结构性缺陷,完善中国的人权体系,需在宪法列举人权种类之前先行确立国家对人权的基本态度、对人权予以平等保护的一般原则,同时,按生存权本位对现有人权体系予以重构。①

人权是否存在等级是一个在理论上存有很大争议的问题,与人权的起源、人权的普遍性和特殊性、人权与法律等问题密切相关。有学者从国际法和国际人权法的角度,联系国际法上的强行法概念对这个问题进行了回答,认为人权并不存在等级,所有的人权,包括公民权利和政治权利,经济、社会和文化权利,对于维护人的尊严都具有同等的重要性。但是,在国际法上有一些人权受国际强行法的保护,包括生命权(包括免受任意屠杀的权利和免受种族灭绝的权利)、免受种族隔离的权利、免受酷刑和其他有辱人格待遇的权利、免为奴隶的权利、免受奴役或强迫劳动的权利、妇女和儿童免受贩运的权利等。然而,这些人权也不是更重要和更高级的人权,它们只是维护人的尊严所需要的"最低限度的人权"。②

如何从不同的角度认识人权的性质,在近十年间继续受到学者的关注。有学者指出,人权的普遍性要求人权应当是世界性的。人权的性质从早期的国内性发展到国际性,形成了国际人权法。但是,就人权的国内性和国际性以及两者的关系而言,首先和最重要的是其国内性,人权的国内性是人权的本原,它与国际性有着内在和必然的联系;同时,人权的国际性又促使各国政府努力与国际人权的原则目标接轨,最终实现对人权的真正的完备的保护。③ 人权的历史性既体现为人权本原的历史性,也表现为人权思想和人权制度的历史性;人权的法律性是由其历史性决定的。人权与法律的关系同时也是一个社会和国家经济、政治、文化、道德等方面与法律之间的关系。④ 人权文化是世界范围内对人权普遍认同、普遍尊重和普遍保障的文化,是人类文化发展的更高形态。人权文化的形成既有可能,也是必要的,但现存的"人权的霸权主义"和"人道的霸道主义"则是建立人权文化必须首先予以清除的最大障碍。⑤

---

① 见徐显明《人权的体系与分类》,《中国社会科学》2000 年第 6 期。
② 见白桂梅《国际强行法保护的人权》,《政法论坛》2004 年第 22 卷第 2 期。
③ 见王玫黎《人权的国内性与国际性》,《现代法学》1997 年第 1 期。
④ 见胡仁智《人权的历史性与法律性探讨》,《法学评论》2001 年第 5 期。
⑤ 见徐显明《对人权的普遍性与人权文化之解析》,《法学评论》1999 年第 6 期。

有学者对人权思想的历史进行了回顾，对当代人权理论纷争进行了审视，指出了人权发展所经历的三个阶段，认为随着人权思想在世界范围内的传播，人权问题便日益走向国际化。① 有学者论述道，正是对第二次世界大战的深刻反省，使得人权问题受到国际社会的普遍关注，人权问题因而进入了国际法领域。② 人权全球化是当代国际社会的主要现象之一，这不仅意味着人权制度的跨国作用，而且也意味着人权思想、学说、意识的跨国交流。有学者认为，在人权国际化的过程中，宜以人道主义和权利本位为出发点，以文明间的共存和可持续发展为准则，在其发展过程中，应当以国际合作为主导方式，不能建构包罗万象的国际人权体系，但也应重视人权谱系的全面性。在此前提下，构筑共同的人权高标准不仅是必要的，而且是可能的。人权全球化是以人权制度的全球性拓展为基础的，包括人权思想的全球性传播、人权意识的全球性扩张、人权信息的全球性流动、人权理论的全球性交流、人权规范的全球性认同、人权体制的全球性运作的过程与模式。人权的全球化与经济的全球化既有相同点也有不同点。③

也有学者将对人权基本理论问题的研究本身作为研究对象。有学者认为，人权理论具有十分突出的多样性和复杂性，呈现出百家争鸣的态势，并指出当代人权学说主要存在两个方面的根本缺陷：人权理论的意识形态化和人权问题的综合性与人权理论研究视野的狭隘性、方法的单一性之间不相适应，从而使人权学说显得片面、抽象、空洞，脱离实际。④

(二) 国际人权法的基本问题

除了在对人权基本理论问题的研究中涉及人权的国际化等国际方面以外，中国学者特别是国际法学者对于国际人权法本身的一些基本问题也进行了或系统的论述，或专门的研究。就系统论述方面，首先应该提到的是中国的第一批国际人权法教材，这些教材对于人权的发展史、人权的国际保护、重要的国际人权公约、国际人权监督机制、区域性人权保护以及具体的人权内容等方面都进行了全面的、详尽的叙述，其中也不乏对于国际人权法基本

---

① 见曹宪忠《人权问题的历史发展及其国际化》，《理论学习》2001年第12期。另见胜雅律《人权全球化的最早尝试》，《法学评论》1996年第1期。
② 见龚刃韧《关于人权与国际法若干问题的初步思考》，《中外法学》1997年第5期。
③ 见何志鹏《人权的全球化：概念与维度》，《法制与社会发展》2004年第4期；何志鹏：《人权的全球化：现实与对策》，《学习与探索》2006年第1期。
④ 见赵世义《关于人权理论问题的几点思考》，《法学评论》1997年第5期。

问题的分析。① 其次是许多学者对人权国际保护进行的综述性研究。有学者系统解释了联合国在人权的国际保护方面所作出的努力,指出联合国对人权的保护表现出极大的热情,以至于被认为"除了追求和平,联合国再也没有比实现人权更重大的目标了"。② 但是,国际人权保护却也还存在不少问题,使人权的国际保护陷入了困境:一是现有国际人权保护制度的不完善和适用上的困难;二是就人权与主权"孰高孰低"存在着争论,这使得人权的国际保护在一定程度上成为西方与非西方社会在国际政治与意识形态等方面进行斗争的工具、借口乃至牺牲品;三是有关人权普遍性问题的争论成为制约国际社会在将来能否有效地建立起有关人权国际保护机制的一个重大哲学、政治和伦理问题。要想摆脱困境,必须加强人权对话,并进一步规范和推动国际人权保护。③ 还有学者论述了联合国经社理事会与人权的国际保护有关的职能以及对人权的国际保护所作的努力,并分析了经社理事会的改革同样会促进人权的国际保护。④

除此之外,中国学者对于国际人权法中的一些基本问题还进行了专门的研究,择要如下。

1. 国际人权法的渊源和《世界人权宣言》的地位

国际人权法的最主要渊源是条约,但是也不能忽视习惯法作为国际人权法之渊源的作用。有学者对习惯国际人权法这一国际人权法的重要渊源进行了探讨,认为在当代国际法中,存在着某些有关人权的习惯国际法规则。由于习惯国际法约束所有国家——也许"一贯反对"之国家除外,而且其效力不受保留的影响,还可能对遏制保留有所作用,以及习惯国际人权法在某些国家的国内法中具有效力优先性,因此习惯国际人权法在国际人权保护中发挥着重要的作用。⑤ 与国际法的渊源相关的一个问题是,在国际层面上首次系统地列举应予保护和促进的人权和基本自由的《世界人权宣言》的地位和性质究竟如何。有学者认为,虽然《宣言》不是一项条约,但却是一份具有法律约束力的文件,是对《联合国宪章》关于人权规定的权威性解

---

① 见徐显明主编《国际人权法》,法律出版社 2004 年版。另见张爱宁《国际人权法专论》,法律出版社 2006 年版。
② 见江国青《演变中的国际法问题》,法律出版社 2002 年版。
③ 见贺鉴、李伯军、蔡高强《国际人权保护:成就、问题与对策》,《太平洋学报》2005 年第 5 期。另见韩轶《试论国际法中的人权保护问题》,《辽宁教育学院学报》1998 年第 4 期。
④ 见李先波等《主权、人权、国际组织》,法律出版社 2005 年版。
⑤ 见孙世彦《论习惯国际人权法的重要性》,《法治与社会发展》2000 年第 2 期。

释,并宣示了两个广泛的权利范畴:公民权利和政治权利以及经济、社会和文化权利,是两个国际人权盟约的基础,并且已经成为国际人权法的基石,[①] 从而促进了习惯国际人权法规则的形成和发展。但是,也有学者指出,《宣言》内容的抽象性导致了其不确定性,致使人们容易对人权内涵的理解发生歧义。[②] 另外还有学者认为,《宣言》将人权总的来源归诸上天;将个人作为绝对的人权主体,不承认集体可享有人权,甚至将集体视作个人人权的对立面,忽略了发展权和集体权。[③]

2. 对人权条约的保留

条约是国际人权法最主要的渊源,是国际社会保护和促进人权的主要法律手段之一,以人权条约为基础的机制和以《联合国宪章》为基础的机制是国际人权制度中并行的两大机制。但是,对人权条约的保留对于其实效性有很大的影响,因此引起了中国学者的高度关注。缔约国在批准或加入人权条约时作出保留是国家缔约权利的内容之一。但是,保留对于人权条约有正反两方面的作用:允许保留使得人权条约更具普遍性,而不加限制的保留毫无疑问将破坏人权条约的宗旨和目的。如何在保存条约的价值和争取条约的普遍参加之间维持一种平衡,一直是国际法的理论和实践中存在很大争论的问题。就对人权条约的保留,有的学者认为,国际人权条约中所包含的规范属于强行性规范,国家对于国际人权条约所承担的义务是普遍性义务,体现在一般性多边条约关系中的相互性原则不适用于国际人权条约,因此,对于国际人权条约的任何保留都是无效的。但是,国家对于国际人权条约所承担的责任既有强行性责任,也有一般性责任。而且,我们必须看到国际人权条约中强行法的内容毕竟只占很小一部分,当事国所承担的普遍性义务并不多,"相互性"原则仍然适用于人权条约。总之,国际人权条约中虽包括有强行性的义务,但绝大部分义务仍是以相互接受、相互履行为基础的。国际人权条约和其他多边条约并没有本质的区别,多边条约的保留制度同样适用于国际人权条约。有学者还对保留的"和谐一致"规则、绝对禁止保留规则、泛美规则、明确列举规则、多数规则和欧洲联盟规则等进行了比较分析和论述,认为每种规则都各有利弊,条约究竟应选择何种保留规则须具体情

[①] 见赵建文《国际人权法的基石》,《法学研究》1999年第2期。
[②] 见张爱宁《浅议〈世界人权宣言〉》,《政法论坛》1999年第4期。另见白桂梅《〈世界人权宣言〉在国际人权法上的地位和作用》,《中外法学》1998年第6期。
[③] 见范国祥《〈世界人权宣言〉之意义与局限》,《政法论坛》2004年第22卷第2期。

况具体分析，但最终取决于缔约各国的协商一致。① 由于相关人权条约的某些条款与有关国家的国内法不一致，许多国家在批准条约时作出相应的保留，只要有关保留是合理和不可避免的，就是可接受的。②

3. 国际人权义务及其实施

国际人权法规定了个人及其他主体享有的权利以及国家的相应义务，而且还规定了国家承担这些义务以落实人权的具体实施和执行机制。在近10年间中国学者对国际人权法的研究中，比较全面而深入地介绍和分析了这些在以往的研究中不受重视的内容和方面。

有的学者论述道，人权的国际保护是主权国家以公认的国际法原则或国际公约为行为规范承担国际义务的结果。国家之间签订的有关人权公约，是人权的国际保护的法律依据，国家相互承担这些条约规定的义务是实现人权的国际保护的基本方式。③ 就国家在国际人权法下的义务，有学者认为，尊重和保护人权是各国应负的国际义务，各国均应采取必要的措施来保护人权。④ 另有学者指出，国际人权法除了规定国家相互之间的权利义务关系之外，还包含着另外一层非常重要的权利义务关系，即一国与"在其领土内和受其管辖的一切个人"的权利义务关系，在这一关系中，国家负有首要义务，这些义务可以总结为承认、尊重、保障和促进以及保护人权四个方面。这些方面共同构成了对人权的国家保证，一个国家只有采取一切可能的措施，忠实、善意地履行所有这四方面的义务，国际人权法才能得到全面的实施、执行和遵守。⑤

就人权义务的实施，实际上分为国内实施和国际实施两个方面。有学者指出，人权是当今国际社会中一个非常敏感和微妙的问题，其敏感和微妙之处就在于其两面性：国际性和国内性。与此一致其保护分工也有两种：国际

---

① 见何鹰《ICCPR及其任择议定书的保留、限制和克减》，《社会科学研究》2005年第3期。另见石磊《试论条约保留的概念及与解释性声明的区别》，《信阳师范学院学报》（哲学社会科学版）2003年第4期；赵建文：《〈公民权利和政治权利国际公约〉的保留和解释性声明》，《法学研究》2004年第5期；万鄂湘、郑曦林：《论国际人权条约的保留》，《武汉大学学报》（哲学社会科学版）1995年第6期。

② 见孙世彦《对国际人权条约保留的原因》，《北大国际法与比较法评论》2002年第1卷。

③ 见曹建明《论人权的国际法律保护》，《郑州大学学报》（哲学社会科学版）1999年第9期。

④ 见周忠海《论国际法上的人权保护》，《中国法学》2001年第1期。另见张松美《试论人权的国际保护》，《湖南省政法管理干部学院学报》2001年第2期。

⑤ 见孙世彦《论国际人权法下国家的义务》，《法学评论》2001年第2期。

保护和国内保护。国际保护和国内保护是对立统一的关系，二者存在着差异，同时又相互影响、相互促进。但国内保护处于基础性、决定性的地位，所以不可用国际保护代替国内保护，也不可只顾国内保护而不要国际保护，而应当把二者统一，让二者相得益彰、相互促进，使人类人权事业不断发展进步。①

就人权的国际实施方面，中国学者进行了很多研究。有学者认为，国际人权保护机制是指有关人权的国际组织通过一定的法律和政治程序，惩治侵犯人权者和实现人权保护的机构、程序和过程。目前该机制主要由联合国、区域性人权组织以及国际非政府人权组织所构成。该机制的作用是积极的，但效力还相当有限。该机制的运行是在影响和冲击国家人权政策与国家主权不受干预这对矛盾中进行的。要改善全球性人权保护机制并提高其效力，就必须促进实施机构与国家之间的相互信任，在国际监督与尊重国家主权之间取得适当的平衡。②还有学者指出，冷战结束后，国际人权保护成为国际社会广泛而深刻的议题，人权争议变得更加激烈，联合国在人权保护方面的作用和干预能力遭到质疑。联合国人权保障机制面临着诸多难题，其原因主要是体制的非平衡性、天然的妥协性、价值的工具化倾向等。③

就国际人权法规定的主要实施措施，有学者总结为包括报告程序、国家间指控程序、个人来文程序和申诉程序、对严重侵犯人权行为的制裁措施等。④就其中以国际人权条约为基础的实施机制，有学者指出，从有政治和道义价值的人权宣言在条件成熟时发展为有法律约束力的人权公约，这对促进国际人权合作有积极意义。国际社会对国家实施人权公约的法律监督以审评缔约国关于本国人权状况的报告为主，形成了一套机制和操作程序，其中强调专家监督机构与缔约国间的对话，这与借人权之名搞政治对抗是不同的。以人权条约为基础的实施是国际监督和尊重国家主权之间取得某种平衡的过程，因此，国际人权条约的内容中，不仅含有权利条款，而且设置了相应的实施机制和程序，同时又要求缔约国采取必要的国内措施，以保障这些权利的实际享有。但是，联合国人权条约下的报告制度面临着报告迟延、报告内容空泛和国家代表地位不一、阅历不足等问题；国家间指控制度基本上

---

① 见周湖勇《人权的国际保护和国内保护关系初探》，《湖北社会科学》2005年第3期。
② 见黎尔平《国际人权保护机制的构成及发展趋势》，《法商研究》2005年第5期。
③ 见贺鉴、赖建云《论冷战后联合国人权保障机制》，《河北法学》2005年第5期。
④ 见班文战《论国际人权法的国际执行措施》，《中央政法管理干部学院学报》1995年第4期。另见张爱宁《联合国体系内的人权保护制度》，《外交学院学报》2000年第1期。

处于闲置状态；个人申诉制度则经受着申诉数量小的挑战。缔约国在国内层面对国际人权条约的实施面临自动执行与非自动执行、人权条约的地位、国际习惯法可否直接适用等问题，对此，缔约国的立法和司法实践又各不相同。①

作为国际人权实施机制之一的个人来文或申诉制度（也有学者称其为诉愿制度）在国际人权法的实施中具有重要地位，因此对其确立、发展和实效的评析是当今国际人权法的重点研究对象之一。有学者从个人申诉权的国际合法性、全球性和区域性个人申诉制度的演进、个人申诉制度与其他国际人权实施制度的比较及个人申诉制度的实效及其评价等角度进行较为深入的探讨，进而提出了加强这一国际人权实施机制的若干建议。② 还有介绍了欧洲人权保护中的个人申诉制度，并另辟视角论述了这一制度对非洲的借鉴作用。于1950年通过并于1953年生效的《欧洲人权公约》所建立的人权保护制度是目前国际性和区域性人权保护制度中最为有效的。随后，该公约缔约国又通过一系列议定书进一步扩充了公约所保护的人权内容，并进一步完善了公约所建立的区域性人权保护制度。该学者认为，欧洲人权法院允许个人和非政府组织参与人权诉讼，这对审判人权侵犯行为的过程发挥了重大影响，对完善个人申诉制度有重大意义。欧洲人权法院将个人放在其司法程序的中心位置，从个人和非政府组织参与其司法程序的实践中受益匪浅。非洲人权制度借鉴这一经验，也已发现了完善个人申诉制度、允许个人和非政府组织参与人权诉讼以及以法官顾问的身份提交简要说明材料的重要性。③

4. 国际人权法与其他法律部门的关系

人权作为与和平、发展并列的当今国际社会的主要目标之一，除了主要由国际人权法调整之外，也必然与这一领域之外的其他国际法律部门发生联系。因此，中国学者也开始关注人权对其他法律部门的作用与影响。

国际人道法是与国际人权法具有最紧密联系的国际法部门之一。有学者指出，国际人道法的目的在于，在武装冲突中为处于一方权力之下的受难者提供人道主义保护，保护的是战争中不与军事必要相冲突的人权；而国际人

---

① 见范国祥《国际人权公约的法律监督》，《北京大学学报》（哲学社会科学版）1999年第5期。

② 见李双元、李良才《论国际法上的个人诉愿制度》，《法学评论》2005年第1期。另见李先波等《主权、人权、国际组织》，法律出版社2005年版。

③ 见贺鉴《论欧洲人权保护中的个人申诉制度及其对非洲的借鉴作用》，《当代法学》2002年第1期。

权法的目的在于为所有作为人所享有或应享有的基本权利提供平等的保护，适用于任何个人和任何情势。由于国际人道法和国际人权法在对个人权利的保障上存在着共同的价值取向，容易使人们混淆两者之间的关系。对这种关系的把握应着重两个方面，即这两者一方面实际上是国际法的不同分支部门，但另一方面又存在着交融之处，并互相影响、互相作用。①

与国际人权法具有紧密联系的另一国际法部门是国际刑法。在日益高涨的人权保护浪潮面前，国际刑法必然要接受人权的影响和洗礼。但是，有学者指出，国际刑法中的人权应有自己特定的含义和内容。国际刑法适用过程中的人权解释及人权标准的评断则要注意立足于国际现状并具有可操作性。国际刑法中的人权保护应纳入法律规范之中，并应与惩治与防范国际犯罪的需要相均衡。② 从国际刑法的维度思考人权，首先应该通过明确国际刑法的研究对象、揭示其刑事法属性以及维护国际社会共同利益的目标来确立研究的视角。国际刑法对人权的研究中存在着意识形态的烙印、视野的狭隘、中心主义的思维定式以及盲目的偶像崇拜等若干问题；为了能更清楚地认识和研究国际刑法与人权的关系，首先应厘清人权的含义、属性、主体以及内容等，树立人权乃是人类尊严和基本价值的理念。③

另外，还有学者论述了人权保护对冲突法发展的影响，认为人权保护思想对现代欧美国家冲突法的发展起到了积极的促进作用；④ 有学者翻译介绍了国外学者的有关人权对经济和社会发展的要求。⑤ 可以看出，人权问题已经对其他的学科领域的研究产生着越来越重要的影响，这些领域在人权的理论研究和对策研究方面也已经取得了一定的成果。⑥ 在人权与其他社会和法律领域的关系方面，人权与世界贸易组织的关系是一个受到颇多关注的领域，因此在下文专门予以评析。

---

① 田士臣：《国际人道主义法与国际人权法之比较》，《西安政治学院学报》2002 年第 15 卷第 2 期。

② 见张旭《人权与国际刑法》，《吉林大学社会科学学报》1998 年第 6 期。另见黄肇炯、刘全胜《论人权的国际保护与国际刑法》，《四川大学学报》（哲学社会科学版）1995 年第 3 期；唐雪莲：《论国际刑法与人权的国际保护》，《现代法学》1995 年第 1 期；冯彬：《论国际刑法与国际人权保护》，《西南民族学院学报》（哲学社会科学版）1998 年 2 月增刊。

③ 见王勇《国际刑法维度的人权思考》，《当代法学》2005 年第 5 期。

④ 见袁发强《人权保护对冲突法发展的影响》，《时代法学》2004 年第 6 期。

⑤ 见［挪威］A. 艾德《人权对社会和经济发展的要求》，刘俊海、徐海燕译，《外国法译评》1997 年第 4 期。

⑥ 见李林《人权：研究与传播》，《环球法律评论》2001 年第 3 期。

5. 人权与主权及人道主义干涉

主权和人权的关系以及相关的人道主义干涉问题一直是国际法中的重要问题，自20世纪90年代以来，随着人权在国际法中"主流化"以及许多国际事件的发生——如北约对前南斯拉夫的干涉，这些问题再次引起了全世界的关注。从国际法的角度来探讨人权国际保护与国家主权的实质，科学地认识和正确地处理二者之间的关系，对于加强人权领域的国际合作，维护世界和平，促进国际法的发展，均有重要意义。中国学者就这些问题也进行了大量的研究。

有学者指出，国家主权原则是国际法的基本原则，从《联合国宪章》和有关国际人权法律文件的规定可以看出，人权原则也是国际法的重要组成部分和原则之一。在国际人权法中，国家主权是促进和保护人权的基本条件和手段，也是国际人权的一项基本内容。主权国家为实施人权而选择本国的社会政治制度和人权模式，根据本国国情确定人权内容的类别和先后顺序，确定人权保护和救济的方式、方法，这都是该国的主权行为，应当受到国际社会的一体尊重。坚持主权平等、对话合作、求同存异，才能推动国际人权法的有效实施。强加于人、以强凌弱的做法，只能破坏尊重国家主权原则，走向国际人权法法律价值的反面。[①] 因此，人权国际保护与国家主权并不是绝对对立的，而是互相统一、互相促进的。人权是根本，主权立于人权之上，没有主权就没有人权，主权是一国国内人权得以真正实现的前提和保障。[②] 也有学者指出，一方面，人权国际保护对国家主权提出了新的挑战；另一方面，国家主权又对人权国际保护产生制约。一国的内政是该国主权的基本方面。因此，研究人权国际保护与国家主权的关系问题，必然要涉及国际法上的不干涉内政原则。在承认不干涉内政原则的情况下，在特定情势下为保护人权可进行干涉，主要包括《联合国宪章》第2条第7项所规定的不干涉内政原则的例外，以及国际社会对一国境内严重人权灾难的干预不应

---

① 见谷盛开《论国际人权法中的尊重国家主权原则》，《法律科学》1997年第4期。另见宋小林《试论主权原则与人权原则的关系》，《中央政法管理干部学院学报》1996年第1期。

② 见邢翠微、邓立群《国家主权原则过时了吗？——兼论主权与人权、民族自决权的关系》，《政治学研究》2001年第3期。另见王虎华《论国家主权与人权》，《法学》1999年第6期；孙春霞：《试论主权与人权的关系》，《社会科学研究》1999年第6期；林道海：《人权与主权如何共存与互动？——基本法理与文明相容的复合视角》，载沈木珠等《国际法最新问题研究》，法律出版社2005年版。

被认为是对该国内政的干涉。①

主权作为国际社会赖以存在的基石和国家存在的基础，在国际干涉面前显得如此脆弱，如何保护自己的主权成为第三世界国家面临的严峻课题。也有学者从国际干涉的一般角度论述了保护人权对于维护人权的意义，指出对人权的促进和发展是一条可取的也是不得不取的保护国家主权的道路。人权保护主权的方式主要有以下体现：根据保护人权的目的，构建法治社会，从而使立基于法治的主权（政权）获得国际承认；搞好人权建设，切实保障人权，减少国际干涉的口实；做好人权保障工作，可以在受到干涉时获得道义上的支持和国际援助。②

此外，有学者还讨论了引渡中的人权与主权的关系，认为国家主权才是引渡得以实现的根本基础，人权处于次要的地位。如果在引渡程序中已经包含了相当的人权保护内容，就没有必要在引渡过程中对人权问题加以特别考虑，当然，它不排斥在极少数特别情况下将某些人权作为拒绝引渡的理由。③

对于西方学者有关人权与主权关系的观点和理论，中国学者也进行了深入的分析和批准。有学者从历史的角度对人权与主权的关系进行了分析，认为在近代西方社会中，"人权"作为明确的政治法律概念一出现，就与国家的独立和主权的维护紧密联系在一起。西方社会近代的资产阶级革命也表明，人权与主权相辅相成，不可分割。④还有学者系统地介绍了当代西方学者对以下问题的种种看法：人权是否可以成为干涉的口实，人权还是不是国内管辖事项，个人在国际法上的地位是否已改变以及国际人权文件具有何等法律效力等。⑤有学者指出，"人权高于主权"的理论是西方国家新干涉主义的重要理论基础。这一理论的主要错误在于歪曲了人权与主权的关系，夸大了个人在国际社会中的地位，其直接目的在于为干涉别国内政制造理论依

---

① 见杨泽伟《论人权国际保护与国家主权》，《法律科学》2003年第6期。另见王叔良《略论国家主权与人权的关系》，《政治与法律》1995年第5期；孙英华、赵绪生：《人权与国家主权辨析》，《辽宁大学学报》（哲学社会科学版）2000年第5期；赵宇霆：《人权的国际保护与国际强行法》，《甘肃政法学院学报》1999年第3期。
② 见苗连营、吴礼宁《干涉主义下人权与主权的悖反》，《浙江学刊》2006年第2期。
③ 见张旭《论引渡中的主权与人权》，《法治与社会发展》1997年第6期。
④ 见王宏岩《对人权与主权关系的一点考察》，《高校理论战线》2004年第3期。
⑤ 见王可菊《当代西方学者关于人权与主权的观点》，《外国法译评》1997年第3期。

据，逃避干涉别国内政的责任，服务于它们既定的国际战略目标。①

人道主义干涉的问题是有关主权与人权关系理论中的一个重要组成部分。尽管在国际实践中存在一些有关人道主义干涉的事例，但在国际法上并没有一个统一的人道主义干涉的概念。有学者指出，人道主义干涉现象是客观存在于国际社会中的社会事实，在不同的历史阶段，它的表征形式、法律基础和组织基础各不相同，所以，在评判人道主义干涉这一社会现象时，一定要结合它所处的特定发展阶段来具体考察。对当代人道主义干涉现象的评判标准是现有的实在法体系；具体评判规则包括前提条件、主体要件、手段要求和效果原则。② 还有学者论述道，人道主义干涉有广义和狭义之分，并主张采用狭义的人道主义干涉的定义，认为这更符合人道主义干涉的传统内涵，并总结了狭义的人道主义干涉的特征。③

对于有关人道主义干涉的当代理论和实践，中国学者进行了较多的评析。人道主义干涉不仅涉及国际法，而且还涉及国际政治和国际关系。但从国际法的角度分析，人道主义干涉问题之所以引起如此大的争论，主要是因为人道主义干涉与现代国际法所倡导的国家主权原则、不干涉内政原则、禁止使用武力原则相冲突。④ 有学者认为，近代国际法上的确形成了传统意义上的"人道主义干涉"及其理论，但是《联合国宪章》制定以后，"人道主义干涉"及其理论被国际法所否定和摒弃。某些西方学者认为"人道主义干涉"为合法的观点成为西方国家侵犯别国主权、武装干涉别国内政的借口和工具。中国学者普遍否定"人道主义干涉"及其理论，但也存在着模糊的观点，混淆了与联合国体制下人道主义救援的本质区别。"人道主义干涉"不仅在理论上是错误的，而且违背了国际法，其实质是否定国家主权、干涉别国内政。联合国安理会对于严重侵犯人权的国家采取的执行行动，是

---

① 见吕有志《论"人权高于主权"的本质》，《浙江大学学报》（人文社会科学版）2001年第2期。另见董云虎《论国际关系中的人权与主权关系——兼驳"人权高于主权"谬论》，《求是杂志》2000年第6期；钟哲明：《评民族国家"过时"、"人权高于主权"论》，《北京大学学报》（哲学社会科学版）1999年第6期；周洪钧：《中国的主权和人权不容侵犯》，《法学》1999年第6期；周琪：《人权外交中的理论问题》，《欧洲》1999年第1期；张史传：《如何看待西方"人权外交"》，《高校理论战线》1996年第6期。

② 见石慧《对人道主义干涉现象的新解读——以社会学方法为研究路径》，《现代法学》2005年第27卷第2期。

③ 见迟德强《从国际法看人道主义干涉》，《武汉大学学报》（哲学社会科学版）2006年第59卷第2期。

④ 同上。

对于威胁和平、破坏和平以及侵略行为的应付办法,其真正目的仍然是为了维护国际和平与安全,而不是单纯地为了一国的人权问题进行干涉,更不是所谓的"人道主义干涉"。① 同时,有学者认为"人道主义干涉"或"人道主义干预"是美国等西方国家在冷战结束后大力提倡并广泛实施的政策,其实质在于妄图使以军事手段干涉别国内政的做法合法化,是霸权主义的恶性膨胀;它以"人权高于主权"的思维为指导,鼓吹保护人权和防止人道主义灾难比维护国家主权重要,粗暴干涉别国内政,这是对国际法的基础——国家主权原则——的公然违背,因而冲击着当今国际法体系,不利于建立和平稳定的国际新秩序。②

人道主义干涉是有其存在意义的,但在现实中它却与强权扩张结下不解之缘,被称作"潘多拉的盒子"。理想与现实冲突的困境,根源于人道主义干涉的制度化缺失。有学者分析了现行国际法框架下的人道主义干涉的立法规制;主张将人道主义干涉纳入联合国集体安全机制,明确规定单方面人道主义干涉的非法性,并从原则、实施条件、程序设计三个层次对立法规制进行探讨,其中对个别程序作出设计;试图在理想与现实的夹缝里寻求一条将人道主义干涉引向理性与制度化的道路。③ 有学者认为人道主义干涉在理论上的争论是在西方文化价值观、国家利益、冲突局势烈度、国际法规范力度等诸多因素的制约下,围绕着人道主义干涉的标准、中立性、政治性、法律性等问题展开,在实践上西方国家和发展中国家以联合国为中心展开政治较量,提出"人道主义干涉"应该遵循秩序与道义平衡的原则,必须保障联合国在正当国际干涉法律化、规范化过程中的主导作用,在干涉主体、方法、目标以及约束机制等方面对非联合国的"人道主义干涉"作出严格限制。④

二 对联合国人权两公约的研究

中国于1997年10月27日和1998年10月5日分别签署了《经济、社

---

① 见王虎华《"人道主义干涉"的国际法学批判》,《法制与社会发展》2002年第3期;谷盛开:《从国际人权法看不干涉内政原则》,《河北学刊》1997年第4期。
② 见胡茹葵《从国际法看"人道主义干预"》,《西南师范大学学报》(人文社会科学版)2005年第9期。
③ 见伍艳《浅议人道主义干预的立法规制》,《现代国际关系》2002年第10期。
④ 见谷盛开《西方人道主义干预理论批判与选择》,《现代国际关系》2002年第6期。

会和文化权利国际公约》和《公民权利和政治权利国际公约》,并于 2001 年 2 月 28 日批准了前一公约,且一直在积极考虑和准备对后一公约的批准。签署和批准这两份统称为"联合国人权两公约"的国际文书,是中国人权和法治进程中的重大事件,因此引起了中国学者的广泛和热切关注。① 中国学者对人权两公约的研究基本都关注两个方面:一个方面有关两公约本身的情况,另一个方面则有关中国签署、批准和实施两公约所涉及的各种问题。例如,就前一个方面,有学者对人权两公约产生的国际历史背景、基本内容、执行体系和法律效力,以及对国际社会的影响及意义进行了考察,认为两公约本身即是求同存异的产物,它尽可能地融合了东西方国家对人权的不同理解,充实和发展了《联合国宪章》中关于基本人权的内容和精神,为人权领域的国际合作提供了国际法依据。②

(一) 对《经济、社会、文化权利国际公约》的研究

有学者对国家在《经济、社会和文化权利国际公约》下的义务进行了论述,指出国家在公约下的实质性义务是丰富的和多层次性的,而国家在公约下的程序性义务则是非常的单一和薄弱,国家的主要义务是提交国家报告并接受审查。由于公约的国际实施机制仍然存在着结构上的缺陷或者说空白,而这并不是现有报告程序所能弥补的。因此,国家在公约下的义务呈现明显的不对称性,这既体现了国际人权法在实施机制方面的典型特征,又表明完善和加强经济、社会和文化权利实施机制的必要性。③

中国是《经济、社会和文化权利国际公约》的缔约国,其中对于个体劳动权保护的内容在中国 1994 年颁布的《中华人民共和国劳动法》中得到了比较全面的体现。但是在集体劳动权方面,比如自由结社的权利和罢工权等,中国尚存在不足。中国在加入公约时对于自由结社权进行了保留,但是在劳动权保护问题日益突出的今天,尤其是在全球化的影响下,应当重新认

---

① 见董云虎《我国签署的一个重要的人权公约——〈经济、社会、文化权利国际公约〉简介》,《真理的追求》1999 年第 2 期。另见曾建徽《谈中国加入两个人权公约的问题》,《真理的追求》2000 年第 6 期。
② 见常欣欣《联合国国际人权两公约之背景、内容与意义》,《北京行政学院学报》2000 年第 1 期。
③ 见柳华文《论国家在〈经济、社会和文化权利国际公约〉下义务的不对称性》,北京大学出版社 2005 年版;柳华文:《国家在〈经济、社会和文化权利国际公约〉下的义务》,载沈涓主编《国际法研究》第 1 卷,中国人民公安大学出版社 2006 年版。

识这个问题。罢工权在公约的批准中并没有对其保留,但这项权利也没有及时地转化为国内法中的权利得以明确的保障。①

(二) 对《公民权利和政治权利国际公约》的研究

很多的学者对《公民权利和政治权利国际公约》的适用情况、具体内容以及中国对该公约的适用状况等问题进行了论述。许多学者出专著对《公约》的产生过程、宗旨、原则、法律性质、保护的实体权利、实施机制以及在缔约国的适用等情况进行了系统和清晰的介绍,为宣传和普及这一公约的基本知识作出了努力。②

有学者认为关于违背国际法的宪法或法律规定在其本国国内的效力,应当具体情况具体分析,违背一般国际法强制性规范、违背对整个国际社会的义务或违背《公民权利和政治权利国际公约》中的缔约国在紧急情况下也不得克减保障义务的强制性条款的宪法或法律规定,应当是自始无效的。③

有学者对《公约》的保留和解释性声明等问题进行了讨论,认为条约的保留有利于实现条约的普遍性,但与条约的完整适用相矛盾,影响《公民权利和政治权利国际公约》的充分实施。作为重要人权条约的《公民权利和政治权利国际公约》,显然不希望出现太多的保留,但也难以禁止保留。所以,《公约》既未明文规定许可保留,也未明文规定禁止保留。根据条约法,这样的情况允许缔约国提出不与《公约》目的和宗旨相冲突的保留。关于不构成保留的解释性声明和政治性声明,通常不为条约法或条约所禁止。一国对《公约》提出保留、解释性声明或政治性声明,都有自己的法律或政策依据,都是为了维护其国家利益。各国正是通过维护其法律或政策来维护其国家利益的。归纳起来,各国对《公约》提出保留、解释性声明和政治性声明的法律或政策依据主要有以下四种:宗教法、外交政策、国际条约、宪法及其他国内法。④ 有学者还对《公约》中的限制性条款和克减

---

① 见叶静漪、魏倩《〈经济、社会和文化权利国际公约〉与劳动权的保护》,《北京大学学报》(哲学社会科学版) 2004 年第 41 卷第 2 期。

② 例如见杨宇冠《人权法——〈公民权利和政治权利国际公约〉研究》,中国人民公安大学出版社 2003 年版;朱晓青、柳华文:《〈公民权利和政治权利国际公约〉及其实施机制》,中国社会科学出版社 2003 年版。

③ 见赵建文《论国际法与宪法的效力关系——〈公民权利和政治权利国际公约〉的视角》,《时代法学》2004 年第 6 期。

④ 见赵建文《〈公民权利和政治权利国际公约〉的保留和解释性声明》,《法学研究》2004 年第 5 期。

条款进行了分析。①

有学者认为，中国政府签署《公民权利和政治权利国际公约》是中国人权事业发展合乎逻辑的结果，是水到渠成的，将对国际人权事业产生积极的影响，也将对中国民主与法制建设和政治权利的更充分实现产生积极的促进作用。② 针对批准问题，有学者列举了中国的有利因素以及中国批准之后的权利和义务，并详细地分析了存在的困难和相应的解决途径，还有学者从法治与人权两种不同的价值选择出发，分析了中国批准的两种不同进路。③ 有学者认为，《公约》将在下面几个方面对中国的法制提出挑战：关于"条约优先适用"、关于"即刻适用"、关于"克减条款"、关于适用的监督机制。④ 许多学者从各个方面建言献策，对中国批准和实施《公约》的问题作出了充分的、全面的分析，并提出必须在中国的具体国情和现有条件的基础上，确立一个总的指导思想。这种指导思想应当包括以下四个方面：中国批准和实施《公约》的条件；《公约》与中国国内法的协调；《公约》条款的保留；关于《公约》的批准时间问题。我们应当积极创造条件，认真作好各项准备工作，以争取尽快批准《公约》。⑤

在有关《公民权利和政治权利国际公约》的研究中，中国学者关注最多的方面是该《公约》对中国刑事法律制度的作用、影响与意义。下一段仅评介对这一问题的综合性研究，对个别问题的具体研究则放在"对具体权利的研究"的部分中。

学者普遍认为，中国已经签署并可望批准的《公民权利和政治权利国际公约》必将对中国的刑事司法产生重大影响："严打"观念将会更新，死刑判决将会逐步减少，死刑的复核权将统归最高人民法院行使；无期徒刑和长期徒刑的适用将会增加，对有期徒刑的期限将会提出新的要求；沉默权与"坦白从轻"在未来的刑事诉讼中将会并行不悖；两个目标将同时得到促

---

① 见何鹰《ICCPR 及其任择议定书的保留、限制和克减》，《社会科学研究》2005 年第 3 期。
② 见田丹《中国签署〈公民权利和政治权利国际公约〉的背景和意义》，《真理的追求》1999 年第 3 期。
③ 见杨宇冠《批准〈公民权利和政治权利国际公约〉相关问题研究》，《甘肃社会科学》2008 年第 4 期；莫纪宏：《批准〈公民权利和政治权利国际公约〉的两种思考进路——关于法治与人权价值次序的选择标准》，《首都师范大学学报》（社会科学版）2007 年第 6 期。
④ 见周洪钧《〈公民及政治权利国际盟约〉对我国法制的挑战》，《法学》1999 年第 4 期。
⑤ 见陈光中主编《〈公民权利和政治权利国际公约〉批准与实施问题研究》，中国法制出版社 2002 年版；中国政法大学刑事法律研究中心、中国法学会研究部：《关于批准和实施〈公民权利和政治权利国际公约〉的建议》，《政法论坛》2002 年第 20 卷第 2 期。

进——既要保护犯罪嫌疑人、刑事被告人的合法权益，允许其行使沉默权，又要提高诉讼效益，教育和鼓励犯罪嫌疑人和被告人如实坦白交代罪行；司法工作人员的人权意识将会有较大的提高，侵犯公民人身权利的职务犯罪将会明显减少。① 还有学者认为，《公约》将推进中国刑事诉讼制度的改革问题，即加强司法独立的制度保障；认同无罪推定原则；确立有中国特色的人身保护令制度；认真推行刑事法律援助制度；赋予犯罪嫌疑人不被强迫自证其罪的权利；禁止双重危险；改革劳动教养制度等。② 另有学者从保护公民的人身自由和安全出发，分析了公民在被逮捕或拘禁时享有的权利；从刑事审判的最低公正标准出发，分析了公民在接受审判时应当享有的诉讼权利，并令人信服地得出中国加入该公约的刑事诉讼立法条件已经成熟的结论。③

三 对具体人权的研究

国际人权法中规定的人权的内容是较为丰富的。除了本章中其他部分评析的权利以外，中国学者近几年还对如下具体人权进行了研究。

（一）对禁止歧视和平等权利的研究

歧视现象在历史上长期存在，每个国家都有程度不同的表现，尤其是种族歧视更是人类文明发展中的阴暗面。历经种族主义和法西斯主义之后建立的联合国"从其成立的那一天起，就将反对歧视的斗争放在了其人权活动的中心。防止歧视和保护少数小组委员会发起了许多针对基于种族、宗教、性别等理由的以及在政治权利等问题上的歧视的研究。"联合国及其他国际组织针对歧视制定了一系列公约或宣言，确立了一些原则和规范，但歧视问题仍然复杂而广泛。歧视的核心规定性是"不合理的和主观的区分"，在人权公约中，禁止歧视有双重属性，既是附属性的，又是独立的。禁止歧视的理论基础是平等，核心是获得法律平等保护的权利。平等权的法律保障有积极和消极两个方面，从消极方面说，国家负有不歧视的义务；从积极方面

---

① 见马长生、王尚文《〈公民权利与政治权利国际公约〉将对我国刑事司法产生的影响》，《政法论坛》2001年第5期。
② 见陈光中、张建伟《联合国〈公民权利和政治权利国际公约〉与我国刑事诉讼》，《中国法学》1998年第6期。
③ 见樊崇义、锁正杰《我国加入联合国〈公民权利和政治权利国际公约〉的刑事诉讼立法条件已经成熟》，《政法论坛》1998年第3期。

说，国家有义务采取积极行动使人们免于受歧视。国家所承担的不歧视义务是一种保证的义务，国家不能消极的不作为，而要采取措施防止和纠正歧视行为，这包括制定相应的法律或修改带有歧视性的立法，在法律中摈除歧视。① 有学者通过论述和分析主要的国际人权文件中有关平等与不歧视的规定，认为"歧视"包含着下列三个构成要件：（1）存在着区别待遇；（2）此种区别具有不良的效果；（3）该区别的理由是被禁止的，揭示了平等与不歧视既是一般原则又是一项独立的权利，从法律效力上讲，它已经具有强行法的地位。② 国家履行国际人权法下不歧视义务的有效措施是制定相关立法，设立独立的人权机构，使受到歧视的个人得到有效救济。许多国家，如澳大利亚和加拿大的反歧视法，都规定了指控机制和解决这些指控的两种程序，即机构和解程序和司法诉讼程序。有学者通过分析加拿大与澳大利亚的法律模式，论述了国际人权法中不歧视原则的国内实施机制。③

关于在平等权方面中国立法与国际人权公约的冲突，有学者指出，尽管中国一贯注重平等权的立法并有许多规定，但中国平等权的立法至今仍与国际人权公约存有冲突，这种冲突集中体现在农民平等权的规定上。这些冲突固然有经济、社会文化水平的原因，但主要是人权理念上的原因。该学者提出，中国的立法必须以正确的人权观为指导，摆正国家、法律与人权的关系，正确认识平等权并加强对农民平等权的关注，在立法上将各种差别待遇特别是对农民的差别待遇缩小到最低限度，实现农民的平等权，从而促进中国人权的发展与保护，完善中国人权立法，最终达到与国际人权公约的一致。④ 关于就业方面的平等权，则有学者提出，就业平等权已经成为国际人权法上普遍接受的原则。中国批准、加入了一系列禁止歧视、保障就业平等权的国际公约，但由于种种原因，就业平等权在中国的实施并不尽如人意，就业歧视已成为中国当前一个突出的社会问题。解决这一问题，除了传统观念的更新、相关制度的变革外，主要还得从法律制度上着手，借鉴国际反歧视立法之成功经验，构建适合中国国情的反就业歧视法律制度。⑤

---

① 见朱振《论人权公约中的禁止歧视》，《当代法学》2005年第4期。
② 见李薇薇《论国际人权法中的平等与不歧视》，《环球法律评论》2004年夏季号。
③ 见李薇薇《国际人权法中不歧视原则的国内实施机制》，《法学杂志》2003年第7期。
④ 见李蕊《我国立法与国际人权公约的冲突——关于平等权的立法方面》，《济南大学学报》2002年第12卷第1期。
⑤ 见梁晓春《国际（人权）法视野下的就业平等权及其法律规制——兼议我国公民就业平等权的法律保护》，《武汉大学学报》（哲学社会科学版）2008年第61卷第3期。

(二) 对经济、社会和文化权利的研究

国际人权法主要文书的内容和精神都表明受教育权是一项基本人权而不附带任何义务，战后各国国内法的修改也表现出接受这种精神的趋向。有学者论述了受教育权的性质，认为受教育权是享有和实现其他人权的基础，从现代国际人权法的视角来看，无论国内法作出如何规定，受教育权在国际人权法上已经成为一项权利，而不是一种权利和义务的复合体，更不再是一项义务。作为一项授权性权利，确定受教育权的性质是切实促进和保护该项权利的前提。[①] 保障公民的受教育权要求国家承担起相应的义务。在中国，由于宪法规定受教育既是公民的权利，又是公民的义务，因此有许多学者主张受教育具有权利和义务复合的属性。但从国际人权法的角度来看，有学者认为，受教育就其基本性质而言乃是一项权利，而绝不是义务。中国要顺应国际人权法发展的要求，在条件成熟时对宪法的相关条款进行修改，删除公民有受教育的义务的提法。[②]

保护公民平等就业的合法权益，是维护人权的基本要求。有效保护劳动者在就业中不受歧视，是世界各国都共同关注的重要问题。正是从这个角度出发，国际社会通过了一系列的公约，各国也分别建立了相应的法律制度，其中有很多先进的经验值得借鉴，有学者在评析英、美、加拿大、日本等国的法律制度的基础上，对比中国的现状提出一些措施，以健全中国相应的法制，更充分地保证中国公民平等的就业机会和权利。[③]

联合国经济及社会理事会之经济社会及文化权利委员会于2002年11月26日在第29届会议上通过了《第15号一般性意见：水权〈经济、社会及文化权利国际公约〉第11条和第12条》，将水人权视为实施《经济、社会及文化权利国际公约》的一个实质性问题，并通过解释而将水人权明确宣告为一项基本人权。有学者论述说，国家有义务尽可能利用其现有资源实施水人权。尽管水人权属于经济、社会及文化权利的范畴，是国家应当采取措施逐步充分实现的人权，但国家也负有一定的立即履行的义务。然而，在国家层面上，包括中国在内的多数国家存在一个需要解决的共同问题，即缺乏

[①] 见杨成铭《国际人权法中受教育权的性质：权利或义务？》，《法学评论》2004年第6期。
[②] 见杨成铭《从国际法角度看受教育权的权利性质》，《法学研究》2005年第5期。
[③] 见周慧《透视我国公民平等就业权的法律保护——以国际法与比较法为视角》，《时代法学》2006年第4卷第4期。

系统、有效的规定和保护。①

家庭生活权本身是一项人权,也是有家的人享有其他人权的基本条件之一。有学者在系统考察欧洲人权机构处理有关家庭生活权的案例的基础上,探讨了欧洲人权机构对"家"和"家庭生活"内涵的界定过程以及在保护普通欧洲人、外国人和受拘禁者所享有的家庭生活权方面取得的进展和存在的缺陷。认为欧洲人权机构为家庭生活权的保护,既确立了某些可资借鉴的标准和判例法,同时也留下了令人遗憾的"空隙"。②

性在中国一直是一个忌讳莫深的话题,国人对之往往羞于言表,谈论起来总是点到为止,不愿深入,即使在学术界也不例外,作为与性直接相关的性权利和性学,则更是难以引起人们的关注,这与国际社会对性、性权利及性学等越来越关注的趋势多少有些不相协调。其实,性权利本身也是最基本的人权之一,这也是国际社会对性、性权利及性学等越来越重视的原因所在。就性权利而言,近些年来,国际社会先后缔结了多个国际公约加以规范保护,这些国际公约既有对性权利的概括性规定,亦有对性权利的具体保护,所涉及的性权利内容非常广泛。有学者论述道,《巴伦西亚性权宣言》和《香港性权宣言》这两个国际性权宣言并不是坚持绝对的性自由,其所主张的是有限制的性自由主义,体现了一种全新的性权国际保护目标。认为中国性犯罪之立法完善表现为:对婚内强奸行为不宜按传统观点一律不以犯罪论,应当区别不同情况分别论处,司法机关应当以司法解释的形式加以明确;扩大中国刑法规定的猥亵犯罪的犯罪对象;删去聚众淫乱罪和引诱未成年人聚众淫乱罪,增设公然猥亵罪。③

据联合国公布的报告,到 2004 年止,全世界艾滋病毒感染者已高达 4000 万人,其中新增艾滋病人 550 万,平均每天有近 1.5 万人遭感染。艾滋病的泛滥和危害的严重性,引起了国际社会的广泛重视,各国政府和人民在共同探讨预防艾滋病肆虐的有效方法,人们越来越深刻地认识到,遏制艾滋病蔓延,改善艾滋病人生存状况的关键是有效保护艾滋病人的人权。各国应该加强和完善对艾滋病人的人权保护。④

---

① 见胡德胜《水人权:人权法上的水权》,《河北法学》2006 年第 24 卷第 5 期。
② 见杨成铭《论欧洲人权机构对家庭生活权的保护》,《法学论坛》2005 年第 20 卷第 2 期。
③ 见彭文华《性权利的国际保护及我国刑法立法之完善》,《法学论坛》2002 年第 17 卷第 5 期。
④ 见蔡高强《艾滋病人的国际人权保护》,《求索》2005 年第 1 期。

(三) 对公民权利和政治权利的研究

在人权领域中,与生命权相生相伴的是死刑问题。许多学者对死刑废止的问题进行了讨论。有学者指出,尊重、保护生命权已经成为人类社会的共识,并已成为了国际人权公约的一项重要内容。① 死刑适用的国际标准是指国际机构和组织制定与通过的有关死刑适用的国际规范。迄今为止,规范死刑适用的国际规范性文件并不多,主要有三,即1966年通过、1976年生效的《公民权利与政治权利国际公约》及其1989通过、1991年生效的《旨在废除死刑的〈公民权利和政治权利国际公约〉第二任择议定书》,以及1984年由联合国经济及社会理事会通过的《关于保护死刑犯权利的保障措施》。这些国际规范性文件中有关死刑的规定构成了死刑适用的国际标准。国际人权法对死刑的态度经历了由放任到限制再到废除的转变。有学者以《世界人权宣言》的出台作为当代人权运动的肇始,简要介绍了有关死刑问题的几项具有代表性的国际人权公约,认为《世界人权宣言》在死刑问题上的放任态度是显而易见的,这明显地反映在《宣言》没有提及死刑问题,也没有任何直接或者间接地与死刑相关的字眼的事实中。《公民权和政治权利国际公约》和以《关于保证面临死刑者权利的保护的保障措施》为代表的其他国际文件对死刑作出了限制性的规定,《公民权利和政治权利国际公约》旨在废除死刑的第二任择议定书则规定的对死刑的明令废除。② 《公民权利和政治权利国际公约》等国际法律文件树立了生命权的特殊保护观念,确立了严格限制并逐步废除死刑的目标,并从实体和程序上确立了死刑适用的国际标准,但这一标准只有得到主权国家的遵守才能充分发挥其效力。为了使死刑适用的国际标准在国内得到实施,必须协调人权与主权的关系以及国际法和国内法的关系。从总体上来说,中国现行刑法的死刑立法与国际标准相比尚存在着一定的不足,故而为了与死刑适用的国际标准接轨,中国刑法应当减少适用死刑的罪名、限制适用死刑的对象、严格死刑适用的证明标准、完善死刑的复核程序和减刑制度以及增设死刑的赦免制度与确立死刑犯

---

① 见杨高峰《国际人权法与我国的死刑政策的调整》,《甘肃社会科学》2004年第5期。
② 见马长生、罗开卷《论死刑的立法限制——基于国际标准的分析》,《时代法学》2005年第1期。另见邱兴隆《国际人权与死刑——以国际人权法为线索的分析兼及中国的应对》,《现代法学》2001年第2期。

不引渡原则等。①

迁徙是人的身体活动的表现，而迁徙自由则是人的身体自由或人身自由的延伸，是人的生存权利和人身自由权利的重要内容。在一定程度上，迁徙自由权利是影响和决定人的其他权利实现的上位权利。有学者认为，随着中国签署《公民权利与政治权利国际公约》，我们有义务切实履行对《公约》的承诺，以《公约》为参照去实现公民的迁徙自由权。公民的迁徙自由权的实现不仅意味着中国顺应世界保护人权的趋势，也是中国经济发展的追求。为了实现中国公民的迁徙自由权，需要明确《公约》和国内法律的关系，并进行一系列的制度改革。另外，当今的经济全球化，加快了全球范围内人员流动的步伐，更促成了移徙工人的群体规模。移徙工人已经成为国际社会范围内少数人当中的一个突出群体，对其权利的保护和维护也已经成为国际人权法上的一项重要内容。有学者以中国农民工为例，认为移徙工人在其迁徙地的经济和社会发展中作出了巨大的贡献，但其所应当得到的与其所付出的存在着严重的不均衡态势。从长远来看，必须高度重视人类社会生态链中移徙工人权利保护这一环。②

刑事司法中的权利保护是人权保护中的一个重要领域，中国学者近年来结合国际人权标准对这一领域也进行了许多研究，其中有很多针对的是如何参照这些标准完善和改进中国的刑事司法制度。③ 有学者提出，有关刑事诉讼中的人权保障的国际标准是有关人权保障在刑事诉讼中的具体目标、范围及实现这些目标的前提的国际法律体系，发端于西方近代各国保障人权的刑

---

① 见黄芳《论死刑适用的国际标准与国内法的协调》，《法学评论》2003年第6期；另参见张旭：《死刑与引渡——源自人权保护的思考》，《法制与社会发展》1999年第2期。

② 见金艳、谢世昌《论我国公民迁徙自由权的实现——以〈公民权利与政治权利国际公约〉为参照》，《中共长春市委党校学报》2006年第3期；李雪平：《国际人权法上的迁徙自由和迁徙工人的权利保护——以中国农民工为例》，《法律科学》2003年第3期。

③ 例如见陈光中主编《〈公民权利和政治权利国际公约〉与我国刑事诉讼》，商务印书馆2005年版；李邦军：《论〈公民权利与政治权利国际公约〉与我国刑事诉讼的完善》，《达县师范高等专科学校学报》（社会科学版）2002年第12卷第1期；刘玲、李勇：《浅论刑事诉讼法的再修订——以落实联合国相关国际人权公约为视角》，《青岛大学师范学院学报》2007年第24卷第3期；刘新艳、张亚杰：《人道待遇与禁止酷刑原则在刑事诉讼中的适用——兼论〈公民权利和政治权利国际公约〉的相关规定》，《和田师范专科学校学报》（汉文综合版）2005年第25卷第1期；卢建平：《国际人权公约与中国刑事诉讼制度改革》，《北方法学》2008年第2期；卢勤忠、陈柏新：《我国刑事司法与有关国际公约的衔接问题研究》，《河南司法警官职业学院学报》2008年第6卷第2期；肖怡：《"国际人权两公约"与我国刑法在制度理念上的比较》，《中共中央党校学报》2005年第9卷第4期。

事诉讼制度。该学者通过深入研究这一历史渊源的主要内容、特点及其对有关刑事诉讼中的人权保障的国际标准的深刻影响,认为要在中国刑诉领域中贯彻该国际标准,就必须借鉴西方相关制度和理论,进行更为广泛的基本制度的改革。① 有学者对国际人权法上的罪刑法定进行了论述,进而提出了完善中国刑事制度的建议。该学者指出,国际人权法上对罪刑法定作出规定,使罪刑法定的地位更显重要。以国际人权法上的罪刑法定为标尺审视中国刑事制度,可以发现,在国际犯罪国内化、司法解释、空白罪状设置等许多方面,中国刑事制度还不完全符合罪刑法定的要求。因此,有必要遵照国际人权法上罪刑法定原则的要求,进一步完善中国刑事制度。② 还有学者专门分析了以"保证司法公正"为目的的《公民权利和政治权利国际公约》第14条,认为该条规定了与公正审判权相关的一系列的个人权利并确立了国际社会公认的公正审判权的一般国际标准。③ 有学者介绍了《公民权利和政治权利国际公约》所确认的一项基本人权——沉默权,认为沉默权已得到联合国许多文件的确认,但这与中国刑事诉讼法所确立的犯罪嫌疑人、被告人"如实供述义务"是相悖的。在中国确立沉默权制度是一个不容争议的问题,尽管我们可以对其在中国的设置、立法中的具体规定作出应然思考与实然分析,进行合乎国情的探讨。只有确立沉默权制度,才能符合保护人格尊严的现代法治文明的基本要求,顺应尊重人权、保护人权的国际潮流。④ 有学者从《公民权利和政治权利国际公约》第14条第7款规定的一事不再理原则分析了中国刑事诉讼法规定的刑事再审程序,认为该程序应作如下改革:确认一事不再理原则;更新刑事再审理念;实行制度上的变革,将"审判监督程序"更名为"再审程序",以明确其审判的对象范围与审理程序的类别,消除目前法律规定与人们习惯理解之间的矛盾,与大多数国家的做法保持一致;规范刑事再审的申请主体;明确区分有利于被告的再审与不利于被告的再审;重新确定再审的申请理由;再审案件应由原审法院的上级

---

① 见魏琼、文萧《刑诉人权保障国际标准的历史渊源》,《现代法学》1999年第5期。
② 见张杰《国际人权法上的罪刑法定与中国刑事制度研究》,《新疆社会科学》2006年第3期。
③ 见赵建文《〈公民权利和政治权利国际公约〉第14条关于公正审判权的规定》,《法学研究》2005年第5期。
④ 见房君、高英彤《论我国沉默权制度的确立——兼与联合国〈公民权利和政治权利国际公约〉比较》,《社会科学战线》2005年第3期;沈玉忠:《沉默权的国际人权标准与国内现实》,《南京审计学院学报》2008年第5卷第2期。

法院受理。① 适当生活水准权本是一项经济和社会权利，具有丰富的内涵和其自身的特殊性，有学者专门分析了中国监狱制度下罪犯的适当生活水准权，认为在中国监狱制度下，罪犯享有适当生活水准权获得了基本保障，但与国际人权公约的要求和时代发展的需要比较，还存在着差距。因此，中国应当进一步改善监狱设施，完善监狱法制建设，加强对罪犯享有的适当生活水准权的保护。②

（四）对第三代人权的研究

在"第三代人权"或集体人权中，发展权是一项非常重要的权利，也是中国提倡的首要人权之一。有学者认为发展权是"法治社会的基本人权"，这一权利尽管首先是在国际法律层面上提出的，但应该成为宪法人权原则和具体人权法的实然内涵，并具体化为法定基本权利形式。③ 还有学者认为，发展权是发展中国家提出的新的法律概念，是新旧国际经济秩序斗争的产物，是民族自决权的必然延伸，其核心是经济发展。随着发展权概念的发展，发展权已经超越了国际人权法的特定范围，而成为指导国际关系各个领域的一般国际法原则。发展中国家要真正实现自己的发展权，必须坚持与其他国家的国际合作，通过平等参与国际决策，建立起新的国际经济秩序。④ 另有学者论述了个人的发展权问题，指出个人发展权是在集体发展权概念形成之后发展起来的。个人发展权的实现以生存权与自由权利为保障、以个人能力的扩展与个性的充分发挥为导向，平等地参与发展以及公平地分享发展成果是实现个人发展权的主要手段。发展权的个体性特征既有其理论的基础，也有其现实的意义，个人发展权的实现以集体发展权的实现为基础，但集体发展权并不必然带来个人发展权的实现。⑤

---

① 见苏彩霞《从〈公民权利和政治权利国际公约〉看我国刑事再审程序改革》，《环球法律评论》2004年春季号。

② 见刘健、蔡高强《论我国监狱制度下罪犯的适当生活水准权——以国际人权公约为视角》，《政治与法律》2004年第6期。关于罪犯人权的一般研究，见冯建仓《国际人权公约与中国监狱人权保障研究》，《中国司法》2004年第5期。

③ 汪习根：《法治社会的基本人权——发展权法律制度研究》，中国人民公安大学出版社2002年版。

④ 见朱炎生《发展权的演变与实现途径——略论发展中国家争取发展的人权》，《厦门大学学报》（哲学社会科学版）2001年第3期。

⑤ 见夏清瑕《个人发展权探究》，载沈木珠等《国际法最新问题研究》，法律出版社2005年版。

中国学者还讨论了近几年提出的一项新的人权——环境权。有学者指出，人权发展的历史经过了初创期、发展期和升华期，三个时期的核心性人权分别是自由权、生存权和环境权。自由权的实现要求国家履行消极不妨碍的义务，生存权的实现要求国家或社会积极地提供保障，而环境权是自得权，是保有和维护适宜人类生存繁衍的自然环境的人类权利。这项人权的权利主体是人类，义务主体也是人类，是人类的分体及这些分体的各种形式的组合。它的实现以人类履行自负的义务为条件。[1] 有学者认为，环境权已经得到越来越多的认同，国际社会以及一些国家开始用立法和法律解释的方式对环境权加以确认，这是环境权从应有权利向法定权利的转化。但是，环境权要成为一项实有权利，还是前路漫漫。该学者还探讨了环境权与生存权和发展权之间的密切联系，认为它们之间有着许多不同之处，但是，既不应把环境权与生存权对立起来，也不能把它们看作是同一项权利。[2]

四　对少数人和弱势群体人权的研究

近年来，在世界范围内，对社会中处于边缘化或不利地位人群的人权的研究越来越受重视，中国学者对这一方面也进行了很多研究。大体而言，这些人群可以分为少数人和弱势群体，这两类的人权既有共同点，也有不同点：共同点主要在于均在社会中处于边缘或不利地位，不同点在客观上体现为少数人主要以数量来衡量，当然，他们在社会上的力量也是较弱的，而弱势群体则不一定在数量上是少数，在法律上则体现为他们的权利受到不同的国际法律文书的保护，而且具有不同的权利和相对应的义务的内容和实现方式。有关少数人和弱势群体的差别在学术界并没有一个权威性的界定。

（一）对少数者人权的研究

少数人权利的国际保护问题是近代以来国际社会关注的一个重要方面。然而，在不同的历史时期，国际社会在此方面的政策体现出了不同的特点，从最初的宗教宽容精神——具体地体现为对宗教少数群体成员的保护，到第一次世界大战后扩展到对宗教、语言、文化、族群等少数群体成员的保护，

---

[1] 见徐祥民《环境权论——人权发展历史分期的视角》，《中国社会科学》2004年第4期。
[2] 见李艳芳《论环境权及其与生存权和发展权的关系》，《中国人民大学学报》2000年第5期。

以至第二次世界大战之后扩展为对人权的倡导。与此同时，在国际法中也发生了相应的变化。有学者从国际法的角度对上述变化进行深入的剖析，以揭示近代以来国际社会在少数人群体保护方面的发展历程及其特点。① 另有学者指出，普遍性国际人权公约中涉及少数人权利保护的条款措辞比较模糊，多为原则性、宣言性的规定，大量有关少数人权利保护的国际文书是以没有法律约束力的联合国大会决议的形式存在的。尽管如此，这种努力有助于提请各国对本国以及世界范围内存在的少数人群体的权利应予以关注并加强保护。其他一些专门领域的国际公约中一些涉及保护土著居民等少数人群体的条款，可以为这类群体提供一定程度的保障。②

在现代国际法文献中，与少数人（或少数者）概念相关联的术语有"人民"（people）、"民族"（nation）、"少数民族"（national minorities）、"土著人民"（indigenous）等，但是，给少数人下一个定义是件困难的事情。判断某种群体或个人是否构成少数人的客观要素包括群体特性、数量规模、群体的社会地位、国籍或公民身份、生活在一国领土范围内的时间等方面；少数人群体是以一种文化上认同为前提而存在的群体，它通常表现为少数人群体成员具有保护他们自己特性的主观意愿。保护少数人作为一个群体的存在，其前提条件也是以其群体成员希望继续作为一个具有特性的群体而不被同化于其他社群。少数人群体最重要的特性就是它是一种具有文化特性和认同的群体，这是一个事实问题。尽管在理论层面上定义少数人是相当重要的，但是它并没有成为国际社会采取各种措施保护少数人群体及其成员的主要障碍。国际社会对于要求一个定义明确并且普遍认可的"少数人"概念已不如先前那么强烈和受人关注。这是因为定义的缺乏并不能妨碍少数人权利国际保护实践的推展。③

作为一项基本的价值，平等的理念并不具有清晰的内涵，因此从表面上看违反形式平等的措施可能是为了达到实质上的平等。从人类社会族群关系的模式来看，国家制度中存在的结构化歧视和民族性使得现行的保护少数人利益的优惠政策和特别措施具有合理性，适当的少数人权利的诉求是克服现代国家民主政治缺陷的重要途径。与此同时，对个人自由的尊重并不必然与

---

① 见茹莹《从宗教宽容到人权保护——国际法中关于少数群体保护规定的演变》，《世界经济与政治》2006 年第 3 期。
② 见朱贞艳《浅论少数人权利的国际保护》，《昆明师范高等专科学校学报》2008 年第 30 卷第 1 期。参见赵琪《论少数人权利的国际保护》，《行政与法》2006 年第 8 期。
③ 见周勇《少数人权利的法理》，社会科学文献出版社 2002 年版。

用以维护少数人群体特征和认同的特别措施以及确认某些群体权利本身相冲突。相反，文化与个人自由的关系说明恰当的群体权利的存在与个人自由的维护还可能是相辅相成的，个人自由的实现其实有赖于其所属群体的文化的保持。① 有学者在比较了各国在权利问题上的文化传统和近现代的各种平等理论之后分析指出，在以经济、社会、文化权利为核心的相当一部分权利上，各国政府应当在避免形成"反向歧视"的前提下，采取积极措施，让少数人有更多机会参与社会竞争，实现社会整体的平等和更公正意义上的平等。② 另有学者从国际法的角度，通过分析联合国人权两公约关于自决权和少数者权利保护的规定，探讨了自决权与少数者或少数民族权利之间的关系，特别是少数者是否可以行使自决权的问题。③

有学者指出，由于权利义务的对应性，少数人的权利必然与国家的义务相对应，所以应当将国家的义务与少数人的权利分立开来去理解少数人权利的具体内容。国家对其领土管辖范围内的少数人群体及其成员的义务可以从两个方面来阐述，即消极的不作为和积极的作为。国家的消极不作为义务是指国家负有义务，不得利用其权力对少数人群体及其成员实行肉体上或文化上的灭绝或同化，也不能对少数人群体及其成员实行歧视待遇或排斥其参与社会公共生活。少数人群体及其成员要真正实施其权利还有赖于国家积极地行动，创造和提供实现少数人权利的各种条件，主要包括采取适当的保护少数人权利的立法和具体措施，禁止任何形式的歧视和侵害少数人群体成员合法利益的行为，提供适当的资源，对少数人群体的语言保护、文化教育以及充分有效地参与社会公共生活予以积极地帮助，并在国家国内政策的制定和国际合作等方面合理关注和保护少数人群体及其成员的利益。在少数人的权利方面：（1）文化、宗教或语言上的特性是少数人群体成员维护其认同的要素。因此，国际法准则最典型的表述就是少数人群体成员有权私下和公开地、自由而不受干扰或任何形式歧视地享受其文化、信奉其宗教和使用其语言。（2）少数人充分有效地参与社会公共生活是现代国家民主制度的一种重要补充，尽管少数人群体的数量规模及其非主宰性的地位，不能对国家决策的决定有实质性的影响，但是，有效参与的原则是少数人有权表达他们的意见，并在决策机构作出有关他们的决定之前能充分考虑他们的意见。与此同时，

---

① 见周勇《少数人权利的法理》，社会科学文献出版社2002年版。
② 见李常青、冯小琴《少数人权利及其保护的平等性》，《现代法学》2001年第5期。
③ 见白桂梅《国际法上的自决权与少数者权利》，《中外法学》1997年第4期。

由于有效参与提供了少数人与政府之间咨商的渠道，它也成为社会纷争解决的方法，确保少数人享有这一权利有助于保持社会的动态稳定。（3）属于少数人群体的人有权在不受歧视的情况下与其群体的其他成员及属于其他少数群体的人建立并保持自由与和平的接触，亦有权与在民族或族裔、宗教或语言上与他们有关系的其他国家的公民建立和保持跨国界的接触。①

在少数人的人权国际保护中，学者们较为关注少数民族的人权保护问题。人权概念最初提出时，人权主体限于个人，随着人权理论和人权保障实践的发展，出现了集体人权的概念，少数民族人权就是集体人权的一种。有学者对少数民族人权进行了界定，并对中国少数民族人权法律保障问题提出了几点看法。②有学者认为少数民族人权的国际保护问题已经为当今国际社会所普遍关注，成为现代国际法和国际关系的一个重要问题。该学者通过阐明国际社会保护少数民族人权的历史发展、范围和方式，探讨了加强国际合作，促进和实现少数民族人权的国际保护问题。③还有学者认为，国际社会普遍重视对少数民族权利保护的立法，确认少数民族享有与其他人一样的平等权，包括基本人权、政治权利、经济和社会文化权利；针对少数民族权利实现中的问题，规定对少数民族权利应当通过立法方式予以特殊保护，以实现事实上的法律平等权；应确认保障少数民族实现其各项权利的具体措施；应确认少数民族享有民族自决权，以之作为指导处理国际关系的准则。④

（二）对弱势群体人权的研究

弱势群体——又称为"劣势群体"（disadvantaged groups）或"易受侵害群体"（vulnerable groups）——的保护是国际人权法保护的重要内容，一般是指从政治、经济、社会、文化、生理等各个方面来衡量，在社会上都处于相对不利地位的那些人，通常包括儿童、妇女、老年人、残疾人、劳工、难民、农民等，少数人群体也可包括在内。弱势群体是一个历史性范畴，随

---

① 见周勇《少数人权利的法理》，社会科学文献出版社2002年版。另见李忠《少数人权利——兼评〈公民权利和政治权利国际公约〉第27条》，《法律科学》1999年第5期。
② 见周相卿《关于少数民族人权的几点法律思考》，《理论与当代》1995年第12期。
③ 见刘全胜《论少数民族人权的国际保护》，《四川大学学报》（哲学社会科学版）1997年第1期。另见刘心《论少数民族人权的保护》，《民族论坛》2001年第4期；王联：《略论国家主权与少数民族人权的国际保护》，《国际政治研究》2000年第1期。
④ 见周伟《论国际法保护少数民族立法的特点》，《湖北民族学院学报》（哲学社会科学版）2000年第2期。

着社会的变迁，可能还会有更多的人成为弱势群体，像同性恋者、消费者、艾滋病患者，甚至行政诉讼的原告、环境污染的受害者和肝炎病患者等，都属于弱势群体的范畴。有学者就弱势群体的生存现状、法律的发展演进、各国立法与研究现状进行了较全面的介绍之后，深入分析了弱势群体权利保护所面临的问题和法律发展趋势，以期能引起人们对弱势群体权利保护状况的关注与重视，并努力改善之。作者指出，某些民族和宗教的固有传统由于与现代人权观念相冲突而成为改善弱势群体人权状况的最大障碍之一，并指出弱势群体权利保护的三个发展趋势，即对弱势群体权利保护的加强、相关法律的趋同化、国际社会本位观念的贯彻执行。①

1. 妇女权利

在对弱势群体人权的研究中，中国学者近十几年来对妇女权利的保护进行了深入而广泛的研究，无论是在论文还是著作的数量和质量方面都有较大的进展。

有学者指出，联合国自1945年成立起就对妇女人权的保护给予了关注。经50多年的努力，它已建立起了由国际人权立法、人权国际保护执行措施和国际人权机构组成的三位一体的妇女人权保护机制，成绩斐然。但是由于国际人权公约规定的不明确、执行措施本身的缺陷、妇女人权保护机构在处理人权事务上的乏力以及各国在适用妇女人权国际保护执行措施时的种种考虑等原因，这一机制的实际效果较为有限。为了改善这种状况，健全和完善妇女保护机制就成为联合国及其会员国不可回避的责任。② 1999年12月10日，规定了个人来文机制的《消除对妇女一切形式歧视公约任择议定书》在联合国大会开放以供签署、批准和加入，有学者认为这代表着妇女人权国际保护的一个新趋向。③

有学者讨论了有关妇女的性权利保护的问题，认为所谓性的人权化走向，就是性越来越与人权联系在一起。联合国1949年《禁止贩卖人口及取缔意图赢利使人卖淫公约》，是性的人权化走向的著名实例。性人权，概括言之，就是作为性存在的人所有和应当享有的人权。妇女人权运动历来是人权运动的有机组成部分；妇女的性人权成了战后人权和妇女解放运动中的一

---

① 见蒋新苗、李赞、李娟《弱势群体权利保护国际立法初探》，《时代法学》2004年第4期。
② 见朱晓青《关于联合国妇女人权保护机制的健全和完善》，《中华女子学院山东分院学报》1997年第2期。关于国外学者对妇女的国际人权范畴及其含义、妇女与国际人权法的关系等问题的研究，见黄列《妇女和国际人权法》，《外国法译评》1996年第4期。
③ 见鲁斌《妇女人权国际保护及其最新发展》，《妇女研究论丛》2000年第2期。

个重点问题。① 有学者研究了对妇女的暴力问题,认为这在20世纪70年代成为女权主义运动关注的焦点,在国际妇女人权运动的推动下,形成了一个新的法律概念——"对妇女的暴力"。这一概念的形成直接源自妇女对变革国际社会应对妇女的暴力问题的要求。1993年世界人权大会通过的《维也纳宣言和行动纲领》第一次承认了发生在私领域的对妇女的暴力构成对人权的侵犯。对妇女的暴力的最主要形式之一是家庭暴力,其法律后果应由施暴人而不是受害人来承担这一重新思考的过程逐渐引致女权主义运动在目标上的转变,从边缘转向中心,妇女平等享有各项人权这一目标正在成为女权运动的主流。② 此外,有学者讨论了在20世纪70年代初期提出的一个研究与实践课题,即"妇女、环境与发展",认为在1992年联合国环境与发展大会之后,伴随着人们对日益严重的环境危机的警醒以及对如何实现持续发展的深思,这一主题更加引起广泛的国际关注。③ 有学者指出,旱区的妇女受到物质上和思想文化上的双重贫困,为此应加强对旱区妇女的教育,政府根据旱区妇女的特殊情况制定相关政策。④

有些学者对女权主义者的国际法进行了研究,指出女权主义者对权利的分析主要集中在:法律权利的取得是否能够促进男女平等,女权主义者认为公私领域的两分法逐渐损害了国际法的运作。⑤ 兴起于20世纪80年代后期的女权主义法学主要以社会性别概念为基础,揭露了国家和法对妇女的父权统治功能;批判地指出对妇女的暴力是维护男性统治的主要手段;认为就业中的性别歧视和工作中的性骚扰也是男权压迫的重要表现和延伸;对拥有堕胎权的辩护和对传统法学中的男权性质的批评也构成它的一部分。⑥

随着社会经济的不断发展和法制建设的不断进步,中国关于妇女权益保护的制度也逐渐趋于完善,妇女维权工作取得了很大的进步。中国妇女权益保障法与《消除对妇女一切形式歧视公约》的规定绝大部分是协调的,我

---

① 见赵合俊《妇女性人权与妇女法的修改》,《环球法律评论》2004年夏季号。
② 见黄列《主题研讨——家庭暴力:妇女面临的人权问题》,《环球法律评论》2003年夏季号。另见[美]肯尼思·罗斯《作为国际人权问题的家庭暴力》,黄列译,《外国法译评》1999年第1期。
③ 见刘霓《妇女、环境与持续发展》,《国外社会科学》1995年第8期。
④ 见周伟文《旱区环境中妇女的生存与发展》,《妇女研究论丛》1995年第3期。
⑤ 见杨泽伟《女权主义国际法方法述评》,《法治与社会发展》2001年第1期。
⑥ 见吕世伦、范季海《美国女权主义法学论述》,《法律科学》1998年第1期。

们国家已经或正在忠实地履行消除对妇女一切形式歧视的国际义务。① 但由于社会意识、设定权利的哲学基础、背景的不同以及中国的习惯,我们的妇女权益保障立法与《消除对妇女一切形式歧视公约》还有一些差别,主要表现在权利来源、权利内容等方面。针对这些差异以及产生差异的原因,学者提出了我们应采取的相应对策——原则性问题不能动摇,非原则性问题应与国际公约靠近,遗漏的应补上,因习惯导致不同的应改变我们的习惯。② 妇女人权的进步与中国和平发展息息相关。中国承担了消除对妇女一切形式的歧视、确保妇女人权和基本自由的国际法律义务,而且积极履行义务,取得了举世瞩目的成就。但不论是妇女人权保护的国际法和中国国内法的衔接上,还是法律的实施上,都存在不少问题和障碍,如中国国内法不能及时有效地应对卖淫嫖娼和非法同居蔓延以及妇女就业难等新情况对妇女人权的尖锐挑战;相关法律法规的实施受到生产力发展水平和重男轻女等传统文化观念的限制等。中国需要进一步完善立法,强化司法并推动文化观念的嬗变。只有这样,才能更好地履行国际义务,书写妇女人权进步与中国和平发展交相辉映的壮丽篇章。③

2. 儿童权利

儿童权利的重要性得到了全世界几乎所有国家的承认,中国学者也进行了一些专门研究。有学者从国际法与国内法的比较视角全面地研究了儿童权利,既涉及了儿童权利的一般问题,包括儿童的地位及其权利、儿童保护的原则、儿童权利内容及其实施机制,也涉及了特殊状态下儿童的权利问题,包括这一问题的概述、受刑事指控少年的实体法保护及其刑事责任、少年刑事司法中的权利与责任、中外关于受刑事指控少年的保护及其刑事责任等。④ 另有学者对当代世界儿童立法的总体发展趋势进行了介绍和分析,认为世界儿童立法呈现趋同化发展走势,这是19世纪末20世纪初以来在各国儿童立法中出现的一种广泛的立法倾向。在儿童权利保护的有关国际法律文件中,国际社会本位观念已得到了深刻的体现。这一研究将有力地引导和促进中国儿童权利保护领域的法学研究提升到一个新的高度,进而推动整个人

---

① 关于国家根据该《公约》承担的义务,见[美]丽贝卡·J.库克《国家根据〈消除对妇女一切形式歧视公约〉负有的说明责任》,黄列译,《外国法译评》1998年第2期。
② 见肖巧平《协调中的差异——以〈消除对妇女一切形式歧视公约〉的眼光审视我国的〈妇女权益保障法〉》,《湖南师范大学社会科学学报》2006年第1期。
③ 见尹生《中国和平发展中妇女人权的国际法律保护》,《法学评论》2006年第2期。
④ 见王雪梅《儿童权利论——一个初步的比较研究》,社会科学文献出版社2005年版。

权领域的法学研究和立法实践提速提质,并能给中国《未成年人保护法》的修订工作提供具有国际视野的立法参考。①

关于儿童权利保护的重要性,有学者认为,在相当长的时间里,儿童除了作为"问题"受到关注之外,他们的权利几乎被遗忘了。可以说,到底应该怎样保护好儿童,至今还是一个没有解决好的世界各国都面临的难题。例如,是把儿童作为个体权利主体来保护,还是作为需要呵护的可怜的或者可爱的"小动物"来保护?当成人的愿望和利益与儿童的愿望和利益发生冲突时,儿童是不是只能服从,等等。把儿童的利益宣布为权利,并且从人权的角度加以保护,是现代国际国内法律发展的一个进步趋势。其中,"最大利益原则"就是近些年来国际人权公约和相关国家立法确立的一项旨在增进儿童保护的重要原则。②

有学者对中国的儿童权利的法律保护问题作出了分析,指出中国向来重视对儿童权利的法律保护,在宪法和其他法律、法规中都有大量的关于儿童权利保护的规定,这些规定与联合国《儿童权利公约》的基本精神是相一致的,该学者按儿童权利的性质特征区分分析了中国对儿童权利法律保护的内容。③

针对美国多年来一直拒绝批准联合国《儿童权利公约》的问题,有学者认为,导致美国这一行为的主要原因在于《儿童权利公约》与美国例外论的政治传统、联邦主义的法律体系和美国传统家庭理念存在冲突。同时,《儿童权利公约》内在的权利冲突问题,基督教右派在具体的政治运作中的坚决反对和有效动员,也是导致《儿童权利公约》未能适用于美国的重要原因。因此,美国拒绝批准《儿童权利公约》与其虚伪和霸道并无直接关系。④

3. 同性恋者的权利

作为一个较新的话题,中国学者也从人权角度对于同性恋者这一弱势群

---

① 见李双元等《儿童权利的国际法律保护》,人民法院出版社 2004 年版。见李先波、朱方毅《研究儿童法的最新力作——评〈儿童权利的国际法律保护〉一书》,《时代法学》2005 年第 1 期。

② 见王雪梅《儿童权利保护的"最大利益原则"研究》(上、下),《环球法律评论》2002 年冬季号、2003 年春季号。

③ 见郭翔《我国对儿童权利的法律保护——兼析联合国〈儿童权利公约〉与我国〈未成年人保护法〉等法律的相关性》,《政法论坛》1997 年第 6 期。

④ 见王崇兴《美国拒绝批准联合国〈儿童权利公约〉原因探析》,《南京师范大学学报》(社会科学版) 2006 年第 2 期。

体的权利进行了研究。有学者认为,保护同性恋者权利的意义不仅在于保护这一特殊的群体,同时还在于增强人们的人权意识——当某一特殊群体不被视为人时,任何其他少数人或特殊人的人权便有可能受到侵害。同性恋者应有的权利已得到普遍的承认,但在实施保护过程中面临着种种矛盾和困难。普遍的、多数人的人权与特殊的、少数人的人权保护是一个相互辩证的关系。维护同性恋者人权必须面对两个问题,第一个是同性恋者是不是人,是不是自然的人(natural person),他们的精神是否正常?第二个问题是同性恋者之间的恋爱、婚姻和性生活是不是一种人权?目前,同性恋权利未被普遍认同并得到保护的原因主要有四点:一是世界上很多国家对同性恋群体持不同程度的歧视、排斥和厌恶态度。二是同性恋组织制度化程度低。三是许多国家政府对同性恋群体存在着误解,不支持他们/她们的行为。四是同性恋者在组成家庭生儿育女问题上仍存在着难以解决的现实问题。大赦国际是目前国际人权领域唯一一个致力于同性恋人权保护的组织,但在其内部依然有相当大的阻力。大赦国际维护同性恋者权利使它在普遍人权观与特殊人权观之间处于两难选择,近些年来的情况表明,维护同性恋者运动使大赦国际在吸引了一批同性恋群体的支持者的同时,也失去了另一群来自第三世界的支持者。[①]

五 对区域人权制度的研究

除了普遍层次的人权保护制度、规则、理论和实践,中国学者近年来对于区域人权保护制度也给予了较多的关注,并取得了丰富的学术成果。学者们大多认为,区域性人权公约丰富了国际人权法的内容:与全球性人权公约相比,它们所规定的权利更具体、更全面;它们对人权保护的途径更便利、更有效;它们所建立的保障制度更具多样性和可行性;它们所保护的权利主体更具体,所适用的人权标准更统一。[②] 有学者指出,区域人权制度的理论与实践对人权的国际保护主要有以下启示:第一,人权保护区域化和法制化是实现人权国际保护的有效途径。第二,赋予个人当然的申诉权能有效地促

---

① 见黎尔平《同性恋权利:特殊人权还是普遍人权——兼论大赦国际对同性恋权利的保护》,《法学》2005年第10期。

② 见万鄂湘、杨成铭《区域性人权条约和实践对国际法的发展》,《武汉大学学报》(哲学社会科学版)1998年第5期。

进人权的国际保护。第三，主权国家应当正确处理人权与主权的关系，积极行使主权。总之，区域性人权公约拓宽了国际人权的内容，它既保护个人人权又强调集体人权，既规定了权利又规定了义务，对三代人权都有详尽的阐述。① 有学者根据区域主义者和世界主义者之间的分歧，主张人权既是绝对的，也是相对的，区域人权机构和世界人权机构在宗旨和目标上具有一致性，而且在一定的范围内进行着合作，并在不同的层面上对集体保护人权发挥着作用，因此，区域人权机构和世界人权机构应在地球上共生，并应向各自努力的方向发展。②

（一）对欧洲人权制度的研究

公民基本权利保护的国际化趋势，是第二次世界大战结束后随着《世界人权宣言》和有关人权保护公约的产生而逐渐出现的。欧洲是这种趋势出现较早并且发展较快的地区，在20世纪50年代就形成了由《欧洲人权公约》和相关机构组成的区域性公民基本权利国际保护系统。与世界性的人权宣言、人权公约以及人权组织相比，其最大特点是建立了一套更为有效的实施机制。因此，中国许多学者对欧洲的人权制度进行了较为系统的研究，并取得了一定的成果。

有学者指出，近十几年来，在世界人权问题不断升温和欧洲格局发生重大变化的背景下，欧洲国家公民基本权利保护的国际化步伐进一步加快，出现了前所未有的局面：（1）加入欧洲人权制度，接受国际约束和管辖的国家迅速增加；（2）被列入国际保护范围的权利内容逐步扩充；（3）人权机构在保护成员国公民基本权利方面的作用越来越大，案件持续增加；（4）人权保护制度的实施体制发生重大变革，公民基本权利保护的国家界限进一步淡化。③

欧洲人权制度实际上有两大互不统属的体系，即以欧洲理事会为主导的体系和以欧盟为主导的体系。有学者出专著详述了这两个体系。该学者首先指出，《欧洲人权公约》是第一部具有法律约束力的国际人权文件；《欧洲人权公约》所建立的人权保护机制是《联合国宪章》所倡导并鼓励的区域安排的第一次尝试，或者说是建立人权集体保护机制的第一次国际尝试；它

---

① 见贺鉴《论区域性人权保护与人权的国际保护》，《世界经济与政治》2003年第4期。
② 见杨成铭《简评区域性人权机构与世界人权机构的关系》，《法学评论》1999年第4期。
③ 见徐立志《欧洲归来话人权》，《环球法律评论》2002年夏季号。

创造了对国际法传统理论具有挑战意义的强制性个人申诉程序和国家间指控程序；它是其他区域性人权保护机制的典范。因此，称《欧洲人权公约》的通过为"国际法上的一次革命"，并不为过。接着，该学者阐述了欧洲联盟的人权法律保护机制，指出欧洲联盟为改变它作为纯经济组织的形象，迄今已作出了种种努力，其中就有给人权以保护，这在欧洲法院判例法中得到了明显的体现，不过，与《欧洲人权公约》建立的人权保护机制不同，欧洲联盟人权保护机制是建立中的具有附属性的机制。[①]

对于欧洲理事会之下的人权制度，有学者从其机构的产生与发展、管辖范围构成、实践、改革，其理论与实践与现代国际法的发展以及对人权国际保护的启示和建议等方面进行了较为系统的介绍、论述和分析。[②] 这位学者还另行撰文论述了欧洲理事会的人权保护制度对建立和完善国际人权保护制度的影响，认为欧洲理事会采取集体办法促进和保护人权的理论和实践对建立和完善国际人权保护制度产生了深远的影响；区域性人权保护办法是在区域层面上施行《世界人权宣言》的有效途径；国际人权机构应通过改革不断提高人权的可司法性；主权国家应在采取集体办法保护区域人权方面积极行使主权权利；人权国际保护内在地要求增强个人的权利主体意识；国际人权保护机构应不断提高其工作效率。随着欧洲理事会的人权保护制度的不断完善，它在人权国际保护中"领跑者"的形象和影响将得以继续显现。[③]

中国学者还对欧洲理事会之下的人权制度的一些具体方面和权利进行了研究。例如，有学者在对《欧洲人权公约》中的程序正义条款进行初步分析的基础上，指出了它对当今欧洲社会尤其是英国的影响，目的在于把握现代程序正义的主要发展趋势。欧洲的程序正义体现在三个部分：欧洲议会的人权法、欧盟法和欧洲国家的国内法。欧洲人权公约中的程序正义条款是英美法治影响下的产物，但相对于在英美法系中源远流长的程序理念而言，由于经验的缺乏和理论的空白，西方学术界对欧洲人权的程序正义条款的研究尚缺乏实证的支撑，谈论欧洲人权公约具有怎样的"程序正义传统"为时尚早。欧洲人权公约中的程序正义条款的发展面临着许多不确定性的考验，它能否根本性地改变各成员国的国内法尚待观察。[④] 有学者介绍和评价了欧

---

① 见朱晓青《欧洲人权法律保护机制研究》，法律出版社 2003 年版。
② 见杨成铭《人权保护区域化的尝试——欧洲人权机构的视角》，中国法制出版社 2000 年版。
③ 见杨成铭《论欧洲理事会的人权保护制度对建立和完善国际人权保护制度的影响》，《时代法学》2005 年第 1 期。
④ 见徐亚文《欧洲人权公约中的程序正义条款初探》，《法学评论》2003 年第 5 期。

洲人权制度中极为重要的"自由判断余地原则",认为该原则及其适用对解决国际人权法中的相关问题有一定的借鉴意义。"自由判断余地"可以被理解为:在《公约》的语境之内,欧洲人权法院允许缔约国所享有的、在一定范围内采取措施界定和限制某些权利的自由。这一自由可以由国家的立法、行政——执法、司法部门行使,以制定法律(包括确立立法目的、达到这些目的的方式以及限制措施),实施法律,解释和适用法律。"自由判断余地原则"是由欧洲人权监督机构(主要是欧洲人权法院)发展出来的,用以平衡公约机关与缔约国在某些领域中的权限的一种方式。该学者借助具体案例和学者论述,介绍了该原则的产生过程,分析了其可能得到适用的领域以及在不同领域中的适用幅度,欧洲人权法院用以考虑国家在自由判断余地内的作为的因素。同时还对该原则的法律基础、适用标准及对实现"欧洲人权公约"的目的和宗旨的效果等问题进行了评价。[1] 另外还有一些研究涉及了《欧洲人权公约》对集会结社权的保护[2]、欧洲人权法院判例法中的表达自由[3]等问题。

　　欧洲联盟的人权保护是一个较新的发展,中国学者也将其纳入了研究视野。有学者对欧盟人权法的法律渊源进行了分析,认为欧盟人权立法的法律渊源涉及国际人权立法、区域性人权立法、欧盟成员国内人权立法三个不同层次,因而在探讨欧盟人权立法的法律渊源时,既要涉及各国人权立法国内法的发展情况;同时人权立法作为世界立法领域的新贡献,欧盟从许多层面上继承、承纳了世界人权立法的成果。国际人权法进入欧盟的人权立法是复杂的,或是许多具有国际强行法性质的人权立法直接进入欧盟人权立法体系中,或是间接地通过保留、声明进入欧盟人权立法体系。[4] 另有学者指出《欧盟宪法条约》的通过和生效将从根本上矫正欧盟经济、政治、军事和人权的不对称性,并使欧盟的人权保护从政治层面提升到司法层面,这一条约还从根本上弥补了欧盟的"人权赤字",并使欧盟的人权保护制度与欧洲理事会的人权保护制度相联结,使欧盟的人权保护由点扩大到面。[5]

---

　　[1] 见孙世彦《欧洲人权制度中的"自由判断余地原则"述评》,《环球法律评论》2005年第3期。
　　[2] 见王映辉、凌慧明《论〈欧洲人权公约〉》对集会结社权的保护,《法学评论》1997年第3期。
　　[3] 见张志铭《欧洲人权法院判例法中的表达自由》,《外国法译评》2000年第4期。
　　[4] 见朱力宇、刘文忠《欧盟人权法的法律渊源》,《欧洲》1999年第6期。
　　[5] 见杨成铭《〈欧盟宪法条约〉对欧盟人权保护的影响》,《法学杂志》2006年第1期。

此外，有学者还论述了欧洲人权和公民权法律保障的历史和问题①，以及欧洲对发展中国家的人权政策②等问题，全面介绍了欧洲的区域性人权保护机制及其特点，对中国人权保护机制的改进具有重要的理论指导意义。

（二）对美洲人权制度的研究

中国学者对美洲人权保护制度关注并不充分，除了在其他研究中对此有所涉及之外，专门研究比较少见。在一本专著中，作者从美洲人权制度的形成与历史发展、法律渊源、美洲人权委员会、美洲人权法院及其案例、面临的问题及其改革等方面进行了全面、深入的介绍和分析。③ 该作者还以美洲人权法院的诉讼管辖实践为例论述了人权国际保护的司法维度，指出在人权国际保护中，国际司法机构的诉讼管辖占有重要的地位。作为世界现有的三大区域性人权保护机制之一，美洲人权机制的历史渊源最为悠久。在美洲人权机制中，美洲人权法院占有重要地位。与其他国际性司法机构类似，美洲人权法院也有咨询管辖和诉讼管辖两种职能。但是，美洲人权法院的诉讼管辖与欧洲、非洲类似机构相比具有一定的独特性。法院行使诉讼管辖须当事国明示接受以及美洲人权委员会程序用尽为条件。根据向法院提起案件的主体是缔约国或美洲人权委员会的不同，案件审理的具体运作程序而有所区别。法院诉讼管辖实践在对《美洲人权公约》的解释、对受害者提供有效救济、对其他国际性人权司法机构的审判实践等方面都有积极影响。④

（三）对非洲人权制度的研究

有学者就非洲人权法院对欧美人权法院的借鉴作了简要的探讨。他们指出，关于建立非洲人权和人民权利法院的议定书应当被视为一种创新，它是在欧洲和美洲国家人权体系基础上的一种改进。根据该议定书第6条第1款，法院可以授权相关的非政府组织以旁观者的身份参加非洲人权会议，法院还可授权个人在面临紧急案件或严重案件，或者当他们的人权遭到蓄意或大肆侵害的时候直接向人权法院提起诉讼。在决定这些案件是否可纳入议定书的第6条第1款的范围时，法院可以要求人权委员会提出意见，人权委员

---

① 见斯瓦德、陈丰《欧洲人权和公民权法律保障的历史和问题》，《欧洲》1998年第4期。
② 见马胜利《欧洲对发展中国家的人权政策》，《欧洲》1998年第3期。
③ 见谷盛开《国际人权法：美洲区域的理论与实践》，山东人民出版社2007年版。
④ 见谷盛开《人权国际保护的司法维度——以美洲人权法院的诉讼管辖实践为例》，《法治论丛》2005年第20卷第5期。

会应当尽快给出他们的看法。并且,议定书的第 25 条第 2 款规定法院可以接受书面和口头证据以及其陈述,如专家证明法院应当参考个人或非政府组织作为法官顾问所提出的证据和陈述对案件依法作出判决。①

(四) 对亚洲人权保护的研究

作为世界一个主要的政治地理区域,亚洲目前还缺乏类似于在欧洲、美洲、非洲业已建立的区域性人权制度。其原因何在?前景如何?有学者结合国际机制理论对有关亚洲区域性人权制度的问题作了探讨。亚洲国家在区域范围内保障人权的努力早在 20 世纪 50 年代初期就已开始。相对于其他区域性人权制度,亚洲尚未能建立起区域性人权保障制度也恰恰是由亚洲地区的政治、经济、社会、文化特点和发展水平等因素所决定的。近代以来西方列强的入侵破坏了亚洲各古老国家的自然衍化进程,大多数国家先后沦为西方的殖民地或半殖民地,长期遭受外部势力的掠夺和剥削。亚洲各国的人权意识是在痛苦反思和争取民族独立的斗争中逐渐唤醒的。由于种种困难的长期性和复杂性,亚洲政治制度和经济发展水平的巨大差异在总体上并没有缩小,过去的矛盾虽然部分有所缓解,但多数仍然存在。随着冷战后亚洲政治经济形势的变化,还出现了许多新问题和新矛盾,这都在不同程度上对亚洲区域人权制度的构建造成了负面影响。如果单从技术角度看,建立亚洲人权制度大致可以从两个方向努力:一个是"一般性区域组织——专门性人权机构/条约"的安排;另一个是"专门性人权条约——专门性人权机制"的路径。技术层面路径成功的关键在于如何逐渐突破现实中存在的主观和客观障碍。从为未来奠定基础需要出发,根据亚洲或亚太地区已有实践发展的现状,在统一的专门性制度建立之前,以下几方面努力对于未来亚洲区域性人权制度建设或许不无裨益:首先,从长远目标出发,切实落实"德黑兰框架";其次,采取有效步骤,进一步发挥区域内次区域机制的积极作用;再次,联合国有关机构应当在资金、人力和技术等多方面继续并加强对亚太区域人权制度建设的支持;最后,强化现有"亚太人权研讨会/论坛"的效能,提高官方参与层次。破除客观障碍,当然需要主观的积极努力,然而,我们也至少应当看到:第一,囿于社会制度和文化等多方面差异等因素,在今后相当长时期内,亚洲各种形式的安全对话合作机制仍将并行发展、互为

---

① 见洪永红、贺鉴《非洲人权法院对欧美人权法院的借鉴——个体和非政府组织参与人权诉讼》,《法学杂志》2002 年第 6 期。

补充；第二，区域性人权机制的补充性角色——其作用在于填补国内救济穷尽后仍然不足而造成的权利救济之空白。①

六 对中国与国际人权法关系的研究

近十几年来，中国在国际人权法研究中的一个突出特点是在国际人权法律制度和中国法律制度之间进行比较研究，特别是以国际人权法的规定为根据和参考，分析和探讨如何改革和完善中国保护和促进人权的法律规定与实践。除了以上在相关部分中提到的研究成果以外，还有如下一些研究成果值得关注。

首先是对国际人权法律制度与中国法律制度的全面的、综合性的比较。有学者在介绍了人权的一般理论问题、人权国际保护的历史发展及保护机制以及人权保护在中国宪法和法律制度中的历史演变及特征之后，详细论述了在中国实施联合国人权两公约应解决的问题，并提出了人权保障法的专家建议稿——其中有关实体权利的部分在很大程度上参考了人权两公约的内容。② 有学者探讨了国际人权公约与中国法制建设的关系，首先详细论述了国际人权公约的概念、特点、制定过程、分类、主要内容及其实施，并介绍了一些区域性的人权公约——欧洲人权公约和美洲人权公约；然后分析了中国的法制建设与加入国际人权公约的进程，指出中国法制与国际人权公约的差距，为中国的法制改革提出了自己的建议；最后，希望通过对国际人权公约的介绍引起更多的人关注中国的法制建设与人权事业，从而在13亿人的中国更好地尊重和保障人权，建设美好的社会主义和谐社会。③ 有学者通过国际人权公约和中国人权立法的比较，认为中国人权立法与世界共同标准不断接近，尽管权利的确立和保障要受一国经济、社会和文化发展水平的制约，采取的步骤应与一国的国情和承受能力相适应，但毫无疑问，继续缩小两者的差异，解决相互间的冲突，是中国人权立法完善和前进的方向。④ 另

---

① 见谷盛开《亚洲区域性人权机制：理念与构建》，《现代国际关系》2006年第2期。
② 见莫纪宏《国际人权公约与中国》，世界知识出版社2005年版。参见莫纪宏《两个国际人权公约下缔约国的义务与中国》，《世界经济与政治》2002年第8期。
③ 见谭世贵《国际人权公约与中国法制建设》，武汉大学出版社2007年版。
④ 见王德志《国际人权条约与我国人权立法的比较》，《山东大学学报》（哲学社会科学版）2000年第5期。参见镡春鑫、李司佳《国际人权公约与我国人权立法比较》，《昆明师范高等专科学校学报》2008年第30卷第1期；湘君：《国际人权公约与中国人权立法完善》，《国际关系学院学报》2005年第6期。

有学者提出，国际人权法在中国人权法制建设中具有十分重要的地位和作用，但相关实际部门和学术界对此尚缺乏客观、准确、充分和一致的认识。这既不利于中国对国际人权法规则的进一步接受和适用，也不利于中国人权法制的健全和完善。应从国际人权法的自身情况出发，以国际法基本原则为基础，以"尊重和保障人权"的宪法精神和原则为指导，并以有利于中国人权法制建设和人权状况的改善为目标，对国际人权法在中国人权法制建设中的地位和作用加以重新认识，并在此基础上采取一切适当而必要的步骤和措施，健全和完善人权法制，并促进人权状况的进一步改善。①

其次是从宪法角度对国际人权法与中国法治建设的关系的研究。宪法无疑在人权保护中发挥着最为重要的作用，也是一国履行其国际人权法律义务的重要根据和途径，因此中国学者在此方面也进行了一定的研究。② 有学者提出，以往的比较宪法学主要是在平行的宪法制度之间进行的，而"国际人权宪章"与中国法律体系特别是宪法文本的比较则是一种纵向的比较，而且意义更为重大。作者在简要介绍了"国际人权宪章"和中国《宪法》的内容与特点之后，比较分析了这两者的人权立论逻辑，然后将人权分为不同的群类，分析了它们在"国际人权宪章"和中国《宪法》中的不同规定，最后就"国际人权宪章"在中国的实施提出了许多建议。③ 关于《公民权利和政治权利国际公约》和中国宪法在人权本源问题上的不同观点，有学者认为这导致了对实体性人权表述和理解上的差异，因此，协调二者在人权本源理念上冲突是中国加入这一《公约》面对的首要宪法调整问题。④ 关于联合国人权两公约与中国《宪法》的具体内容，有学者提出，两者既有差异

---

① 见班文战《国际人权法在中国人权法制建设中的地位和作用》，《政法论坛》2005年第23卷第3期。

② 除以下提到的研究外，另见曹建章《人权公约和我国公民宪法权利的完善》，《陇东学院学报》（社会科学版）2004年第15卷第1期；范毅：《人权公约与我国宪法人权规定之完善》，《吉首大学学报》（社会科学版）2002年第22卷第1期；廖杨、魏星：《国际人权公约与中国宪法》，《湖南公安高等专科学校学报》2006年第18卷第1期；石道银：《〈公民权利和政治权利国际公约〉与〈中华人民共和国宪法〉的比较研究》，《杭州商学院学报》2003年第3期。

③ 见刘连泰《〈国际人权宪章〉与我国宪法的比较研究——以文本为中心》，法律出版社2006年版。

④ 见杜承铭《人权本源宪政理念的冲突与调适——我国加入〈公民权利和政治权利国际公约〉的宪法调整问题》，《武汉大学学报》（哲学社会科学版）2005年第58卷第5期。另见杜承铭《人权主体宪政理念的差异与调适——我国加入〈公民权利和政治权利国际公约〉的宪法调整问题》，《广东商学院学报》2006年第1期。

性，又有一致性，因而产生宪法与条约之间的冲突和协调问题。而规范和完善中国《宪法》，实现宪政体制对两个人权公约适用的认同，必将促进中国人权宪政制度的不断发展完善。此外，还有学者指出，比较联合国人权两公约与中国现行宪法公民基本权利的异同是整合人权两公约与中国人权宪政体制的冲突、完善宪政人权体系的前提和基础。①

最后，关于以联合国人权两公约为代表的国际人权公约在中国的实施问题，中国学者也进行了一些研究。有学者提出，为了应对人权两公约，需要承认其地位优于国内法（声明保留的条款除外），接受其实施机制，理清两公约与中国人权体制的差异并且采取立法和司法措施予以弥补。② 而为更好地履行人权条约的报告制度，中国至少要做好以下两个方面的工作：一是加强中国相关立法和实践的研究，具体内容不仅包括人权理论、相关法律以及其规定是否与人权条约规定一致，而且包括司法和行政执法对公民实际享有权利的影响及存在的问题；二是应培养一支高素质的专门人才队伍。③ 还有人专门研究了中国对《公民权利和政治权利国际公约》第41条规定的国家间来文程序应采取的策略，④ 另有人提出，中国国内人权机构在过去几十年间发挥了重大作用，但受机构本身组成、设置、职能定位等一系列因素的限制，仍存在许多不足与缺陷。为使其能够赶上国际人权运动的潮流，适应未来人权工作发展的形势，在人权保护上发挥更大的作用，有必要对其进行改革。⑤

七 对国际人权法研究的总体评价

除了以上的新发展以外，近十几年来，中国学者在国际人权法的其他一

---

① 见秦前红、陈俊敏《论我国人权宪政体制的变迁——国际人权公约与我国宪法的冲突与协调》，《淮阴师范学院学报》（哲学社会科学版）2004年第26卷；李广辉、李红等：《当代国际法热点问题研究》，中国法制出版社2005年版。
② 见刘大生《论〈国际人权宪章〉的应对》，《江苏行政学院学报》2003年第1期。
③ 见王光贤《缔约国在实施国际人权条约方面的经验与问题》，《法学评论》2002年第2期。
④ 见邓旭、龚柏华《论〈公民权利和政治权利公约〉第41条及我国的应对策略》，《法学杂志》2002年第3期。
⑤ 见黄晓辉、陈诚《我国国内人权机构之局限及完善对策分析——兼论我国国内专职人权机构之构建》，《学术界》2005年第2期。

些领域中也有不少的研究成果,如关于酷刑问题①以及人权与商业、贸易、WTO 的关系问题。②

最近十几年来,中国的人权事业取得了巨大的发展,包括"人权入宪"、签署联合国人权两公约并批准《经济、社会、文化权利国际公约》等,这些发展也极大地促进了对人权的研究,国际人权法也因此成为国际法研究中的一个热门领域,出现了一批优秀的研究成果,涉及人权的方方面面,不仅繁荣了中国的人权研究和国际法研究,也为中国的人权法治建设提供了有力的理论支持。然而,也应该看到,中国的国际人权法研究中依然存在一些问题,需要在将来的发展中加以克服和弥补。第一,尽管成果众多,但总体质量并不高,有很多研究并不够深入,仅仅停留在对所涉问题的粗浅介绍上,还有很多著述存在重复研究的现象,不仅主题重复,而且也没有提出多少创新的、新颖的观点。第二,在国际法与国内法之间的沟通、交流与协调不够。人权既是一个国际法问题,也是一个国内法问题:国际人权标准必然要在国内得到实施和执行,国际人权机制的主要功能是监督国内的实施和执行;而国内人权法律和实践应符合国际人权标准,并接受国际机制的监督。因此,在人权研究中,国际法与国内法这两个方面都是不可或缺的。但是,在中国的人权研究中,存在国际法学者仅关注人权的国际方面而不重视这些方面如何在中国的具体国情中得到体现和实现的问题,而国内法学者尽

---

① 例如见陈云生《反酷刑——当代中国的法治和人权保护》,社会科学文献出版社2000年版;夏勇、莫顿·凯依依若姆、毕小青、泰莉主编:《如何根除酷刑——中国与丹麦酷刑问题合作研究》,社会科学文献出版社2003年版;赵秉志主编:《酷刑遏制论》,中国人民公安大学出版社2003年版;王光贤:《禁止酷刑的理论与实践——国际和国内监督机制相结合的视角》,上海人民出版社2007年版;周洪钧、王虎华:《"禁止酷刑公约"评述——我国禁止酷刑的实践及反思》,《法学》1989年第3期;王平:《禁止酷刑——对〈公民权利和政治权利国际公约〉第7条评析》,《中国刑事法制杂志》2002年第2期;王光贤:《"酷刑"定义解析》,《国家检察官学院学报》2002年第2期;王光贤:《联合国反酷刑监督机制的未来》,《武汉大学学报》(社会科学版)2002年第5期。

② 例如见李春林《国际法上的贸易与人权问题研究》,武汉大学出版社2007年版;胡楚周:《经济全球化下的人权与国际贸易——从WTO规则角度透视》,《广西政法管理干部学院学报》2002年S1期;王恒:《人权:WTO多变贸易体制面临的新挑战》,《当代法学》2001年第12期;陈建华:《贸易与人权关系初探——兼论WTO与人权》,《西南政法大学学报》2004年第4期;陈文敏:《〈经济、社会、文化权利国际公约〉和WTO》,《法学》2006年第2期;莫世健:《试论WTO与人权的可协调性》,《政法论坛》2004年第22卷第2期;郑远民:《国际人权保护:WTO争端解决机制所面临的新问题及其对策》2004年第6期;龚柏华、刘军:《从WTO和人权国际保护角度评在中国推展SA8000标准》,《比较法研究》2005年第1期;孙立文、黄志雄:《全球化、WTO、劳工权益与国际法》,《法学评论》2003年第1期;杨明、肖志远:《知识产权与人权:后TRIPS时代的知识产权国际保护》,《法律科学》2005年第5期。

管也越来越多地将人权的国际方面纳入研究的视野,但依然存在对这些方面把握不足,致使研究不够全面甚至出现谬误的问题。第三,在人权研究特别是国际人权法的研究中,还存在不够重视第一手资料,而过分仰赖第二手资料即学者著述特别是外国学者的观点的问题。第四,在国际人权法研究中,中国学者较为关注各种国际人权文书的实体性规定,但对于各种国际人权机制——无论是"以条约为基础的机制"还是"以《宪章》为基础的机制",则研究并不充分。尽管存在这些问题,但是随着中国人权和法治事业的进步、人权和国际法研究水平的提高,相信中国的国际人权法研究还将有更大、更好的发展。

第六章 国际人道法研究的新发展

战争或武装冲突的频繁发生，从古至今一直是困扰人类社会的严重问题。在近年来世界范围内发生的几场高技术局部战争的推动下，国际人道法受到了越来越多的重视，在战争与武装冲突的危害性日趋严重的今天，国际人道法对国际社会具有更加重要的意义。但是，在当今军事高新技术飞速发展和国际上强权政治仍然存在的情况下，国际人道法也受到了强烈的冲击，正面临着严峻的挑战。

第二次世界大战后的军事高科技在强烈地影响和推动国际人道法发展的同时，也无情地打破了原有的国际人道法在"军事需要"和"人道主义保护"之间所达成的协调和平衡，带来了一系列新的、更为严重的矛盾。高技术武器的超常毁伤力，模糊了"减少战争危害"的尺度，冲击了在军事需要与减少战争危害之间相互协调这一基础。以使用高新技术武器为标志的高技术战争，动摇了国际人道法禁用武器的标准。国际人道法禁止使用超出"军事需要"、引起"过度伤害"、造成"不必要痛苦"的武器，但对于激光致盲、次声等高技术武器，已难以用原来的标准确定其是否符合国际人道法的要求。高新技术增大了违反国际人道法使用核武器的危险，常规武器的"高技术化"催生了核武器的"常规化"，使其可能被用于中低强度的战争。高新技术的发展使一些设施既可以民用也可以为军事服务，给军事目标的识别带来了困难。现代社会中高技术战争突破了"区分军事设施和民用物体"、"不分皂白"的攻击等战争法对作战方式的约束。由于作战采取非线性的海、地、空、天、电磁一体的样式，传统的前方后方分界、军用民用的区别将变得模糊。同时，国际人道法在实现其积极作用的同时，也给一些霸权主义者干涉别国内政留下了借口，一些国家强调"人权"高于"主权"，打着"人权"的幌子插手别国事务，甚至绕开联合国安理会对其他主权国家进行战争，并且愈演愈烈，给世界和平带来新的灾难。在1999年北约对南斯拉夫的空中打击行动中，一向自我定义为"防御性"组织的北约对一个主权国家进行了武装干涉行动，从而为人道主义干涉开创了一个恶劣的先例。美、英对伊拉克的战争也是打着人道主义的旗帜进行的，他们借口销毁伊拉克拥有的生化武器,绕开联合国擅自动武。战争造成了大量伊拉克平民伤亡,200万平民无家可归、背井离乡,许多珍贵的文物古迹被毁坏,两河流域历史悠久的人类文明发展遭到了严重破坏。美、英的战争行为导致了伊拉克经济衰退、伊拉克人民生命不保。在这场战争中,国际人道法成为美、英干涉伊拉克内政、实现其政治目的的借口。

但与此同时,国际人道法的实行缺乏完善的机制。目前的国际人道法基本是要靠本国政府的司法系统来调查和惩罚违法者,如中国《刑法》规定的"战时残害居民、掠夺居民财物罪"和"虐待俘虏罪"。但是,依靠国内法对违反国际人道法的犯罪行为进行的惩治存在着明显的弊端:国家对其战斗员的姑息将导致公正审判的主观不可能性;各国国内法律制度的不同导致公正审判的客观不可能性。继第二次世界大战后的纽伦堡审判、东京审判之后,20世纪90年代国际上相继建立了前南国际刑事法庭和卢旺达国际刑事法庭。这两个法庭的成立及其实践,尽管存在着一些问题和争议,但的确为国际人道法原则、规则的强制实施提供了新的思路。1998年7月,在罗马召开的设立国际刑事法院的全权代表外交会议通过了《国际刑事法院规约》。该《规约》规定,国际刑事法院对事管辖权范围限于那些引起国际社会关注的最严重的国际罪行,即灭绝种族罪、危害人类罪、战争罪和侵略罪。除侵略罪外,《规约》对前三种犯罪行为作了列举,其内容均为违反国际人道法的行为。毫无疑问,国际刑事法院的最终成立和运作必将极大地促进对国际人道法的遵行,并且为国际人道法的强制执行提供进一步的保障。因此,目前国际人道法最大的效用在于为军队作战确定符合人道主义精神的行为准则,同时影响世界公众舆论。虽然国际刑事法院成立不久,而且美国因担心国际刑事法院受国际政治角斗影响而作出不利于美国军人的判决而没有加以批准,但是国际社会对国际人道法实效性的关注和期待无疑是越来越高。

50多年来,中国加入了绝大多数的国际人道法条约,成为参加该类条约数量最多的国家之一。同时,中国还积极参与国际人道法条约的制定,如《禁止生物武器公约》、《禁止化学武器公约》、《全面禁止核试验条约》就是在中国等国家的长期呼吁下缔结的。此外,中国还加入了绝大部分与国际人道法有关的国际组织,并与各组织开展密切合作。中国在今后有关国际人道法的工作中要特别注意加强对国际人道法适用的研究。我军在战争中,往往在本方守法方面做得比较好,而在对付敌人违法作战方面准备不足。如在1974年的西沙海战中,敌人违法使用医院船运输作战部队和军事物资,我军官兵由于不知如何应对而听任敌船通过我军封锁线，最后导致封锁失败。因此，在未来军事斗争中，有必要注意教育我军官兵，对于国际人道法既要严格遵守，又要灵活掌握，同时还要特别注意警惕和防范敌人违法作战，避免因敌人的背信弃义行为而遭受损失。

为了人类的共同发展和繁荣，中国作为在国际上有重要影响的大国，应该积极为建立更加公正合理的国际法律秩序、加强国际法治、积极谋求国际社会的合作、维护国际人道法的权威并使国际人道合作进一步法律化和制度化作出贡献。在互相尊重国家主权、尊重基本人权基础上的国际人道合作，不仅是推动国际社会发展的重要杠杆，是维护国际和平与安全的必要手段，也是国际人道法的坚实基础和保障。加强国际合作有多种方式，通过联合国加强国际合作是其中的一种有效方式。国际社会应积极推动国际人道法机制的改进，以适应国际社会发展的需要。国际人道法存在的主要问题在于缺乏有效的实施机制，有的国家未能切实履行所承担的国际法律义务，这也直接影响了国际人道法的权威性。随着国际法近年来的迅速发展，国际人道法机制本身存在的不协调和冲突问题日趋严重——伊拉克战争已反映了现有国际人道法机制的不足，这直接影响了国际人道法的有效实施。国际人道法治任重而道远，加强国际人道法治有赖于国际社会的共同努力，这也是伊拉克战争给国际社会的重要启示。目前，红十字国际委员会在中国出版了一套《国际人道法文选》，介绍中外学者、主要是外国学者对国际人道法的研究情况，对于了解国际人道法十分有益，中国学者对国际人道法已作了很多有益的研究，涉及的问题非常多，但是研究比较分散，基本可以概括为以下方面：国际人道法的基本理论、伊拉克战争中的人道法问题、武装冲突中对平民的保护以及其他一些国际人道法的基本问题。以下对中国学者近十年来就这些方面的研究作简要述评。

一　国际人道法的基本理论

（一）国际人道法的名称

关于"国际人道法"（英文中为"international humanitarian law"）的名称，中国学界存在着几种不同的用法，第一种是将国际人道法称为"国际人道主义法",① 可能是因为"humanitarian"一词含有"人道主义"的意义，同时国际人道法又切实地体现了人道主义原则，所以学者们便顺理成章地称之为"国际人道主义法"；第二种是将国际人道法称之为"人道主义法",② 但这种所谓的"人道主义法"的名称，无论是作为一种法律规范体系，还是作为一种理论学说，都忽视了国际人道法的国际性，不能体现出国际法是国家与国家间的法律这一重要特征；第三种是使用"国际人道法"的名称；③ 最后一种是将"国际人道主义法"、"人道主义法"和"国际人道法"混合使用,④ 以说明这些名称所代表的是同一个概念。有学者专门就此作出论述认为，使用"国际人道法"的名称更为合适并提出了三点理由，第一，红十字国际委员会使用的是国际人道法的名称；第二，国际人道法是基于人道的考虑，为减少战争或武装冲突造成的破坏制定的，使用"国际人道法"的名称会明了地反映这一法律规范的基本原则和特点；第三，纵观国际立法和司法实践，国际法上所规定的国际罪行有"违反人道罪"，而没有"违反人道主义罪"或"违反国际人道主义罪"的提法。同时他还指出，无论中国学界对"国际人道法"的翻译和表述如何不同，其概念及其法律含义都应当是一致的。⑤ 基于这些颇有道理的分析，还因为"主义"一词常带有意识形态的色彩，用来指称一种法律规范或一种理论学说，政治意味太重，所以本书采用"国际人道法"的名称，但其内涵与外延与同样广泛使用的"国际人道主义法"并无不同。

（二）国际人道法的起源和发展⑥

关于国际人道法的起源，学界没什么分歧。1859 年，瑞士人亨利·杜南目睹了战场上伤员的惨状后，于 1862 年发表了《索尔弗利诺的回忆》，建议成立在武装冲突时期救助伤员的组织，同时签订一项救助武装冲突中伤

---

① 见王铁崖主编《国际法》，法律出版社 1995 年版。王可菊主编：《国际人道主义法及其实施》，社会科学文献出版社 2004 年版。
② 见张乃根《国际法原理》，中国政法大学出版社 2002 年版。
③ 见朱文奇《国际人道法概论》，健宏出版社 1997 年版。
④ 见杨泽伟《国际法析论》，中国人民大学出版社 2003 年版。
⑤ 见王虎华《国际人道法的定义》，《政法论坛》2005 年第 23 卷第 2 期。
⑥ 见王铁崖主编《国际法》，法律出版社 1995 年版（因为王铁崖所指的国际人道法仅指日内瓦法体系，所以相应的在介绍国际人道法的发展时指的也是日内瓦法体系的形成与发展）；黄列曾对国际人道法的起源和发展做了系统的介绍，具体见黄列《国际人道法概述》，《外国法译评》2000 年第 4 期。

病员的国际协议，1863年亨利·杜南和日内瓦另外四名市民一起创立了救助伤员国际委员会，即红十字国际委员会的前身（1875年更名），此后该组织一直致力于减轻战时及平时受难者的痛苦，并不断促进国际人道法的发展。1864年，瑞士政府召集了由欧美16个国家参加的外交会议，共同签署了《改善战地武装部队伤者境遇公约》，这是最早的《日内瓦公约》，也是狭义的、传统意义上的《日内瓦公约》，首次在战争法中规定了伤病员待遇的原则，为现代国际人道法奠定了基础。自1864年以来，保护战争受难者的国际法不断地发展，受法律保护的人员的范围也不断地扩大。但是1864年的《日内瓦公约》只是针对陆战而规定的，并不适用于海战，1899年《关于1864年日内瓦公约原则适用于海战的公约》和1906年《改善战地伤者、病者境遇的日内瓦公约》将受保护的人员扩大到遇船难的武装部队成员。1907年召开的第二次海牙和平会议确立了13个公约，其中对国际人道法的发展最重要的是《海牙陆战法规和惯例公约》（《海牙第四公约》），首次规定应给战俘以人道主义待遇和对被占领领土上的居民以保护。但是第一次世界大战的经验证明，《海牙第四公约》不能满足保护战俘的需要，1929年日内瓦会议除对1906年的《改善战地伤者、病者境遇的日内瓦公约》加以修整和补充外，还订立了《关于战俘待遇的日内瓦公约》。经历了惨不堪言的第二次世界大战后，1949年制定了日内瓦第一、第二、第三和第四公约，前三个公约是对先前已有的《日内瓦公约》的修改和补充，第四公约是新订的《关于战时保护平民的日内瓦公约》。至此，《日内瓦公约》将保护战争受难者的原则，从陆战的伤病员、海战的伤病员及遇船难者和战俘，扩及平民，《日内瓦法》已基本上完成。在《日内瓦法》发展的同时，《海牙法》也得到了发展。《海牙法》主要是限制作战方法和手段的规则和制度。1868年的《圣彼得堡宣言》是人类历史上第一次以条约的形式，明确在战争中禁止某一特定的武器，即进入人体后会爆炸的达姆弹。《海牙法》所确定的交战各方在军事行动中权利和义务并限制他们伤害敌人的手段的规则，主要包含在1899年通过并于1907年修订的《海牙公约》、1977年的《日内瓦公约》附加议定书及各种禁止或控制使用武器的条约之中。[①]

就其发展而言，不同的学者因为对国际人道法概念的界定不同，因而就其发展有不同的认识，将国际人道法限于《日内瓦法》的学者在论述其发

[①] 关于海牙法体系所包括的法律文件，见王铁崖主编《国际法》，法律出版社1995年版。

展时，很少关注海牙法的发展，① 而认为国际人道法包括日内瓦法和海牙法的学者，就会同时系统地介绍这两个体系的发展。②

(三) 国际人道法的概念及内容

国际人道法的概念和内容是一个问题的两个方面，所以理清了国际人道法的概念也就理清了国际人道法的内容。就如何界定国际人道法的概念，中国国际法学界有三种不同的观点，第一种观点认为国际人道法仅指日内瓦法体系，即国际人道法是指关于保护战争受难者的规则；③ 并据此进一步认为，日内瓦法体系在发展过程中，不涉及战争的法律地位或交战国间的一般关系，也不涉及交战国使用的作战方法和手段，更不涉及交战国和中立国之间的权利和义务，而只是从人道主义原则出发，给予战争受难者以必要的保护，战争与武装冲突法的这个部分被称之为国际人道法，其主要内容包括1949年的日内瓦四公约和1977年的日内瓦两个附加议定书。这一理论观点具有片面性。事实上，日内瓦法体系中有很多关于作战手段和方法的规定，比如1977年的日内瓦第一议定书增加了一整套有关敌对行为和作战方式的规定，第35条第1段规定"冲突各方选择作战方法和手段的权利，不是无限制的"；第35条第2段规定"禁止使用属于引起过分伤害和不必要痛苦的性质的武器、投射体和物质及作战方法"，第48条还规定了冲突各方应在平民和战斗员之间、民用物体和军事目标之间加以区别。这些规则都属于传统意义上的海牙法体系的内容。同样，海牙法体系中也包含了日内瓦法体系的内容，比如前面所说的1907年的《海牙第四公约》规定了战俘待遇。事实上，海牙法体系和日内瓦法体系是紧密结合在一起的，很难将其分开，因此有学者认为，海牙法体系和日内瓦法体系的区分从未真正存在过。④

第二种观点则认为，国际人道法包括海牙法体系和日内瓦法体系，即国

---

① 见王铁崖主编《国际法》，法律出版社1995年版。
② 见王可菊《国际人道主义法的概念和法律渊源》，载王可菊主编《国际人道主义法及其实施》，社会科学文献出版社2004年版。
③ 见王铁崖主编《国际法》，法律出版社1995年版；慕亚平、王跃：《国际人道主义法的危机——驻伊美军虐待俘房事件的若干法律问题分析》，《政法学刊》2005年第22卷第2期；王虎华：《国际人道法的定义》，《政法论坛》2005年第23卷第2期；丁成耀：《伊拉克战后重建与人道主义法的适用》，《法学》2003年第5期；徐衍光：《论国际人道主义法在非国际性武装冲突中的适用》，载王可菊主编《国际人道主义法及其实施》，社会科学文献出版社2004年版。
④ 见王虎华《国际人道法的定义》，《政法论坛》2005年第23卷第2期。

际人道法是保护战争受难者与限制作战手段和方法的法律。① 这种观点是主流观点。这与红十字国际委员会 1981 年对国际人道法曾下过的定义相一致，红十字国际委员会认为国际人道法是"由协定或习惯所构成的，其目的在于为解决由国际性或非国际性武装冲突直接引起的人道问题，以及出于人道方面的原因，为保护已经或可能受到武装冲突影响的人员及其财产而对有关冲突方使用的作战手段和方法的选择进行一定限制的国际规则"。此外，1996 年 7 月 8 日国际法院在其应联合国大会的要求提出的有关"威胁使用或使用核武器的合法性"的咨询意见中，就国际人道法的定义，认为海牙法体系和日内瓦法体系是武装冲突中适用的两个法律体系，它们互相紧密联系，并逐渐发展成为今天被称之为"国际人道法"的统一的、复合的法律体系。② 本书也认为国际人道法的内容应该包括规范作战方法和手段的规则和保护战争受难者的规则。限制作战方法和手段的根本目的在于本着人道主义的原则减轻战争所带来的伤害和痛苦，因此无论是海牙法体系还是日内瓦法体系，其落脚点是相通的，即将战争对人的伤害减到最低限度。由此，从目的层面上说，将这两个体系一并归入国际人道法的内容是合理的，而且事实上也很难将二者完全分开。

第三种观点认为国际人道法仅是战争法的现代用语。③ 有学者论称，"由于国际人道法适用于战争或武装冲突，有时仍被称作'战争法'、'武装冲突法'或'战争与武装冲突法'；又由于战争法或武装冲突法是基于人道原则，为了减轻战争带来的灾难而制定的，有时被称为'人道法'。"④ 关于国际人道法与战争法的关系问题，学者的论述并不多，这涉及如何定义战争法的问题。有学者认为，长期以来，战争法被认为是调整交战国之间、交战国与中立国和其他非交战国之间的关系，规定战争的开始和结束、交战行为和保护战争受难者的原则、规则和规章的总称。⑤ 大部分学者在提到战争法时，都认为在战争中适用的法律分为两部分，一部

---

① 持这种主张的学者很多，例如见黄列《国际人道法概述》，《外国法译评》2000 年第 4 期；王可菊："国际人道主义法"词条，载《中国人权百科全书》，中国大百科全书出版社 1998 年版；丁成耀：《伊拉克战后重建与人道主义法的适用》，《法学》2003 年第 5 期。

② 见王可菊《国际人道主义法的概念和法律渊源》，载王可菊主编《国际人道主义法及其实施》，社会科学文献出版社 2004 年版。

③ 见李兆杰《国际人道主义法文选》，法律出版社 1999 年版。

④ 朱文奇：《国际人道法概论》，健宏出版社 1997 年版。

⑤ 见王可菊《国际人道主义法的概念和法律渊源》，载王可菊主编《国际人道主义法及其实施》，社会科学文献出版社 2004 年版。

分是海牙法体系,另一部分是日内瓦法体系;同时认为海牙法体系主要是限制作战方法和手段的规则,在介绍海牙法的发展时极少会提到有关宣战、作战规则及中立国的规则。因此,这些学者一方面认为,两大体系构成了战争中所应适用的法律,另一方面,却没有将有关战争开始结束的规则、交战国与非交战国间关系的规则等包含进去。① 另有学者认为战争法包括两方面的内容,一方面是战争或武装冲突本身的规则,如战争的开始与结束,海陆空战的行为规则,交战国间的、交战国与中立国的或非交战国间的法律关系的原则、规则和规章制度等;另一方面是关于战时人道主义保护的规则,这部分规则主要有对作战方法和武器的限制,以及对战时平民、战斗员、战俘和受难者的待遇和保护等。② 如此界定战争法的特点是:战争法包含了国际人道法的内容,但是又不限于国际人道法的内容,在范围上,战争法要比国际人道法宽泛。③ 本书也赞同这一观点,认为战争法和国际人道法并不是一个概念,这两者的关系不是简单的分离也不是绝对的合一,而是既有联系又有区别。毕竟国际人道法主要是从人道主义原则出发,其落脚点也更倾向于保护人权,其宗旨是为尊重人的生命和尊严提供最基本的保障,强调不得损害尊严,特别禁止侮辱及降低身份待遇,而战争法中关于调整交战国与非交战国或非交战国之间的规则,规范战争如何开始、如何进行、如何结束的规则,与人道主义似乎关系不是那么密切,所以很难将这一部分归到国际人道法的范畴之内。关于国际人道法是否就是战争法,联合国国际法委员会认为这一部门法更正确的表述应是"调整使用武力和在战争及武装冲突中个人待遇的规则",④ 所以很难将战争法和国际人道法直接等同起来。

(四) 国际人道法的性质和特点

就国际人道法的性质,中国学者的论述很少,多是一提而过,没有什么

---

① 见黄列《国际人道法概述》,《外国法译评》2000 年第 4 期。
② 见梁西主编《国际法》,武汉大学出版社 2003 年第 2 版。
③ 有人认为,国际人道法包括调整作战行为法规的全部,即海牙法和日内瓦法,但是并不包括武装冲突法的全部,因此战争法和武装冲突法的范围要比国际人道法宽广。详见田士臣《联合国维持和平行动与国际人道主义法》,载王可菊主编《国际人道主义法及其实施》,社会科学文献出版社 2004 年版。
④ 转引自江国青《〈国际人道法(战争法)报告〉的主要内容及其述评》,中国国际法学会学术研讨论文,1999 年。

分析，但都比较统一地认为国际人道法首先是国际习惯法而且还是强行法。① 在分析国际人道法的强行法性质时，学者认为日内瓦四公约所确立的保护性规则符合强行法的标准，首先，日内瓦四公约得到了世界上几乎所有国家的批准或加入；其次，日内瓦四公约的若干共同条款禁止放弃或降低保护水准，明确规定了不得克减的规范标准；最后，对于日内瓦四公约及其两个议定书的人道和文明宗旨与目的的解释也凸显出它们的保护性规则具有强行法的特点。②

对于国际人道法的特点，学者从不同的角度出发得出了不同的结论。有的将其特点总结为三个方面：第一，国际人道法的适用不仅限于国际法传统意义上的战争，而且适用于任何武装冲突；第二，国际人道法可适用于非缔约国；第三，国际人道法可以适用于非国际性的武装冲突之中。③ 有的总结为五个方面：第一，国际人道法是战时法，它适用于战争或武装冲突时期；第二，国际人道法的渊源主要包括但不限于1949年日内瓦四公约和1977年日内瓦两个附加议定书；④ 第三，国际人道法的核心是保护战争受难者，包括但不限于武装部队的伤病员、战俘和平民，除了上述人员以外，还有对医务人员、宗教人员和新闻记者的保护，还包括对物的保护，比如对文物、礼拜场所以及对含有危险力量的工程和装置的保护，而且国际人道法还注重对环境的保护；第四，国际人道法既适用于国际性武装冲突亦适用于非国际性武装冲突；第五，国际人道法条约可以适用于非缔约国。还有的总结为六个方面：普遍适用性、保护的绝对性、延伸到个人层面、适用公约的共同义务和利益、连续有效性和适用性。其中，连续有效性和适用性这一特点主要是针对"马尔顿条款"而言的，该条款旨在明确，在国际人道法无具体规定时，有关冲突方仍不得解除其尊重人道的义务，战争受难者仍要受到一般国

---

① 见丁成耀《伊拉克战后重建与人道主义法的适用》，《法学》2003年第5期；慕亚平、王跃：《国际人道主义法的危机——驻伊美军虐待俘虏事件的若干法律问题分析》，《政法学刊》2005年第22卷第2期；梁淑英：《国际人道主义法及其违反之罪行的国际惩治措施》，载王可菊主编《国际人道主义法及其实施》，社会科学文献出版社2004年版。
② 见黄列《国际人道法概述》，《外国法译评》2000年第4期。
③ 见王铁崖主编《国际法》，法律出版社1995年版。
④ 有人认为，国际人道法指的主要是日内瓦法体系，因此对国际人道法所下的定义是：国际人道法是在战争或武装冲突中形成和发展起来的，基于国际人道主义原则，专门给予战争受难者（包括但不限于武装部队的伤病员、战俘和平民）以必要保护的国际法规范，并因此会认为国际人道法的渊源（其实更确切地说是国际人道法的内容）主要是1949年日内瓦四公约和1977年的两个日内瓦附加议定书。见王虎华《国际人道法的定义》，《政法论坛》2005年第23卷第2期。

际法原则的保护，因为这些规则出自于文明国家、人道法规和公众良心的要求。① 学者所总结的特点，有些不宜归为其特点，比如说国际人道法的渊源，国际人道法的对象等。本书认为，学者总结出的特点中，强行法性质、适用范围上的广泛性和对非缔约国可以同样适用的性质应该是其特点。

（五）其他问题

除了上述问题以外，中国学者近年来对国际人道法的研究还关注了其他一些基本理论方面的问题，但是较为分散，某一个问题可能只有一两个学者进行过讨论。以下对这些研究作一简要梳理。

1. 区分原则的问题

区分原则是国际人道法的一项重要原则，首次以条约约文的形式对该原则作出规定的是1977年第一附加议定书的第48条。就区分原则的问题，中国学者的研究不多，但也曾有人作过专门撰文论述。② 在文中，作者首先分析了区分原则的概念，然后探讨了为什么要区分、如何区分以及区分原则的前景问题。（1）他们认为，区分原则是指在法律上以确定的标准对武装冲突中的平民与武装部队、战斗员与非战斗员、战斗员与战争受难者进行区分，使武装冲突各方负有义务，保护平民、非战斗员尽可能不受武装冲突的伤害。（2）他们认为区分原则的提出，一方面与人们对战争或武装冲突的理性认识有关，卢梭提出的战争关系的学说对于区分原则的产生具有很大的影响，卢梭认为战争不是人与人之间的关系而是国与国之间的关系。另一方面，从军事角度看，交战国的人力资源不外乎由军队与平民两部分构成，军队与平民虽然有严格的区别，但是也有着天然的联系，如果一国军队攻击另一国的平民，敌国军队也攻击它的平民，这种行为不仅不能为交战方带来直接的军事利益，反而会加深双方的仇恨，增加伤亡。战争的唯一合法目标是消灭敌方的军事力量，区分原则就是为平衡实现战争的目标和降低战争的破坏程度而产生的，是军事必要和人道原则相互平衡的产物。（3）就如何进行区分的问题，他们认为，首先要对交战主体进行区分，即对人的区分。这种区分又可细分为两类，一类是区分武装部队人员与平民，他们的区别是参

---

① 关于"马尔顿"条款，在讨论伊拉克战争中的武器使用时，有更详细的介绍。参见黄列《国际人道法概述》，《外国法译评》2000年第4期。
② 就区分原则的问题，详见张文彬、吴薇《论国际人道主义法的"区分原则"》，载王可菊主编《国际人道主义法及其实施》，社会科学文献出版社2004年版。

与冲突和不参与冲突,另一类是在武装部队内部区分战斗员与非战斗员,他们的区别是直接参与或间接参与武装冲突。区分战斗员、非战斗员和平民的原因在于三者参与战斗行为的程度不同,他们在国际人道法上的地位也因此有所区别。其次要对攻击目标进行区分,即对物的区分。按照军事用途上的不同,建筑物和设施等可以区分为军事目标和民用财产,这种区分的关键是确定物体的战略意义,当民用财产被交战方武装部队利用或征用时,它们就转化为军事目标。最后要对作战方法和手段进行区分,即对行为的区分。这种区分主要体现为四个方面:其一,禁止使用波及平民的、不分皂白的作战方法和手段;其二,禁止使用不加区分的、大规模的杀伤性武器;其三,禁止使用改变环境的作战方法和手段;其四,禁止使用背信弃义的作战方法和手段。(4)就区分原则的前景,他们分析指出,现代社会的高技术战争突破了"区分军事设施和民用物体"、"不分皂白"的攻击等战争法对作战方式的约束。由于作战采取非线性的海、地、空、天、电磁一体的样式,传统的前方后方分界、军用民用的区别将变得模糊,使国际人道法面临着新的挑战。随着科学技术的进步,新式武器的不断涌现,武装冲突的实践亦有新的变化,这些变化在冲击区分原则的同时,也为区分原则的发展创造了更好的外部环境和更大的可能性。

2. 国际人道法的适用范围问题[①]

对于国际人道法目前既适用于国际性武装冲突,也适用于非国际性武装冲突这一点,中国国际法学界基本没有异议。中国学者对非国际性武装冲突中国际人道法的适用问题进行研究的同时,[②] 还有人提出要进一步扩大国际人道法的适用范围,[③] 首先,要将不是武装冲突的"国内动乱"和"国内紧张局势"纳入其中。这种适用方式的主要内容是红十字国际委员会的探视活动,即允许红十字国际委员会探视因"国内动乱"和"国内紧张局势"而被拘禁的人员。其次,要将国际人道法扩大适用于和平时期。国际社会在这方面已进行了一些努力,如《防止及惩治灭绝种族罪公约》第 1 条明确

[①] 就国际人道法的适用范围问题,见沈秋潮《国际人道主义法适用范围问题探讨》;徐衍光:《论国际人道主义法在非国际性武装冲突中的适用》,均载王可菊主编《国际人道主义法及其实施》,社会科学文献出版社 2004 年版。

[②] 见段克兢《从科索沃和车臣战争看非国际性武装冲突中人道主义法的适用》;徐衍光:《论国际人道主义法在非国际性武装冲突中的适用》,均载王可菊主编《国际人道主义法及其实施》,社会科学文献出版社 2004 年版。

[③] 见赵乐《加强国际人道法的思考》,《中山大学学报论丛》2004 年第 24 卷第 6 期。

规定："缔约国确认灭绝种族行为，不论发生于平时或战时，均系国际法上的一种罪行，承允防止并惩治之。"《国际刑事法院规约》也不要求危害人类罪与武装冲突有任何的联系；卢旺达国际刑事法庭审判灭绝种族行为主要是在和平时期而不是在武装冲突的情况下发生的。有学者总结认为，① 第二次世界大战结束后，国际人道法在适用范围方面的重大发展表现为三个重大的突破：一是国际人道法的适用范围突破了传统国际法的战争范围，扩展到一切形式的武装冲突；二是突破了传统战争法的"普遍参加条款"原则②的限制；三是突破了国际法的相互原则。③ 就最后一点，红十字国际委员会曾指出，国际人道法条约不是建立在"只有对方遵守才对自己有约束力"的相互遵守的基础上，任何冲突方都必须遵守国际人道法，国际人道法对冲突各方都平等适用，不管冲突一方是侵略者还是自卫者，而且在适用国际人道法时禁止采取报复行为。

3. 国际人道法的执行和监督问题

有学者对这个问题做了系统的研究，其主要观点是：④

第一，对国际人道法的执行负有责任的主体主要是国家，但还包括其他机构，比如红十字国际委员会、国际红十字和红新月运动、联合国及其有关机构以及关注人道问题的政府间区域组织和非政府组织。

第二，执行国际人道法主要依靠法律手段，主要体现为有关条约的缔约国为了执行国际人道法所应承担的义务，具体而言包括尊重的义务、传播的义务以及制止和制裁的义务。尊重的义务主要体现在日内瓦四公约共同第1条的规定中，即"缔约各国承诺在一切情况下尊重本公约并保证本公约之被尊重"，尊重义务的一个重要方面是利用国内立法保证其管辖范围内的所有人遵守国际人道法，国家应制定有关适用国际人道法的法律和法规，并规定对严重违反国际人道法的行为的刑事制裁。同时，如果其他缔约国未能履

---

① 见沈秋潮《国际人道主义法适用范围问题探讨》，载王可菊主编《国际人道主义法及其实施》，社会科学文献出版社2004年版。

② "普遍参加条款"原则是指国际人道法仅在公约的缔约国之间适用，并且只有各交战方都是公约缔约国时方能适用，这在1899年、1907年的海牙公约，以及1906年的日内瓦公约中都有明确规定。公约制定者的初衷是出于公正，防止非缔约国未承担义务而享受权利，或是承担了义务却反而受损的情况。

③ 相互原则是国际法规范国际关系以及国家之间达成和履行协议所遵守的一个重要原则，根据这一原则，条约当事国是否履行条约是建立在对方是否履行的基础上，所谓"对于不履行者不必履行"，即如条约当事国一方有重大违约，对方有权以此为由全部或部分终止履行该条约。

④ 见黄列《国际人道法概述》，《外国法译评》2000年第4期。

行其义务，缔约国应努力使该国回到尊重公约的立场上来。日内瓦四公约及其两项议定书都有传播的义务的规定，要求缔约国在平时和战时传播国际人道法的内容。① 国际人道法为战争受难者规定了诸多的保护措施，也对交战各方规定了详细的义务，因此无论是战争受难者还是直接参与战斗的人员都有了解国际人道法的必要。制止和制裁的义务是指军事指挥官对违反国际人道法的行为应该进行制止，而有关当局应当依国内法对违反行为进行制裁。

第三，在国际人道法的监督方面，存在四种制度。一是保护国监督制度。该制度最早见于1929年《关于战俘待遇公约》的第86条，该条规定："缔约各国承认，正常适用本公约的保证，在于负责维护各交战国利益的保护国合作之可能"，该条在第二次世界大战中得到了广泛的适用。1949年日内瓦四公约进一步发展和改善了保护国制度，根据四公约共同第8条和第9条，"本公约之适用应与保护国合作并受监督"，交战各方有义务接受保护国的监督，保护国也有权利进行监督，但在实践中没有发挥实质性的作用。二是保护国的替代组织。1949年日内瓦四公约规定了保护国替代组织的选择方法，1977年第一附加议定书对保护国替代组织的规定作了一些修改。但是在近年发生的武装冲突中，关于保护国和替代组织的复杂条款从未得到过正式的适用，多数情况下，一直是红十字国际委员会负责承担和执行公约赋予保护国的人道任务和责任。三是红十字国际委员会的特殊作用。正常情况下，冲突各方应相互同意要么选择保护国要么选择一个替代组织，后者可能是红十字国际委员会。实践中，自1949年以来，只有红十字国际委员会在监督公约执行方面发挥了重要作用。对于中国学者有关红十字国际委员会作用的研究，后文将有专门述评。四是实情调查委员会②。它是根据1977年附加议定书第90条设立的，该机构不是替代而是补充日内瓦四公约的规定。该委员会可以在未经被指控方同意的情形下，调查任何声称的严重破坏或严重违反日内瓦四公约或第一议定书的行为，尤其要监督打着"人道主义"旗号进行军事行动的强权国家，一旦发现存在破坏国际人道法的行为，立即向联合国报告，如情况属实，则由联合国出面对该国家进行包括经济在内的全方位制裁，直至其改正为止。这样，尽管超级大国一般不愿意接受国

---

① 传播国际人道法方面的一个例证，见张纪孙《国际人道主义法在罗马尼亚》，《法学杂志》1997年第1期。

② 有人称之为国际调查委员会，见赵乐《加强国际人道法的思考》，《中山大学学报论丛》2004年第24卷第6期。

际刑事法院管辖,也可有效解决国际社会对超级大国不遵守国际人道法无能为力的问题,使国际人道法不仅仅只是约束弱小国家的法律。鉴于实情调查委员会制度的这种独特作用,学者认为,应发展这一新制度并探讨如何更好地加以利用,这应成为国际人道法优先考虑的问题之一。

4. 对违反国际人道法的罪行的惩治

在惩治违反国际人道法的罪行方面,学者从以下几个方面进行了研究和论述。

第一,违反国际人道法罪行的确定。在国际法上将违反国际人道法的行为规定为犯罪始于第一次世界大战,真正作出明确规定并付诸实施则是在第二次世界大战之后。《欧洲国际军事法庭宪章》和《远东国际军事法庭宪章》规定了战争罪和反人类罪这两类违反国际人道法的罪行。现在,根据各种既存国际法律文书的规定,可以说违反国际人道法的种种行为都是国际犯罪,并且是严重的国际犯罪。之所以将违反国际人道法的行为规定为国际犯罪,就是想通过惩治国际犯罪的方式来确保国际人道法得到更好的遵守和执行。[①]

第二,对违反国际人道法的罪行进行惩治的原则。有学者将其总结为五项原则:追究个人刑事责任的原则、官方身份不免除责任的原则、政府或上级命令不免除责任的原则、上级责任的原则以及不适用法定失效的原则。[②]

第三,完善惩治违反国际人道法的罪行的刑事司法机制。[③] 对违反国际人道法的行为进行惩治分为两个层面,一个是在国际法层面上,另一个是在国内法层面上。在国际法层面上,国际社会目前的做法不外乎两种,即或者通过设立特别法庭来处理某一个或某些情势下违反国际人道法的问题,例如前南斯拉夫国际刑事法庭和卢旺达国际刑事法庭,或者是设立一个常设的国际刑事法院来惩治包括违反国际人道法罪行在内的犯罪。目前国际刑事法院已经开始开展工作,进入了司法工作的阶段,但是国际刑事法院仍然面临着一些难题,因为成立的时间不长,现在还没有更多的国际司法实践用来作为

---

① 见梁淑英《国际人道主义法及其违反之罪行的国际惩治措施》,载王可菊主编《国际人道主义法及其实施》,社会科学文献出版社 2004 年版。

② 每个原则的具体内容,详见上注所引文章。

③ 见梁淑英《国际人道主义法及其违反之罪行的国际惩治措施》,载王可菊主编《国际人道主义法及其实施》,社会科学文献出版社 2004 年版。另见赵乐《加强国际人道法的思考》,《中山大学学报论丛》2004 年第 24 卷第 6 期。杨力军:《前南斯拉夫国际刑事法庭"达斯科·塔迪奇案"》,载王可菊主编《国际人道主义法及其实施》,社会科学文献出版社 2004 年版。

参考，以判断该法院的作用和效能。在国内法层面上，主要是要求国家在国内法中增补对违反国际人道法的罪行进行惩治的规定，并加大对违反国际人道法的罪行进行起诉审判的力度，以更好、更有力地实施国际人道法。

第四，惩治违反国际人道法罪行的国际合作原则。实际上，无论是通过国际刑事司法机构这种直接实施机制，还是依靠国内司法机构这种间接实施机制，都离不开国际合作。《前南斯拉夫国际刑事法庭规约》和《卢旺达国际刑事法庭规约》都有规定国际合作的条款，而《国际刑事法院规约》用整个第9编对国际合作和司法协助作了详细的规定。

二 美伊战争与国际人道法的问题

对于2003年爆发的美伊战争以及随后的情势，中国学者从各种角度进行了研究，就其中的国际人道法问题，学者的研究主要集中在三个问题上，即美伊战争中使用的武器问题，伊拉克战后重建中的人道法适用问题和驻伊美军虐囚事件中的人道法问题。

首先，美伊战争中的武器问题。曾有学者对这个问题有专门的论述，主要分析了美国在伊拉克使用集束武器、贫铀弹以及"炸弹之母"等武器的问题。其结论是，美国军队在伊拉克使用的集束武器、贫铀弹以及"炸弹之母"等武器，不仅造成的伤亡令人惊恐，而且不加区分，还具有余害持久的性质。虽然国际法至今并没有禁止或限制使用集束武器、贫铀弹和"炸弹之母"等武器的具体规定，但美国使用这些武器违反了构成习惯国际法的"马尔顿条款"。按照这一条款的规定，即使在法律没有规定的情况下，平民和战斗员仍受一般国际法原则的保护，因此，"马尔顿条款"通过强调战争法上的人道原则，弥补了国际人道法应该有但因为国际协定暂时还没有具体规定而出现的真空。认为"马尔顿条款"已经成为习惯国际法规则，它应该适用于集束武器、贫铀弹以及"炸弹之母"等武器的使用。[①]

其次，伊拉克战后重建与国际人道法的适用问题。有学者撰文对这一问题进行了论述，[②] 其中主要分析了伊拉克战后重建中适用国际人道法的原因和必要性，以及所应适用的国际人道法的范围和内容。就伊拉克战后重建中适用国际人道法的原因和必要性，该文认为，为了明白国际人道法究竟能否

---

① 朱文奇：《美伊战争与国际人道法》，《政法论坛》2003年第4期。
② 见丁成耀《伊拉克战后重建与人道主义法的适用》，《法学》2003年第5期。

适用于伊拉克战后重建，需要弄清楚两个问题，即伊拉克战后重建中美伊关系处于什么状态之中，以及国际人道法对美伊等交战国的效力问题。该文认为，尽管美伊之间的战斗已经停止，尽管美国政府单方面地宣布结束战争状态，但是美伊间的战争状态实际上仍然在延续。所谓的伊拉克战后重建是在美伊战争状态存续下的重建，是美英联军军事占领和控制下的重建，作为战时法的国际人道法应当也可以在伊拉克战后重建中继续发挥作用。伊拉克战后重建中的诸多问题都与美伊战争有直接的联系，属于战争中遗留下来的问题，按其性质也都属于战争法所调整的范畴。就伊拉克战后重建中适用的国际人道法的范围和内容，则主要涉及对占领区社会秩序的管理问题，对占领区平民的食物、医疗设施及其他物资的供给问题，对占领区文物古迹的保护问题，以及对伊拉克战俘和被俘军政人员的处置问题。在美伊战争期间，美英军队的过失行为或不作为已经给伊拉克带来了许多人道主义问题，对伊拉克人民造成了不可估量的损失，对此派遣国应承担完全的法律责任。在战后重建中，美英联军必须吸取战争期间的教训，严格按国际人道法处理战后的一切事务，并采取一切积极的措施来挽回给伊拉克所造成的严重损失。

最后，驻伊美军虐囚事件中的人道法问题。尽管这一问题引起了广泛的关注，但是从国际人道法的学理角度分析的文章并不多，其中一篇文章提出了如下观点：一是在武力打击持续期间和占领期间，美伊两国处于战争状态，美国作为日内瓦公约的缔约国，应当接受公约的适用。二是国际上对战俘的定义呈扩大解释的趋势，实际上只要符合"公开携带武器"的条件，就可以认定战俘的身份。伊拉克被俘人员应当被赋予战俘地位，享有战争法上战俘应有的权利。三是驻伊美军虐待俘虏的行为至少侵犯了战争受难者的生命健康权、人格权和申诉及公平审判权，实施了虐待行为的美军对此应当承担刑事责任。[①]

三 武装冲突中对平民的保护

平民是战争的主要受害者，是战争暴力的主要承受者。第二次世界大战以来，国际上要求关注武装冲突受害者的呼声越来越强烈，国际人道法也不断地发展保护平民的规则，红十字国际委员会和联合国安理会在保护武装冲

---

① 见慕亚平、王跃《国际人道主义法的危机——驻伊美军虐待俘虏事件的若干法律问题分析》，《政法学刊》2005年第22卷第2期。

突中受害者方面也发挥着重要的作用。近十年来,中国学者在这方面的研究主要关注国际人道法中平民保护的规则,特别是就红十字国际委员会对平民的保护和联合国维和行动的问题进行了分析。

(一) 国际人道法中平民保护规则的沿革

有学者在回顾保护平民免受战争影响的国际规则的发展历史的基础上,介绍了武装冲突中有关平民保护的国际人道法规则。关于在军事行动中保护平民,1907 年的《关于陆战法规和惯例公约》中只有零散的条款,1949 年的《日内瓦第四公约》也没有充分的规定,但 1977 年第一附加议定书作了较为详细的规定。①

另外还有学者探讨了海战法对平民和战争受难者的保护。② 在这篇文章中,作者首先考察了平民和战争受难者的概念及其使用情况,然后分阶段介绍了海战法中关于平民和战争受难者保护规则的发展。在海战法发展史上,1899 年以来,海战法关于保护平民和战争受难者的规则的发展分为两个阶段,第一个阶段是 1899—1949 年,是中立规则和人道主义保护规则并重的阶段。在这一阶段,这些规则是分散的不系统的,其代表是海牙第十公约。人道主义保护规则的内容主要是对医院船和医务人员的保护,但又间接对战争受难者进行保护,中立规则对交战国权利的限制和对中立国权利的加强是间接对平民进行保护。第二阶段是 1949 年至今,是人道主义保护规则更为侧重的阶段。在这一阶段,这些规则得到了比较集中和系统的文本化。此阶段关于海战的公约只有《改善海上武装部队伤者病者及遇船难者境遇的日内瓦公约》(即 1949 年《日内瓦第二公约》),它是对《海牙第十公约》的发展;1977 年第一附加议定书将海战法的内容纳入其中,因此其许多规定适用于海战。在这一阶段,尤其值得一提的是 1994 年 6 月国际人道主义法学会在意大利制定的《关于适用于海上武装冲突的国际法的圣雷莫手册》。该手册是有关对平民和战争受难者进行保护的规定,文章列举了九个具体的方面,但其内容基本上是围绕着三个方面展开的,即(1)在海战中对攻击目标必须加以区别,以保护平民和

---

① 具体见王可菊《战时保护平民的国际规则》,载王可菊主编《国际人道主义法及其实施》,社会科学文献出版社 2004 年版。
② 见肖凤城《海战法对平民和战争受难者的保护》,载王可菊主编《国际人道主义法及其实施》,社会科学文献出版社 2004 年版。

战争受难者；（2）在难以准确地区别攻击目标时，必须采取各种预防措施，以防止误伤平民和战争受难者；（3）对已被确认处于应被保护状态的平民和战争受难者，应当采取进一步的保护措施。该手册只是学者编纂的国际法资料，但它所依据的实定法和习惯法十分丰富，反映了整个20世纪海战法的发展和进步。文章认为《圣雷莫手册》仍然存在一些值得推敲的问题。从这些问题来看，海战法以后应当加强可操作性，增加程序性的规定，建立更多的程序机制、制约机制和惩处措施，以有效地执行海战法的规则。

（二）红十字国际委员会对平民居民的保护

红十字国际委员会自创立以来，坚持独立、公正和中立的原则，在救援实践和发展国际人道法的过程中，对平民的保护做出了令人称道的成就。红十字国际委员会还在中国出版了一系列国际人道法的文选，对国际人道法的传播和宣传起了重要的作用。

有学者认为，[①] 红十字国际委员会推动了对平民居民保护的国际人道法的发展，表现为三个方面，发展之一是促进了战时对平民居民保护条款的确立，发展之二是促进了国际社会全面规定平民居民免遭军事攻击的规则，发展之三是通过限制作战方法和手段强化对平民居民的保护。该文同时分析了红十字国际委员会在实践和立法中所面临的挑战。挑战之一是实践中难以一贯保持独立、公正和中立的原则。[②] 要加强红十字国际委员会的工作，首先就要使它继续保持中立和公正，其次要充分发挥它应有的职能和作用。在这方面，文章给出了一些例证：在第二次世界大战中，红十字国际委员会对日本发动的南京大屠杀毫无作为，在中国未能进行有效救助，在欧洲对犹太人的救助无力；冷战期间，在实践中向西方国家倾斜，并因此未能在亚洲的几场战争中发挥积极的作用；20世纪60年代在尼日利亚的救援行动，出现了偏袒比夫拉的立场，与西方国家的政策趋于一致；20世纪80年代后，红十字国际委员会出现了新的倾向，主张在救助受难者和促进国际人道法发展两项使命之外，发展所谓第三项使命，这样它就可能失去中立和公正的形象，但是第三项使命的主张并未付诸实施。

---

① 详见顾德欣《成就与挑战：红十字国际委员会对平民居民的保护》，载王可菊主编《国际人道主义法及其实施》，社会科学文献出版社2004年版。
② 参见赵乐《加强国际人道法的思考》，《中山大学学报论丛》2004年第24卷第6期。

挑战之二是国际人道法受到作战方法和手段规则的挑战。作者从军事攻击的目标、冲突各方保护平民居民的责任、难以严格限制大规模轰炸、难以禁止核武器、对常规武器的限制和反限制以及冲突中平民居民身份等方面，分析了在科技日新月异的环境下，红十字国际委员会在发展国际人道法方面所面临的挑战。

（三）联合国维持和平行动与国际人道法

联合国推动和促进了国际人道法的进一步法典化和发展。20 世纪 60 年代以来，联合国大会也陆续通过了一系列关于在武装冲突中保护平民的决议。自从联合国开创了维和行动以来，国际人道法适用于联合国维和行动的问题就一直为国际法学者所关注。目前，联合国维和部队至少应该遵守国际人道法的原则和精神这一点，已经得到一般性的接受。

中国学者就该问题进行专门研究的不多，其中有一篇文章的论述较为集中、观点较为明确。[①] 文章主要包括以下几个方面的内容。（1）联合国维和行动和国际人道法的界定。联合国维和行动是指由联合国有权机关建立实施并在联合国直接指挥和控制之下的维持和平行动，不包括联合国授权的、在区域组织或国家的指挥和控制之下、完全由区域组织或国家实施的维和行动。国际人道法指的是海牙法体系和日内瓦法体系。（2）国际人道法对联合国维和行动的可适用性。对此作者从理论和实践两个方面予以分析。从理论上考察，这一问题主要是澄清几种否认国际人道法可适用于联合国维和行动的观点。一种观点认为国际人道法是为国家间的武装冲突设计的规则，所以不能适用于联合国这样的国际组织。作者对此的批驳是，国际人道法适用的前提是武装冲突的存在，至于主体是谁，并没有实质上的差别。另一种观点认为联合国维和部队执行的是非武装冲突的任务，联合国维和部队与任何一方都不存在武装冲突，因此国际人道法无法适用于联合国维和行动。作者认为这种观点否认了联合国维和部队行使自卫权或根据安理会授权合法使用武力的特殊情况。还有一种观点认为，联合国无法履行一些国际人道法所要求的义务，因为这些义务是以国家机制的存在为前提设计的。作者认为这不是国际人道法能不能适用于联合国维和行动的问题，而是如何适用的问题；而且，维和部队的人员若违反国际人道法，会由派遣国进行惩处。通过批判

[①] 见田士臣《联合国维持和平行动与国际人道主义法》，载王可菊主编《国际人道主义法及其实施》，社会科学文献出版社 2004 年版。

以上不正确的观点,作者认为,没有理由认为国际人道法不能适用于联合国维和行动。至于联合国维和行动中适用国际人道法的法律基础,作者认为,联合国作为国际法的主体,只要积极性参与了武装冲突,就应受到国际人道法习惯的约束,即使不受国际人道法条约的约束——而国际人道法已经成为习惯国际法。从实践上考察联合国对国际人道法在联合国维和行动中的适用,得出的结论是,联合国维和部队适用国际人道法条约的原则和精神,但是联合国没有对国际人道法习惯的适用明确表态,但也没有对国际人道法习惯的适用表示异议。(3)联合国维和行动适用国际人道法的回顾。作者论述了1999年8月《关于联合国部队遵守国际人道法的秘书长公告》颁布以前的适用情况,主要有两个方面:一是从对联合国维和行动中的行为自由进行限制的角度,考察适用于联合国维和行动中的国际人道法规则,认为维和部队要适用国际人道法公约的原则和精神,但并不是全部的国际人道法和国际人道法习惯,至于适用哪些规则要视维和部队所参与的武装冲突的性质来定。二是从对联合国维和部队人员提供保护的角度,考察可以适用的国际人道法规则,认为所依据的主要文件有1949年《日内瓦四公约》、1977年两个附加议定书、1980年《禁止或限制使用地雷(水雷)、饵雷和其他装置的议定书》(即《常规武器公约》的第二附加议定书)以及联大通过的《武装冲突中对人权的尊重》。当联合国维和部队参与武装冲突时,在遵守相关的国际人道法规则的同时,也要受到相应的保护;在不参与武装冲突时,若被部署在国际性武装冲突中,也要受到1977年第一附加议定书和《禁止或限制使用地雷(水雷)、饵雷和其他装置的议定书》的保护,若被部署于非国际性的武装冲突中,也要受到1949年日内瓦四公约共同第3条和1977年第二议定书相关条款的保护。(4)联合国维和行动适用国际人道法的最新发展。作者主要介绍了《关于联合国部队遵守国际人道法的秘书长公告》的有关内容。这份报告按照五个标题讨论了一些必须解决的问题:在武装冲突中针对平民的暴力和威胁、维持和平与安全——安理会在武装冲突中保护平民的作用、武装冲突中的平民、有关加强法律保护措施的建议、有关加强物质保护措施的建议。该报告指出,现在在武装冲突中存在的问题主要涉及平民,诸如针对平民的暴力和威胁、强迫平民远离家园、武装冲突中妇女儿童安全状况的恶化等。对此,该报告提出了两类建议,即在武装冲突中加强对平民的法律保护措施,以及在武装冲突中加强对平民的物质保护措施。此外,报告还呼吁各国采取措施,以确保通过国际法更好地保护联合国工作人员及相关的工作人员。①

四 其他问题

除了以上所述方面以外，中国学者还对战俘遣返问题、日本在华遗留化学武器问题、中国与国际人道法的关系等问题进行了研究。

(一) 战俘遣返的问题②

战俘遣返问题是国际人道法中非常重要的一部分。战俘遣返是敌对状态的整个过程中对相关军事人员采取的最后行动，顺利的最终遣返有利于处理将来敌对双方的关系，遣返进展则直接关系到未来区域乃至整个世界的和平与安全。拘留国在积极敌对状态终结后应尽速遣返战俘；在敌对状态期间应遣返重伤病战俘，这已被国际社会接受为习惯国际法，因此拘留国若违反上述规则将会构成国际罪行。相应地，对战俘而言遣返是一项权利。战俘拥有绝对的自由享受该项权利，同时有权利选择是否愿意享受或放弃这项权利。1949年的《日内瓦第三公约》虽然没有赋予拘留国拒绝遣返非自愿战俘的权利，但这并不表示拒绝遣返该类战俘必然会违反该公约。如果战俘将面临其国籍国对其人权的严重侵犯，拘留国即可拒绝遣返，这项例外也已获得大多数国家的支持。但是，敌对状态的整个过程以及之后的情形相当复杂，是否遣返的决定大多依赖于拘留国和（或）第三国基于人道主义和人权的考虑，在采取有关行动时，要从多角度考虑国际法问题，实现最大可能的利益均衡。在遣返问题上，拘留国同样要考虑多种因素。决定是否遣返的标准还是很模糊。一些指导性准则的确立将有助于临界情形的界定。尽管只有依据国际社会占绝对多数群体的需求和感受不断作出调整，才能迎合国际法灵活性和不断发展的要求，但是一定程度的稳定性和确定性还是有必要的。对《日内瓦第三公约》的广义解释说明该公约处于"不断变化的国际法"的边缘，而不是中心。可以说，该公约在相关的规定上并没有太大的突破或新的发展，它仅仅是把处于特定气候和环境下现今国际社会的需求用条文形式规定下来。

---

① 关于《关于联合国部队遵守国际人道法的秘书长公告》的背景、效力、适用范围和内容等，详见汉斯—彼特·葛瑟尔著，毕小青译《武装冲突中对平民的保护》；田士臣：《联合国维持和平行动与国际人道主义法》，均载王可菊主编《国际人道主义法及其实施》，社会科学文献出版社2004年版。

② 见赵云《战俘的遣返问题探究》，《时代法学》2004年第6期。

（二）日本在华遗弃的化学武器问题

2003年9月29日，日本东京地方法院对13名中国受害者向日本司法当局提起索赔诉讼的案件作出一审判决，判决日本政府向13名中国原告支付18988万日元的赔偿，并承担诉讼费用。日本政府对此表示不服，提起上诉。有学者撰文对日本在华遗留化学武器的问题进行了分析。[①] 日本政府在一审时曾提出三点不予赔偿的理由：第一，由于案件本身不具有可预见性和可回避性，日本没有防止毒害事件发生的义务，因此不存在由于政府不作为而导致的责任问题；第二，已过诉讼时效；第三，中国和日本于1972年签订了《中日联合声明》，在该声明中，中国政府放弃了战争赔偿的要求。作者对此进行了逐条驳斥。第一，他认为，使用化学武器属于国际法上的战争罪行为，不适用国内法上的时效制度。第二，遗弃化学武器问题不属于战争赔偿范围之内的问题。这是因为，从国际法实践来看，遗弃化学武器问题一般都是作为战争遗留物来处理，而且事实上，中日两国在1972年签订《中日联合声明》之后，在处理遗弃化学武器方面达成《关于销毁中国境内日本遗弃化学武器的备忘录》（以下简称《备忘录》）以及两国都批准的《禁止化学武器公约》的事实本身，都间接地但又清楚地表明遗弃化学武器问题是战争遗留问题之一，并没有包括在战争赔偿的范围之内。第三，日本遗留在中国的化学武器是日本军国主义造成的，中方是完全的受害者，日本方面应该全面承担起销毁的责任，以及对因为没能及时销毁而造成的损害进行赔偿的责任。从国际法的角度来看，日本的这一责任和义务源于中日两国都批准加入的《禁止化学武器公约》以及中日两国签署的《备忘录》。根据这两个法律文件，日本在销毁化学武器方面的责任和义务主要有四个方面：一是技术方面的义务，如提供销毁技术；二是情报信息方面的义务，如提供日军化学武器的地点、数量、类型以及关于化学武器遗留情况的资料和遗留化学武器的状况；三是物质方面的义务，如提供器材、帮助建造销毁设施等；四是人员方面的义务，即派有关技术人员指导销毁。

（三）中国与国际人道法

学者认为，中国在传播和实施国际人道法方面作了一些卓有成效的工

[①] 见朱文奇《从国际法上驳日本在其遗弃化学武器问题上的立场和观点》，《中国地质大学学报》（社会科学版）2004年第1期。

作，取得了突出的成就。具体表现在：第一，承担国际义务，积极加入国际人道法公约。第二，制定国家法律，严厉惩处违反国际人道法的犯罪行为。第三，加强宣传教育，广泛传播国际人道法的基本常识。中国编辑出版了大量有关国际人道法的资料和书籍，比如 1986 年解放军出版社出版了《战争法文献集》，1988 年国防大学出版社出版了《战争法概论》，1994 年解放军沈阳军区军事法院编辑了《战争法资料选编》，1999 年解放军西安政治学院与红十字国际委员会合作印刷了 16 册的《战争法讲习班讲义》，2000 年解放军总政治部组织人员编印了《武装冲突法参考手册》等。这些资料和书籍的出版，对中国军队普及国际人道法提供了非常有益的帮助。最近十几年来，中国人民解放军与红十字国际委员会、国际军事法与战争法学会等国际组织建立了良好的合作关系，中国参加了有关国际组织举办的国际人道法研习班，并且在红十字国际委员会的支持和协助下，多次举办了海陆空三军国际人道法讲习班，有力地推动了国际人道法在中国军队的传播。目前，国际人道法已经列入了军队院校教学和部队训练教育大纲，国际人道法的内容也纳入了军队普法教育，并通过电视、广播和报刊等各种传媒手段得到了宣传。第四，中国注重在平时和战时遵守国际人道法的规定。① 有关中国军队与国际人道法的问题，还有学者讨论过用国际人道法武装军队的问题，其主张可以概括为以下几点：一是用国际人道法武装部队，这既是国际法上的义务，更是武装部队需要适用国际人道法的客观需要。二是用国际人道法武装军队须抓住国际人道法的根本，着眼于现代战争的需要，根据武装部队人员的需要，确定武装军队的国际人道法内容。三是在用国际人道法武装部队时要背靠中国的文化。②

还有学者介绍和分析了中国在处理二战后日俘问题上的表现，指出中国政府本着不念旧恶、与人为善的原则，遵循国际人道法的精神，在处理日俘问题时采取了一系列的积极措施，诸如充分尊重日俘的人格和尊严，为防止在精神上刺激日俘，称其为徒手官兵；采取必要措施保护日俘的个人财务；妥善安排日俘的给养住所，提供必要的医疗卫生保障，对其进行心理教育，帮助其清除军国主义的毒害等，顺利完成了日俘遣返工作。这些做法充分体

---

① 见沈秋潮《中国军队与国际人道主义法》，载王可菊主编《国际人道主义法及其实施》，社会科学文献出版社 2004 年版。

② 见俞正山《用国际人道法武装部队》，载王可菊主编《国际人道主义法及其实施》，社会科学文献出版社 2004 年版。

现了中华民族宽大仁爱的胸怀,表现了中国政府处理重大国际人道事务的能力,对促进日本的反省起到了一定的积极意义,还有力地弘扬了国际人道主义精神。[1]

五 对国际人道法研究的总体评价

近十几年来,中国在国际人道法方面的研究已经取得了很大的进步和一定的成果,既注重基本理论问题,也非常关注国际人道法的现实适用和发展中出现的问题;既研究在世界范围内出现的人道法问题,也结合与中国有关的一些情况进行了针对性的研究。

然而,中国的国际人道法研究也存在一些问题。首先,国际人道法的研究力量还比较薄弱,这一学科在整个法学甚至国际法学中仍然处于比较边缘化的地位,相关研究机构、人员和成果的数量和质量都不是十分令人满意。尽管这与中国长期处于和平状态,对于国际人道法的研究缺乏现实需要和推动力有关,但是我们需要认识到,中国作为一个大国,需要在国际人道法领土发挥相应的作用,这就需要我们有相应的国际人道法研究水平。其次,随着武器和军事技术的快速发展、国际局势和事件的日益复杂,国际人道法领域也出现了越来越多的新问题、面临着越来越多的新挑战,都需要引起国际人道法研究者的关注。与之相比,中国国际人道法研究的范围还不够全面、程度也不够深入。例如,随着反对恐怖主义成为国际社会关注的焦点,如何在反恐战争中适用国际人道法的原则和规则,就是一个需要加强研究的问题,但是中国学者对这一问题的关注并不多。因此,就国际人道法领域的研究,我们一方面需要承认和总结已经取得的进步,另一方面还需要以更多的努力实现更多的新发展。

---

[1] 见朱之江、仲华《履行国际人道主义的重大尝试——战后中国政府处理日俘问题述论》,《江苏社会科学》2005年第6期。

第七章 国际刑法研究的新发展

第二次世界大战之后的纽伦堡审判和东京审判代表着国际社会在国际刑法领域中的重大进步。但是在此后的40余年间，主要由于政治原因的影响，国际刑法并无太大的发展。在"冷战"结束以后，随着国际气氛的缓和，国际刑法成为国际法中发展最为迅速的一个领域，国际刑法学也成为国际法学中最引人注目和最具争议性的学科之一。

近十几年来，国际刑法的发展中有两个发展趋势很值得关注。

首先是国际刑事审判实践的发展。继联合国安理会通过决议于1993年设立了前南斯拉夫国际刑事法庭，1994年设立了卢旺达国际刑事法庭（这两个法庭产生了很多打破传统原则和惯例的新实践）之后，1998年6月15日至7月17日在意大利罗马举行的外交大会上顺利地通过了旨在有效行使调查、起诉灭绝种族罪、反人类罪、侵略罪和战争罪的《国际刑事法院规约》，随着该规约在2002年7月1日生效，国际刑事法院正式成立了，这是自联合国创立以来在国际法领域中最令人兴奋最具创意的一件大事，国际刑事法院的存在已经在世界各地鼓舞和激励了国际刑事诉讼机制和国内刑法的普遍发展。联合国成立了东帝汶国际刑事法庭和塞拉利昂特别刑事法庭。2003年，联合国在与柬埔寨政府经过六年的艰苦谈判，签署了审判红色高棉的协定，"柬埔寨国际法庭"也将审判仍然活着的红色高棉领导人。由于《国际刑事法院规约》的签署，一些国家依照公约扩大本国的刑事管辖权，对其认为严重的国际罪行主张管辖权，如1998年，西班牙法官以犯有酷刑罪、灭绝种族罪和劫持人质罪为由，对智利前总统皮诺切特签发了国际逮捕令；2000年4月，比利时以灭绝种族罪向刚果外长发出国际逮捕令。刚刚成立的伊拉克特别法庭对萨达姆的指控，其中主要的是国际罪行，如侵略罪、战争罪、反人类罪等，伊朗政府也准备就萨达姆发动两伊战争向该法庭提起指控。从近年来迅速发展的国际刑事审判实践看，国际社会为惩治最严重的国际罪行进行了各种尝试，从国内审判到国际特设法庭，以及建立常设国际刑事法院，这些不同模式反映出各国在不断地寻找和构建某种最有效的手段来惩治犯有严重国际罪行的人，表达了国际社会惩治这些犯有严重国际罪行的行为人的愿望和决心。国际刑事审判实践对国际法形成了挑战，但也促进了国际人道法和国际刑法的进步与发展，加强了国际间的刑事合作，丰富了国际刑事审判的理论和实践，给当代国际法理论注入了新的内容。

其次是国际社会通过缔结国际刑事法律方面的公约，不断扩大和发展控制国际犯罪的国际合作新领域，规定控制国际犯罪的新措施，例如控制洗钱犯罪、法人犯罪、网络犯罪和腐败犯罪的制度和措施等。2001年，欧洲委员会通过的《关于网络犯罪的公约》，这是国际层面上第一个控制网络犯罪的国际公约，开创了国际刑法控制网络犯罪的先河，该《公约》通过从实体法、程序法和国际合作方面对网络犯罪的系统规定，构建了一整套打击网络犯罪的最低区域性国际标准，在国际刑事立法的许多方面开创了先例。在打击腐败犯罪方面，比较重要的发展是2003年通过、2005年生效的《联合国反腐败公约》，这是第一部在国际层面上规制反腐败的法律文件，堪称在反腐败方面进行国际合作的里程碑。2000年通过、2003年生效的《联合国打击跨国有组织犯罪公约》则为国际社会打击跨国有组织犯罪提供了强有力的法律武器。这些国际刑事法律方面的公约开始注重国际法基本原则与具体规则的协调，强调各缔约国在履行公约义务时应遵守"各国主权平等"等国际法的基本原则，有的还明确提出了"保护主权"的条款。"保护主权"作为包括国际刑法在内的国际法的基本原则和价值不言而喻，但在国际刑事法律公约中专门规定"保护主权"条款则是一个新的举措，其中最具有代表性的就是《联合国打击跨国有组织犯罪公约》中题为"保护主权"第4条。

近十几年来，中国的国际刑法学研究在以下三个领域中的发展和成果尤为显著：一是对国际刑法的通论性研究，出版了不少专著；二是对国际刑事审判机构的研究，其中对前南斯拉夫国际刑事法庭和国际刑事法院的研究较多，也较充分，然而对于卢旺达国际刑事法庭等其他国际性刑事审判机构的研究却相对缺乏；三是对国际刑事司法合作问题的研究，这主要是因为随着《联合国反腐败公约》和《联合国打击跨国有组织犯罪公约》的生效和中国的批准，以及各种国际性犯罪现象的增多，中国学者也加强了对这些问题的研究。

一 国际刑法概述

这部分主要是对国际刑法的通论性的研究。目前，国际法学者和刑法学者都在研究这一领域中的问题，出版了大量的专著和论文，从国际刑法的概念、特点、性质、渊源和基本原则等方面一直到国际犯罪的有关理论，都有专门的论述，同时还全面梳理了国际刑法的历史和最新发展，并提出了中国学者在国际刑法的研究中应予加强的方面。对这一领域即国际刑法基本理论的研究，评述如下。

（一）国际刑法的基本问题

1. 国际刑法的概念和特点

随着国际刑法的发展，在世界范围内研究国际刑法的热情迅速增长，研究国际刑法的学者也不断增加。但是，对于"国际刑法"这一概念的界定，无论是在世界范围内还是在中国，却始终没有普遍一致的认识。[①] 目前，主要存有六种不同观点：一是国际刑法是指独立主权国家制定的、适用于其国民或外国人在其领域外实施的犯罪行为的法律规范。二是国际刑法是由双边或多边条约或习惯国际法建立的、依照本国刑法处罚某些犯罪行为的义务规范，例如国家有义务依照条约或习惯国际法处罚战争犯罪。三是国际刑法是大多数文明国家根据犯罪的特性实施处罚的行为规范，这类犯罪是指违反国际法律的罪行。四是国际刑法是指国家之间以合作方式为审判活动提供的协助，引渡条约即为其例证。五是国际刑法是国际公约中旨在制裁国际犯罪、维护各国共同利益的各种刑事法律规范的总称，主要由国际社会共同制定的国际公约中的有关规定和惩罚国际犯罪、进行国际刑事合作的规范性条款组成。[②] 六是著名国际刑法学家巴西奥尼教授认为，从国际法的刑事角度分析，国际刑法是指"通过国际法律义务调整由个人（以私人身份或以代表身份）或者集体所实施的违反国际禁止性规范，并应受刑罚处罚行为的国际法律制度"。从刑法的国际视角分析，国际刑法则是指"对触犯一国刑法的个人进行制裁，在刑事方面进行合作的国际和国内法律制度"。[③] 实际上，对国际刑法的概念的界定应体现国际法与国内法、实体法与程序法的结合。

[①] 参见马呈元《国际犯罪与责任》，中国政法大学出版社2001年；林欣主编：《国际刑法问题研究》，中国人民大学出版社2000年版；邵沙平：《国际刑法学——经济全球化与国际犯罪的法律控制》，武汉大学出版社2005年版；高铭暄、王秀梅：《当代国际刑法的新发展》，《国际刑法评论》，中国人民公安大学出版社2006年版。

[②] 见张智辉《国际刑法通论》，中国政法大学出版社1999年版。

[③] 转引自高铭暄、王秀梅《国际刑法的历史发展与基本问题研究》，《中国刑事法杂志》2001年第1期。

国际刑法定义中的"国际性"体现为实体上国内法律的国际化，国际法的刑法化以及国际性法律规范对国际犯罪的调整；而定义中的"程序性"则表现为国际与国内之间、各国之间的司法协助与合作。因此，国际刑法的概念体现了两个双重性的交织，即国际法的刑法化和国家刑法的国际化的交织，以及实体法和程序法的交织。国际刑法学与其他学科相比具有明显的多元性，而且处在不断的发展中。对于国际刑法的特点，不同的学者从不同角度有不同的总结。[①] 有人认为，国际社会共同制定、以国际犯罪为制裁对象、以国家主权为前提、以国际合作为基础的刑事法律规范，是国际刑法的特点。也有人总结国际刑法的四个特点是：从范围上讲，包括国际法的刑事方面和国内刑法的国际方面；从内容上讲，包括实体法和程序法；从管辖权上讲，有国际法承认的根据国内法行使的管辖权；从实施机制上讲，包括直接实施机制和间接实施机制。还有人总结称：国际刑法赖以存在的基础是国际社会，调整的对象是国际刑事关系，预防和惩治的对象主要是国际犯罪，其内容既有实体法又有程序法；国际刑法现已经发展为包含国际刑事实体法、国际刑事程序法、国家间刑事合作和国际刑法实施机制的一个综合性的法律体系。国际刑法这一新的综合的法律性质逐渐为国际刑法学界所认同。[②]

2. 国际刑法的性质

对于国际刑法的性质，学者有三种截然不同的观点。有一种观点认为，国际刑法是一个独立的法律体系。国际刑法具有自身的特殊性，它既不同于一般的国际法，也不同于一般的国内刑法，而是由国际法的刑事部分和国内刑法的国际部分相结合而逐渐形成的一个独立的法律体系，它有自身存在的价值和根据，因而无法为其他部门法所取代；但是它的独立性不意味着否定国际刑法与国际法和国内刑法的联系，国际刑法在发展中有赖于国际法和各国国内刑法的发展。[③] 持这种观点的学者不多。另一种观点认为，国际刑法是国内刑法的组成部分，中国学者旗帜鲜明地这样主张的人也不多，学者多是在论述该问题时介绍了持这种观点的西方代表学者的观点。[④] 这种观点的理由是刑法的制定和实施必须有一个强有力的中央权力机构的存在，而国际

---

① 见张智辉《国际刑法通论》，中国政法大学出版社1999年版；邵沙平：《国际刑法学——经济全球化与国际犯罪的法律控制》，武汉大学出版社2005年版。
② 见邵沙平、余敏友主编《国际法问题专论》，武汉大学出版社2002年版。
③ 见张智辉《国际刑法通论》，中国政法大学出版社1999年版。
④ 见马呈元《国际犯罪与责任》，中国政法大学出版社2001年版。

法是国家之间的法律，不具备产生这样的权力机构的条件，而且国际法中也不存在以国家为国际犯罪主体和刑事责任主体的刑法规范，在个人作为国际犯罪主体的情况下，个人是由国内法庭而不是由国际法庭审判和处罚的。第三种则是中国多数学者持有的观点，认为国际刑法是国际法的一个分支。①国际法是一个能动的、发展的科学体系，随着现代国际交往范围的日益扩大，国际法产生了一些新的、相对独立的分支，国际刑法就是国际法中具有广阔发展前景的一个新的分支，②是适应国际社会打击严重危害国际社会根本利益的犯罪的要求而产生的，是国际法发展到一定历史阶段的产物。

3. 国际刑法的渊源

国际法的渊源是国际刑法渊源的基础，同时，国际刑法的渊源又有别于国内法和国际法的渊源。国际刑法形成与发展的方式不同于国内刑法，其合法性不可能只满足某个国家政治和法律上的需求，也不可能调和国家之间产生的争端。在国际刑法进化和发展过程中，国际刑法自身的法律渊源揭示并廓清了其存在的合法性。国际刑法作为国际法的分支，其渊源与国际法的渊源大体上同出一辙。国际法学者通常认为，《国际法院规约》第38条是对国际法渊源的权威宣示，它不仅说明国际条约、国际习惯和一般法律原则是国际法的渊源，而且将国际公法学说和司法判例作为辅助性的渊源，同时一般也视国际组织的决议为一种辅助性的渊源。因此，国际刑法作为国际法的一个组成部分，其渊源通常也被认为是由条约、习惯和一般法律原则三部分组成。国际刑法在适用中与国际法存在诸多不同，但国际刑法与国际法的渊源中都存在着具有约束力的直接渊源和通过其影响发挥效力的间接渊源，而且蕴含着国际法和国内法在成为国际刑法时互为补充。国际刑法是多种规范的集合体，这些规范在性质、渊源、方法、主体和内容上又与国际法各不相同。因此，国际刑法是一种复杂的法律规范体系，而且在法律渊源上具有多元性。③ 国际刑法的渊源是国际刑法的重要的理论问题，中国学者对这一问

---

① 见林欣主编《国际刑法问题研究》，中国人民大学出版社2000年版；赵秉志、陈弘毅：《国际刑法与国际犯罪专题探索》，中国人民公安大学出版社2003年版；林欣、李琼英：《国际刑法新论》，中国人民公安大学出版社2005年版；邵沙平：《国际刑法学——经济全球化与国际犯罪的法律控制》，武汉大学出版社2005年版；谢里夫·巴西奥尼著，王秀梅译：《国际刑法的渊源与内涵——理论体系》，法律出版社2003年版；高铭暄、王秀梅：《国际刑法的历史发展与基本问题研究》，《中国刑事法杂志》2001年第1期。

② 见马呈元《国际犯罪与责任》，中国政法大学出版社2001年版。

③ 见高铭暄、王秀梅《国际刑法渊源合法性论要》，载赵秉志、陈弘毅主编《国际刑法与国际犯罪专题探索》，中国人民公安大学出版社2003年版。

题有广义解释和狭义解释两种倾向。有的学者认为，国际刑法的渊源除了国际条约、国际习惯和一般法律原则之外，还有司法判例和国际组织决议等。① 也有学者主张，国际刑法的渊源还包括国际法院的咨询意见、国际法学团体的学术意见和权威国际公法学者学说等。② 这两种观点都是对国际刑法渊源的广义理解。对国际刑法的渊源作狭义解释的学者认为，只有国际条约才是国际刑法的渊源，③ 这种解释最符合罪刑法定原则，但是这种理解又有失偏颇。一般在理解国际刑法的渊源上，大多数学者认为国际刑法既然是国际法的分支，那么国际法的渊源也是国际刑法的渊源，其直接渊源是国际条约（既包括专门的国际刑法条约也包括其他包含国际刑法规范的国际条约）、国际习惯和一般法律原则，而司法判例、学者著述、国际组织的决议和条约草案可以作为确定法律原则的辅助资料，是国际刑法的辅助渊源。④

4. 国际刑法的基本原则

国际刑法的基本原则在国际刑法基础理论体系的构建中具有重要的作用，确立国际刑法的基本原则不仅具有必要性而且具有可行性。但是，学者对国际刑法基本原则的总结各不相同，有的总结为罪刑法定原则、国际刑事责任原则和国际刑事合作原则；⑤ 有的总结为主权平等原则、国际刑事责任原则、国际合作原则和尊重基本人权原则；⑥ 有的提出了合法性原则（包括法无明文规定不为罪、法无明文规定不处罚、法律适用不溯及既往、一罪不二审原则、无罪推定）、补充性管辖权原则、个人刑事责任原则以及国际合作和刑事司法协助原则；⑦ 还有学者总结的原则比较多，总结了八个，即罪刑法定原则，个人刑事责任原则，刑事责任年龄原则，不管官方职位原则，指挥官和其他上级的责任，灭绝种族罪、危害人类罪、战争罪和侵略罪

---

① 见邵沙平《现代国际刑法教程》，武汉大学出版社1993年版。
② 见赵永琛《国际刑法与司法协助》，法律出版社1994年版。
③ 见张智辉《国际刑法通论》，中国政法大学出版社1999年版。
④ 见马呈元《国际犯罪与责任》，中国政法大学出版社2001年版；邵沙平：《国际刑法学——经济全球化与国际犯罪的法律控制》，武汉大学出版社2005年版；赵秉志、陈弘毅.《国际刑法与国际犯罪专题探索》，中国人民公安大学出版社2003年版。
⑤ 见卢建平、王君祥《论国际刑法基本原则的确立》，《国际刑法评论》，中国人民公安大学出版社2006年版。
⑥ 见邵沙平《国际刑法学——经济全球化与国际犯罪的法律控制》，武汉大学出版社2005年版。
⑦ 见高铭暄、王秀梅《当代国际刑法的发展与基本原则》，《人民检察》2005年10月。

不适用时效原则，心理要件原则和排除国际刑事责任的情况。① 中法刑法合作研究项目则提出了六项刑法国际指导原则。② 基于国际刑法作为国际法一个分支的事实，国际法的基本原则同时也应该是国际刑法的基本原则。除此之外，基于国际刑法自身的性质和特点，国际刑法还有其特有的一些原则。应该说，罪刑法定原则、国际刑事责任原则和国际刑事合作原则作为国际刑法的基本原则得到了国际社会的公认。虽然国际刑法的管辖对象是个人的严重国际犯罪行为，但却涉及国际与国内司法制度两个方面，以及不同国家司法制度之间关系的复杂情况，因此对合法性的要求更高。国际刑法的合法性原则包括如下要素：法无明文规定不为罪、法无明文规定不处罚、法律适用不溯及既往、一罪不二审以及无罪推定。这些原则无疑共同构成了国际刑事司法的基本准则。这些通过各种国际条约和习惯国际法确立的重要原则，充分体现了国际刑事司法以人为本的理念，即打击犯罪与维护人权应并驾齐驱。该理念不仅是国际刑法发展的一大飞跃，同时也引领了国家刑事司法的潮流。③ 个人刑事责任原则很早就在国际法理论中出现，在第二次世界大战后的纽伦堡审判和东京审判中得到了实在法意义上的确立，其后又在一系列国际法律文件中得到了进一步的肯定和明确，而且还突出了法律面前人人平等的国际刑事司法法治原则。国际刑法的适用通常通过两种方式，即直接适用和间接适用。这两种方式均离不开国家的合作与司法协助，因此国家在国际刑事司法中的合作与协助义务原则是国际刑法的一项基本原则，这特别体现在国际刑事法院有关补充性管辖权的规定中。④

5. 国际刑法的历史及其最新发展

中国学者的研究还梳理了国际刑法的历史及其最新的发展，认为国际刑法经历了四个发展阶段。第一个阶段是国际刑法的诞生。在第一次世界大战之前，国际刑法的发展已经初见端倪：一方面体现在习惯国际法对惩治海盗罪达成了共识，并成为国际社会其后界定国际犯罪种类的蓝本；另一方面，国际社会对违反"上帝和人道法"行为的审判揭开了国际刑事审判的序幕。

---

① 见林欣、李琼英《国际刑法新论》，中国人民公安大学出版社2005年版。
② 见高铭暄主编《刑法国际指导原则研究》，中国人民公安大学出版社1998年版。
③ 见黄芳《论罪刑法定原则与国际刑法的关系》，载赵秉志、陈弘毅主编《国际刑法与国际犯罪专题探索》，中国人民公安大学出版社2003年版。
④ 见黄芳《论罪刑法定原则与国际刑法的关系》，载赵秉志、陈弘毅主编《国际刑法与国际犯罪专题探索》，中国人民公安大学出版社2003年版；高铭暄、王秀梅：《当代国际刑法的新发展》，《法律科学》2006年第2期。

第二个阶段是国际刑法发展的第一个高峰期。两次世界大战的爆发在给人类带来巨大灾难的同时，也促进了国际刑法的发展。这一时期，实体法上除了强调战争罪、危害人类罪等严重国际犯罪以外，还确定了灭绝种族罪等其他国际犯罪。从国际审判实践的角度分析，纽伦堡审判和东京审判满足了民众企盼和平与惩治战犯的渴望。《纽伦堡法庭宪章》及其审判活动，以革新的方法创设了新的国际法原则——纽伦堡原则（其中包括著名的个人责任原则）。第三个阶段是国际刑法的相对平稳期。在此期间，国际社会关注的焦点逐渐从战争罪、危害人类罪等极其严重的国际犯罪转向一些新型的犯罪，诸如侵略罪、灭绝种族罪、种族隔离罪、国际恐怖主义罪行以及非法贩运毒品罪等。这一时期，联合国仍在认真努力编纂国际罪行法典，并积极筹划国际刑事法院的建立，尽管"冷战"阻碍了这一进程的速度，但自20世纪90年代以后国际刑法的发展已逐渐走出低谷。第四阶段则主要是1992年以后的一个高峰期，其间出现了许多里程碑式的进展。前南斯拉夫国际刑事法庭和卢旺达国际刑事法庭的建立，确立了对严重违反国际人道法负有责任之人予以起诉的审判机制。经过国际法委员会、国际刑法学协会等国际性机构的积极努力，《危害人类和平与安全治罪法典草案》的编纂和颁行工作顺利完成。这部法典的制作摆脱了原有国际条约不含刑罚特征的弊端，吸收了现代国际条约及国际刑法发展中逐步形成的有关刑罚适用的规定和特点，充分展示了国际犯罪行为的固有特征。1998年在罗马通过的《国际刑事法院规约》是迄今为止最具综合性国际刑法典象征的国际法律文件。自2003年正式成立以后，国际刑事法院开始处理刚果、乌干达和中非国家提交的情势，以及联合国安理会提交的苏丹情势调查，从理论和实践层面将国际刑法的发展推向一个新的巅峰。[①] 学者总结认为，国际刑法的发展历程实际上是国际刑事实体法和国际刑事程序法的演进史，或者是国际刑法典编纂和国际刑事审判发展的演进史，这一历程总体上沿着一条从高潮到低谷再到高潮的曲线发展，在总体发展趋势上分析，国际刑事实体法和国际刑事程序法两者的发展

[①] 见高铭暄、王秀梅《当代国际刑法的发展与基本原则》，《人民检察》2005年10月上半月刊；高铭暄、王秀梅：《国际刑法的历史发展与基本问题研究》，《中国刑事法杂志》2001年第1期；林欣主编：《国际刑法问题研究》，中国人民大学出版社2000年版；邵沙平：《国际刑法学——经济全球化与国际犯罪的法律控制》，武汉大学出版社2005年版；张智辉：《国际刑法通论》（增补本），中国政法大学出版社1999年版。

又非同步进行。①

（二）国际犯罪的基本理论问题

1. 国际犯罪的概念和构成要件

同国际刑法的概念一样，对于国际犯罪的概念也很难有一个统一的定义。有学者参考国内刑法对犯罪的定义模式来定义国际犯罪，认为国际犯罪的三个基本特征是社会危害性、违法性和应承担刑事责任性。② 还有学者在此三个特征的基础上又加上了通过国际刑事司法合作予以处罚的方面。③ 有学者从国际法的角度定义国际犯罪，认为国际犯罪是违反国际社会所公认的国际刑法规范，严重危害国际社会共同利益的不法行为。④ 还有学者主张从严格意义上定义国际犯罪，认为国际犯罪是国际社会通过国际公约的形式予以明文禁止，并确认其实施者应当受到刑事制裁的行为。⑤ "横看成岭侧成峰"，学者从不同的研究角度，分析了国际犯罪的特征，其实在联合国就国际犯罪的概念也曾有三次争论。⑥ 因此无论是在国际上还是在国内学界，关于国际犯罪都没有形成一个普遍接受的定义，这还是一个值得研究的问题。关于国际犯罪的构成，各国国际刑法学者一般以国内犯罪构成理论进行研究，认为国际犯罪的构成从根本上来说与国内犯罪的构成是相通的。出于对国内犯罪构成要件的不同理解，对于国际犯罪的构成也有不同的认识，有的主张四要件说，即包括犯罪主体和客体、犯罪的主观方面和客观方面。⑦ 有的主张两要件说，即犯罪的客观方面和主观方面，犯罪的客观方面包括犯罪行为、危害后果和因果关系。⑧ 目前，就有关国际刑事法律文件一般而言，是在国际条约中对具体的国际犯罪作出规定，而没有抽象的对所有国际犯罪

---

① 见高铭暄、王秀梅《国际刑法的历史发展与基本问题研究》，《中国刑事法杂志》2001 年第 1 期。
② 见马呈元《国际犯罪与责任》，中国政法大学出版社 2001 年版；林欣主编：《国际刑法问题研究》，中国人民大学出版社 2000 年版。
③ 见马进保《国际犯罪与国际刑事司法协助》，法律出版社 1999 年版。
④ 见陆晓光《国际刑法概论》，中国政法大学出版社 1991 年版。
⑤ 见张智辉《国际刑法通论》（增补本），中国政法大学出版社 1999 年版。
⑥ 同上。
⑦ 见邵沙平《国际刑法学——经济全球化与国际犯罪的法律控制》，武汉大学出版社 2005 年版。
⑧ 见张智辉《国际刑法通论》（增补本），中国政法大学出版社 1999 年版；马呈元：《国际犯罪与责任》，中国政法大学出版社 2001 年版。

的构成要件的规定。

2. 国际犯罪的主体与国际刑事责任

国际犯罪的主体,在大陆法系国家,属于犯罪的构成要件,而在英美法系国家,主体是追究刑事责任的问题,而不是构成犯罪的问题。在国际刑法中,有人将国际犯罪的主体和国际刑事责任的主体联系在一起,认为只要实施了国际犯罪就应该承担刑事责任,犯罪主体就是刑事责任的主体。刑事责任问题是近年来国内刑法学研究的热点,也是国际刑法研究中备受重视的一个方面。但是,关于如何界定国际刑事责任的概念,如何认识国际刑事责任的特征,学者们的认识不尽相同。① 在现有的国际刑法条约中,尚未出现过将国家规定为国际犯罪的主体的明文规定。首次出现国际刑事责任概念的国际文书是联合国国际法委员会1979年起草的《关于国家责任的条文草案》,然而该文书至今仍未在联合国大会上通过,不能将其视为有效的国际刑法规范;而且,国际法委员会在其后向联合国提交的《危害人类和平与安全治罪法典草案》和《国际刑事法院法规草案》中都没有使用国家刑事责任、国家的国际罪行或国家的犯罪行为之类的概念。有人提出,对国际刑事责任概念的界定和国际刑事责任特征的认识,应该从国际刑法的"两重性"出发,一方面体现刑事责任的基本特征,另一方面突出国际性特点。综合考虑刑事责任的一般特征和国际性两个方面,国际刑事责任的概念应表述为:行为人实施国际刑法所确认的国际犯罪之后所应承受的来自国际社会的责难。② 国际刑事责任实际上是在一般刑事责任中注入了国际性因素。而增加了国际性内容后,国际刑事责任也就有了不同于一般刑事责任的特征。就国际刑事责任而言,承担责任的主体除个人或团体外,是否还包括其他主体——即国家能否成为国际刑事责任的承担主体,在理论上是有争议的。正是在国际刑事责任的意义上,才有了国家要不要作为承担刑事责任主体的问题。

国际刑事责任是以个人的刑事责任为基础的,个人是国际犯罪的主体,对此理论界基本上已经不存在任何争议。问题是个人是不是国际犯罪的唯一主体,在个人之外还有没有其他的犯罪主体,特别是国家能否成为国际犯罪

---

① 例如见邵沙平《国际刑法学——经济全球化与国际犯罪的法律控制》,武汉大学出版社2005年版;林欣主编:《国际刑法问题研究》,中国人民大学出版社2000年版;张智辉:《国际刑法通论》(增补本),中国政法大学出版社1999年版;马呈元:《国际犯罪与责任》,中国政法大学出版社2001年版。

② 见张旭《国际犯罪刑事责任再探》,《吉林大学社会科学学报》2001年第2期。

的主体。这也是中国学者在这个问题上所关注的重点。从目前研究的情况来看,对个人、组织或机构是否能够成为国际犯罪的主体并承担国际刑事责任,学者们基本上都持肯定意见,但对国家能否作为国际犯罪的主体,并承担相应的刑事责任,则存在较大分歧。① 特别是进入 21 世纪以后,许多国际法学家的著述和非政府组织的决议都一直在讨论这个问题。中国学者的观点有三派。第一种观点认为,国家不能成为国际犯罪的主体,如有人主张国家是国际法的主体但不是国际犯罪的主体;② 另有人认为国家的罪行不符合刑法中关于犯罪主体的一般理论;③ 或者认为在国际刑事法院的运作中,国家的刑事责任在理论上是不可取的,而且也行不通。④ 第二种观点认为,国家可以是国际犯罪的主体,应该承担国际刑事责任。有很多学者支持国家可以成为国际犯罪主体并承担国际刑事责任的观点。⑤ 第三种观点认为这个问题不好现在下定论,还有待进一步的研究。⑥ 有人指出,对于那些由国家实施的或国家政策促使实施的国际犯罪,原则上国家同样具有一种承担刑事责任的或然性。⑦ 这是一种折中的学术观点。总之,国家能否成为国际犯罪的主体和承担刑事责任的主体,不仅仅是是否应该的问题,还有一个是否可能的问题。虽然从应然的角度说,国家应该成为国际犯罪的主体和承担国际刑事责任的主体,但在目前条件下,还不宜将国家作为承担国际刑事责任的主体。如果国家实施了国际犯罪行为,可以通过替代责任的方式,由代表国家行为的主要负责人员和直接责任人员承担个人刑事责任,也可以通过转移责任的方式,由国家承担国际法上的国家责任。当然,尊重现实并不等于放弃理想。我们可以继续进行国家国际刑事责任的研究,促进国家作为国际犯罪主体和承担国际刑事责任主体的理念被广泛接受。同时,随着各国共享利益

---

① 见马呈元《国际犯罪与责任》,中国政法大学出版社 2001 年版。
② 见林欣、李琼英《国际刑法新论》,中国人民公安大学出版社 2005 年版。
③ 见贺其治《国际法委员会第 46 届会议》,《中国国际法年刊》(1994 年),第 328 页。
④ 见王秀梅《国际刑事法院研究》,中国人民公安大学出版社 2002 年版。
⑤ 例如见端木正主编《国际法》,北京大学出版社 1997 年版;周洪钧主编:《国际法》,中国政法大学出版社 1999 年版;邵沙平:《国际刑法学——经济全球化与国际犯罪的法律控制》,武汉大学出版社 2005 年版;马呈元:《国际犯罪与责任》,中国政法大学出版社 2001 年版;宋绪东:《国际犯罪国家刑事责任初探》,《辽宁行政学院学报》2005 年第 2 期;张晶、闫亚鹏:《关于国家的国际刑事责任探析》,《理论界》2004 年第 4 期;李寿平:《论国家的国际刑事责任》,《武汉大学学报》(人文社会科学版) 2000 年第 53 卷第 4 期。
⑥ 见张智辉《国际刑法通论》(增补本),中国政法大学出版社 1999 年版。
⑦ 见王秀梅《国际刑事法院研究》,中国人民大学出版社 2002 年版。

的范围的进一步扩大和保护人类整体利益的需要的进一步增强,国家刑事责任必然会逐渐从国家责任中分离出来,国家作为国际犯罪的主体和承担国际刑事责任的主体也会成为国际社会的共同追求。①

3. 国际刑事管辖权

国际刑事法院的管辖权是目前中国学者讨论较多的一个问题。国际刑事管辖权是国家间确立的对国际犯罪进行缉捕、起诉、审判和惩处的重要管辖体系。国际刑事管辖的内容包括两方面的内容,一是确立管辖原则,二是确定管辖顺序。许多国际条约特别是第二次世界大战后的预防、禁止和惩治国际犯罪的国际条约大都含有国际犯罪刑事管辖权的规定,② 从而构成了国际刑事管辖体系及其基本原则。在国际刑法中,国家对国际犯罪刑事管辖的四个原则是属地管辖原则、属人管辖原则、保护管辖原则和普遍管辖原则,因为管辖的问题涉及国际刑法的执行模式,学者在讨论国际刑事管辖权时,多讨论到国际刑事管辖权和国际刑事法院的管辖权的关系,特别是普遍管辖权的问题。③ 这一方面将在国际刑事法院部分详细评述。

二 国际刑事司法机构

从近十几年的国际刑事审判活动看,大致可分为两类:一类是由国际性司法机构对国际罪行进行的审判,另一类是由国内法院对涉及国际因素的罪行的审理。前者为国际刑法的直接适用模式,后者为国际刑法的间接适用模式。④ 第二次世界大战后,国际社会在建立国际性刑事审判机构(法院或法庭)对犯有国际罪行的个人行使管辖权方面逐渐达成了共识,纽伦堡国际军事法庭、远东国际军事法庭、前南斯拉夫国际刑事法庭、卢旺达国际刑事

---

① 见马进保《论国家实施国际犯罪的责任》,《杭州商学院学报》2003年第4期。

② 见贾宇、舒洪水《国内法和国际法的刑事管辖权竞权》,载张智辉主编《国际刑法问题研究》,中国方正出版社2002年版。

③ 见黄俊平《论普遍管辖原则的适用条件》,《国家检察官学院学报》2004年第12卷;赵秉志、黄俊平:《论普遍管辖原则的确立依据》,《法学研究》2005年第3期;黄俊平:《析普遍管辖原则的现实依据》,《人民检察》2005年11月。

④ 参见刘远山《论国际刑法的实施和国际刑事法院对国际刑法实施的影响》,载赵秉志《国际刑事法院专论》,人民法院出版社2003年版;喻贵英:《国际刑法执行模式探析》,《法律科学》1998年第9期;陈巧燕:《国际刑法执行模式探析》,《中共福建省委党校学报》2005年第11期;刘远山:《略论国际刑法的间接实施》,《海南大学学报》(人文社会科学版)2001年第19卷第1期;黄芳:《论实现国际犯罪刑事责任的途径和方式》,《中国刑事法杂志》第42期。

法庭、塞拉利昂问题特别法庭、东帝汶法庭以及国际刑事法院的建立，都极大地丰富和发展了由国际性司法机构对国际犯罪行为人进行审判和处罚的理论和实践。纽伦堡国际军事法庭和远东国际军事法庭使建立国际性刑事审判机构从构想走向现实，成功地审判了二战中犯有破坏和平罪、战争罪和违反人道罪的国际犯罪，并证明由国际性刑事审判机构对严重国际犯罪行使刑事管辖权是必要的、可行的，也是有效的。这两个法庭已经完成了其历史使命，退出了历史舞台。

（一）前南斯拉夫问题国际刑事法庭（前南刑庭）

1993年联合国安理会通过第827号决议，决定设立前南刑庭，起诉和审判自1991年以来在前南斯拉夫境内犯下的严重违反国际人道法的罪行。1994年，联合国安理会通过第955号决议，决定设立卢旺达国际刑事法庭（以下简称卢旺达刑庭），起诉和审判1994年在卢旺达发生的种族屠杀及其他违反国际人道法的罪行。洛克比空难后，国际社会为解决洛克比危机进行了长期不懈的外交努力，最终在1998年，英、美与利比亚同意在荷兰设立法庭，对两名利比亚嫌疑人进行审判。1999年3月，联合国秘书长安南向安理会和联大递交了一份报告，正式要求成立某种形式的国际法庭，对前红色高棉领导人的"灭绝种族罪"进行审判，1999年底，柬埔寨和联合国达成协议，同意柬埔寨根据国际准则对前红色高棉领导人进行审判，2000年1月，柬埔寨政府批准了一项关于成立特别法庭的法律草案。联合国安理会在2000年通过决议，决定设立塞拉利昂问题特别法庭，负责审判在塞拉利昂长达10年内战中犯有战争罪、危害人类罪以及其他严重违反国际法的嫌疑人。联合国也已在筹划建立东帝汶法庭。这些形式多样的国际性法庭打破了传统的国际法院的单一模式，有学者称之为"国际司法现象的碎片化"。[①]中国学者对卢旺达刑庭的研究较少，因此本部分主要针对学者有关前南刑庭的研究进行述评。对前南刑庭，除了介绍其组建和建构外，[②]学者研究的问题主要有以下几个。

第一，成立前南刑庭的合法性问题。从人权保护的角度讲，任何一个受

[①] 见张丽娟《论国际刑事审判实践的新发展及影响》，《甘肃政法学院学报》2004年第6期。

[②] 见凌岩《跨世纪的海牙审判——论联合国前南斯拉夫国际法庭》，法律出版社2002年版；赵海峰、宋健强：《前南斯拉夫问题国际刑事法庭——国际刑事司法的新开端》，《人民司法》2005年第2期。

到刑事指控的人,都有权得到一个依法设立的法庭的审判。按照刑法中的"合法性原则",只有经合法、正当程序成立的法庭才能对被告进行审判;法庭也只有经过充分、有效的证明以后,才能确定被告是否有罪。这是刑法和国际法的基本原则,任何法庭都要遵循这一原则。前南刑庭在审理第一个案件时就遇到了合法性的问题。前南刑庭的上诉庭认为,该法庭有权审查基于安理会决议建立该国际刑事法庭是否合法的问题,并且通过解释《联合国宪章》第41条的规定,认为只要有必要,联合国安理会为了维护世界和平与安全的需要,就可以采取除了第42条规定的使用武力以外的其他措施,其中包括设立司法机构。前南刑庭上诉庭最后得出结论,联合国安理会根据《联合国宪章》第41条的规定,完全具有设立国际刑事法庭的权力。对此,卢旺达国际刑事法庭也采取了基本相同立场的决定。①

第二,前南刑庭的管辖权问题。前南刑庭刑事管辖权的时间限制是它只管辖1991年以来的犯罪行为;法庭管辖的空间效力只适用于前南斯拉夫社会主义联邦共和国的领土;在属人管辖方面,纽伦堡法庭创设的个人刑事责任原则进一步得到确认:在前南法庭的管辖期限内,任何犯有国际罪行者——包括国家元首、政府首脑或政府负责官员——的刑事责任都应予以追究;前南法庭管辖的犯罪包括严重违反1949年各项《日内瓦公约》的行为、违反战争法及习惯的行为、灭绝种族行为和危害人类罪。② 前南刑庭在处理国际法庭管辖权与国内法院管辖权的关系方面进行了有益的探索。为了有效地起诉和惩罚严重违反国际人道法的罪行,前南刑庭适用了并行管辖权和国际法庭对国内法院的优先权。在出现国内法院和国际法庭管辖权竞合的情况下,前南刑庭的管辖权优于所有国家的国内法院。③

学者还探讨了前南刑庭的实践对国际法产生的影响,比如研究前南刑庭的管辖权特别是在处理国内法院与前南刑庭管辖权出现竞合时的处理方式,以及研究前南刑庭与国家的关系问题,这些方面对后来的特设国际刑庭以及国际刑事法院都具有重要的参考价值。

---

① 见朱文奇《论成立国际刑事法庭的合法性问题》,《时代法学》2005年第6期;许楚敬:《设立前南斯拉夫问题国际法庭的法理根据》,《政法论丛》2002年第4期。

② 见王秀梅《国际刑事法院研究》,中国人民大学出版社2002年版;王秀梅:《前南国际刑事法庭的创立及管辖原则》,《现代法学》2002年第24卷第3期。

③ 见廖敏文《走进前南国际法庭——凌岩力作〈跨世纪的海牙审判〉读后》,《政法论坛》2003年第21卷第6期。

（二）国际刑事法院

国际刑事法院的成立是国际法上的一件大事。尽管中国在《国际刑事法院规约》通过时投了反对票，而且至今也没有批准该规约，但是中国学者（包括刑法学者和国际法学者）对国际刑事法院的研究热情却丝毫未受影响。除了对国际刑事法院的总体性介绍和研究之外，[①] 学者关注的一个焦点是国际刑事法院的管辖权问题。对于国际刑事法院的管辖权问题，中国学者发表了许多著作和论文，但基本上可以总结为以下几个主要方面，即国际刑事法院管辖权的性质、国际刑事法院对第三国的管辖权问题、国际刑事法院与联合国安全理事会的关系问题。此外，中国学者还有针对性地研究了中国与国际刑事法院的关系，主要是中国对国际刑事法院的立场，以及中国对国际刑事法院应采取的态度和对策，等等。

第一个方面的研究主要关注的是国际刑事法院管辖权的性质。就国际刑事法院的管辖权，中国学者的研究较多，且一般都围绕国际刑事法院管辖权的性质进行分析。对于国际刑事法院管辖权的性质，学界存在不同的观点和主张，其中最具有影响力的有如下几种：排他性管辖权说、平行性管辖权说、优先管辖权说[②]和补充性管辖权说[③]。这四种学说从不同的角度、不同的立场阐述了国际刑事法院管辖权的特征，各有理由，对其合理与否无法匆忙得出结论。但是，现在一般都认为国际刑事法院的管辖权具有补充性质。[④] 学者将国际刑事法院管辖权的特征总结为具有强制性、补充性、复合

[①] 例如见赵秉志《国际刑事法院专论》，人民法院出版社2003年版；王秀梅：《国际刑事法院研究》，中国人民大学出版社2002年版；赵秉志：《国际刑事法院手册》，法律出版社2005年版；李世光、刘大群、凌岩主编：《国际刑事法院罗马规约评释》，北京大学出版社2006年版；高燕平：《国际刑事法院》，世界知识出版社1999年版。

[②] 见贾宇、舒洪水《国内法和国际法的行使管辖权竞权》，载张智辉主编《国际刑法问题研究》，中国方正出版社2002年版。

[③] 见刘健《论国际刑事法院管辖权与国际主权》；王秀梅：《论国际刑事法院管辖权的多维性》，载赵秉志主编：《国际刑事法院专论》，人民法院出版社2003年版；黄宏：《国际刑事法院和国内法院在刑事司法管辖权上的关系》，《国际关系学院学报》2002年第6期。

[④] 这种观点见王秀梅《国际刑事法院研究》，中国人民大学出版社2002年版；黄俊生、胡陆生：《也论国际刑事法院的管辖权》；南英、党建军：《论国际刑事法院管辖权的补充性原则及其例外》，载赵秉志主编《国际刑事法院专论》，人民法院出版社2003年版；高燕平：《国际刑事法院》，世界知识出版社1999年版；陶阳、彭文华：《论补充性管辖原则及其本土化》，《法学》2004年第5期。

性、有限性和隐含的延展性。① 国际刑事法院管辖权的强制性主要是指一旦一个国家批准了《国际刑事法院规约》，就接受了国际刑事法院的管辖。国际刑事法院管辖权的复合性，从管辖职能的角度看，是指国际刑事法院享有集案件的调查（侦查）、起诉、审判管辖于一体的复合管辖权。国际刑事法院作为一个独立的、综合性的国际刑事司法机构，在其组织建构上是"检法一家"，即检察官办公室是国际刑事法院的组成部分，检察官和法官同属法院官员；在其司法职能上是"侦、诉、审一体"，即国际刑事法院对其具有管辖权的犯罪案件，不仅可行使审判权，而且可行使调查权和起诉权。从管辖目的之角度看，国际刑事法院的管辖权是一种补充管辖权。《罗马规约》在序言和第1条中开宗明义，强调国际刑事法院对国家刑事管辖权的补充作用，从而确立了国际刑事法院管辖权的补充性原则。其出发点是把国家的刑事司法主权放在首要和重要的地位，认为国际刑事法院无法取代国内法院的作用，它只能对国内司法体制起补充作用，即在国内司法体制瘫痪、无效的情况下发挥作用。② 从管辖时空和实体范围来看，国际刑事法院的管辖权仍然是一种有限管辖权，而不具有普遍管辖权的特征，即国际刑事法院并不能对在任何地点实施任何国际犯罪的任何人都可以行使管辖权。《国际刑事法院规约》关于行使管辖权某些规定的不明确性，留下了给予扩张解释的余地，从而使得国际刑事法院的管辖权隐含着某种可延展性。

第二，国际刑事法院的管辖权与普遍性管辖权的问题。中国代表团对《国际刑事法院规约》投反对票的五点理由之一便是，认为国际刑事法院的管辖权是一种普遍管辖权，并认为这不能接受。③ 在国际刑事法院的管辖权是不是普遍管辖权的问题上，学者有两种不同的看法。有些学者认为，国际刑事法院的管辖权并非建立在普遍管辖权概念的基础上，也没有确立普遍管辖权制度。④《国际刑事法院规约》第12条所规定的并不是国

---

① 见陈泽宪《国际刑事法院管辖权的性质》，《法学研究》2003年第6期；王秀梅、杜澎：《国际刑事法院管辖权的属性》，《现代法学》2003年第25卷第3期；许楚敬：《关于国际刑事法院管辖权的几个具体问题——兼评中国政府的立场》，《比较法研究》2003年第6期；梁芙蓉、郭斐飞：《论国际刑事法院管辖权》，《中国刑事法杂志》2004年第2期；周振杰、刘仁文：《论国际刑事法院的管辖权》，载赵秉志主编《国际刑事法院专论》，人民法院出版社2003年版。李永涛、廉长钢、刘冲：《国际刑事法院的管辖原则》，《中国刑事警察》2005年第6期。
② 见徐杰《〈国际刑事法院规约〉与条约相对效力原则》，《法学评论》1999年第2期。
③ 见《王光亚谈国际刑事法院》，《法制日报》1998年7月22日。
④ 见许楚敬《关于国际刑事法院管辖权的几个具体问题——兼评中国政府的立场》，《比较法研究》2003年第6期。

际法上通常所提到的"普遍管辖权"。根据该条的规定,国际刑事法院在具体行使管辖权之前,必须首先得到犯罪行为发生地国或者犯罪被告人国籍国的同意。相反的,国家在对某些国际犯罪行为行使普遍管辖权时,无须得到包括犯罪行为发生地国和犯罪被告人国籍国在内的任何国家的同意。显然,国际刑事法院的管辖权不属于普遍管辖权。另有学者认为,国际刑事法院的管辖权就是一种普遍管辖权。① 其所提出的理由是国际刑事法院的管辖权及于非缔约国,而对缔约国的管辖权是一种自动的、强制性的管辖权。应该说,国际刑事法院的管辖权非常类似于普遍管辖权,但是却不能简单地将二者等同起来,可以说国际刑事法院的管辖权弥补了普遍管辖权的缺陷和不足。②

第三,国际刑事法院的管辖权与国家主权原则。有学者指出,刑事管辖权历来是国家主权的核心,基于法律文化观念的差异以及国家在国际社会追求权力的客观事实,国际刑事法院的管辖权与国家主权的关系不仅是《国际刑事法院规约》制定过程中人们论争的关键问题,更是《国际刑事法院规约》生效后人们关注的焦点,正确认识两者间的关系关乎国家对国际刑事法院的基本态度以及国际刑事法院的有效运作。国际刑事法院的最终成立是国际社会在惩治国际犯罪、维护国际社会共同利益方面的历史性突破。就国际刑事法院管辖权与国家主权的关系而言,学者认为国际刑事法院的管辖权与国家主权在总体上相容的前提下,存在着个别冲突。《国际刑事法院规约》的基本设计总体上适应了国际社会发展的必然趋势,有利于人类社会共同利益的维护,同时也反映了由主权国家构成的国际社会的现实。国际刑事法院管辖权作为国家主权的自愿让渡,对国家主权虽然构成一定的限制,但并没有对国家主权产生实质性的影响。《国际刑事法院规约》所确定的管辖权是一种补充性的管辖权,其行使管辖权以国家的同意为前提;在尊重国家管辖权的条件下,当国家不能或不愿管辖时,国际刑事法院才会对特定罪行行使管辖权。不可否认,作为不同价值观念和利益追求妥协产物的《国际刑事法院规约》的某些规定尚有欠缺,个别规定甚至超越了社会发展的历史阶段,背离了国家主权原则这一现代国际关系的基本原则。特别是国际刑事法院在未经第三国同意的条件下对其行

---

① 见张胜军《国际刑事法院的普遍管辖权与自由主义国际秩序》,《世界政治》2006 年第 8 期。

② 见王秀梅《国际刑事法院研究》,中国人民大学出版社 2002 年版。

使管辖权的问题,可以说是对国际主权原则的突破,是对《维也纳条约法公约》所确立的条约相对效力原则的违背。① 但是,有许多学者则持相反的看法。例如,有学者认为,《国际刑事法院规约》第 12 条的规定并没有为非规约缔约国创设义务,因而并不违反《维也纳条约法公约》。归纳起来,其主要理由如下:首先,如前所述,通过批准《国际刑事法院规约》,规约缔约国在其不能够或者不愿意行使管辖权的情况下,允许国际刑事法院行使管辖权。其次,国际刑事法院行使其管辖权而追究的,只是那些实施了一般国际法公认的国际罪行的个人的刑事责任。根据习惯国际法或有关条约的规定,禁止种族灭绝、战争罪或危害人类罪对整个国际社会都有拘束力。根据普遍管辖原则,任何国家的国内法院均可对上述违反国际法的犯罪行为行使刑事管辖权,而不必事先得到任何其他国家的同意。最后,即使已经得到犯罪行为地国或犯罪被告人国籍国的同意,也不意味着国际刑事法院就能够对有关的被告人或犯罪行为进行调查或起诉。根据《国际刑事法院规约》,通常对案件具有管辖权的国家,包括非规约缔约国在内,可以通知法院其正在或已经进行调查或起诉,国际刑事法院就不能受理该案。②

许多学者认为,对待国际刑事法院应当持有理性而积极的态度,坚持国际社会共同利益与国家利益的有机统一,保证国际秩序追求与国家权力追求的平衡。增加对国际刑事司法的信任,支持国际刑事法院管辖权的有效行使,追求普遍的国际秩序。坚持国家主权原则,加强国家间以及国家与国际刑事法院关系的协调,追求合理的国家权力。在相当长的时期内,国家体制仍然是国际社会基本的体制,国际社会还不可能形成政治的一体化格局,价值观的多元化仍然是合理的存在,国家利益客观上仍然占有主导地位,事实上国家让渡部分主权,追求国际秩序,根本的目的最终还是国家利益。因此,合理的国家权力仍然是国家不断坚持的目标,国际刑事法院限制国家主权的努力应当与国际社会现实相结合,尤其是对具体案件行使刑事管辖权时应与相关国家达成协议,寻求国家权力的支持,并确保其判定权行使时的公

---

① 见刘健《论国际刑事法院管辖权与国际主权》,载赵秉志主编《国际刑事法院专论》,人民法院出版社 2003 年版。
② 见许楚敬《国际刑事法院行使管辖权与国际同意》,《时代法学》2004 年第 1 期。

正有效。①

第四，国际刑事法院与联合国安全理事会的关系。常设国际刑事法院的建立牵涉到许多国际法律问题，其中，如何处理国际刑事法院管辖权与联合国安全理事会职权的关系，是学者们和各国政府争议最大的问题之一。尽管《国际刑事法院规约》确定的管辖权在一定程度上限制了联合国安理会的职权，但是反过来安理会对国际刑事法院也具有重大的影响。中国学者系统地介绍了《国际刑事法院规约》的起草过程中，就国际刑事法院管辖权与联合国安理会职权的关系问题上存在的两派观点，分析了《国际刑事法院规约》赋予联合国安理会的、若干具体的司法参与权——主要有情势提交权、情势调查起诉中止权和侵略罪认定的先决权。国际刑事法院自成立起，就与安理会之间存在着权力冲突和权力互补，根据《国际刑事法院规约》，联合国安理会在国际刑事法院的启动机制中发挥的作用受到了极大的削弱和限制，这是各国达成的一种妥协。《国际刑事法院规约》对国际刑事法院与安理会的关系作了基本定位，确立了一些基本原则，主要有平等原则、互相协调原则、信息沟通原则、财政支持原则和互派代表的原则，以更好地协调国际刑事法院与安理会的关系，使两个机构在维护国际和平与正义，惩治国际犯罪上发挥更大的作用。为了进一步促进司法公正和司法效率两大价值目标的实现，学者建议设立"三限制度"，即限制安理会行使调查与起诉中止权的次数；为了提高司法效率，并促使国际刑事法院与安理会双方彼此尊重，应当规定双方对于对方请求的或者通知的回复期限；针对缔约国与非缔约国签订互相管辖豁免条约的情况，应该限制签署该类豁免协议的缔约国数目。② 这是在协调国际刑事法院与安理会的关系上所作的有益探索，很具有启发意义。总而言之，作为一个政治机构，安理会只能将有关情势提交国际刑事法院，而无权断定其是否构成犯罪；只有经过国际刑事法院这样一个司法机构的实质审理，才能最终确定有关被告人的行为是否构成《规约》规定的犯罪行为，并追究他们的个人刑事责任。此外，《国际刑事法院规约》

---

① 见柳晓军《国际刑事法院管辖权对国际法理论的影响》，《法学研究》2005 年第 11 期；黄涧秋：《论国际刑事法院管辖权与国际主权的关系》，《现代国际关系》2004 年第 7 期；关晶：《试析国际刑事法院管辖权与第三国的关系》，《中国刑事法杂志》2004 年第 5 期；王勇、李嘉：《试论国际刑事法院管辖权》，《犯罪研究》2003 年第 5 期；李寿平：《国际刑事法院的管辖权与国际主权原则》，《河北法学》2000 年第 4 期。

② 见曲涛《国际刑事法院与联合国安理会关系初探》，载赵秉志主编《国际刑事法院专论》，人民法院出版社 2003 年版。

关于安理会在国际刑事法院启动机制中发挥作用的规定，是符合国际社会建立国际刑事法院的初衷和目的的。尽管常设性的国际刑事法庭并不是由安理会通过决议建立的，但是基于安理会根据《联合国宪章》在维护国际和平与安全方面所享有的职权，国际刑事法院在其运作中抛开安理会是不现实的。而且，更为重要的是，允许安理会在国际刑事法院启动机制中发挥作用可使安理会免于重复设立特别国际法庭，从而可提高国际刑事司法效率。不仅如此，由于安理会向法院提交的显示一项或多项犯罪已经发生的情势属于安理会根据《联合国宪章》第七章行使职权的方式，因此国际刑事法院至少在理论上可以在有关国家拒绝与法院合作的情况下，请求安理会以其职权要求或命令有关国家与法院合作。这是国际刑事法院所能够依靠的安理会强制执行措施的唯一情形。国际刑事法院管辖权与安理会职权应该是相互补充、彼此协调的，而不应是相互矛盾、彼此冲突的。[①]

此外，还有学者分析了安理会向国际刑事法院移交苏丹达尔富尔情势的问题。联合国安理会于2005年3月31日通过第1593号决议，决定将在苏丹达尔富尔地区犯有战争罪和危害人类罪的嫌疑人交由国际刑事法院审理。这是自国际刑事法院2002年7月1日成立以来，安理会根据《国际刑事法院规约》第13条的规定提交的第一个情势，因此开创了一个重要的先例。该决议反映了国际社会对防止和终止有罪不罚现象的决心与行动。认真研究该决议所涉及的一系列法律问题，例如启动国际刑事法院诉讼程序的方式，普遍管辖权与补充性原则，安理会1593号决议第6段对国际刑事法院管辖权的限制，《国际刑事法院规约》中补充性原则的适用问题，罪行发生地国和行为人国籍国行使普遍管辖权的可能性，非罪行发生地国和行为人国籍国人员的豁免问题，《国际刑事法院规约》的缔约国和非缔约国与国际刑事法院合作问题以及联合国安理会移交案件的费用等问题，无疑对更好地理解《国际刑事法院规约》的含义与适用具有重要的积极意义。[②]

---

① 见王怡:《论国际刑事法院与联合国安理会的关系》，《湖南大学学报》（人文社会科学版）2005年第23卷第2期；许楚敬:《论国际刑事法院管辖权与联合国安理会职权的关系》，《华南师范大学学报》（社会科学版）2004年第2期；盛红生:《国际刑事法院在实现国际正义和维护世界和平方面的作用》，《世界经济与政治》2003年第3期；曲涛:《国际刑事法院与联合国安理会关系初探》，载赵秉志主编《国际刑事法院专论》，人民法院出版社2003年版。

② 见杨力军:《安理会向国际刑事法院移交达尔富尔情势的法律问题》，《环球法律评论》2006年第4期；王秀梅:《从苏丹情势分析国际刑事法院管辖权的补充性原则》，《现代法学》2005年第27卷第6期。

第五，中国与国际刑事法院。① 中国积极参与了国际刑事法院的创建过程，并且作出了很大的贡献，获得了国际社会的广泛好评。但是，中国对《国际刑事法院规约》投了反对票，反对的主要法理根据可以总结为"一个反对、两个保留、两个严重的保留"，具体说来，即中国政府不能接受规约所规定的国际刑事法院的普遍管辖权；中国政府对《规约》中有关安理会作用的规定持保留意见，中国对危害人类罪的定义持保留立场；中国政府对将国内武装冲突中的战争罪纳入国际刑事法院的普遍管辖具有严重保留，中国政府对检察官自行调查权有严重保留。② 尽管中国并未加入或批准《国际刑事法院规约》，但并不代表国际刑事法院对中国不会产生任何影响。根据现已生效的《国际刑事法院规约》，国际刑事法院可能会对中国国民行使管辖权；国际刑事法院在根据《规约》处理可否受理的问题时，可能会对非缔约国的国内法院正在进行的司法程序进行审查，以确定一国的司法系统是否存在"不愿"或"不能"对个人追究刑事责任的情形；此外国际刑事法院还设立了与非缔约国合作的制度，中国在一些特定的情形下可能有承担国际合作的义务。③ 中国作为联合国的常任理事国，可以通过行使否决权来影响安理会与国际刑事法院的关系，从而可能会对国际刑事法院的运作产生影响；而国际刑事法院也需要中国国际影响力的配合，需要中国的加入。同时学者提出，国际刑事法院与中国在台海问题上可能发生的冲突，将会导致国际刑事法院与中国之间的彻底决裂，而反华势力可能利用中国的西藏问题和法轮功等问题，在中国人权问题上挑起事端，促使国际刑事法院启动反华调查提案。如果这些情况发生，则中国与国际刑事法院之间发生激烈冲突将在所难免。④ 在分析了中国未加入国际刑事法院的理由，以及中国与国际刑事法院的关系的基础上，学者对中国如何应对国际刑事法院的问题，也作了有

---

① 对这一问题的较全面分析，见高铭暄、赵秉志主编《国际刑事法院：中国面临的抉择》，中国人民公安大学出版社 2005 年版。

② 参加建立国际刑事法院罗马外交代表会议的中国代表团团长、外交部部长助理王光亚于 1998 年 7 月向媒体解释了中国投反对票的理由。参见"译者前言"，载威廉·A. 夏巴斯著，黄芳译《国际刑事法院导论》，中国人民公安大学出版社 2006 年版。

③ 见王秀梅《国际刑事法院研究》，中国人民大学出版社 2002 年版；马军卫、董蕾红：《国际刑事法院对我国的法律影响以及我国的应有立场》，《中共济南市委党校学报》2005 年第 3 期；谭世贵：《中国与国际刑事法院关系初探》，载赵秉志《国际刑事法院专论》，人民法院出版社 2003 年版。

④ 见谭世贵《中国与国际刑事法院关系初探》，载赵秉志主编《国际刑事法院专论》，人民法院出版社 2003 年版。

益的探讨，分析了中国加入国际刑事法院的利弊，认为中国加入《规约》是利大弊小，但是为了使中国加入《规约》的利益能够实现，缩小和避免弊端，建议中国在继续完善、坚持正确的与战争犯罪有关的基本国策的基础上，加强对《国际刑事法院规约》等文件的研究。由于中国加入《规约》是一个相当重要和复杂的问题，需要一系列应对策略和措施，因此仅靠国内零星专家的研究很难提出全面、系统、适用的策略和措施，有必要成立专门的研究机构，调配国际法、刑法和国际刑法专家，进行长期、系统和跟踪式的全时专职研究，从组织上保证对中国加入《规约》前后的应对策略和措施研究的落实，使中国在加入《规约》前后在应对有关问题时，始终处于主动、有利的地位，避免因临时、零星、仓促研究造成的失误和被动。①

除了上述问题外，学者还分析了美国与国际刑事法院的关系，特别是分析了美国利用《国际刑事法院规约》第98条的规定，与其他国家所签订的、旨在规避国际刑事法院对美国公民所涉特定国际犯罪行使管辖权的双边协定，即所谓的"美国98条协定"的问题，认为这给国际刑事法院的前途撒下了一片阴霾。②《国际刑事法院规约》与"98条协定"的效力之争，实质是国际正义与国际强权之争。但可以有理由相信，随着国际社会共同利益的不断扩大和人类治理地球村理念的不断革新，国际刑事法院的权威性与普遍性必将获得越来越多国家的承认与尊重，"98条协定"终将成为历史。

国际刑事法院的启动机制特别是检察官的地位和功能，也是学者关注的问题之一，主要涉及检察官主动发动调查权、调查取证的问题以及刑事检控受国际政治因素影响的问题。《国际刑事法院规约》最后根据多数国家的意见，肯定了检察官享有自行调查与起诉权，但增加了刑事预审法庭对调查权发动的司法审查。即便如此，仍存在检察官的权力与国家主权的协调问题。学者认为，在一般情况下，检察官的调查仍然应当以有关国家的同意与配合为前提，同时检察官应努力争取有关国家的同意与配合。在证据制度上，国际刑事法院采用了违法证据视情况排除而非必须排除的原则，从而在证据制

---

① 见盖新琦《中国加入〈国际刑事法院规约〉的利弊分析》，《中国刑事法杂志》2005年第2期；谭世贵：《中国与国际刑事法院关系初探》、陈忠林：《中国对国际刑事法院应有的态度》，均载赵秉志主编《国际刑事法院专论》，人民法院出版社2003年版。

② 见周振杰、屈学武《美国第98条协定的国际法效力评析》，《中国刑事法杂志》2003年第6期；朱文奇：《国际刑事法院启动机制及美国的应策》，《河南社会科学》2003年第11卷第5期。

度上体现了追究国际刑事犯罪与保障嫌疑人正当权利的适度平衡。关于怎样处理刑事检控中法律因素与政治因素的关系,学者认为,完全否定政治因素的影响是不现实的,只是应当将这种影响控制在一个合理的范围之内,即政治因素的考量不能突破法律的底线,"起诉法定原则"仍然应当成为国际刑事法院检察官实施刑事检控的基本原则。① 另外有学者通过研究认为,无论是从打击恐怖主义犯罪本身所要求的国际合作,还是从国际刑事法院设立的宗旨来看,抑或是从《国际刑事法院规约》自身的规定来看,恐怖主义犯罪都应当纳入到国际刑事法院的管辖范围之内。②

三 国际刑事司法合作

国际刑法无论是通过国内法院的间接执行还是通过国际司法机构的直接实施,都离不开国家的密切配合和支持,都需要广泛的国际合作,随着《联合国反腐败公约》和《联合国打击跨国有组织犯罪公约》的生效和中国的批准,以及各种国际性犯罪现象的增多,如何更好地认识和利用有关国际刑事司法合作的法律规则与制度的问题也摆在了中国学者和实践人员的面前。中国学者对国际刑事司法合作基本理论以及反腐败、打击跨国有组织犯罪和打击恐怖主义犯罪的问题,也进行了许多的研究。

(一) 国际刑事司法合作的基本问题

学者一般认为,国际刑事司法合作与国际刑事司法协助是两个不同的概念。其中国际刑事合作又可作广义和狭义之分:广义的国际刑事司法合作包括国家之间在追诉国际犯罪以及各种具有涉外因素的国内犯罪的过程中所进行的各种形式的相互协助与配合;狭义的国际刑事司法合作则仅指各国在追诉和防止国际犯罪的过程中进行的各种合作,诸如确认国际犯罪、确认对国际犯罪的普遍管辖权、确立引渡国际犯罪人的制度、开展侦察通缉和逮捕国际犯罪等方面的司法协助,以及承认和执行外国法院对国际犯罪人的有效判

---

① 见龙宗智《国际刑事法院检察官的地位与功能研究》,《现代法学》2003 年第 25 卷第 3 期;莫洪宪、叶小琴:《论国际刑事法院的启动机制》,载赵秉志主编《国际刑事法院专论》,人民法院出版社 2003 年版。

② 见毛芳《国际刑事法院与恐怖主义犯罪——国际刑事法院管辖权之再探讨》,《河南科技大学学报》(社会科学版) 2005 年第 23 卷第 2 期。

决，等等。① 而国际刑事司法协助仅限于程序方面，是指世界各国或地区之间为了有效制裁国际犯罪行为，依据国际条约规定或双边互惠原则，直接或在国际组织协调下进行的司法互助，代为履行一定诉讼事务的司法制度。② 国际刑事司法合作的范围要比国际刑事司法协助的范围广得多，国际刑事司法协助仅限于某些程序上的事项，是国际刑事司法合作的一项内容，国际刑事司法合作还包括实体法上的内容。至于国际刑事合作究竟应该包括哪些内容，并没有一个简单明了的标准，应完全由有关国家根据自己的国情和实际需要来具体协商和确定，没有必要给国际刑事司法合作限定一个统一的标准范围。③ 有学者总结认为，国际刑事司法合作的内容包括：按照普遍管辖原则确立对国际犯罪的管辖权、采取必要的应急措施、采取必要的刑事强制措施、引渡罪犯、开展刑事司法协助、刑事诉讼的转移管辖、相互交换情报以及遵守国际条约中的其他义务性规定和禁止性规定。④ 另有人将目前国际社会普遍使用的国际刑事司法合作的主要方式总结为六种，即双向司法互助、追寻并扣押财产、刑事诉讼程序的移转、引渡、外国判决的承认和执行以及被判刑人的移转。⑤ 学者在各种著述中对这几种范式都有专门的论述，此处不再一一总结。

在中国相关情况、立法和实践的背景下，引渡问题成为中国学者近年来研究的一个重点。⑥ 引渡是一项重要的国际刑事司法制度，属于国际司法协助的高级形态，自从格劳秀斯提出"或引渡或起诉"的原则之后，现代引渡制度得到了长足的发展，其立法及司法的完善及成熟程度，已经居于各项国际刑事司法协助制度之首。就中国在此领域中的理论研究来说，已经有不少颇具分量的学术专著和独具见解的论文相继问世，构建了科学严密的理论体系，成为当代法学中的重要领域之一。中国法学界对引渡的研究已经从无到有，从点到面，正在逐步深化，在多方面取得了重大

---

① 见张智辉《国际刑法通论》，中国政法大学出版社1999年版；王秀梅：《国际刑事法院研究》，中国人民大学出版社2002年版；陈晓明：《国际刑事合作初探》，《政法论坛》1995年第6期；赵永琛：《国际刑法与司法协助》，法律出版社1994年版；齐文远、刘代华：《国际犯罪与跨国犯罪研究》，北京大学出版社2004年版。

② 见马进保《国际犯罪与国际刑事司法协助》，法律出版社1999年版。

③ 见陈晓明《国际刑事合作初探》，《政法论坛》1995年第6期。

④ 见张智辉《国际刑法通论》，中国政法大学出版社1999年版。

⑤ 见王秀梅《国际刑事法院研究》，中国人民大学出版社2002年版。

⑥ 例如见刘亚军《引渡新论：以国际法为视角》，吉林人民出版社2004年版；黄风：《引渡制度》，法律出版社1997年版。

的理论突破，为中国参与相关的国际引渡公约以及制定双边引渡条约奠定了理论基础。

对于引渡的特征，学者从诉讼法学的角度进行了实证分析，认为有四个特征：第一，司法性与行政性的统一。为保障引渡活动不违背本国的法制精神和外交政策，在引渡程序上应规定严格的"双重审查制"，要求当事国对人犯提出引渡请求或决定予以引渡协调时，都要经过司法审查和行政审查两次把关，通过对司法审查和行政审查的职责分工和有关程序的适当界定，实现引渡司法性与行政性的统一。这种方式改变了早期引渡作为掌握国家统治权的国王手中的政治工具，最终成为政治交易和利益平衡之手段的现象。这种双重审查为引渡的公正与合理以及引渡能够顺利进行提供了一个理论上的保障。能否真正实现在坚持法制原则与国家主权原则相统一的前提下进行引渡，还必须考虑一些现实的因素。尤其值得我们考虑的是，现代引渡不可避免地要受到敏感的政治因素的影响。必须完善行政审查和司法审查的职责分工和有关程序，使引渡的审查尽量进入司法程序，使引渡的最终决定权，尤其是因人权保护而拒绝引渡的决定权，掌握在司法部门手中，实现引渡的法律化。第二，"双重归罪"与双向选择（或引渡或起诉）的统一。在国际引渡实践中，双重归罪原则在大多数情况下能够妥善解决行为的实体问题，双向选择又为追诉犯罪的程序作出了科学规定，现代引渡制度将实体和程序有机地统一起来，使国际司法协助活动能及时妥当地处理各种具体的法律问题。第三，引渡与庇护相统一。引渡和庇护是基于同一前提而产生的两种不同的结果，只有在发生行为的性质属于应当引渡还是应当庇护的争议时，才会通过外交途径进行磋商解决。第四，惩罚犯罪与人权保护的统一。积极有效地惩罚犯罪和妥善地保护被引渡人的合法权益，是现代引渡制度的民主性的具体体现。[①] 还有学者归纳了引渡制度的七个发展趋势：第一，引渡理论日益成熟、引渡立法不断完善；第二，互惠原则逐步走向自我否定；第三，国际组织在引渡中的作用越来越大，特别是国际刑警组织和联合国安理会的作用越来越突出；第四，"政治犯罪不引渡"原则正在受到限制；第五，财税犯罪转向可引渡犯罪之列；第六，引渡对象已由人扩大到财产；第七，国际社会为

---

① 见马进保《国际犯罪与国际刑事司法协助》，法律出版社1999年版；参见刘雅君、陈金涛《浅析现代引渡制度的法律特征》，《丹东师专学报》2002年第24卷第2期。

强化引渡正在寻求标准规范和直接合作途径。①

另外，对于国家向国际刑事法院移交有关人员以及这种行为是否构成引渡的问题，学者也进行了较多的讨论。有的学者将这种移交行为称为引渡，其理由是引渡分为两类，一类是主权国家间的引渡，这种引渡具有权利和义务的对等性特点，另一类是主权国家向国际刑事法院移交有关人员，这种引渡不具有权利和义务的对等性。② 但是这种主张不是主流观点，大多数学者仍认为引渡是一种主权行为，③ 国家向国际刑事法院移交有关人员在形式上与引渡基本一致，都是将案件有关人员从被请求国递解到行使管辖权的另一方，但实质上这两种行为和概念之间具有本质的不同，二者在法律的依据、适用的原则、适用性质、适用罪行范围、国家接受程度等方面都存在着不同。④

（二）打击跨国有组织犯罪

于2003年9月29日生效的《联合国打击跨国有组织犯罪公约》为国际社会打击跨国有组织犯罪提供了强有力的法律武器，而严厉惩治、国际合作、保护人权、注重犯罪预防为该《公约》的主要刑事政策。跨国犯罪对全球化有非常明显的负面影响，且犯罪类型呈多样化的趋势。学者认为，应对跨国有组织犯罪的关键是加强国际合作；而就中国而言，在这一方面的立法实践、司法理念尚存很大缺陷，需要加以完善和转变，⑤ 学者也进行了许多相关的研究，择要如下。

第一，跨国有组织犯罪的定义和类型。跨国有组织犯罪是有组织犯罪的形式之一，但具有更大的规模。如何界定跨国有组织犯罪，在世界上有许多

---

① 见马进保《国际犯罪与国际刑事司法协助》，法律出版社1999年版。
② 见刘雅君、陈金涛《浅析现代引渡制度的法律特征》，《丹东师专学报》2002年第24卷第2期。
③ 见张智辉《国际刑法通论》（增补本），中国政法大学出版社1999年版；马进保：《国际犯罪与国际刑事司法协助》，法律出版社1999年版；赵永琛：《国际刑法与司法协助》，法律出版社1994年版。
④ 见王秀梅《国际刑事法院研究》，中国人民大学出版社2002年版。
⑤ 见黄京平、李翔《联合国〈枪支议定书〉与中国刑法的协调》，《法学》2003年第10期；莫洪宪、胡隽：《论〈联合国打击跨国有组织犯罪公约〉与我国刑事司法理念之转变》，《犯罪研究》2004年第5期；莫洪宪：《全球化视角下控制跨国有组织犯罪的对策》，《法学论坛》2004年第19卷第5期。

不同的看法。中国学术界对有组织犯罪定义问题进行了许多研究,[①] 或是介绍《联合国打击跨国有组织犯罪公约》有关跨国有组织犯罪的定义,[②] 或是在研究有组织犯罪的概念的基础上总结跨国有组织犯罪的定义。这些定义都在不同层面上揭示了有组织犯罪的特征,但是尚没有达成得到普遍接受的有组织犯罪的概念,仍存在许多争论。这是因为,很难精确清楚地定义有组织犯罪,也很难将其归纳为某一种特定的行为——有组织犯罪常常包括一系列不同的犯罪。有学者认为,为了求得一致的见解,以便更好地认识有组织犯罪问题,有必要从多个视角去理解这一概念的实质意义。[③] 从犯罪学的角度可以对有组织犯罪有多层理解。第一层理解是,有组织犯罪是犯罪组织的犯罪,即凡是由犯罪组织实施的犯罪,都可以认为是有组织犯罪。第二层理解是,有组织犯罪是犯罪人有组织地进行的犯罪,即凡是犯罪人按照犯罪计划,有目的、有步骤,分工负责、互相配合完成其犯罪活动的,都属于有组织犯罪。第三层理解是,有组织犯罪不是个人犯罪,而是多个人在某个组织的名义下进行的犯罪。这种犯罪因此具有组织行为的全部特征,是以组织形态来表明其反社会的性质。因此,有组织犯罪是特殊社会组织反抗整个社会的一种形式。跨国有组织犯罪作为有组织犯罪的一种特殊形式,学者也总结了其性质,概括起来主要包括:跨国性、组织的严密性、犯罪手段的日益现代化和智能化以及最终目的在于攫取最大的经济利益。随着人类社会进入21世纪以及经济的持续发展、科技的不断进步,跨国有组织犯罪呈现出新的特点:一是犯罪主体的跨国流动性日趋自由化;二是犯罪行为的国际性分工更加细密化;三是犯罪收益的跨国转移手段更加复杂和现代化;四是作案手段的智能化;五是有组织犯罪与国际恐怖主义(国际恐怖主义活动已成

---

① 例如见康树华主编《当代有组织犯罪与防治对策》,中国方正出版社1998年版;赵永琛:《关于跨国有组织犯罪的若干理论问题》,《政法论坛》2000年第6期;记永胜:《国际刑法学界关于有组织犯罪的最新研究动向》,《中国法学》1997年第4期;刘文成:《试论有组织犯罪的类型特征和惩治对策》,《政法学刊》1998年第2期;孙茂利:《有组织犯罪论》,载杨春洗主编《刑法基础论》,北京大学出版社1999年版;邓又天、李永升:《试论有组织犯罪的概念及其类型》,《法学研究》1997年第6期;刘文成:《试论有组织犯罪的类型特征和惩治对策》,《政法学刊》1998年第2期。

② 见邵沙平《国际刑法学——经济全球化与国际犯罪的法律控制》,武汉大学出版社2005年版。参见杨宇冠、张凯《〈联合国打击跨国有组织犯罪公约〉浅说》,《中国司法》2004年第3期;张荍蔚:《〈联合国打击跨国有组织犯罪公约〉及其议定书解析》,《犯罪研究》2003年第5期;赵永琛:《国际刑法发展新的里程碑——〈联合国打击跨国有组织犯罪公约〉述评》,《中国刑事法杂志》2001年第6期。

③ 见赵永琛《关于跨国有组织犯罪的若干理论问题》,《政法论坛》2000年第6期。

为一种特殊的跨国有组织犯罪)、国内民族分裂主义相互交织一体化。① 日益猖獗的跨国有组织犯罪严重威胁着世界各国的社会稳定、经济发展和政治民主化的进程。关于跨国有组织犯罪的类型,根据不同的标准可以有不同的划分方式。有学者用列举的方式总结了 15 种犯罪;② 还有学者将跨国有组织犯罪总结为 3 种类型,即境外渗透型、境内输出型和内外勾结型。③ 无论是列举式的还是分类式的,跨国有组织犯罪不能简单地归为某一种特定的行为,而是包括一系列的犯罪行为。

第二,学者对《联合国打击跨国有组织犯罪公约》的研究情况。中国学者从该《公约》的制定背景、过程到《公约》的宗旨、基本内容都作了详尽的介绍。④ 在控制跨国有组织犯罪方面,传统的方式主要是通过刑法措施,因此有关控制跨国犯罪的国际法规则和制度也主要与刑法有关。《公约》则采取司法、经济、行政等多种措施和手段,特别是细化了涉及刑事诉讼的相关程序,以此来控制和打击跨国有组织犯罪。在刑事政策上,《公约》既坚持了罪刑相适和公平待遇原则,又结合了刑法的惩罚犯罪与震慑犯罪的双重功效,兼顾了追诉犯罪与注重司法效率两个方面,从而形成了多层次、多维度、多方位打击跨国有组织犯罪的综合法律机制。对于《公约》的内容,学者则多从五个方面来介绍和研究,即对跨国有组织犯罪的界定、控制跨国有组织犯罪的刑法措施、控制跨国有组织犯罪的反洗钱和反腐败措施、控制跨国有组织犯罪的国际合作措施以及保护证人和被害人并保障被告

---

① 见赵永琛《关于跨国有组织犯罪的若干理论问题》,《政法论坛》2000 年第 6 期;狄世深:《跨国有组织犯罪问题研究》,《南都学坛》2004 年第 24 卷第 4 期;张宗亮:《全球化境域下跨国有组织犯罪的发展态势》,《中国人民公安大学学报》2004 年第 5 期;张宗亮:《全球化与跨国有组织犯罪及法律对策》,《法学论坛》2004 年第 5 期。

② 见狄世深《跨国有组织犯罪的主要类型》,《犯罪研究》2003 年第 4 期。

③ 见黄立《论打击跨国有组织犯罪》,《政法学刊》2001 年第 18 卷第 5 期。

④ 见邵沙平《国际刑法学——经济全球化与国际犯罪的法律控制》,武汉大学出版社 2005 年版;杨宇冠、张凯:《〈联合国打击跨国有组织犯罪公约〉浅说》,《中国司法》2004 年第 3 期;张莜蔚:《〈联合国打击跨国有组织犯罪公约〉及其议定书解析》,《犯罪研究》2003 年第 5 期,赵永琛:《国际刑法发展新的里程碑——〈联合国打击跨国有组织犯罪公约〉述评》,《中国刑事法杂志》2001 年第 6 期;李仙翠编译:《〈联合国打击跨国有组织犯罪公约〉概述》,《公安研究》2001 年第 1 期;杨宇冠:《联合国打击跨国有组织犯罪公约〉浅说》,《中国司法》2004 年第 3 期;赵永琛:《国际刑法发展的新里程碑——〈联合国打击跨国有组织犯罪公约〉述评》,《中国刑事法杂志》2001 年第 6 期;陈雷:《评析联合国打击跨国有组织犯罪公约〉》,《福建政法管理干部学院学报》2004 年第 2 期。

人的权利。① 其中对加强国际合作打击跨国有组织犯罪的研究是一个热点。近年来，联合国倡导的国际合作在世界各国的共同努力之下，在打击跨国有组织犯罪领域得到了进一步的发展。由于跨国有组织犯罪从根本上危害了整个国际社会的安全，并且跨国有组织犯罪的跨国性、复杂性使得仅仅依靠一国的力量难以取得有效的成果，因此，加强国际合作对打击跨国有组织犯罪至关重要。② 也有学者专门论述了国际合作的主要方式和途径，主要包括：制订多边国际公约，共同承担惩治跨国有组织犯罪的义务；情报信息资料的搜集和交换；加强各国的反有组织犯罪的立法，防止有组织犯罪的扩张和渗透；利用和加强国际刑事司法合作——这是目前使用最广泛和最多的一种国际合作方式。③ 此外，对于国际合作的依据、保障和机构，中国学者也作了相关的研究，并提出了一些有益的建议。④《公约》对有关引渡、司法协助及其他执法合作和行政措施等程序性问题都作出了具体的规定。《公约》在许多方面进行了创新，包括没收制度、扣押制度、被判刑人移交、刑事诉讼转移、联合调查、特殊侦查技术、执法合作等一系列重要程序性规则都得到了明确清晰的界定。《公约》在继承了国际司法协助实践的一些基础性原则的前提下，为促进合作、有效打击愈演愈烈的跨国犯罪，还确立和重申了最大程度提供司法协助的原则，并对传统的双重犯罪原则有所突破。《公约》第 18 条第 9 款规定，"双重犯罪"仍可作为缔约国提供司法协助的原则，但"被请求缔约国可在其认为适当时在其斟酌决定的范围内提供协助，而不论该行为按被请求缔约国本国法律是否构成犯罪"，这一规定意味着"双重犯罪"原则在特定条件下可以松动。⑤ 将有关刑事诉讼的若干新机制引入打击跨国有组织犯罪活动本身具有重要意义。因为长期以来，对于跨国有组织犯罪中刑事诉讼问题研究的缺失导致了许多人认为跨国犯罪问题只涉及国际刑法问题，所以《公约》必将作为一个重要的法律渊源开辟刑事诉讼研

---

① 见邵沙平、丁明方《控制跨国犯罪与现代国际法的发展——2000 年〈联合国打击跨国有组织犯罪公约〉评述》，《法学评论》2002 年第 1 期；张宗亮：《全球化与跨国有组织犯罪及法律对策》，《法学论坛》2004 年第 5 期。

② 见廖敏文《国际合作——打击跨国有组织犯罪之基石》，《中国人民公安大学学报》2004 年第 1 期。

③ 见齐文远、刘艳红《打击有组织犯罪的国际合作方式和途径》，《政法学刊》1998 年第 2 期。

④ 例如见莫洪宪《反有组织犯罪的国际合作研究》，《法制与社会发展》1999 年第 2 期。

⑤ 见李蓉《反腐败的国际刑事司法协助——〈联合国打击跨国有组织犯罪公约〉的刑事司法协助体系》，《政法论坛》2005 年第 23 卷第 2 期。

究的新领域。① 有学者认为,《公约》通过一系列刑事司法原则以及相关实体法和程序法的规定,体现了全新的司法理念,即控制犯罪与保障人权双重价值追求的统一。②《公约》将控制犯罪与保障人权两大司法理念作为其思想精髓,在强调控制犯罪、强化其社会保护功能的同时,还关注了刑事被告人、被害人与其他诉讼参与人的人权保障,通过确立刑事司法原则和程序规则,构筑了对刑事被告人、被害人以及证人的人权保障机制和全方位的保护系统。③

第三,中国打击有组织犯罪的研究。学者分析了中国在打击有组织犯罪方面存在的不足,认为主要有以下几个方面的表现:刑事实体法的相关规定存在诸多问题,缺乏系统性、超前性;刑事程序法中,打击有组织犯罪的特殊司法制度或程序处于空白状态;司法措施颇为薄弱;其他配套的法律和行政规章仍不健全。在分析了存在的问题后,还提出了完善的建议:第一,要完善中国打击有组织犯罪的相关法律法规,完善刑法规定,应明文规定有组织犯罪的单位主体,以有效惩治单位有组织犯罪。适当加重有组织犯罪的法定刑,并引入财产刑,使罪刑体系更加完善。在刑罚适用方面,对不同犯罪人确定具有显著区别的刑种刑度。第二,完善刑事程序的控制措施。在刑事程序上,要针对有组织犯罪的特点,建立一些特殊的法律制度。主要包括:赋予侦查人员特殊的侦查手段及秘密侦查措施;建立完备的证人保护制度,证人保护制度应当包括身份保密、人身安全保护和生活安置;建立"污点证人"司法豁免制度。第三,完善其他立法和制度,包括反腐败的法律、社会保障制度、金融立法、边境管理、枪支管理等制度。第四,完善反有组织犯罪的司法措施。首先应成立反有组织犯罪的专门机构。从中国内部设置的机构来看,目前只在公安部刑侦局设有"反有组织犯罪处";但是,该处由于本身人力、物力和财力所限,更多地承担了协调、监督职责,办理具体案件的力量明显不足。反观另外一些机构设置,则限于各部门的现实需要,各机构各自为政,缺少信息交流,极大地限制了对有组织犯罪的打击。因此,应尽快建立全国统一的指挥协调机构,组建公安、检察、武警及相关部门参加或由多种专业人员参加的专门机构,依据法律规定侦办有组织犯罪案

---

① 见杨宇冠《聚合国际司法力量惩治跨国犯罪之全球法律框架——〈联合国打击跨国有组织犯罪公约〉评介》,《信阳师范学院学报》2005年第25卷第2期。
② 见莫洪宪《论〈联合国打击跨国有组织犯罪公约〉与我国刑事司法理念之转变》,《犯罪研究》2004年第5期。
③ 见莫洪宪《全球化视角下控制跨国有组织犯罪的对策》,《法学论坛》2004年第5期。

件。其次应建立反有组织犯罪的警察队伍，甚至精锐部队。为了适应反有组织犯罪斗争形势的需要，一方面要加强反有组织犯罪队伍的建设，对这支队伍进行专门的教育训练和实战锻炼；另一方面要在硬件方面多增加投资，以现代化、高科技的手段来武装这支队伍。最后应加强信息和情报的搜集与交换。① 此外，学者还就中国刑事司法理念的转变提出了有益的建议。《公约》所提出的控制犯罪和保障人权的刑事政策理念反映了现代刑事司法的共同追求。然而，控制犯罪与保障人权这两大价值目标的相互冲突已经成为刑事司法现代化过程中的一大难题。实际上，这还涉及个人权利与国家权力的冲突与协调这一深层矛盾。我们必须寻求个人权利与国家权力之间的平衡，而这种平衡又是一个动态发展的过程，它必然随着社会实际情况的变化而不断变化。现代法治社会以尊重人的权利（包括人的最基本权利即人权）、保障人的权利为依归，因而以弘扬权利本位为特征。因此，中国的刑事司法理念也应当朝着以人权保障为依归的方向演进。只有这样，中国的刑事司法改革才能跟上世界司法改革的潮流，才能实现两大理念的动态统一，才能将国际刑事司法准则一以贯之。总体上，中国应该根据自身国情制定落实《公约》的配套措施和具体完成这些措施的时间表。具体而言，中国可以按照"保障一个基点，兼顾两个方面，促进三个合作，开展四个结合"来设计落实《公约》的整体框架。保障一个基点，即以形成打击跨国有组织犯罪的全球合力为根本出发点，这也是《公约》本身的应有之义；兼顾两个方面，即在制定打击跨国有组织犯罪的措施时兼顾预防有组织犯罪；促进三个合作，即在打击跨国有组织犯罪上广泛开展双边合作、区域合作和国际合作；开展四个结合，即把监视国际犯罪动向与掌握国内犯罪形势相结合、把打击跨国有组织犯罪与维护经济利益相结合、把维护国家主权与开展国际合作相结合、把运用法律手段与采用技术手段相结合。②

（三）国际腐败犯罪

腐败现象已成为许多国家共同关注的一种国际公害。2003 年，联合国大会审议通过了《联合国反腐败公约》。2005 年 10 月，中国十届全国人大

---

① 见张宗亮《全球化与跨国有组织犯罪及法律对策》，《法学论坛》2004 年第 5 期；于改之：《我国关于有组织犯罪的立法与司法完善》，《法学论坛》2004 年第 5 期。

② 见莫洪宪、胡隽《论〈联合国打击跨国有组织犯罪公约〉与我国刑事司法理念之转变》，《犯罪研究》2004 年第 5 期；杨宇冠、张凯：《聚合国际司法力量惩治跨国犯罪之全球法律框架——〈联合国打击跨国有组织犯罪公约〉评介》，《信阳师范学院学报》2005 年第 25 卷第 2 期。

常委会第十八次会议以全票通过决定,批准加入了该《公约》。《联合国反腐败公约》是第一部指导国际反腐败的法律文件,被称为"21世纪国际合作的里程碑"。对国际腐败犯罪,中国学者除了对《联合国反腐败公约》的总体概况以及其中的管辖权制度、腐败资产追回机制、引渡机制、国际合作机制、刑事程序以及《公约》与非法证据排除规则的关系等问题进行了深入的研究以外,还着重分析了中国《刑法》和《刑事诉讼法》与《公约》之间的一些差异,涉及腐败犯罪主体、若干腐败犯罪的成立要件和立法体例、有关腐败犯罪的证明责任与证明标准、侦查手段等方面,并提出为了有效打击腐败犯罪和履行缔约国的义务,中国有必要以该《公约》为标准,对《刑法》和《刑事诉讼法》进行修改和完善。

1. 《联合国反腐败公约》的总体概况

学者撰写了大量的文章来介绍《联合国反腐败公约》,详细地解读了从《公约》的制定背景到《公约》的内容的很多方面。[①]《公约》架构了一个国际反腐刑事合作的框架,确定了国际法上惩治腐败的法律基础,在反腐败的国际刑事合作中具有划时代的意义。它将有力推动中国反腐败的实践,奠定封堵贪官外逃的国际法基础,完善反腐败刑事法制,为中国取得反腐败斗争更大成果提供较好的国际环境。《公约》确立了国际反腐败的六个主题。第一,宣明《公约》的宗旨。《公约》开宗明义地指出,其宗旨是促进和加强各项措施,以便更加高效而有力地预防和打击腐败;支持国际合作和技术援助,包括资产追回;提倡廉正、问责制和对公共事务和公共财产的妥善管理。第二,建立预防措施。《公约》第二章专门规定了"预防措施",要求各缔约国应当根据本国法律制度的基本原则,制定和执行或者坚持有效而协调的反腐败政策,这些政策应当促进社会参与,并体现法治、妥善管理公共事务和公共财产、廉正、透明度和问责制的原则。第三,规范定罪和执法机制。这是《公约》中内容最多的一部分,主要规范三大内容,即规范腐败定罪、规范刑事制裁和规范人权保护。第四,加强国际合作机制。长期以来,国际反腐司法合作的主要方式充其量就是引渡,而且还存在许多法律障

[①] 例如见杨宇冠、吴高庆《〈联合国反腐败公约〉解读》,中国人民公安大学出版社 2003 年版;邵沙平:《国际刑法学——经济全球化与国际犯罪的法律控制》,武汉大学出版社 2005 年版;司平平:《〈联合国反腐败公约〉中的管辖权》,《法学》2006 年第 1 期;陈雷:《国际反腐败法律机制中的资产追回制度》,《法学》2004 年第 8 期;苏彩霞:《〈联合国反腐败公约〉与国际刑法的新发展——兼论〈公约〉对我国刑事法的影响》,《法学》2006 年第 1 期;李昌道:《〈联合国反腐败公约〉解析》,《复旦学报》(社会科学版)2006 年第 4 期。

碍。《公约》的出台加强了全面的、有效的国际合作机制的建立。《公约》一方面对引渡机制规定得更为明确、具体,细分为18款,规范了各种可请求引渡的情况;另一方面,还规定了"被判刑人的移管"、"司法协助"、"刑事诉讼的移交"、"执法合作"、"联合侦查"等国际合作机制。第五,实施资产的追回制度。《公约》要求缔约国把缴获的腐败资产交还原属国,这是一个重大突破,将有利于发展中国家重新获得失去的资金,将之用于发展经济和消除贫困。在这一主题下具体规定了"预防和监测犯罪所得的转移"、"直接追回财产的措施"、"没收事宜的国际合作"、"资产的返还和处分"、"金融情报机构"等方面。第六,设立履约监督机构。《公约》设立了缔约国会议,以定期审查实施情况并提出建议;还设有秘书处,以提供必要服务。① 《公约》控制腐败犯罪着眼的是从整体上、根本上维护全球性的国际法治——包括国际层面的法治和国内层面的法治。也就是说,由于腐败犯罪从根本上破坏了国际法治的基础、全球性国际法律秩序和环境,因此,要维护健全的国际法治,就必须控制腐败犯罪。《公约》所确立的控制腐败犯罪的国际法律合作机制将成为维护法治的重要手段,所确立的控制腐败犯罪的原则和措施将从总体上推动传统国际法治向更高阶段的国际法治演变。这突出反映了国际法规则从传统的划分国家权力到注重国家权力的实际运作——妥善管理公共事务和公共财产——的转变,并促进了良法和良治的互动。

2. 《联合国反腐败公约》对国际刑法的发展

中国学者通过研究认为,《联合国反腐败公约》在以下几个方面发展了国际刑法:第一,扩大了国际刑事合作领域,拓宽了国际刑法的研究视野。《联合国反腐败公约》作为联合国历史上第一个指导国际反腐败斗争的法律文件,首次将国际社会的刑事合作扩展到反腐败犯罪领域,为国际社会合作反腐败提供了基本的法律指南,由过去注重打击犯罪的国际合作扩大到预防和打击犯罪并举的国际合作。传统的国际刑事合作主要是通过国际刑事司法协助的方式,局限于程序法方面的合作。而《公约》为有效地进行反腐败斗争,从传统的程序法方面的国际刑事合作扩大到实体法方面的国际刑事合作。这种实体法方面合作的显著标志和基础,就是明确界定了应予以预防、

---

① 见黄风《关于追缴犯罪所得的国际司法合作若干问题研究》,载张智辉主编《国际刑法问题研究》,中国方正出版社 2002 年版;邵沙平:《国际刑法学——经济全球化与国际犯罪的法律控制》,武汉大学出版社 2005 年版。

禁止和惩处的腐败犯罪以及构成腐败犯罪的犯罪行为。第二，肯定了法人的刑事责任，扩大了国际刑事责任主体的范围。法人能否犯罪、法人能否承担刑事责任，各国的理论、法律和实践一直存在差异。英美法系国家基于实用主义法哲学，承认法人的刑事责任。大陆法系国家虽然逐渐在行政法规中规定了法人的刑事责任，但在刑法典中明确规定了法人犯罪的国家目前还只有法国和中国。而在国际公约中规定法人刑事责任，则少之又少。继《联合国打击跨国有组织犯罪公约》首次以公约的形式明文规定法人刑事责任之后，《联合国反腐败公约》再次明文肯定了法人的刑事责任。《联合国反腐败公约》对法人刑事责任的再次肯定，扩大了国际刑事责任主体的范围，无疑是对《打击跨国有组织犯罪公约》所取得的国际法新成果的进一步巩固。第三，突破了传统的双重犯罪原则，为国际社会的刑事司法协助开启了新思路。对传统的双重犯罪原则的过分坚守，显然不具有灵活性，不能适应国际刑事合作实践的发展需要。为促进各缔约国在国际反腐斗争中的进一步合作，《公约》对传统的双重犯罪原则作了灵活的重大突破。《公约》第46条第9款规定，各缔约国均可以考虑采取必要的措施，以使其能够在并非双重犯罪的情况下提供比本条所规定的更为广泛的协助。这为国际社会其他领域的刑事司法协助和引渡开启了新思路，预示着21世纪国际刑事司法合作新的发展方向。第四，在国际合作打击腐败犯罪的领域中排除了"政治犯不引渡"原则，这是国际社会引渡的立法实践与司法实践的新发展。《公约》首次确立了在国际合作打击腐败犯罪领域中限制政治犯不引渡原则的新规则。这一新规则的确立必将大大限制政治犯不引渡原则在打击腐败犯罪领域的适用，减少国际社会在刑事合作方面的障碍。第五，首次创设了富有特色的资产返还与追缴机制，这对将来的国际刑事公约不无借鉴意义。对外逃的犯罪所得及收益的追缴与返还，不仅是全球反腐斗争中面临的问题，也是国际社会打击其他国际性犯罪、跨国性犯罪的斗争中面临的共性问题。在以往的打击国际犯罪的国际公约中，犯罪所得及其收益的返还与追回几乎一直是法律的盲点。《公约》对此率先作了有益的尝试。《公约》分别确立了财产的直接追回机制和通过没收的间接追回机制。资产返还与追缴机制是《公约》最具创新意义的机制，是《公约》取得的最重大成果。第六，采用了新颖的监督机制，丰富了国际公约监督机制的多样性。国际公约能否取得预期效果，重要的一环在于对各缔约国的履约情况进行监督。这就需要方便可行且行之有效的监督机制。在国际法中，以往的公约监督机制主要有两种：一种是国际人权公约所确立的独立委员会机制，要求缔约国定期提交履约报告，并赋予监督机构赴缔约国实地查访、接受和审查针对缔约国的来文权力，这种机制较具强制性；另一种是《联合国打击跨国有组织犯罪公约》确立的缔约方会议机制，由公约缔约方会议负责监督公约的履行，但对缔约方会议本身未作义务性要求，这种机制又过于灵活。《联合国反腐败公约》考虑到这两种监督机制的利弊，创设了介于强制性与灵活性之间的缔约国会议制度，即由缔约国会议负责促进缔约国之间反腐败信息的交流，定期审查缔约国对《公约》的实施情况，为改进《公约》及其实施情况提出建议。这种机制的最大特色在于：一是所有缔约国都可以参加这一机制下的审查工作，因而参与成员广泛、代表性强，结论的公正性比较有保障；二是这一机制的工作目标并不仅仅是审查公约的实施情况，而是增进缔约国反腐败的能力，加强缔约国之间的合作，因而能更好地实现《公约》的目的及宗旨；三是介于强制性与灵活性之间。此外，与其他国际公约特别是现有的打击腐败犯罪的区域公约和很多国家的现行国内刑事立法相比，《公约》的刑事定罪机制也有许多创新之处，其中最重要的创新就是大大扩展了腐败犯罪的定罪范围。《公约》所规定的贿赂犯罪不再局限于传统意义上的贿赂本国公职人员犯罪，而是将贿赂犯罪的主体与犯罪对象扩大到本国公职人员、外国公职人员、国际公共组织官员，甚至还包括私营部门内的人员。这些人员受贿，或向这些人员行贿，都可能构成《公约》所规定的腐败犯罪。《公约》将贿赂外国公职人员或国际公共组织官员确定为刑事犯罪，这在国际法律文件中尚属首次，因此无疑也扩大了国际刑法研究的范围。[①]

3. 中国相关法律的完善

中国反腐败刑事法律制度和实践的发展与《联合国反腐败公约》有同步性，但也有一定的差异性。根据"条约必须遵守"的国际法原则，中国负有全面、善意履行《公约》规定的义务，因此无论从实体法和程序法上，都要按《公约》规定，有步骤做好与《公约》的衔接工作。从这一角度看，《公约》必然会给中国刑法与刑事诉讼法带来相应的变化。学者分析了中国刑事法与《联合国反腐败公约》相比存在的差距，并进而提出了完

---

① 见苏彩霞《〈联合国反腐败公约〉与国际刑法的新发展——兼论〈公约〉对我国刑事法的影响》，《法学》2006年第1期。李昌道：《〈联合国反腐败公约〉解析》，《复旦学报》（社会科学版）2006年第4期；王飞：《从〈联合国反腐败公约〉看我国境外追缴腐败犯罪所得国际合作制度的完善》，《河北公安警察职业学院学报》2006年第6卷第1期；王作富、但未丽：《〈联合国反腐败公约〉与我国贿赂犯罪之立法完善》，《法学杂志》2005年第4期。

善的对策。①

在刑法方面的问题和建议如下：(1) 应扩大贿赂内容的范围。根据中国刑法的规定，贿赂内容仅仅是"财物"，但《公约》规定为"不正当好处"，因此既可以是物质性利益，也可以是非物质性利益，如安排子女就业、解决招工指标、提供某种机会等。(2) 应增设贿赂外国公职人员、国际公共组织官员的罪名。《公约》第16条对此有规定，但在中国刑法中却没有相应的规定，因此应作补充规定，把这类行为规定为犯罪。至于外国单位或者国际公共组织贿赂罪的问题，《公约》第26条第1款规定，各缔约国均应当采取符合其法律原则的必要措施，确定法人参与根据《公约》确立的犯罪应当承担的责任。中国法律中也应增设这样的规定。(3) 应删除受贿罪中"为他人谋取利益"的规定。根据《公约》，只要索取或收受不正当好处是与其职务行为相关的，就足以构成贿赂犯罪。与《公约》相比，中国刑法规定的受贿罪多了"为他人谋取利益"要件，即非法收受他人财物的，必须同时具备"为他人谋取利益"的条件，才能构成受贿罪。为了与《公约》一致，应删除这一条件。(4) 应删除行贿罪中"为谋取不正当利益"的规定。《公约》第15条规定，只要向公职人员实施了行贿行为以使其作为或者不作为，则不论行贿人谋取的利益正当还是不正当，行贿罪都

---

① 见丁成耀、冯寿波《〈联合国反腐败公约〉与我国反洗钱立法的完善》，《法学》2006年第1期；邵沙平、范红旗：《〈联合国反腐败公约〉的实施与我国反贿赂犯罪法的完善》，《法学杂志》2004年第5期；王作富、但未丽：《〈联合国反腐败公约〉与我国贿赂犯罪之立法完善》，《法学杂志》2005年第4期；苏彩霞：《〈联合国反腐败公约〉与国际刑法的新发展——兼论〈公约〉对我国刑事法的影响》，《法学》2006年第1期；李昌道：《〈联合国反腐败公约〉解析》，《复旦学报》(社会科学版) 2006年第4期；卢建平：《从〈联合国反腐败公约〉看贿赂犯罪的立法发展》，《人民检察》2005年3月 (上)；彭凤莲：《从〈联合国反腐败公约〉看我国洗钱罪的立法趋势》，《法学评论》2006年第1期；金泽刚：《腐败、洗钱与反洗钱》，《犯罪研究》2003年第4期；赵秉志：《关于我国刑事法治与〈联合国反腐败公约〉协调的几点初步探讨》，《法学杂志》2005年第1期；李翔：《论国际反腐败机制中国化的机遇与挑战——以〈联合国反腐败公约〉为视角》，《法治论丛》2005年第20卷第1期；苏彩霞：《论我国惩治腐败犯罪刑事立法的完善——以〈联合国反腐败公约〉为参照》，《法商研究》2005年第5期；马东景、李景刚：《我国刑法与〈联合国反腐败公约〉在可引渡之罪方面的冲突与解决》，《吉林公安高等专科学校学报》2005年第3期；《引领全球反腐迈向新里程》，《检察风云》2004年第20期；高铭暄、王秀梅：《试论我国刑法中若干新型犯罪的定罪问题》，《中国法学》1999年第1期；陈学权：《联合国反腐败公约与中国刑事法之完善》，《法学》2004年第4期；管建强：《〈联合国反腐败公约〉与我国国内法的腐败犯罪主体》，《法学》2006年第1期；任广浩：《反腐败国际合作法律问题探析——兼谈中国对〈联合国反腐败公约〉的应对》，《河北法学》2004年第22卷第10期；张智辉、蔡蕚：《国际经济交往中的腐败及其相关犯罪》，载张智辉主编《国际刑法问题研究》，中国方正出版社2002年版。

将成立。中国刑法规定,行贿罪的构成必须以行为人主观上具有"谋取不正当利益"的目的为条件,如果其意图谋取的利益属于"正当",行贿罪便不能成立。为朝着与《公约》规定一致的方向努力,中国应注意积累实践经验,待条件成熟时取消这一条件。(5)应扩大挪用公款罪的对象。在中国刑法有关挪用公款罪的规定中,提到了两类对象,即公款以及用于救灾、抢险、防汛、优抚、扶贫、移民、救济的款物。《公约》规定的对象比之为宽,只要挪用因职务受托的任何私人资金、公共证券、私人证券或其他任何贵重物品的,都可构成此罪。(6)应扩大洗钱罪的上游犯罪。[①] 中国刑法对洗钱罪的上游犯罪定义过窄,只限于针对明知是毒品犯罪、黑社会性质的组织犯罪、走私犯罪以及恐怖主义犯罪的违法所得及其产生收益,再加上洗钱罪是没有直接受害人的犯罪,因此在司法实践中,真正以洗钱罪定罪的不多,而多以"非法经营罪"等其他罪名惩处洗钱活动。《公约》的规定则较宽,贪污、贿赂、对犯罪所得洗钱等均可定罪,这对充实中国反腐败刑事法制有很强的借鉴和推动作用。(7)可考虑废除对贪污罪、受贿罪的死刑。中国潜逃出去的贪官不在少数,其中的许多人根据中国现行刑法都会被判处死刑。《公约》可以作为将潜逃出去的贪官引渡回国的法律依据,但是根据《公约》的精神,规定了"死刑犯不引渡"的国家可以拒绝引渡。因此,中国保留对贪污罪、受贿罪的死刑可能会影响到其他国家向中国引渡罪犯。为了将外逃贪官成功引渡回国,遏制贪官外逃的去向,实现真正严惩腐败犯罪的目的,中国刑法可以考虑废除对贪污罪、受贿罪的死刑规定。这虽不是《公约》要求中国履行的义务,但至少也是《公约》带来的、必须予以重视的间接影响。

在刑事诉讼法方面的问题和建议如下:(1)应增设特殊侦查手段。许多国家采用特殊侦查方法作为反腐败的必要手段,并取得了较好效果。《公约》第 50 条规定了"特殊侦查手段",即可以在本国法律规定的条件下,

---

[①] 关于洗钱犯罪,有学者就《联合国反腐败公约》的相关规定、中国的立法现状、中国与《联合国反腐败公约》存在的差距以及如何完善在洗钱罪方面的立法都作了详尽的论述,见彭凤莲《从〈联合国反腐败公约〉看我国洗钱罪的立法趋势》,《法学评论》2006 年第 1 期;另参见金泽刚《腐败、洗钱与反洗钱》,《犯罪研究》2003 年第 4 期;徐汉明、贾济东、赵惠:《中国反洗钱立法研究》,法律出版社 2005 年版;阮方民:《中英两国反洗钱立法发展比较与启示》,《中国刑事法杂志》2005 年第 5 期;郭洁:《洗钱罪若干问题探究》,载张智辉主编《国际刑法问题研究》,中国方正出版社 2002 年版;徐汉明、贾济东、赵惠:《中国反洗钱立法研究》,法律出版社 2005 年版;邵沙平:《国际刑法学——经济全球化与国际犯罪的法律控制》,武汉大学出版社 2005 年版。

采用如电子或者其他监视形式等特殊侦查手段，并允许法院采信由这些手段产生的证据。中国刑事诉讼法在这一方面仍属空白，制约了中国反腐败工作的深入发展。（2）应扩大剥夺利益的规定。《公约》第34条规定，从腐败行为中获得的利益都将被剥夺，包括将腐败视为废止或者撤销合同，取消特许权或撤销其他类似文书。在中国，所剥夺的利益大多局限于取消个人的入学、升学、录用、晋职等资格，对涉及经济活动中的一些合同，如工程承包、土地开发使用等，则很少剥夺其利益，恐怕造成经济关系不稳定和社会不安全的问题。在《公约》基础上，应该研究扩大剥夺腐败行为利益的标准和范围，以便更有效地预防和打击腐败。（3）应扩大关于腐败犯罪的证明方式。《公约》第28条规定，可以根据客观实际情况采用司法推定方式证明腐败犯罪的主观要件，许多国家也采取了司法推定的方式来减轻控方的证明责任。中国刑事诉讼法对腐败犯罪的主观要件的证明，没有规定推定的方式，因而控方必须直接地、正面地证明被告人的主观心理与主观目的，这无疑导致了控方的举证困难，不利于打击腐败犯罪。为更有效、更严厉地打击腐败犯罪，中国刑事诉讼法将来修改时，应规定就腐败犯罪主观要件的证明可以采取推定的方式。（4）应确立缺席审判制度。世界上大多数国家都规定了缺席审判制度，而中国刑事诉讼法目前并未规定这一制度。在国际社会的引渡实践中，提出引渡请求的一项一般性条件是，请求引渡国作出了有罪的生效判决，因此，中国没有规定缺席审判制度使中国利用《公约》引渡外逃腐败犯罪分子的工作增加了难度。此外，就返还没收资产的问题，根据《公约》的规定，被请求国在决定返还资产时，一般都要求请求国提供已经生效的判决，作为被请求国返还没收资产的条件。中国刑事诉讼法没有确立缺席审判制度，对于那些潜逃海外没有归案的腐败犯罪分子，根据中国现行刑事诉讼法，中国法院无法作出生效判决，因而往往无法向其他国家提出返还资产的请求，或者及时提出请求也很可能被拒绝。这不利于中国及时向他国请求返还被转移的腐败资产以尽可能地挽回损失。为适应《公约》的相关规定，为及时将出逃的腐败犯罪分子引渡回国，并有效地向缔约国请求返还被转移的腐败资产，中国刑事诉讼法应尽快确立缺席审判制度。

　　《公约》的生效将改善反腐败斗争的国际环境，然而不能认为中国反腐败斗争从此就会一帆风顺。要使反腐败斗争取得更大的成果，必须参照《公约》规定，在总结经验的基础上加强国内反腐败的立法和执法力度，然后利用《公约》所创造的国际环境，取得国际社会的配合，才能使中国的反腐败斗争取得更大的效果。

四 中国与国际刑法

通过国内刑事法律制度实现对国际犯罪的刑事制裁，是当今世界国际刑法适用的基本途径。为了使国内刑事法律制度能够适用国际刑法，首先就必须使含有刑事内容的国际法律规则——主要是有关公约的条款——体现在国内刑事立法中。中华人民共和国自成立以来，就一直积极参与国际刑事立法的工作，先后缔结和参加了一系列旨在同国际犯罪作斗争的国际刑法公约和包含国际刑法内容的公约，从而使中国与国际刑法的联系更加密切。中国在刑法总则中明确将刑事管辖权作为一个原则予以规定，在分则中对中国参加的有关国际公约禁止和惩治的罪行作了相应的规定，实现了与国际刑法的接轨。① 随着《联合国打击跨国有组织犯罪公约》和《联合国反腐败国际公约》的生效，中国学者对如何完善中国的刑事法作了大量的研究，并提出了相应的有益建议，因为前文在论述相关问题时已作了详细论述，此处就不再讲述。自《国际刑事法院规约》通过以来，中国与国际刑事法院的关系问题一直是学者关注的焦点。对于中国是否应该加入国际刑事法院，以及无论是否加入该如何应对的问题，中国都作了深入的研究和分析，这可以参见对国际刑事法院的探讨部分，此处亦不再重述。

中华人民共和国自成立以来，根据自己的实际情况，积极加入了一系列有关国际犯罪的国际公约，1997年修订的《中华人民共和国刑法》进一步完善了打击国际犯罪的刑事法律规则，在许多方面贯彻了有关国际条约的精神。具体说来，中国现行刑法典主要在以下三个方面体现了国际刑法规范的内容：第一，明确规定了罪刑法定的原则，体现了中国刑法与国际刑法在基本原则方面的协调；第二，1987年全国人大常委会以特别立法的形式确立了普遍管辖权的原则，这一规定将中国承担的国际义务与国内法有机衔接起来，有利于中国在惩治国际犯罪方面与世界各国的协调和合作，也为管辖和惩治国际犯罪提供了法律依据；第三，在刑法分则中，对毒品犯罪、环境犯罪、恐怖主义犯罪以及战争犯罪作出了规定，为中国打击这些国际犯罪提供了国内法的根据和保证。② 但是，中国的刑事法仍有不完善之处。首先，中

---

① 见林欣主编《国际刑法问题研究》，中国人民大学出版社2000年版。
② 见林欣主编《国际刑法问题研究》，中国人民大学出版社2000年版；张智辉：《国际刑法通论》，中国政法大学出版社1999年版。

国国内法和国际刑法规范的关系不明确，对于国际刑法规范在国内适用的方式，中国宪法和其他宪法性法律没有作出规定；其次，就某些行为是否构成犯罪以及死刑的适用等问题，中国的刑法规定与国际刑法规范仍存在着差距；最后，中国加入的国际公约所规范的犯罪在中国刑事立法中并没有相应的明确规定。鉴于此，我们应该从刑法总则和分则方面完善相关的规定，在坚持普遍刑法与特别刑法相结合的原则下，理顺并明确国内刑法与国际刑法规范的关系，对中国已经加入的国际公约，通过制定或完善国内法规范来实施，对于中国刑法没有规定的直接适用国际刑法的规范，在国际刑法规范与国内刑法规范发生冲突时，优先适用国际刑法的规定；同时要完善刑法分则的规定。① 随着《联合国打击跨国有组织犯罪国际公约》和《联合国反腐败国际公约》对中国的生效，中国学者对中国刑事立法与这些公约存在的差距以及如何完善中国的刑事立法，都作了深入的分析，并提出了有益的建议，目前中国正在修改相关的刑事立法，相信中国有关国际刑法的研究将促进中国刑法与国际刑法的进一步协调。

五 对国际刑法研究的总体评价

中国的国际刑法研究已经有相当长时间的历史，② 特别是有关国际刑事司法合作的研究，早在20世纪80年代就开始了。但是总体而言，中国的国际刑法研究正是在最近十几年间兴起和发展起来的，因此可以说仍然处于开始阶段。回顾这一阶段的发展情况，可以认为中国的国际刑法研究具有如下特点。首先，学者能够密切关注国际刑法实践的发展，并进行针对性的研究，无论是对国际刑事审判机构以及工作的研究，还是对有关国际刑事司法合作的条约和机制的研究，都体现了这一特点。其次，学者不仅研究了国际刑法中的普遍性问题，而且能将这些研究与中国的情况结合起来，并提出意见和建议。其中，尽管中国政府对国际刑事法院的态度有所保留，但学者不仅对此法院的各方面情况进行了较为全面的介绍和评析，而且就中国应对该法院采取的对策提出了建议；而在有关国际刑事司法合作问题的研究中，这

---

① 见赵秉志、黄芳《论中国刑法典中的国际刑法规范》，《法学》2003年第9期。
② 例如，早在20世纪70年代，参加东京审判的中国籍法官梅汝璈就曾撰写了《远东国际军事法庭》一书，惜未能完成，其已完成部分，见梅汝璈《远东国际军事法庭》，法律出版社、人民法院出版社2005年版。

一特点体现得更加明显——许多研究正是从中国如何履行有关的条约义务、以其为借鉴完善中国刑事法律制度的角度进行研究的。最后，在国际刑法领域的研究中，国际法学与国内法学的交叉与融通非常明显，这特别体现在对国际刑事司法合作问题的研究中；与之相应的是，很多背景为国际法的学者在研究中注意到了所研究主题对中国的意义，也有更多的背景为国内法的刑法学者将目光转向国际，将国际刑事法律制度与中国的刑事法律制度进行对比和结合研究，使得刑法学研究具备了一定的国际视野和境域。

同时，也需要加以客观认识的是，中国的国际刑法学研究尽管已经取得了相当的进步，但仍有一些值得在今后的工作中注意弥补和完善的方面。首先，国际刑法研究无论对于中国的对外法律活动，还是国内的法律建设，都具有十分重要的意义，但是目前中国的国际刑法研究力量和水平还没有体现这种重要性、满足各方面的需要，因此还需要有关学者进一步推动国际刑法的研究、提升学界和其他部门对于这一领域重要性的认识。其次，到目前为止的中国国际刑法研究仍具有介绍性、理论性较强，而分析性、实证性较弱的特点；即使在理论性研究方面，也不是十分深入，还不能说形成了全面的、完整的、具有中国特色的国际刑法理论体系。因此，今后的国际刑法研究还需要进一步深化、提高研究质量。最后，尽管已经有越来越多的国内刑法学者开始关注国际刑法问题，但是对于国际刑法对中国刑事法律建设的重要意义的认识，尚没有成为学界的主流观念。因此，国际刑法学者应作出进一步努力，以期使国际刑法成为刑法学研究中一个不可或缺的组成部分。

第八章 国际海洋法研究的新发展

海洋法作为国际法中最古老的部门之一,几乎是与近代国际法同时产生和发展并联系在一起的。17世纪格劳秀斯发表的《海洋自由论》中提出的海洋自由的观点成为国际海洋法的基石。而1982年通过、1994年生效的《联合国海洋法公约》则代表了国际海洋法的最新完善。近十几年来,中国国际法学者对海洋法进行了全方位的研究,并取得了丰硕的成果。本章通过对中国学者的成果——主要是期刊论文和学位论文的述评,择要从两个大的方面来阐述海洋法领域研究的重要内容及发展趋势,即有关海洋法理论层面的研究,以及为解决实践中出现的问题而进行的研究。在每一大方面中,还会对若干具体问题进行较为详细的述评。

一 有关国际海洋法理论层面的研究

(一) 对《联合国海洋法公约》的主要公约制度研究

在第二次世界大战以后,国际社会共召开了三次海洋法会议,其中,于1973—1982年召开的联合国第三次海洋法会议经过漫长的讨论之后,终于在1982年通过了《联合国海洋法公约》(以下简称《海洋法公约》)。《海洋法公约》于1982年12月10日通过开放签字,于1994年11月16日生效。自此《海洋法公约》成为国际海洋法领域一部内容最全面、结构最完整的法典式文书,构成了规定海洋法领域的权利和义务、调整与海洋有关的绝大部分事务的最基本法律框架。随着人类科技水平的发展,各国越来越重视海洋开发和利用的重要性,因此也越来越重视规制这些活动的国际海洋法律规则,国际海洋法研究又进入了一个高潮期。在中国,"蓝色国土"的观念越来越深入人心,如何利用国际海洋法律规则和制度来维护中国的海洋权利成为越来越重要的现实问题。这一切都使得中国学者极为关注对《海洋法公约》规定的各项制度的研究。

1. 大陆架制度

《海洋法公约》规定，各国的大陆架为沿海国专属经济区内的 200 海里，但是如果海底的地形、地质满足一定的条件，能够证明是沿海国陆地的自然延伸，沿海国就可以申请将大陆架的外侧界线最远延伸至 350 海里处。① 沿海国对陆地领土自然延伸的大陆架内的自然资源享有主权权利，对大陆架上的人工岛屿、设施和结构的建造和使用、对海洋科学的研究、海洋环境的保护与保全享有管辖权，并享有为此采取一定措施的权利。

第一，沿海国对大陆架的权利。关于沿海对大陆架权利的性质，《海洋法公约》肯定了"行使主权权利"的规定。《海洋法公约》所说的"主权权利"与主权不同，这种权利是受到一定限制的：这种权利是指沿海国为勘探和开发大陆架的自然资源的目的而拥有的权利，而不同于国家在内海和领海所具有的权利的性质。与此相联系，沿海国还具有在大陆架上建造和使用人工岛屿、设施和结构的权利，以及"授权和管理为一切目的在大陆架上进行钻探的专属权利"和"开凿隧道以开发底土的权利"。此外，对于在大陆架上（包括大陆架上设施周围的安全地带内）违反沿海国按照《海洋法公约》适用于大陆架（包括这种安全地带）的法律和规章的外国船舶，沿海国有紧追权。上述种种权利具有专属性、排他性的特点，这些特点不仅在《海洋法公约》第 77 条中得到了明确的体现，而且从大陆架与沿海国在地理位置上直接毗连、大陆架构成沿海国领土的自然延伸、大陆架和大陆的矿藏可能属于同一矿脉的事实以及沿海国对开发大陆架的资源具有特别的利害关系等客观因素，都可说明沿海国对大陆架的一定权利要求是合理的。②

第二，大陆架上覆水域和上空的法律地位。《海洋法公约》第 78 条第 1 款规定："沿海国对大陆架的权利不影响上覆水域或水域上空的法律地位。"至于上覆水域和上空的法律地位的具体内容，《海洋法公约》没有说明，学者们的见解也不同，但一般都以专属经济区制度的建立为标志，将大陆架上覆水域和上空的法律地位分为两种情形。专属经济区制度建立前，大陆架的上覆水域，如同 1958 年《大陆架公约》所规定的，具有"公海的法律地位"，应适应有关公海的制度和规章，任何国家的船舶均可在大陆架的上覆水域自由航行。在专属经济区制度建立后，大陆架的上覆水域及水域上空，

---

① 韩长代：《何谓"大陆架"》，《教师博览》2005 年第 4 期。
② 于泓：《大陆架的法律地位及我国建立大陆架制度的必要性》，《吉林大学社会科学学报》2000 年第 2 期。

如果是在 200 海里范围以内的，属于国家管辖水域范围，一方面，沿海国对各国船舶或飞机在此区域内的航行或飞越自由不得有所侵害，或造成不当的干扰；另一方面，各国船舶或飞机在此区域内或区域上空航行或飞行时，也须受《海洋法公约》有关规定的限制，即"应适当顾及沿海国的权利和义务，并应遵守沿海国按照本公约的规定和其他国际法的规则所制定的与本部分不相抵触的法律和规章"。如果外国船舶或飞机在 200 海里专属经济区以外的大陆架上覆水域航行或在其水域上空飞行，规则适用公海自由和公海制度。因此大陆架上覆水域和上空的法律地位应和专属经济区的法律地位结合起来考察。

第三，其他国家在大陆架享有的权利和自由。《海洋法公约》规定："沿海国对大陆架权利的行使，绝不得对航行和本公约规定的其他国家的其他权利和自由有所侵害，或造成不当的干扰。"该条所指的权利和自由主要包括以下两个方面：首先，其他国家的船舶和飞机有在大陆架上覆水域和水域上空航行和飞越的权利和自由。沿海国对其在大陆架上建筑的用于勘探和开发的设施，必须安装永久性的警告信号，不得在可能干扰国际航行的地方修筑此种设施，亦不得由于对大陆架的勘探和开发而使别国的航行等自由受到不正当的干扰。其次，所有国家都有在大陆架上铺设海底电缆和管道的权利，但铺设路线的划定须经沿海国的同意。沿海国除了勘探大陆架，开发其自然资源和为防止、减少和控制管道造成的污染而有权采取合理措施外，对于铺设或维持这种海底电缆或管道不得加以阻碍。同时，其他国家在铺设海底电缆和管道时，也应适当顾及已经铺设的电缆和管道，特别是使修理现有电缆和管道的可能性不受妨害。

第四，200 海里以外大陆架上的开发收益问题。关于这一问题，《海洋法公约》第 82 条是这样规定的：

"1. 沿海国对从测算领海宽度的基线量起 200 海里以外的大陆架上的非生物资源的开发，应缴付费用或实物。

2. 在某一矿址进行第一个五年生产以后，对该矿址的全部生产应每年缴付费用和实物。第六年缴付费用或实物的比率应为矿址产值或产量的百分之一。此后该比率每年增加百分之一，至第十二年为止，其后比率应保持为百分之七。产品不包括供开发用途的资源。

3. 某一发展中国家如果是其大陆架上所生产的某种矿物资源的纯输入者，对该种矿物资源免缴这种费用或实物。

4. 费用或实物应通过管理局缴纳。管理局应根据公平分享的标准将其分配给本公约各缔约国,同时考虑到发展中国家的利益和需要,特别是其中最不发达的国家和内陆国的利益和需要。"

这条规定是《海洋法公约》新增加的内容。由于各国地理位置和经济实力的差异,在大陆架的权利问题上必然会产生分歧。①

2. 专属经济区制度

专属经济区是《海洋法公约》创设的一个新海域。根据《海洋法公约》的规定,专属经济区是沿海国在其领海以外邻接领海的一个区域,从领海基线算起不超过 200 海里。在这个区域内,沿海国对该区域的自然资源有勘探和开发、养护和管理等主权权利,并且对该区域内的人工岛屿、海洋科学研究和海洋环境保护有管辖权或专属的管辖权。而外国在这个区域内享有船舶航行、飞机飞越铺设海底电缆和管道的自由,但要遵守沿海国的法律和有关规章制度。专属经济区不是公海,它不像公海那样对一切国家开放;也不是领海,它不属于沿海国领土的组成部分,沿海国只行使一定的管辖权,因而专属经济区是自成一类的海域。②

根据《海洋法公约》,沿海国在专属经济区内享有以下权利:(1)沿海国在专属经济区内享有以勘探和开发、养护和管理海床和底土及其上覆水域的自然资源(不论为生物或非生物资源)为目的的主权权利。(2)沿海国对专属经济区内的人工岛屿、设施和结构的建造和使用以及海洋科学研究、海洋环境的保护和保全等方面拥有管辖权。沿海国有权制定有关专属经济区内的法律和规章。沿海国在行使上述权利时,应同时履行《海洋法公约》规定的义务,如养护专属经济区的海洋资源和保护海洋环境等义务。沿海国还应适当地顾及其他国家在专属经济区内的权利和义务。

其他国家在专属经济区内的权利和义务则有:(1)所有国家,不论是沿海国或内陆国,在专属经济区内均享有船舶航行、飞机飞越、铺设海底电缆和管道的自由。(2)经沿海国同意,在专属经济区内进行科学研究的权利。③(3)内陆国或地理条件不利的国家,有权在公平的基础上,参与开发同一分区域或区域的沿海国专属经济区内的生物资源的剩余部分。(4)各国在专属经济区内行使权利和义务时,应适当地顾及沿海国的权利和义务,

---

① 王秀霞:《谈大陆架及其法律地位和划界原则》,《潍坊学院学报》2003 年第 1 期。

② 见尹年长《论专属经济区的国家主权权利》,《湛江海洋大学学报》2006 年第 2 期;沈盈姊:《论国家在专属经济区域中的管辖权》,《当代经理人》2006 年第 8 期。

③ 邵津:《专属经济区内和大陆架上的海洋科研制度》,《法学研究》1995 年第 2 期。

并应遵守沿海国按照《海洋法公约》的规定和其他国际法规则所制定的与《海洋法公约》第五部分（专属经济区）不相抵触的法律和规章。

在2001年的中美撞机事件之后，在专属经济区内的军事活动的法律问题得到了中国学者的高度关注。根据《海洋法公约》的立法宗旨、有关规定和国际法的基本原则，中国学者总结认为，在专属经济区中的军事利用和活动应遵循以下原则：①

第一，"和平目的"的利用原则。维护国际和平及安全是《联合国宪章》的第一项宗旨和首要目标。作为运用国际法基本原则并对之作出了进一步发展的《海洋法公约》，其序言、第88条、第301条、第10部分、第13部分都载明并要求海洋的和平利用。序言特别强调《海洋法公约》作出的重要贡献的历史意义就在于"维护和平、正义和全世界人民的进步"，"意识到各海洋区域的种种问题都是彼此密切相关的，有必要作为一个整体来加以考虑"，以"促进海洋的和平用途"。《海洋法公约》也期望，能有助于按照《联合国宪章》所载的联合国的宗旨和原则，巩固和平、安全、合作和友好关系。尽管《海洋法公约》对军事利用"和平目的"没有也非常难以作出具体规定，但凡有利于和平目的、有利于巩固沿岸国主权安全和海洋权益的、符合一般国际法原则的军事利用，都是允许的；相反，则是应当被禁止的。

第二，"不使用武力"原则。各国在国际关系中不得使用或威胁使用武力，是《联合国宪章》原则的最核心部分。对于这一原则，《海洋法公约》第301条专门作出了规定。禁止使用武力从范围上讲，既包括"领土完整"，又包括"政治独立"，而且是"任何"形式的与国际法原则不符合的武力使用或武力威胁；从内容上讲，"武力"的含义既可以是直接的，也可以是间接的；既包括军事活动，也不应排除带有军事目的的政治、经济胁迫。使用海军的武力报复、武力威胁是被禁止的，在信息战成为战争主要样式的条件下，一国派军用侦察机或测量船对沿岸国的军事目标、军事设施进行侦察测量活动，是对"不使用武力"原则真实精神的严重违背。

第三，沿岸国权利优先原则。沿岸国在专属经济区所拥有的自然资源主权权利和专属管辖权，是广大发展中国家长期的努力、争取和斗争的结果，

---

① 见鞠光宇、高俊国、胡凤霞《专属经济区军事权利的研究——对中美撞机事件的再思考》，《海洋开发与管理》2004年第3期；丁成耀：《从国际法角度看美国测量船闯入中国专属经济区事件》，《华东政法学院学报》2003年第2期。

也是专属经济区制度的核心部分。尽管《海洋法公约》第 56 条规定沿岸国在行使其权利和履行义务时"应适当顾及其他国家的权利和义务";第 58 条规定其他国家在专属经济区行使权利和履行义务时"应适当顾及沿海国的权利和义务",但这两个"适当顾及"的法律地位和主次内容是有区别的。(1) 沿岸国对专属经济区的自然资源拥有主权权利,这些权利既是由于专属经济区与其领海邻接而产生和获得的,又是《海洋法公约》以具有约束力法律条文明确规定的。按照国家权利归类,应属于国家基本权利的一部分。这种主权权利具有排他性和全面性,优于一般权利,是不可否认的,也是不得以任何方式加以侵犯的。对其他事项的"专属管辖权"也是具有优先地位的。(2) 沿岸国为了保护本国在专属经济区的合法权益,排除外来的干扰和影响,在军事利用的法律地位方面应当是优先的,在内容方面应当是更加广泛的,其他国家的权利应当是退居其次的。(3) 当沿岸国和其他国家就专属经济区内的军事利用活动发生矛盾或冲突时,不应是沿岸国首先要"顾及"其他国家的军事利用,而应是其他国家首先要"顾及"沿岸国的主权权利。在争端的解决中,沿岸国理应处于优先地位。(4) 两个"适当顾及"的法律限制也是不同的。《海洋法公约》在其序言中明确规定,为了和平、公平和有效地利用海洋资源,既要照顾到所有方面的利益,更要"特别"照顾到"发展中国家的特殊利益和需要"。而且《海洋法公约》第 58 条第 3 款规定,其他国家除"应适当顾及沿海国的权利和义务"之外,还"应遵守沿海国按照本公约的规定和其他国际法规则所制定的与本部分不相抵触的法律和规章"。

　　第四,行使自卫权和紧追权不超过必要限度原则。根据国家主权原则,沿岸国在专属经济区的自然资源主权和管辖权一旦遭到其他国家的武装侵犯或军事利用活动受到外部武力攻击,就有权采取国际法允许的一切措施进行自我保全。这是国家的自然权利,也是所有国家尊重沿岸国资源主权的一般性义务。但是,沿岸国和其他国家在行使自卫权时,必须是合法的、正当的,并符合必要性和相称性要求,不能有不合理和过分的成分。在行使紧追权的过程中,在被追的船舶进行顽抗时,使用武力是允许的。当被紧追船舶(包括军舰)拒绝服从命令而继续逃跑时,原则上沿岸国为了保护自己的利益,有权防止外国船舶在其领海和专属经济区内作出对沿岸国不利的事情,先给以武力警告,而后视情况使用符合对称性的武力,也是允许的。紧追权是海洋法的一个传统的习惯法规则,根据《海洋法公约》对沿海国家管辖范围的扩大,紧追权必须符合三个要件:(1) 从内水、群岛水域、领海、毗连区、大陆架、专属经济区开始；（2）必须立即紧追和不得中断；（3）当被追的船舶进入他国专属经济区时，紧追应即停止。紧追时有权实行登临和搜索，但故意将其击沉是不正当的。

此外，中国国际法学者还从国际法原理、具体的法律规定、国家实践和承认等方面考虑得出结论，沿海国在其专属经济区上空享有毋庸置疑的主权权利，包括涉及安全考虑的主权权利，从而与公海上空的飞越自由相区别。《海洋法公约》的条文与精神允许对专属经济区上空的飞越自由作不同于公海上空的飞越自由的理解，而且即使类同于公海上空的飞越自由，也需要受"和平目的"等的限制，而不是绝对自由。

3. 国际海底开发制度①

由于绝大多数发达国家对《海洋法公约》第11部分国际海底区域开发制度不满意，长期不批准或不加入《公约》，使得《公约》的缔约国中绝大多数都是发展中国家，包括一些在捕鱼权方面得益的内陆国，以及由《公约》首次明确的群岛国。这种不平衡的存在，使《海洋法公约》的适用范围达不到规定的目的。而且，由于《海洋法公约》第11部分规定的海底开发条件过于苛刻，使得一些发达国家更加不愿意接受这种制度。1990年起，在联合国秘书长倡导下，经过发展中国家和发达国家长期谈判，双方作了一定让步，于1994年7月28日通过了《关于执行第十一部分的协定》（以下简称《协定》），对《海洋法公约》第11部分条款作了重大修改和补充，这对《公约》在世界范围的全面生效将产生重大意义。

《海洋法公约》规定，海底开发由国际海底管理局组织和控制，采取"平行开发制"。开发申请者向管理局提供两块经勘探具有同等价值的矿址，一块由申请者开发，并缴纳固定开发费，一块作为保留区，留待管理局企业部直接或与发展中国家合作开发。申请者还要无偿转让开发技术，提成利润给管理局，并与其开发的利润一起分给发展中国家。其后达成的《关于执行第十一部分的协定》则对九个方面的问题作了修改，涉及的方面有：（1）机构设置、运转和经费问题，减少缔约国承担的费用；（2）企业部在独立运转后，采取合营方式，与其他承包者的采矿义务一致；（3）改变管理局理事会的决策机制，减小决议通过难度；（4）取消审查开发制度会议，将其纳入其他修改条款中；（5）改变强制转让开发技术为通过市场或合营方式；（6）取消生产数额限制，生产政策适用关贸总协定和乌拉圭回合谈

---

① 见金永明《国际海底区域的法律地位与资源开发制度研究》，华东政法学院，2005年。

判成果；（7）对陆产国的补偿改为经济援助基金形式；（8）合同的财政条款采取灵活的缴费制度，公平对待承包者和管理局；（9）设立财务委员会，处理财务和预算问题。通过修改，使海底开发可以适用一个稳定的、以市场为导向的法律制度。①

总的来说，这一协定对海底管理局的地位进行了调整，实质上削弱了管理局的职权。在海底委员会和第三次海洋法会议上，发展中国家曾主张国际机构大权在握的"单一开发制"，而工业发达国家则主张国际机构只行使登记职能的"国际注册制"。最后，《海洋法公约》采取了作为过渡时期的"平行开发制"，给予了管理局多项决定权，确立了其垄断、主导地位。《协定》中，管理局又改为审核、监测和财政的机构。第一，管理局的全面运作将在第一项开发计划获准后，对整个制度不再有频繁、复杂的审查；第二，管理局基本不再有垄断地位，它的开发实体企业部与其他承包者一样承担义务、进入市场、自筹矿址资金，购买或通过合营来取得开发技术，而且按照自由贸易原则销售产品；第三，管理局新成立了财务委员会，制定规章，提出建议，以便更好地处理收支问题。当然，管理局的地位调整，只是过渡期的一项平衡，随着技术进步、海底商业价值提高及发展中国家的壮大，这一状况必将再度改变。《协定》作为对《海洋法公约》的补充，在适用上表现了与《公约》的一致性。凡是已经批准或加入《海洋法公约》的国家，推定其同样接受《协定》，如无程序上的相反表示，可按简化程序受其拘束。在《协定》通过后批准或加入《海洋法公约》的国家，亦同样受《协定》拘束。《协定》也不得单独批准或加入。②

4. 无害通过权的适用③

所谓无害通过权是指一国船舶只要不损害沿海国的和平、良好秩序或安全，就可以驶入或穿过另一国领海的权利。《海洋法公约》对无害通过制度作了全面规定，特别是有关无害通过权适用范围方面的规定较以前有了不少的变化。《海洋法公约》对无害通过权的适用范围所作的规定分散于不同的部分和条款，概括来说可以从适用的海域和适用的船舶两方面来看。

首先，从适用无害通过权的海域来看，可以分为领海、特定内水、群岛

---

① 见蒋莉莉《国际海底开发制度研究》，大连海事大学，2002年硕士学位论文；蓝敏生：《国际海底区域法律问题研究》，大连海事大学，2002年硕士学位论文。
② 金永明：《国际海底资源开发制度研究》，《社会科学》2006年第3期。
③ 见修志君《论无害通过权的适用范围》，《东方论坛》2002年第1期。

水域和特定国际海峡。

领海是无害通过权适用的基本海域。领海是指"沿海国的主权及于其陆地领土及其内水以外邻接的一带海域,在群岛国的情形下则及于群岛水域以外邻接的一带海域"。领海是沿海国国家领土的组成部分,受沿海国主权的管辖和支配。无害通过权是对沿海国领土主权的一种限制。

外国船舶在特定内水享有无害通过权是《海洋法公约》的新规定。内水包括一国领土范围内的河流、湖泊和运河,也包括领海基线向陆一面的水域。内水也是沿海国领土的一部分,它不同于领海,国家具有绝对的主权权利,具有绝对的排他性和不可侵犯性,外国船舶非经允许不得入内。但是领海基线以内的内水,有的是允许外国船舶无害通过的。《海洋法公约》第8条规定:"如果按照第7条所规定的方法确定直线基线的效果使原来并未认为是内水的区域被包围在内成为内水,则在此种水域内应有本公约所规定的无害通过权。"《海洋法公约》第7条规定了允许采用直线基线划定领海宽度的方法,由于采用了这种测算方法,就使原来认为是领海或公海一部分的区域被包括在领海基线以内而成为内水,对于这部分水域外国船舶是享有无害通过权的。

外国船舶在群岛水域享有无害通过权也是《海洋法公约》的新规定。所谓群岛水域是指在群岛国连接群岛最外缘各岛和各干礁的外缘各点的直线群岛基线所包括的水域,即群岛基线以内所包围的且在内水之外的海域。群岛水域是海洋法上的一个新概念。尽管这部分水域与领海极为相似,但它既不属内水,也不是领海,是具有特殊法律地位的新水域。按照《海洋法公约》第52条的规定,在群岛海道通过权的有关规定限制下,并且在不妨害群岛内水法律地位的情形下,所有国家的船舶均享有群岛水域的无害通过权。但如为保护国家安全所必要时,群岛国在对外国船舶不加歧视的条件下,可在其群岛水域的特定区域暂时停止外国船舶的无害通过。这种停止应在正式公布后发挥效力。

外国船舶在特定国际海峡享有无害通过权同样是《海洋法公约》的新规定。国际海峡一般是指经常用于国际航行构成世界性航道的海峡。这种海峡因不同情形而适用不同的航行制度。一般情况下是实行过境通行的制度,但是根据《海洋法公约》第38、45条的规定,有两种情形适用无害通过制度。这两种情形的国际海峡我们不妨称其为特定国际海峡,主要包括:一种情形是连接公海或专属经济区的一部分和公海或专属经济区的另一部分之间的用于国际航行的海峡,如果这类海峡是由海峡沿岸国的一个岛屿和该国大陆形成，而且该岛向海一面有在航行和水文特征方面同样方便的一条穿过公海或穿过专属经济区的航道，则适用无害通过制度。另一种情形是连接公海或专属经济区的一部分和外国领海之间的海峡。但在这种海峡中，划定任何部分海域暂时停止外国船舶的无害通过都是不允许的。可以说，这是一种特殊的无害通过权。

其次，从适用无害通过权的船舶来看，可以分为商船、军舰、潜水器和特种船舶。这是几种不同性质的船舶，在享有无害通过权方面也是有所区别的。

商船是享有无害通过权最基本的船舶。商船通常是指用于商业目的的船舶。商船享有无害通过权是传统国际法上公认的原则。

军舰享有无害通过权在《海洋法公约》中得到肯定，但并没有得到国际社会的普遍接受。按照《海洋法公约》的规定，军舰是指属于一国武装部队、具备辨别军舰国籍的外部标志、由该国政府正式委任并名列相应的现役名册或类似名册的军官指挥和配备有服从正规武装部队纪律的船员的船舶。但是关于军舰是否享有无害通过权的问题，在国际社会上争议较大。在国际法的理论与实践上，一般认为外国军舰通过领海应事先征得沿海国的同意。1982年的《海洋法公约》对于军舰的无害通过问题，照抄了1958年《领海及毗连区公约》的规定，这是海洋大国的阻挠和压力的结果。应该说一国军舰未经沿海国同意而驶入他国领海，就是侵犯该国领海主权的行为，除非该国对此不作规定或允许军舰无害通过。"事先许可"的观点，照顾了军舰要通过的利益，又尊重了沿海国的主权，是较为符合客观实际的。

潜水艇是享有无害通过权的一种特殊船舶。潜水艇本身的特殊性决定了它不同于一般的军舰和商船，因而在其是否享有无害通过权方面应当作为一种特殊的船舶来对待。1958年《领海及毗连区公约》和1982年的《海洋法公约》都把潜水艇作为特殊船舶来对待，对其享有的无害通过权作了相类似的专门规定。《海洋法公约》第20条规定："在领海内潜水艇和其他潜水器需在海面下航行并展示其旗帜。"这一方面肯定了潜水艇享有无害通过权，一方面又明确了潜水艇是一种特殊船舶，它所享有的无害通过权受到了一定限制，即必须浮在海面下航行并展示其旗帜。在实践中，许多国家并不支持这一规定，有一些国家采取了与军舰相同的做法，有的干脆认为军舰包括潜水艇在内。这说明潜水艇的无害通过在国际上也没有被广泛接受。

特种船舶一般是指核动力船舶和载运核物质或材料或其他本质上危险或有毒物质或材料的船舶，同样是一种不同于一般军舰和商船的特殊船舶，也不同于潜水艇，对其是否享有无害通过权应有特别规定。《海洋法公约》表明，特种船舶享有无害通过权，但在遵守有关无害通过权的一般义务和条件的同时必须符合两项要求：一是必须持有有关证明书，即按有关国际协议规定符合核动力船舶的要求和装运核物质、有毒物质或其他危险物质的规定的统一规格的适装适运证明书。二是这类船舶必须采取特别预防措施，即有严密防止核物质、有毒物质或其他类似危险物质泄漏、扩散、爆炸或污染的符合国际协议规定的标准要求的措施。广大沿海国对此类船舶比较敏感，国际社会也比较重视。实践表明，在此种船舶通过领海之前，船旗国一般会确保船只持有国际规则和标准所规定并依据该规则和标准颁发的各种证书，采取适当的预防措施。

5. 争端解决制度

《海洋法公约》第287条第1款规定了有关《公约》解释和适用争端的解决方法：(1) 国际海洋法法庭，(2) 国际法院，(3) 仲裁法庭，(4) 特别仲裁法庭。缔约国可以选择一个或一个以上方法。《海洋法公约》的这种多层次有拘束力的强制裁判程序，是为了加强《海洋法公约》的权威性和避免混乱。因此，对于那些以前不愿意求助于第三方来解决争端的国家，将不得不在接受《海洋法公约》的同时，接受这种强制性措施。

在已有国际法院的情况下，再建立一个专门性的国际海洋法法庭，目的是使海洋法的争端得到专门、迅速、有效的解决。《海洋法公约》规定，国际海洋法法庭海底争端分庭对有关海底争端有强制管辖权，诉讼当事方包括缔约国、管理局、自然人和法人。至于这一做法是反映了当今世界各国将国家主权限制在合理界限内，扩大国际法主体的一种趋势，还是仅作为一种国际法主体的特例，尚需今后实践来认定。

(二)《海洋法公约》对中国海洋权的影响①

中华人民共和国全国人民代表大会常务委员会于1996年5月15日批准了《海洋法公约》，这具有重大的政治、法律、经济和战略意义。

---

① 见薛桂芳《关于〈联合国海洋法公约〉对世界与我国渔业影响的探讨》，《海洋湖沼通报》2000年第4期；林志锋、张敏：《执行〈联合国海洋法公约〉有关养护和管理跨界鱼类和高度洄游鱼类种群规定的协定对我国远洋渔业的影响》，《海洋渔业》2002年第2期；尹年长：《浅谈专属经济区与公海生物资源养护和利用的法律制度》，《海洋开发与管理》2001年第3期；黄金玲、黄硕琳：《国际海洋法与我国远洋渔业的发展》，《海洋渔业》2001年第2期；乐美龙：《关于发展我国远洋渔业有关问题的探讨》，《中国渔业经济》2003年第1期。

首先，作为《海洋法公约》的缔约国，中国享有《海洋法公约》规定的各项权利和利益，《海洋法公约》也是中国维护自己的海洋合法权益的法律保障，以确保中国在领海、毗连区、专属经济区、大陆架等区域内的管辖权和对海洋资源的主权权利不受侵犯。仅专属经济区制度这一个方面，中国管辖的海域面积就将由原来的不足40万平方公里扩大到300万平方公里，经济意义十分重大。

其次，按照《海洋法公约》的规定，中国在自己享有管辖权的海域可根据《公约》的授权制定相应的法律和法规，并依法行使管辖权和管理权。中国已于1992年颁布了《中华人民共和国领海及毗连区法》，还将在近期内出台《专属经济区和大陆架法》。

再次，按照《海洋法公约》规定的公海制度和国际海底区域制度，中国当然享有《海洋法公约》规定的公海"六大自由"，特别是航行自由和捕鱼自由，发展中国的远洋捕鱼和远洋运输业；在国际海底区域及资源的勘探和开发方面，中国已申请了一块可供勘探、开发的矿区，这可为中国经济长远发展提供条件，同时为我们的子孙后代留下宝贵的资源和财富。

最后，中国依照《海洋法公约》的规定同国际社会和其他国家一道进行国际合作，为保护海洋资源、保护海洋环境，从事海洋科学研究，造福人类作贡献。中国还有机会参加包括国际海洋法法庭、大陆架界限委员会、国际海底管理局等机构的工作和活动，分别处理各有关领域的事务，发挥中国在海洋事务中的积极作用，促进国际海底资源和其他海洋资源的公平合理利用。

二　有关海洋划界若干问题的研究[①]

（一）划界中的公平原则及影响因素

公平不是指绝对的平分，它是指把本来就属于某一国的海域划给某一国。国家取得管辖海域是有其依据的，任何一种划界方法都只是用以实现而不是确定管辖海域的归属。

---

① 见李令华《国际海洋划界法律进展》，《海洋信息》1998年第4期；李令华：《关于南海U型线与国际海洋边界划定问题的探讨》，《现代渔业信息》2005年第12期；袁古洁：《对大陆架划界问题的思考》，《中外法学》1998年第5期；李令华、谭树东：《国际海洋边界划定理论和方法的新进展》，《海洋开发与管理》2006年第4期。

影响适用公平原则取得最后结果的因素可以归结为两个方面：其一为划界海域的地理、地质和自然资源特征；其二为沿海国在划界海域的历史因素及划界海域对沿海国社会经济的影响。在这些因素中，可以概括出几条被普遍考虑的因素。①

1. 大陆架区域的地质地貌特征是大陆架自然延伸概念的体现。大陆架的地质地貌特征是用以判断大陆架自然延伸的依据。如果有非同一大陆架的天然界限，如海沟、海槽等，那么它应是该大陆架区域的天然分界线。

2. 海岸线长度。国际法院在北海大陆架案中指出，一个国家的大陆架区域与其海岸线的长度相称的思想，这与延伸的原则明显具有一种内在的联系。在北海大陆架案、缅因湾海洋划界案和几内亚与几内亚比绍海洋划界案等海洋划界实践中，国际法院都考虑了给予沿海国的海域面积与海岸线长度之间的合理比例。有关各国海岸的一般结构，以及任何特别的或显著的海岸性质决定了海岸线的一般走向，是造成等距离线划界方法产生不公平结果的主要原因之一。

3. 岛屿的大小和位置，决定了岛屿在海洋划界中的效力。

4. 海域自然资源的分布，影响到海域资源的分配和对跨界资源的处理。

5. 历史性权利，即一国在海域的传统权利应予以重视。历史性权利是一项国际习惯法，可以取得据一般国际法规则不能获得的权利。

6. 对于已有的海洋边界协议，如果划界当事国之间存在有效的双方都承认的海洋边界协议，则应遵循协议边界。

7. 社会经济因素，即沿海国社会经济对海域资源的依赖性，如它对海域资源的依赖，陆地资源的贫乏以及人口的数量。虽然国际法院认为，"划定属于各当事国的大陆架区域的界限时，经济方面的因素不能予以考虑"，但社会经济因素在分配海域资源的时候是一个重要的因素。

公平原则适用于海洋划界，其基本特点就是具有较大的灵活性，可以适用各种不同的实际情况，如果被正确地适用，可以导致公平解决的结果。正因为如此，公平原则广泛运用于海洋划界实践之中。

---

① 见张光《公平原则在大陆架划界中的适用》，《河南公安高等专科学校学报》2007年第4期；黎兴亚：《协商与公平——国际海洋划界实践的关键》，《海洋世界》2006年第5期。

(二) 岛屿在划界中的作用

一般来说，岛屿在国家的海洋划界实践中的作用通常具有以下四种：[①]

第一，那些位于一国领海之内、靠近一国大陆的岛屿，双方条件相类似的岛屿，群岛国家的岛屿，面积大、人口多、地理位置重要的岛屿，一般在划界中都可能获得全效力。有时一国基于政治、经济和发展两国关系的考虑，也会给岛屿以全效力。

第二，在划界中，当一个特定的地理特征影响到大陆架分界线的走向，划界双方如给予本国领海以外的岛屿以完全效力时，将使分界线走向偏离，达不到公平的结果。为求得公平，划界国家往往会赋予岛屿半效力。另外，岛屿的面积、人口、位置等因素，也会影响到岛屿在划界中的效力。

第三，岛屿远离其本土大陆而接近于两国间的假定中间线时，划界双方通常给予其部分效力或不将岛屿作为划界基点，仅允许其享有适当海域。当岛屿远离其本土大陆而接近于他国领土时，常常给予其部分效力或全无效力。

第四，对于主权有争议或面积很小、对本国不重要且远离本土大陆的岛屿，一般给予其零效力。

(三) 等距离、中间线是一种划界方法而非划界原则

1958年《大陆架公约》规定，海岸相向或相邻国家间的大陆架疆界，"应由这些国家之间的协定予以确定。在无协定的情形下，除根据特殊情况另定疆界线外，疆界是一条其每一点与测算各国邻海宽度的基线的最近点距离相等的中间线"。"等距离、中间线"尚不是国际海洋划界的原则。由于各争议海域之地理环境、地质结构、地形变迁、各国之历史利益、环境及生态诸因素均有所不同，倘不分青红皂白，一概认定为"特定情势"，将导致不公平之结果。有关大陆架划界的国家间的实践并不一致，因此这种方法不构成一般国际习惯法。又因为《大陆架公约》批准和加入的国家为数不多、并不能广泛适用，而且国际法院关于等距离、中间线情况的有关判例也不一致，所以，"等距离、中间线"只能作为划界的方法而非划界原则。对这一

---

① 见张惠荣《海上没有弹丸之地——从〈联合国海洋法公约〉诞生看海洋权益纷争》，《红旗文稿》2005年第20期。

点正确的理解,是解决中国现实问题的重要基础。①

三 有关渔业资源管理的研究

(一) 对国际公约相关规范的研究

1958年第一次联合国海洋法会议通过了四个公约,确立了领海制度,沿海国对其领海的自然资源包括渔业资源具有主权,对领海内的自然资源进行管辖。但此次会议就领海的宽度和渔区的范围等问题,并没有达成协议,而且其余海域基本上仍延续传统的"公海自由"的观念。1982年通过的《海洋法公约》则规范了各国从事海洋活动有关的行为。对海洋渔业管理来讲,最为重要的是《海洋法公约》建立的专属经济区制度。专属经济区的法律地位既不是领海,也不是公海。从渔业的观点而言,专属经济区制度的建立,将世界上90%以上的传统渔场纳入到沿海国国家管辖权之下,原来的公海捕鱼空间缩小了。随着各国行使其对专属经济区的资源管辖权,远洋渔业国家渔船队只能在与沿海国达成协议后,才可获取在沿海国专属经济区内进行作业的权利。但是,专属经济区制度的建立也给公海渔业资源的管理和养护带来了一系列的问题,加重了公海渔业资源的捕捞压力。"跨区域"的种群和公海渔业资源的管理成为一大难题,公海捕鱼国与沿海国之间的矛盾日益尖锐。加强公海渔业的管理已成为当今世界海洋渔业管理所面临的主要问题之一。但是在《海洋法公约》中,针对高度洄游和跨界鱼类的管理,仅提出了具体原则的规定。20世纪90年代以来,联合国粮农组织和一些渔业组织先后召开了有关公海渔业管理会议,并制定措施,以确保公海渔业资源的合理利用。②

1992年5月6日至8月,"负责任捕捞国际会议"在墨西哥的坎昆举行,会议通过了《坎昆宣言》。与会各国同意在《海洋法公约》规定的法律框架内,促进国际合作,以达到对公海生物资源的合理管理和养护的目的。根据坎昆会议的精神,联合国粮农组织已经着手起草《国际负责任捕捞行

---

① 见任志强《论等距离在大陆架划界中的地位》,《海洋开发与管理》2007年第2期;程鹏、朱大奎:《试论海洋划界的原则及其内涵》,《海洋科学》1998年第6期;李令华:《国际海洋划界法律进展》,《海洋信息》1998年第4期;海南:《专属经济区和大陆架划界(二)》,《海洋信息》1995年第5期。

② 见陈思行《公海渔业及其管理》,《海洋渔业》1997年第3期。

为准则》,并从 1994 年 10 月起将该准则更名为《国际负责任渔业行为准则》,其中涉及渔业的各个方面,包括捕鱼作业、渔业管理实践、公平交易和养殖等。当然公海捕鱼规则将是该行为准则的一个重要组成部分。

《坎昆宣言》考虑到水产品对人们营养来源及保护海洋环境的重要性,宣布各国为确保水产品的供应以及本代和下一代人的食物来源,应采取有效的渔业计划和管理目标,在可持续发展概念内,促进渔业资源的产量、品质、多样性和经济效益的维持,并建议联合国将未来十年宣布为"负责任捕捞十年"。《坎昆宣言》要求联合国粮农组织草拟《国际负责任捕捞行为准则》。《坎昆宣言》第一次提出了"负责任捕捞"的概念,为渔业管理增加了新的理论和内容。《里约宣言》强调了资源"可持续发展"的重要性,认为只有资源的可持续利用,才能确保全人类的福利。《21 世纪议程》是对可持续发展的具体阐述,对各项议题提出了行动计划,其中强调,"各国承诺其对公海海洋生物资源的养护和持续利用,为达到此目的,有必要促进选择性渔具的发展与利用、确保对捕捞活动有效的监测和执法,并促进有关公海内海洋生物资源的科学研究"。《坎昆宣言》和《21 世纪议程》虽不是法律文件,国家不遵行也无需承担任何法律责任,但显示了国际社会对公海渔业资源的可持续利用的已有共识,要求各国在自觉的基础上予以遵照实施。

作为《国际负责任渔业行为准则》的一个不可分割的部分,《促进公海渔船遵守国际养护和管理措施的协定》于 1993 年 11 月 24 日签订。该协定突出了船旗国的责任,强调了在交换渔船作业信息方面的国际合作,并规定了争端解决的方法。以上情况说明:公海自由捕捞的局面将很快不复存在,公海捕鱼船的船旗国将被要求承担起管理其渔船的捕鱼活动的责任;在公海渔业管理活动中的国际合作,特别是在建立公海渔船作业数据收集制度方面的合作,将被加强。①

《促进公海渔船遵守国际养护与管理措施的协定》使国际间对公海渔业资源养护与管理跨出了重要的一步。该协定试图通过规范渔船的行为,达到公海渔业资源养护的目的。协定通过船旗国责任的落实及公海作业渔船记录的建立来规范公海上的渔船,要求其遵守国际间有关公海渔业资源养护与管理措施。此外,要求船旗国对悬挂其国旗的渔船有真正联系,以确保船旗国责任的落实。

---

① 见魏韵卿、黄硕琳《〈负责任渔业行为守则〉对我国海洋渔业影响的初步分析》,《渔业现代化》2002 年第 6 期。

《海洋法公约》签订之后,公海渔业特别是跨界鱼类和高度洄游鱼类资源问题引起了国际社会的极大关注。1992年召开的联合国环境和发展大会指出了解决这一问题的迫切性。根据1992年联合国第47/192号决议,联合国于1993年7月至1995年8月共召开了6次"跨界鱼类和高度洄游鱼类会议"。在这一系列的会议上,以加拿大、智利为首的沿海国强烈要求会议产生一个有约束力的法律性文件,制约公海的捕鱼活动,而公海捕鱼国则要求产生一个适用公海和专属经济区的跨界鱼类和高度洄游鱼种的捕捞活动的协定。一些沿海国(如加拿大)威胁,如果会议不能建立起有效的规范此种鱼类开发的管理制度,则要对毗邻其200海里区域的公海行使管辖权。1995年8月4日,会议通过了一个《执行1982年12月10日〈联合国海洋法公约〉有关养护和管理跨界鱼类种群和高度洄游鱼类种群的规定的协定》,共13个部分、50个条文,附"收集与分享数据的标准要求"和"养护与管理跨界鱼类种群和高度洄游鱼类种群中适用预防性参考点的准则"两个附件。该协定确认了在公海捕鱼管理中应采取预防性措施,并允许区域性渔业组织成员国对涉嫌违反条约的外国渔船实施登临检查。① 协定同时对跨界和高度洄游鱼类种群的养护和管理作了详细的规定,协定将公海区中这些资源的养护和管理的权利交给区域或分区域性的渔业管理组织,并制定了船旗国、港口国、检查国的执法机制,该协定是近年来对公海渔业资源管理制度的具体体现,是一个较为完整的全球性国际渔业协定。该协定具有法律的约束力,即使是非缔约国,也不仅不能进入协定规定区域从事捕鱼活动,而且同样要接受有关的执法规定。因此,该协定一旦正式生效,对公海渔业管理将带来重大影响。②

《负责任渔业行为守则》提出了适用于保护、管理和开发所有渔业的原则和标准,包含了捕捞、加工、贸易、渔业研究和把渔业纳入沿海地区管理等内容,共12个议题条文。守则还将《促进公海渔船遵守国际养护与管理措施的协定》作为其中的一个部分。守则涉及整个渔业,是近年来对渔业进行规范最广的一份国际性文件。守则的总原则强调"各国和水产生物使用者应保护水生生态系统。捕捞权利也包括了以负责任的方式从事捕捞的义

---

① 见刘小兵《跨界和高度洄游鱼类养护与管理协定》,《中国水产》1995年第12期;《联合国渔业会议通过"跨界和高度洄游鱼类养护与管理协定"》,《中国水产》1995年第10期。
② 林志锋、张敏:《执行〈联合国海洋法公约〉有关养护和管理跨界鱼类和高度洄游鱼类种群规定的协定对我国远洋渔业的影响》,《海洋渔业》2002年第2期。

务，以便有效地保护和管理水生生物资源"。守则认识到渔业资源的持续的利用是养护和管理的最高目的。①

《国际渔业行动计划》包括了三项内容，即捕捞能力管理的国际行动计划、鲨鱼保护与管理的国际行动计划和延绳钓渔业降低意外捕获海鸟的国际行动计划。捕捞能力管理的国际行动计划指出现有捕捞能力正在损害渔业资源的持续利用的实现，各国应开始致力于限制目前的捕捞能力水平，并逐步减少已受影响渔业的捕捞能力，其中包括必须减少公海渔业捕捞能力，特别是远洋金枪鱼延绳钓渔船有必要减少 20%—30%。该文件要求各国于 2001 年前向粮农组织渔业委员会提交包含过剩捕捞能力调查报告与管理等内容在内的国家行动计划，并通过区域性渔业组织推动捕捞能力管理等问题。

《负责任渔业行为守则实施要点——罗马宣言》包括了督促过剩捕捞能力国际行动计划的早日实施、渔业及养殖业的贸易及环境问题处理方式及海洋生态系整体管理观念等内容。该宣言认为，捕捞能力应与资源保持平衡的关系，这一关系将永远较其他因素优先考虑。强调捕捞与养殖渔业的持续管理，对世界粮食安全保障、国家经济与社会目标及渔业的个人收入与家庭的福利是非常重要的。宣言强调，区域性渔业管理组织在实施《守则》中应扮演重要的角色，同时第一次提出发展休闲渔业的重要性，并应该以可持续的方式和负责任渔业行为来发展。宣言认为，应该推动负责任的渔业方法、有效率的综合监督体系、渔业管理的生态系统研究以及鼓励持续性养殖业的发展，以减少资源的浪费，确保渔业对经济和社会的持续贡献，同时也确保世界粮食供应安全得以保障。②

(二) 区域性海洋渔业规范管理实践研究

《海洋法公约》签订以来，对白令海中部的狭鳕渔业的管理有了重要的发展。白令海的狭鳕渔业对于美国和俄罗斯两个沿海国来说是重要的渔业，而狭鳕又是在白令海从事公海渔业的国家的主要捕捞对象。由于狭鳕资源的下降，从 1991 年 2 月开始，白令海两个沿海国与 4 个公海捕鱼国开始了一系列有关建立白令海公海狭鳕资源养护和管理制度的谈判。在 1992 年 8 月

---

① 魏韵卿、黄硕琳：《〈负责任渔业行为守则〉对我国海洋渔业影响的初步分析》，《渔业现代化》2002 年第 6 期。
② 黄硕琳：《国际渔业管理制度的最新发展及我国渔业所面临的挑战》，《上海水产大学学报》1998 年第 3 期。

召开的第5次会议上,与会各国同意1993年和1994年在白令公海禁捕狭鳕。1994年6月举行的第十次会议上,与会各国通过了《中白令海狭鳕资源养护和管理公约》。这一公约规定了一系列管理制度,包括确定可捕量、实行国别配额制度、联合实施制度和船旗国责任制度等。其中联合实施制度允许任何成员国的授权官员在公海上登临其他成员国的渔船,检查渔船、渔具、渔获量、捕捞日志和其他文件,询问船长、渔捞长和其他高级船员。该公约对公海渔业的管理提供了一个先例,即通过沿海国与公海捕鱼国的合作,建立起为各方所能接受的管理制度。由于过去所有的条约中,都没有规定在公海上如何实施的条款,在公海上实施国际渔业法律、法规往往是十分困难的。该公约所建立的联合实施制度无疑是今后公海渔业管理制度发展的一个方向。

1990年,南太平洋论坛渔业组织通过了一项对外国入渔的"统一最低条款条件"的决议,要求外国渔船每日提供在专属经济区内和公海的所有捕鱼数据。1992年南太平洋国家达成了一项《南太平洋围网渔业管理协议》,该协议的适用范围包括"南太平洋围网作业的协议成员国的专属经济区以及毗邻的公海海域",目的是通过对外国围网船队的限制,提高沿海国从资源获取的利益。1992年10月,在菲律宾的马尼拉举行了"金枪鱼渔业管理经济和法律事务国际会议",会议通过了《公海渔业管理的马尼拉原则》,要求以现行的区域性管理机制、政策作为起始点,强调收集有关数据的必要性和船旗国对其国民及渔船应承担的全部责任。与会各国同意研究并适用公海捕鱼活动的监测和控制机制,并尽可能在联合监督和实施方面进行合作。1993年5月,澳大利亚、新西兰、日本签订了《金枪鱼养护公约》,建立了金枪鱼养护委员会,该委员会有权决定总可捕量、分配国家捕捞配额及采取其他措施,有责任收集有关金枪鱼的科学情报、统计数据和其他有关信息。上述的进展,加上南太平洋区域原有的一些区域性管理措施,使得南太平洋区域沿海国在对公海渔业的管理中处于主导地位。一些公海捕鱼国也采取了积极配合的态度。[①]

(三) 国家对国际海洋法规范的反应

除了上述这些区域性或国际性的发展以外,一些沿海国通过国内立法或

[①] 见陈思行《世界金枪鱼渔业发展概况》,《海洋渔业》2001年第3期;杜佳垠:《日本金枪鱼渔业》,《渔业现代化》2003年第1期;黄良敏:《台湾省远洋金枪鱼渔业的现状及发展问题的探讨》,《福建水产》1999年第1期。

单方面的行动，试图将他们对渔业的管辖权扩展到200海里之外的公海区域。例如，1991年智利通过国内立法，并通过其他许多渠道提出了"存在海域"的概念，宣布对智利200海里海域之外的公海区域的管辖权，将大约200万平方海里的广阔海域置于智利的国家管辖范围之内。1994年加拿大的国内立法规定加拿大可以单方面实施北大西洋渔业组织的管理措施，且在1995年4月，加拿大扣押了在其200海里区域之外的公海作业的西班牙拖网渔船。另外，还有部分南美洲国家也在其国内立法中规定了对公海渔业的管辖权。[①]

四 有关国际海洋法法庭的研究[②]

《海洋法公约》第290条有关临时措施的条文使国际海洋法法庭在处理海洋法争端方面起着重要的作用。荷兰代表在第三次联合国海洋法会议上曾建议，如果争端各方只接受了仲裁法庭的管辖，那么应由另一常设机构来规定临时措施，因为该临时措施有必要在仲裁法庭组成前予以规定。《海洋法公约》第290条第5款对此确定的机构是国际海洋法法庭。依据该款，将争端交付仲裁的情况下，在仲裁法庭组成之前如需要规定临时措施，争端各方可协议由任何法院或法庭来规定，其中就包括国际海洋法法庭。如果在请求规定临时措施之日起两周内不能达成这种协议，那么则由国际海洋法法庭依据《海洋法公约》的规定来行使规定临时措施的权利。

尽管《海洋法公约》第287条规定国际海洋法法庭与其他法院或仲裁法庭处于并列地位，但是从《海洋法公约》的相关条文及各国的态度来看，法庭在解决海洋法争端中能起到独特作用，特别是对关于"船只和船员的迅速释放"、"临时措施"的规定以及有关海底争端的案件，国际海洋法法庭的管辖权是强制性的，任何缔约国都必须接受。但是，国际海洋法法庭并非解决海洋法争端的唯一法律机构。根据《海洋法公约》第287条有关规定，国际法院、仲裁法庭和特别仲裁法庭也具有解决海洋法争端的职能。截至1999年11月，有24个国家依据《海洋法公约》第287条作出选择声明，

---

① 见黄硕琳《〈联合国海洋法公约〉生效对公海渔业的影响》，《水产学报》1996年第3期；陈思行：《公海渔业及其管理》，《海洋渔业》1997年第3期；郭文路、黄硕琳、曹世娟：《国际渔业法律制度的发展及其对世界海洋渔业的影响分析》，《海洋开发与管理》2002年第2期。

② 见谢红霞《国际海洋法法庭若干法律问题的分析》，《黑龙江省政法管理干部学院学报》2005年第1期。

其中大多数国家既接受国际海洋法法庭的管辖也接受国际法院的管辖，只接受国际法院管辖的国家和只接受国际海洋法法庭管辖的国家不相上下。在司法实践中，凡是涉及海域划界或领土争端的案件，大多数国家愿提交国际法院或交付仲裁；有关船只和船员的迅速释放、指示临时措施的案件才交付国际海洋法法庭。然而，根据《海洋法公约》的规定，对《海洋法公约》的解释或适用而发生的各种争端，都可提交国际海洋法法庭裁决。因此，需要逐步提高国际海洋法法庭在解决海洋争端方面的地位。这不仅因为它是解决海洋法争端的专门性国际司法机构，还因为《海洋法公约》和《国际海洋法法庭规约》赋予它在有关"船只和船员的迅速释放"、规定"临时措施"以及有关海底争端的案件方面有强制管辖权，赋予它可以受理国家以外的实体包括个人的诉讼。而且，随着《海洋法公约》缔约国的增多，国际海洋法法庭必然成为缔约国解决海洋法争端的最佳场所。

中国已于1996年5月15日批准了《海洋法公约》。学者指出，由于中国海岸线漫长，大部分沿海海域存在与其他国家划界的问题，尤其在中国南海海域，一些国家抢占我国岛屿、扣押我国渔船及渔民的事件时有发生，因此，研究国际海洋法法庭的规则和规定，对中国无论是主动起诉还是被动应诉都具有重大意义。

五　有关涉及中国的海洋法问题的研究

《海洋法公约》所建立的海洋法律制度首次对国家海洋权益进行了系统、全面和明确的规定，为沿海国开发利用海洋、有效管理海洋提供了机遇。然而，沿海国尤其是濒临闭海或半闭海的沿海国在主张海洋权益时往往与相邻国家的主张重叠，从而产生矛盾甚至冲突。处于半闭海包围中的中国与海上邻国之间在海域划界、岛屿归属和资源权益等方面均存在矛盾，这些矛盾在《海洋法公约》生效后变得愈加激烈和复杂，使中国海洋权益面临着严峻的挑战。

《海洋法公约》规定的200海里专属经济区制度得到了沿海国的积极响应，纷纷通过国内立法主张各自的权益，把原来属于公海的一部分海域变为国家管辖海域，形成新一轮"蓝色圈地运动"。由于沿海国管辖海域范围的扩展，造成了有些海域主张重叠，海域划界纠纷比20世纪50年代"领海之外即公海"时期大大增多。

中国地理覆盖面积大，濒临黄海、东海和南海，由北向南与朝鲜、韩国、日本、菲律宾、马来西亚、文莱、印度尼西亚和越南等国家为邻,由于海域狭窄造成中国与海上邻国的矛盾非常突出。在黄海和东海,中日韩三方都主张200海里的权利,但东海和黄海的宽度均不足400海里,出现海域主张重叠,海域划界存在争议的情况。总面积38万平方公里的黄海海域中国与朝鲜和韩国存在着18万平方公里的争议海区。在面积77万平方公里的东海海域中国与日本有16万平方公里的争议海域。中国虽然与日本和韩国分别签订了《中日渔业协定》和《中韩渔业协定》,但中国与日、韩专属经济区水域和大陆架划界谈判任重而道远。关于东海大陆架的划界谈判,由于相关国家之间对划界的适用原则及大陆架坡脚的位置等问题存有巨大分歧而难以取得进展。中国与日本之间还存在着对钓鱼岛的主权之争,该区域被日本实际控制着,而且拒不承认中国对该岛的主权。

与东黄海的海洋权益之争相比,中国在南海的海洋权益面临着几十个岛礁被侵占、资源被掠夺的严峻现实。依据《海洋法公约》的有关规定,能够维持人类生存的岛屿可以依法获得领海和专属经济区等国家管辖海域,因此,对岛屿的占有意味着对其周围水域海洋资源的控制。这一巨大的诱惑促使各国加紧对海上各类岛礁的占领,对海洋资源包括生物和非生物资源的争夺日趋激烈。中国南沙群岛的岛屿被越南侵占的有29个,菲律宾占领的有9个,马来西亚控制的有5个。南海诸岛在经济和战略方面的重要性,周边国家蚕食中国南沙许多岛礁的严峻形势,使中国与海上邻国的矛盾更加复杂化和多元化。与岛屿主权归属的争端相伴而生的是以资源为核心的各种矛盾,在中国主张的南海海域中,被掠夺最多的海洋资源是石油和天然气。几十年来,南海周边国家不断深入到中国传统的九条断续线内勘探和开发油气资源。在周边国家已经开发的500多口油气井中,有200多口在中国的断续线内,而中国参与开采的极少。中国广东、广西、海南和港、澳、台渔民在南沙海域作业时,多次遭到越南、菲律宾和马来西亚的驱赶、扣押、逮捕,甚至被判刑入狱,渔民生命财产受到严重威胁。此外,中国自1999年开始在南海实行的夏季休渔制度受到越南和菲律宾等国的严重挑战,越、菲两国不但说中国"无权宣布休渔",而且乘中国渔民休渔之机大肆捕捞。由于岛屿的主权问题不能解决,海域划界更是无从谈起。中国虽然与越南签订了关于北部湾的划界协定,但与其他邻国的谈判尚未启动。与周边国家围绕海洋权益的冲突时常发生,直接威胁到中国海疆安全。所以,如何解决这些问题成为中国学者普遍关心的重点,而重中之重又当数钓鱼岛争端。

（一）有关钓鱼岛主权归属问题的研究①

钓鱼岛群岛亦称钓鱼台，依主岛名称为钓鱼岛而得名。该群岛位于中国东海大陆架上，主岛距中国台湾省基隆港约120海里，隔冲绳海槽与琉球群岛遥遥相望，相距约250海里。钓鱼岛群岛包括钓鱼岛、黄尾屿、赤尾屿、南小岛、北小岛等8个岛屿，周围水深不足100米，向来是中国台湾附属各岛。中国对钓鱼岛的主权是不容否定的。②

第一，中国对钓鱼岛的主权取得符合先占原则。早在15世纪，中国便取得了该岛的主权。明朝永乐元年（1403）出版的《顺风相送》一书中就有关于钓鱼岛的记载，比日本声称的琉球人古贺辰四郎1884年发现该岛早约500年。据历史记载，1556年，中国明朝政府任命胡宗宪为讨倭总督后，他在所编《筹海图编》中就把钓鱼岛、黄尾屿、赤尾屿列入中国福建省海防区内，如遇倭寇骚扰或侵犯，中国水师奉命保卫和出击，可见当时钓鱼岛等岛屿已受福建省管辖。

第二，日本对于钓鱼岛享有的主权不符合"无主地先占"原则。钓鱼岛当时是无人居住岛屿而并非"无主地"。日本有意把"无人居住岛屿"和"无主地"加以混淆。日本并不具备取得钓鱼岛主权的法理依据。

第三，美、日之间的任何和约或协定不具备决定钓鱼岛领土主权归属的法律效力。首先，1942年1月1日，中、美、英、苏等26个国家在华盛顿签署了共同抗议德意日法西斯的《联合国家宣言》，公告了缔约国将全力以赴对轴心国作战，绝不与敌人缔结单独的停战和约。很显然，对敌签署和约必须由集体缔约国参加和同意为前提。《旧金山对敌和约》是1951年9月8日美国在排除中华人民共和国的情况下一手包办的单独对日和约，这明显违反了《联合国家宣言》的规定，因此《旧金山对日和约》是非法的。其次，根据《波茨坦公告》，"日本之主权将限于本州、北海道、九州、四国及吾人所决定其他小岛之内"。所谓"吾人所决定"是指必须包括中国在内的决

---

① 见豫夫《钓鱼岛，姓"中国"》，《当代海军》1996年第6期；博淳：《牵动炎黄子孙心弦的东海明珠钓鱼岛》，《下一代》2005年第12期；张万彬、张敏：《钓鱼岛与中日东海大陆架划界》，《新西部》2007年第4期；冯天任：《岛屿主权问题对我国国家安全的影响》，《领导之友》2004年第4期；坂井朔然：《评说钓鱼岛风波》，《当代海军》1997年第1期；林木：《别忘了我们的钓鱼岛》，《教师博览》2000年第10期；陈述盛：《钓鱼岛问题的由来》，《秘书工作》2005年第7期。

② 梁靖：《国际法视角下的钓鱼岛主权归属》，《哈尔滨学院学报》2007年第6期。

定。《波茨坦公告》虽然不是以条约的名称，但是根据国际习惯和《维也纳条约法公约》第 2 条对"条约"的定义，这一公告由于规定了缔约国间的权利和义务，因此具有条约性质。美国在没有和其他缔约国讨论"吾人所决定"的领土所有权利的归属问题的情况下，就不法地将琉球等岛屿和本来属台湾附属岛屿的钓鱼岛交给日本，美国的这种擅自"决定"按照国际法是无效的。再者，按照习惯国际法和《维也纳条约法公约》第 34 条，条约只适用于缔约各国之间，未经第三国同意，不对该国产生义务或权利。在没有中国参与和同意的情况下，美日为中国创设义务是完全违反国际法原则的，对中国没有约束力。最后，美国也承认日美之间的条约和协定并不表示美国承认日本对钓鱼岛等岛屿享有主权。美国很早就声明，"把原从日本取得的对这些岛屿的行政权归还给日本，毫不损害有关主权的主张。美国既不能给日本增加在它们将这些岛屿的行政权移给我们之前所拥有的法律权利，也不能因为归还给日本行政权而削弱其他要求者的权利"。直到 1996 年 9 月 11 日，美国政府发言人伯恩斯仍表示："美国既不承认也不支持任何国家对钓鱼岛列岛的主权主张。"可见，美国政府也没有因条约和协定而承认日本对钓鱼岛群岛拥有主权。从以上有关钓鱼岛主权归属问题的国际法分析可以看出，钓鱼岛自古以来就是中国神圣不可侵犯的领土，中国对钓鱼岛享有充分的主权。

（二）有关中日东海大陆架和专属经济区划界争端及在争议地区共同开发油气资源的研究

中日两国隔海相望，中间隔以东海，北到韩国的济州岛，南到台湾岛的北端，西面是中国大陆及其附属岛屿，东面是日本的九州岛和琉球群岛。在旧的海洋法律制度下，领海之外就是公海，中日两国之间的大片海域都属于公海，长期以来两国的渔船可以在这里自由地航行和捕鱼。由于两国之间的海域宽度不足 400 海里，随着 200 海里专属经济区和大陆架制度的建立，两国的海洋划界问题日益显露出来。中日两国就东海划界的矛盾主要表现在两方面。一个方面是划界的原则。日本主张"中间线"方法；中国则主张在"自然延伸"和"公平原则"的基础上，考虑一切有关因素，通过协商加以解决，并认为中间线方法只有符合公平原则才能被接受。另一个方面是钓鱼群岛及冲绳海槽在大陆架划界中的地位。日本坚持对中国的钓鱼岛拥有主权，认为由于钓鱼岛的大陆架超过冲绳海槽，日本理应以中间线划分东海大陆架；中国则认为，钓鱼岛属于台湾岛的附属岛屿，自古以来属于中国的固有领土，日本坚持冲绳海槽只是东海大陆架连续上的偶然凹陷，不构成划界中的地理标志和法律效力。中国认为，冲绳海槽是中日之间的天然分界线，中日不共大陆架。①

对于中日海域划界问题的解决，中国学者提出应遵循以下原则。②

第一，公平原则应是中日专属经济区划界的基本准则。国际法院就曾指出，不能抽象地解释公平原则，而应当"为达到公平结果适用可能的原则和规则"。在《海洋法公约》有关专属经济区划界的规定中，公平原则始终起着主导作用。在国际海洋划界实践中，公平原则也得到了充分体现。2004年6月30日，中国外交部副部长王毅与越南外交部副部长交换了《中越两国关于两国在北部湾领海、专属经济区和大陆架划界协定》及《中越北部湾渔业合作协定》。中国首条海上边界线正式产生。在北部湾划界问题上，中方始终坚持按照国际法公认的公平原则，考虑到两国在北部湾的总体政治、地理、军事情况的大体平衡，并参照国际实践通过谈判加以解决。最终的划界结果充分体现了公平原则，取得了双方都满意的划界结果，为国家间海洋划界纠纷的和平解决树立了典范。总之，中日之间东海专属经济区划界应该遵循公平原则。

第二，海岸线长度是中日专属经济区划界的重要依据。地理因素也是东海专属经济区划界应该考虑的一个重要问题，其中，海岸线的长度是要考虑的重要因素之一。一般来说，专属经济区的海域面积应与海岸线长度成比例，即海岸线越长，所包含的海域面积应越大，海岸线越短，与之对应的海域面积也应相应减小，否则就会导致不公平。"成比例"的概念早已为海洋学家们公认，成比例是与公平原则的适用相联系的，其作用是检验所使用的划界方法及其导致的结果的公平性；即使"成比例"不近似条约规则或习惯法的地位，但它是一项公平原则。根据国际法院所宣称的"陆地主宰海洋"的原则，海岸线的长度应该是测算一国专属经济区权利的客观标准。

第三，岛屿在中日专属经济区划界中的作用十分有限。在冲绳海槽西侧，零星散布着一群无人居住的小岛和岩礁，这便是属于日本的男女列岛和鸟岛。这些小岛的唯一用途就是建造海上导航灯塔和无线电信号塔。日本方

---

① 袁斌：《试论中日东海大陆架划界问题》，《大连海事大学学报》（社会科学版）2005年第2期。

② 见张东江、武伟丽《论中日东海海域划界问题及其解决——从国际法角度的研究》，《世界经济与政治》2006年第4期；张天飞：《国际法院的海域划界判例对中国与相邻和相向国家海洋划界的启示》，吉林大学，2007年硕士学位论文。

面企图以男女列岛和鸟岛为基点与中国平分东海专属经济区是站不住脚的。《海洋法公约》第 121 条第 2 款规定:"不能维持人类居住或其自身的经济生活的岛礁,不应有专属经济区或大陆架。"从法理上说,岛屿在海洋划界中的法律地位尚未完全解决。从国际实践来看,由于那些小岛和岩礁大都无人居住,既不能维持人类的长期居住,经济价值又很低,所以在专属经济区或大陆架划界中仅仅被赋予有限的效力。①

第四,中间线不应作为中日专属经济区划界线。日本的"中间线"主张有两层含义:一是以中间线分割东海专属经济区,二是以中间线与中国共享东海大陆架。对于日本的这种主张,中国是不可能接受的。这是因为,日本的主张不符合《海洋法公约》第 74 条第 1 款的精神,即海岸相向或相邻国家间专属经济区的界限,应在《国际法院规约》第 38 条所指国际法的基础上以协议划定。在海洋划界的国际纠纷中,单方面提出的任何划界方法,如果不符合国际法精神,得不到当事各方的认可或承认,就都是无效的。在海洋划界谈判中,任何一方都可以提出自己的划界主张,但是所提主张必须合情、合理、合法。从中日两国海岸相向部分可以看出:(1)中国杭州湾以南面向东海的是连绵不断的大陆岸线,而日本琉球群岛的 50 多个岛屿则稀疏散落在 1000 多公里的岛链上,岛屿之间最远距离达 100 海里以上,水深超过 1000 米,没有构成连续的海岸线;(2)无论从居住在海岸附近的人口数量,还是从事传统海上捕捞作业的人数,日本方面远不能与中国相提并论;(3)冲绳海槽是中日两国间大陆架的天然分界线,已经得到许多国际法学家特别是海洋法学家的赞同和认可。因此,根据《海洋法公约》所明确的"自然延伸原则",中国也绝不可能同意以"中间线原则"与日本平分东海专属经济区。另外,专属经济区的设立是广大发展中国家经过不懈努力争取而来的,目的是为了保护发展中国家的沿海海洋资源。所以日本主张的中间线方法是不能应用于中日东海划界上的。②

对于如何解决东海划界问题,中国学者也提出了具体的方案。第一,中日双方应从两国关系乃至维持东亚地区稳定的大局出发,共同开发争议海洋的油气资源。这是中国学者及官方一致的态度。第二,中国需要从战略高度

---

① 见高俊国、鞠光宇《中日东海划界问题的国际法分析》,《海洋开发与管理》2006 年第 2 期;张东江、武伟丽:《论中日东海海域划界问题及其解决——从国际法角度的研究》,《世界经济与政治》2006 年第 4 期。

② 朱凤岚:《"自然延伸"还是"中间线"原则——国际法框架下透视中日东海大陆架划界争端》,《国际问题研究》2006 年第 5 期。

认识中日海洋权益争端,急需成立由国家高层领导负责的跨部门的专门机构,对中日海洋权益争端进行战略应对。第三,加强研究岛屿和岛礁在海洋划界中的不同作用,并搜集翔实的科学数据。第四,中国不应主动将东海海洋争端提交国际法院诉诸法律解决,但要对日方可能采取的法律解决进行充分的准备。①

(三) 对南沙群岛的主权归属争论问题研究②

南沙群岛位于中国南海南端,是南海诸岛中最南、岛礁最多、散布最广的群岛。其范围南北长约550海里,东西宽约650海里,西起万安滩,东到海马滩,北至雄南滩,南至曾母暗沙,共有230多个岛屿、沙洲和礁滩,总面积约82万平方公里。第二次世界大战以后,特别是20世纪70年代在南海海域发现石油天然气资源以后,一些南海沿岸国家也对南沙群岛中的岛屿和海域提出了主权要求,对此,中国学者提出了反驳。③

第一,对南沙群岛的"发现"不能构成某些国家要求南沙群岛主权的依据。在物权法上,对无主物的发现可以构成所有权,这一原则被引入18世纪以前的国际法中,成为认定"无主地"主权归属的重要法律依据。1955年菲律宾宣称"发现"了(南沙群岛中)若干无人居住的岛礁,并命名为"卡拉延群岛",1978年又将其纳入菲律宾的主权统治之下。越南也宣称早在17世纪上半叶就"发现"了南沙群岛,并以此为根据主张对整个南沙群岛拥有主权。此外,菲律宾在提出主权要求时还有一个理由就是"邻近",认为"卡拉延群岛"在地理上接近该国,对该国的国家安全和经济发展具有重要意义,因而该国"应该"拥有主权。现代国际法认为领土主权的产生只能基于五种事实,即先占、时效、割让、征服和添附,而"发现"不是产生领土主权的法定事由,因此以"发现"来主张权利于法无据。至于菲律宾提出的"邻近"问题,不管在传统国际法还是现代国际法中都不

---

① 见贺雪瑞《浅析"搁置争议,共同开发"在新形势下的战略意义》,《法制与社会》2006年第11期;金永明:《论东海大陆架划界争议与共同开发》,《贵州大学学报》(社会科学版) 2006年第4期;高俊国、鞠光宇:《中日东海划界问题的国际法分析》,《海洋开发与管理》2006年第2期。

② 见赵振斌《论中国对南沙群岛拥有主权的国际法依据》,青岛大学,2006年硕士学位论文。

③ 见郭渊《从"先占"看中国对南沙群岛的主权》,《北方法学》2007年第3期;刘志鹏:《南海及周边地区的战略态势与中国对策》,《成都教育学院学报》2004年第12期;石鹏飞:《南沙群岛争端和平解决方式研究》,中国海洋大学,2005年硕士学位论文。

承认"邻近"可以产生主权,因此可以认定该事由不能成立。

第二,其他国家对南沙群岛的"先占"不成立。南沙群岛是中国的"有主地"。越南声称在19世纪就在南沙群岛行使了主权,并不成立。

第三,"时效"也不能作为其他国家取得南沙群岛主权的理由。南沙群岛置于中国主权管辖之下后,它就不再是"无主地"而成为了"有主地"。20世纪30年代法国曾占领了南沙群岛的部分岛屿,但并非"不受干扰",中国和日本都对法国的行动提出了强烈抗议,而且法国对这些岛屿的占领还不到10年,到第二次世界大战中即告结束。二战中整个南沙群岛均为日本侵占,1945年战争结束后日军撤离南沙,南沙被中国海军收复。在1951年的旧金山和约中,日本宣布放弃对南沙群岛的一切权利,根据国际法有关国家责任的规定,被日本侵占的领土应"恢复原状",中国据此恢复了对南沙群岛的主权。可见,南沙群岛历史上虽遭受过其他国家侵略,但这种侵略从来未产生过"时效"效力。

因此,其他国家对于南沙群岛的主权要求都是站不住脚的,而中国对南沙群岛的主权更是不容否认的。但为了睦邻友好和共同发展的目的,中国在南海也提倡共同开发原则,并已经取得了很好的效果。

六 对国际海洋法研究的总体评价

中国学者对于国际海洋法理论层面的研究还是比较全面细致的。正如以上述评所显示的,中国学者近十几年来有关国际海洋法理论问题的研究取得了巨大的成绩。中国学者在海洋法众多领域内进行了深入研究,比如在对《海洋法公约》所规定的各种海洋新制度及其对中国影响的研究;对海洋划界中的划界原则也进行了广泛的探讨和争论,形成了一定的共识,特别是在有关划界过程中应当遵守的公平原则、等距离中间线等的划界方法以及岛屿在划界中的作用等方面。更为可贵的是,这些研究都为中国与周边国家的相关划界活动中应持有的立场奠定了理论基础,有利于中国在新世纪更好地维护海洋权益,取得更大的海洋利益。在中国与日本对钓鱼岛主权归属和东海大陆架油气田的争论中,中国学者的理论研究为维护中国在这些地域的合法权利发挥了重要的作用。

总体而言,有关渔业资源管理的研究较少,大多集中于对有关国际公约或者区域性规范文件的介绍以及这些规范性文件对中国海洋渔业资源的影响的简单介绍。由于这些规范性文件在现实中执行的力度和范围还相当不足,因此大部分的介绍和研究也就只是在一种可能的基础上的陈述，不单缺少实际活动的支持，也缺少对理论本身的一种反思性研究。当然，这也和中国的海洋渔业的发展实践密切相连，毕竟中国的海洋渔业还处于一个比较不发达的水平，这也对理论的研究造成了一定的限制，研究的视野的宽阔度也就是可以理解的。

此外，中国学者对于海洋法理论的探讨也为国际海洋法的发展作出了新的贡献。对于中国在海洋方面遇到的现实问题的研究，则不仅丰富了海洋法的理论，更为中国乃至其他国家解决相似问题提供了很好的范例。在国家之间就主权和《海洋法公约》规定的一些海洋权的冲突的问题上，中国学者提出了一些解决问题的方案，在一些根本性的问题上坚持明确的立场，为解决国家间的海洋权益冲突提供了可资借鉴的方法和途径，为形成世界海洋新秩序提供了一种和平的手段和新的设想。特别需要指出的是，在东海大陆架油气田问题上提出的"搁置问题，共同开发"的理念，值得各国借鉴和学习。

目前，中国在国际海洋法领域中的研究集中关注的是中国与周边国家在海洋权益上产生的冲突，并为这些冲突从国际海洋法理论和国际实践中寻求解决办法。为了更好地实现这些目标，以更为广阔的国际视野来寻找自身立场的理论依据和实践基础，不失为将来的一个发展方向，因为简单地坚持自身的观点有时会被认为是固执一词。因此，国际海洋法的研究也要有大视野、大气魄，同时要抛开对已有规范的介绍，更多地去发现问题，并针对问题提出解决的方案和制度设计。可以相信，随着中国国际法研究的发展、中国国力的不断增强和对海洋权益的日益重视，中国的国际海洋法学将在已经取得的研究成果上，有更大的进步。

第九章　国际环境法研究的新发展

随着科学技术的高速发展和工业文明的迅猛进步，人类在创造财富的同时，也给我们赖以生活的地球环境带来了诸多问题。环境的恶化又具有明显的国际性，流水、大气、野生物种都不受国界限制。一国严重的环境问题会对全球造成难以估计的损害。自20世纪70年代以来，有关国际环境保护的法律原则、规则和制度经历了迅速的发展，形成了国际法的一个新的分支——国际环境法。联合国于1972年在瑞典斯德哥尔摩召开的"人类环境会议"是国际环境法发展史上的转折点，会上通过的《联合国人类环境宣言》（以下简称《宣言》）和《斯德哥尔摩行动计划》也是人类对环境问题首次达成的共识。《宣言》是奠定国际环境法的基础，得到了113个国家的一致通过，它既反映了大多数国家对环境保护问题的全球性和迫切性的共同认识，又概括了各国对世界自然环境保护事业的现状及发展前景的估计。自联合国斯德哥尔摩会议后，联合国又相继于1987年和1992年召开了两次环境大会，尤以1992年在巴西里约热内卢召开的联合国环境与发展大会最为重要。该次会议通过了《里约热内卢环境与发展宣言》、《21世纪议程》、《生物多样化公约》等，对国际环境法的发展产生了重大影响。纵观历次环境发展会议，虽然还未能有效地解决一些严重的环境污染问题，但人类对全球环境问题的重要性和迫切性终于有了一些实质性的共识，并且认识水平和重视程度还在不断提高。国际环境法的产生和发展，就是着眼于全人类的总体环境利益，制定和实施切实可行的调整全球环境关系的法律规范。①

国际环境法的研究可以分为三个主要领域：对基本理论的研究、对环境法与其他领域的交叉部分的研究以及对海洋环境保护问题的研究，在前两个领域中，成果尤多。随着国际社会对于环境问题重视程度的不断提高，国内环境法学者也逐渐地把研究重点转移到国际环境问题上来，并取得了一定的成果。对近十年来中国学者在国际环境法领域中的研究成果——主要是期刊

---

① 见卓英仁《论国际环境法发展趋向及对中国环境法影响》，中国政法大学2005年博士学位论文。

论文和硕士、博士论文，可作如下总结和分析。①

一 对国际环境法基本理论问题的研究

（一）国际环境法的性质②

国际环境法具有软法性质，这方面的一个突出表现是，在国际环境法领域中，框架性公约模式一直被广泛使用，如《联合国气候变化框架公约》、《生物多样性公约》、《维也纳保护臭氧层公约》等。在实体权利与义务方面，这些框架条约中的一些条款只规定原则，而将具体权利与义务的落实留给各国国内法去完成，或者先回避一些有争议或认识不统一的规定，将其放置到以后的补充议定书或附件去处理。正是因为忽略或搁置了这些短期内不可达成共识的问题，这些框架公约的立法进程才可以大大加快。还有一些条约，如《保护世界文化和自然遗产公约》，面对的是地处世界各地的自然和文化遗产的多样性和所需保护措施的差异，其制定的遗产保护措施也无法十分具体和明确。因此，国际环境法的软法性质还是能够得到普遍共识的。但将国际环境法界定为具有软法性质，并不妨碍其作用的发挥。

在《联合国气候变化框架公约》中，针对一些国家反对规定明确的限控温室气体的时间表，《公约》将要达到的最终目标设定为：将温室气体的浓度控制在防止气候系统受到人为干扰的水平上。在实现这一目标的过程中，必须优先考虑生态系统的适应性、粮食生产的稳定性和经济发展的可持续性。从这方面来看，各国所接收的履约信息是相当明确的。而1997年的《京都议定书》则对具体义务和时间表都进行了规定。可见，框架公约中的这些原则性规定对于各国实施公约的其他条款，开展国内的相关活动，进行进一步国际合作等，不能不说具有相当的指导意义。因此，国际环境条约中的所谓软性规定，往往宣示着整个立法活动和具体条约的目的和宗旨，体现着条约所规定的权利与义务，也在根本上决定着条约条款的解释和适用。

国际环境法虽然具有软法的性质，但这非但不应减弱国际环境法在国际法中的重要地位，其软法的内容更应该具有超前性和进步性，更应符合道德

---

① 有关总结和分析，参见夏善晨、吴志刚《国际环境法探析》，《上海大学学报》（社会科学版）1995年第5期。
② 见林灿铃《论国际环境法的性质》，《比较法研究》2005年第2期。

规范和时代的要求。① 因此，国际环境法代表着人类法律和国际社会的一个发展方向，也定会得到更广泛的接受和施行。

（二）国际环境法的基本原则

确定国际环境法的基本原则，必须遵循普遍性与特殊性这两个准则：普遍性原则意味着，国际环境法的基本原则应以国际法的基本原则为基础，受国际法基本原则确定标准的支配和指导；特殊性原则意味着，应充分考虑人类环境问题、国际环境保护及国际环境法的特点，要能够反映国际环境法的特殊性。根据这两个确定准则，只有那些被各国公认和接受的、在国际环境法领域里具有普遍指导意义的、体现国际环境法特点的、构成国际环境法的基础的原则才能被称作国际环境法的基本原则。

目前较为一致的看法是，国际环境法的基本原则主要包括：国际资源开发主权权利和不损害国外环境责任原则、可持续发展原则、共同但有区别的责任原则、谨慎行事原则、② 风险预防原则、③ 国际合作原则。但是，对于诸如全人类生存环境的总体利益原则、人类与大自然和谐发展原则等，却没有达成共识。在这些原则中，中国学者讨论较多的是可持续发展原则和共同但有区别的责任原则，值得着重介绍和分析。其他的原则，则或者没有太大的分歧，或者没有引起普遍关注，因此仅作简要述评。

1. 对可持续发展原则的研究

有学者提出，国际环境法是可持续发展的基础。④ 环境问题的日益严重使国际社会对经济发展与保护环境的关系的理解更加科学，对国际环境保护合作的要求更加迫切。联合国主持召开的三次地球峰会反映了国际社会对环境问题的理解的演变。20 世纪五六十年代工业化对环境的破坏促成了第一次全球性的环保会议，即 1972 年在瑞典斯德哥尔摩召开的"人类环境会议"，会议的名称反映了当时"人类为先，环境为后"的简单认识。1992 年召开的巴西里约热内卢峰会取名"环境与发展会议"，说明当时的国际社会

---

① 见张建、邢永峰《国际法中软法基本问题探讨》，《山东行政学院—山东省经济管理干部学院学报》2005 年第 2 期；参见万霞《国际法中的"软法"现象探析》，《外交学院学报》2005 年第 1 期。

② 见孟庆垒《论国际环境法中的谨慎行事原则》，中国海洋大学 2006 年硕士学位论文。

③ 见高晓露、孙界丽《论风险预防原则的适用要件——以国际环境法为背景》，《当代法学》2007 年第 2 期。

④ 见王胜利《国际环境法是可持续发展的基础》，《石家庄经济学院学报》2003 年第 5 期。

只将环境保护与经济发展联系起来,以谋求二者的协调。2002年在南非约翰内斯堡召开的会议则名为"可持续发展峰会",正式地将可持续发展作为了当今及以后国际环境法领域里的重要原则和任务,反映了当今国际社会已经认识到了贫困、教育及健康等社会问题与经济发展和环境保护的密切关系。

近十几年来,尽管各国都很关注可持续发展,但由于各国国情不同,在一些问题上存在分歧和矛盾,这些都影响了国际环境法实施的效果。正如联合国秘书长安南所说:"1992年峰会以来所取得的进步,比预期的迟缓;更重要的是,比需要的更慢。"针对这种情况,中国学者认为:各国应当切实履行国际义务,完善本国环境保护法律制度,加强环境保护的国际合作;对发达国家尤其是发展中国家来说,环境保护与经济发展应该协调统一,互相促进;制定国内环境影响评价法律制度,建立区域性或者国际性的统一的环境影响评价标准;通过这些措施,来推进国际环境法的实施并最终实现可持续发展的目标。①

在如今以知识经济为基础的国际经济环境中,可持续发展原则有着新的内容和要求。主要表现为环境公平和环境效率与可持续发展的关系。

我们通常所说的"国际政治经济旧秩序"使得只有一部分人得到了较好的发展,另一部分人不得不遭受贫穷、无知等折磨。环境费用和负担在当代的代内分配也是不公平的。这与可持续发展的目标是相背离的。国际社会已经达成共识,应当将其彻底打破,代之以国际政治经济新秩序。此外,环境资源在代际的配置也是不公平的。其危害是使人类的生存发生了危机,未来世代发展所需要的基础性条件正日益丧失,这更是不可持续的。

环境效率也是可持续发展所追求的必然结果之一。当今世代的所有人以及每一世代都有发展的权利。环境效率体现的就是发展。所以,可持续发展不能没有环境效率;没有了环境效率,也就没有了可持续发展,就是"零增长",甚至"负增长"。在可持续发展时代,绝不能把追求环境效率作为一个独立目标,也不可作为一个独立过程,只能将其融入追求环境公平之中去。因为只有得到了代内和代际环境公平,才会有环境效率。如此也就证明,若要实施可持续发展,环境效率就不能成为优先于环境公平的目标和结果。结论是,在可持续发展时代,环境公平是重要社会价值之一,它与环境效率互为目的和手段,共同推进人类社会健康持续地向前发展。

---

① 见石磊《可持续发展与现代国际法》,《武汉大学学报》(社会科学版)2002年第4期。

中国学者对可持续利用问题也进行了一些研究。可持续利用指的是以可持续的方式利用自然资源。对于再生资源，可持续利用指的是在保持它的最佳再生能力前提下的利用；对于不可再生资源，可持续利用指的是保存和不以使其耗尽的方式的利用。可持续利用的核心是利用的"度"。这又与上述代际平等和代内平等内容的实现休戚相关。有限度地利用自然资源，才能发挥最大的效益，又不损其再生和永续能力。作为可持续发展原则的一部分的可持续利用的原理，最近又有了新的发展。人们对于废弃物的认识推动了大量废弃型社会向着循环型社会的转变。①

可持续发展原则作为国际环境法的基本原则，得到了中国学者的肯定并对其进行了有益的探讨和分析，使得该原则在国际环境法的理论和实践中对中国的具体行动都产生了主要的影响。

2. 对共同但有区别的责任的研究②

中国学者对于共同但有区别的责任原则的分析，主要集中在该原则对发达国家和发展中国家适用不同的环境标准的问题上。这种差别具体表现为：不同国家享有不同的权利并承担不同的义务；对不同国家履行相关环境条约设定不同的时间表。但全球生态系统是一个统一的整体，这种双重标准有其弊端。对于环保标准低的国家而言，其生产成本要比高标准的国家低，这使得追求利润最大化的跨国公司将生产基地迁移到发展中国家来，这可能造成环境灾难。因此这种双重标准是暂时的，其废止取决于发展中国家可持续发展的现实。

发达国家的区别责任主要有：（1）发达国家必须改变目前不可持续的发展方式，包括改变现有的不可持续的生活方式，减少自然资源的浪费，减少排放有毒有害物质，在可持续发展方面作出表率。（2）发达国家通过资金援助和技术转让帮助发展中国家在经济上得到发展，从而使发展中国家在经济发展的基础上，有能力保护和改善环境。（3）国际组织及机构采取措施，保证贸易和经济发展的公平性，维护发展中国家的利益。（4）在经济发展与环境保护的一些关系问题上，尊重发展中国家的发展需求与权利，不以环境为借口对发展中国家的经济发展和贸易设置壁垒。（5）在责任的定性、定量、定时方面，必须明确发达国家承担更大、更多、更早或主要的责任。

---

① 见黄莹、刘洋《论国际环境法中的可持续发展原则》，《法制与社会》2006年第4期。
② 见杨兴《试论国际环境法的共同但有区别的责任原则》，《时代法学》2003年第1期。

发展中国家的区别责任主要有：（1）在经济与社会发展战略上，发展中国家必须贯彻和实施不牺牲环境的可持续发展战略。这是因为，经济建设和环境保护是不可分割的整体。好的经济行为伴随着好的环境影响，同时错误的经济意识也将扼杀正确的环境意识。（2）在工业化进程中，发展中国家不应走西方发达国家"先污染后治理"的老路。（3）在生产和消费方式上，发展中国家应采取可持续发展的生产和消费方式。（4）发展中国家现阶段不应该承担与其国情不相符的保护和改善全球环境的义务，但不排除发展中国家未来发展到一定程度以后，在其资金和技术承受能力限度内，承担越来越多的保护环境的国际义务。因此，有限区别责任并不意味着发展中国家可以漠视自己在保护和改善全球环境中的责任和义务。相反，发展中国家必须努力进行改革，改革生产方式争取早日摆脱贫困，增强经济实力和环境保护能力，走上持续发展的道路。①

对于共同但有区别的责任原则的重要意义，中国学者主要总结如下：首先，共同但有区别的责任原则明确了发展中国家和发达国家在环境保护方面的不同责任，使发达国家理所当然地负担起更大的责任，而非一味地苛求发展中国家。其次，共同但有区别的责任原则有利于发展中国家经济和环境保护事业的协调发展。该原则顾及了发展中国家的不同责任和经济、技术的落后状况等基本国情，使得发展中国家可以将国内有限的资金有效地运用到发展中去，集中精力于本国的经济建设。发展中国家还可以通过发达国家提供的资金和技术，提高自身的经济实力和保护环境的能力。适用这一原则同时也有利于发展中国家在作好充足的准备之后，随着经济的发展更好地担负起保护环境的责任。最后，共同但有区别的责任原则有利于建立平等、互利、公平的国际政治经济新秩序和新的全球伙伴关系，抵制全球环境保护领域中的霸权主义和殖民主义。共同但有区别的责任原则是通过发展中国家和发达国家之间的谈判协商一致达成的原则，既体现了全人类的共同利益，也有所差别地对待不同国家的具体义务，得到了广泛的承认和支持。

共同但有区别的责任原则是在全球环境保护的实践中产生并发展起来的一项原则，它反映了世界各国对于保护环境的迫切愿望，也适当地反映了发展中国家在环境保护方面的特殊地位。虽然该原则确立的时间尚短，但其理论上的合理性，实践上的可行性都预示着它将成为一项国际习惯法而在更广

---

① 见张美成《论国际环境法的"共同但有区别的责任原则"》，华东政法学院 2003 年硕士学位论文。

阔的领域发挥更大的作用。

3. 国际合作原则

学者认为，国际合作原则的主要内容包括：建立全球性环境保护系统、发展国际综合治理体制、建立国际协作制度、援助发展中国家以及各国共同发展和促进各种应急计划。除此之外，其内容还包括要求各国共同努力提高现有技术，发展无污染或低污染的新技术，并应用于现代社会。①

国际合作原则又受到当今国际格局的影响并面临新的挑战，主要体现为以下几个方面：首先，许多国家和地区只关心自己区域范围内的环境保护，而不关心其他区域或其他国家的环境整治。其结果是，在一些国家和地区环境问题日益缓和的同时，另一些国家和地区环境问题日益尖锐。其次，南北双方环境权益的斗争异常尖锐。在强调环境保护的重要性方面，将环境与发展割裂开来；利用环境保护干涉别国内政的现象也时常发生。发达国家和发展中国家在环境问题上采取的立场是对立的，而这样的矛盾在短期内还不好解决。最后，南北双方在承担环境保护责任方面存在重大分歧。发达国家在几百年的发展中排放了大量污染物，形成了当今世界的重大环境问题。而广大发展中国家普遍面临着发展经济与保护环境的双重挑战，发达国家理应为发展中国家解决环境问题提供资金和技术。然而，多数发达国家非但没有积极履行自己的义务，反而回避和推卸责任，甚至利用环境保护限制发展中国家的发展。这就形成了南北之间在环境保护问题上的主要分歧。②

4. 代际公平原则

代际公平理论有三项原则：一是要求各世代保护自然和文化遗产的多样性，保证后世代享有足够的多样性以供生存发展选择，称"保护选择"原则；二是要求各世代维持地球的质量，从而使后代人享有与前代人相当的环境质量以供生存，称"保护质量"原则；三是各世代的每个成员都有权公平地获取其从前代继承的遗产并保护后代人的这种获取权，称"保护获取"原则。代际公平理论的出现是环境法发展的必然结果。代际公平要求人类活动必须考虑到对将来可能造成的影响，体现了环境保护中的预防为主原则，更能适应环境保护的实际需要。③

---

① 见刘佳《论环境保护的国际合作原则》，中国海洋大学2006年硕士学位论文。
② 见孙承谷《艰难的国际合作》，《国际问题研究》1995年第4期。
③ 见朱小静《代际公平的理论依据及其法律化之途径》，载《水资源可持续利用与水生态环境保护的法律问题研究——2008年全国环境资源法学研讨会论文集》，2008年。

代际公平理论对环境权的主体产生了根本性的影响。它认为，当代人与后代人的关系是一种伙伴关系，有时间上的关联。当代人作为受托人为未来世代保管地球，同时也作为受益人享有使用它的权利。后代人无疑也应成为环境权的主体之一并有权主张权利，并且，每一代人是作为群体来拥有这些权利。代际公平理论对环境权内容的影响在于，后代人的权利来源于代与代之间在使用自然环境和文化资源时形成的暂时关系，它们是代间权。不论构成每一代的个人的数量多少及身份如何，这些权利都是存在的。这里所说的权利包括享有与前代人所享有的同等丰富、同等质量的地球环境。这种权利来源于代间权，但它是在代内的基础上加以行使的，既是权利又是义务。①

5. 风险预防原则

风险预防原则指的是，各国应按照本国的能力保护环境，广泛适用预防措施，遇有严重或不可逆转损害的威胁时，不得以缺乏科学充分确实证据为理由，延迟采取符合成本效益的措施防止环境恶化。风险预防原则可以分为四个要素：风险程度临界标志线的确定、根据不同的风险程度所应采取的适当预防措施、对风险程度和收益的综合性评估以及科学不确定性级别的确认。②

表面上看，风险预防原则是合理的，但实际上本身也存在风险。首先，鉴于国际上并没有一个通用的有关风险预防原则的正式定义，各国往往基于自身利益对其作出不同的解释。因此，风险预防原则能发挥多大的功能，很大程度上取决于各国对风险程度的界定以及科技在相关决策中的应用程度。其次，风险预防原则还可能阻碍那些旨在解决风险的科研工作的开展，因为根据风险预防原则，假如初次实验失败，就意味着放弃。解决这一问题的对策是，必须对所有的风险作一个全局性的通盘考虑，不仅要考虑相关有风险性的社会活动所带来的风险，也要考虑对该项活动采取预防措施后可能造成的直接风险和间接风险，同时，对那些旨在解决风险的科研工作应采取更加务实和积极的态度，适当放宽风险预防原则的操作尺度。最后，风险预防原则的滥用有可能导致贸易保护主义。③

---

① 见傅剑清《论代际公平理论对环境法发展的影响》，《信阳师范学院学报》（哲学社会科学版）2003年第23卷第2期。
② 见边永民《论预先防范原则在国际环境法中的地位》，《河北法学》2006年第7期。
③ 见周艳芳《风险预防在国际环境法中的有效性研究》，武汉大学2004年硕士学位论文。

(三) 国际环境法的发展与国家主权之间的关系①

中国学者普遍认为，国际环境法的发展对于国家主权是一种挑战，主要表现在以下两个方面。

一方面，国际环境法的原则对国家主权形成了挑战。国家资源开发主权权利和不损害国外环境责任原则包括两个方面的内容：第一，国家对其境内的环境及自然资源享有永久主权权利，有权自主决定对其开发利用。这一原则同时对国家开发、使用环境资源的主权作出了限制，即国家负有责任，应确保在其管辖范围内或在其控制下的活动不致损害其他国家或各国管辖范围以外地区的环境。不损害国外环境原则已发展成为习惯国际法规则，得到国际社会的普遍认同。第二，各国都有保护环境的责任，有关规定在不同程度上影响了各国的生产活动和经济建设，而这种约束与限制势必对其固有的国家主权形成挑战。②

另一方面，国际环境法扩大了传统的国家权力范围。各国对属于全球公域的自然资源有权参加保护和管理，并分享其产生的收益；各国还承担保护全球公域的义务，使之不被滥用，不被污染。这样国家对其领土以外的范围也享有了一定程度的管辖权，虽然这不是完全的和排他的管辖，但却由此发展了国家主权的内容，形成了各国对环境资源的共同主权。③

在国际环境关系领域中，国家主权与环境保护之间的矛盾实质上是各国的国家利益和人类共同利益的冲突。因此，在诸如环境保护等利益关系情况发生了变化的国际关系领域里，主权原则就产生了适用上的问题，就必须要有所发展，以适应变化了的情况。在国家之间的交往日趋密切的当代国际社会里，"绝对主权"的理论是绝对行不通的。④ 解决跨国界环境问题以及诸如此类国际问题的关键，是要平衡相关各国的主权权利。《斯德哥尔摩宣言》原则二十一宣布："依照联合国宪章和国际法原则，各国具有按照其环境政

---

① 见王玫黎《主权与环境——对国际环境法基本原则的思考》，《河南司法警官职业学院学报》2003 年第 4 期。
② 见王茂涛、吴云《环境安全与绝对主权观的当代困境》，《武汉大学学报》（社会科学版）2002 年第 6 期。
③ 见潘安安《环境与主权——试论国际环境法的产生发展对国家主权的影响》，《甘肃农业》2005 年第 2 期。
④ 见王茂涛、吴云《环境安全与绝对主权观的当代困境》，《武汉大学学报》（社会科学版）2002 年第 6 期。

策开发其资源的主权权利，同时亦负有责任，确保在它管辖或控制范围内的活动，不致对其他国家的环境或其本国管辖范围以外地区的环境引起损害。"《关于环境与发展的里约宣言》又以更为规范和准确的表述再次重申："根据《联合国宪章》和国际法原则，各国拥有按照其本国的环境与发展政策开发本国自然资源的主权权利，并负有确保在其管辖范围内或在其控制下的活动不致损害其他国家或在各国管辖范围以外地区的环境的责任。"其中所体现的观点，可以被总结为"主权适用原则"。

主权适用原则首先强调的是各国拥有按照其本国的环境与发展政策开发本国自然资源的主权权利。根据国家主权原则，任何国家都不会接受对其主权权利的侵犯；但为了保护地球环境，也不能拒绝根据《联合国宪章》和国际法原则在环境保护方面所应当承担的责任和义务。不过应当特别强调的是，对于国家主权权利实施的任何限制只能是来源于国际法。主权适用原则已经被国际社会接受为调整国际环境关系的一项基本原则，对于国际环境法的发展影响巨大，但是在具体实施上却还存在着不少问题和障碍。因为在这方面还缺乏相应的国际法机制，所以，国内研究也很少涉及。①

（四）国际环境法的发展趋势

中国学者对于国际环境法在未来的发展趋势的认识，主要可以概括如下。

首先，会更加强调国家的环境责任和义务。国家是国际环境责任的主要承担者，国家的环境责任既包括造成环境损害后所承担的国际责任，也包括保护环境的义务。国际环境义务与国际环境责任是有机联系的。只有预防环境损害，才能充分保护环境和人体健康，事后的赔偿等救济手段往往无济于事。然而，环境义务的履行又离不开完善的责任制度。国际环境责任制度是把环保纳入国际法律秩序的重要环节，也是环境义务得到履行的重要保证。②

国际环境法对国家环境责任的规定还很不完善。但国际社会已认识到强调国际环境责任和义务的重要性，将会继续努力，使国家环境责任尤其是关于环境污染和破坏的赔偿责任有大的发展，以保障人类的共同利益不受侵

---

① 见李耀芳《国家主权原则在国际环境关系领域的适用》，《中国地质大学学报》（社会科学版）2005年第1期。

② 见周芸《国家环境责任制度探析》，福州大学2005年硕士学位论文。

犯，并使受害国获得公平的赔偿。

其次，环境保护以及国际环境法与人权的保护紧密结合的趋势将越来越明显，这是因为，目前人权保护面临的障碍之一，就是日益恶化的生态环境。国际环境法所确立的两种权利——环境权和发展权，都与人权紧密相连。环境权是作为整个环境法产生和发展的基础性权利而存在的，可以说环境法就是围绕环境权的保护而展开的。有些学者认为环境权是一项基本人权，其核心是生存权；有些学者认为环境权是一项独立于人权之外的权利，但它与人权有密切关系。不管环境权的性质如何，它与人权密不可分的关系已为学者所公认。[1]

最后，国际环境法将从"软法"向"硬法"转变。软法的特点是：文字表述和规范内容不确定，多为原则性的、不具体的规定，但却为各国普遍接受；遵守基于自愿，不遵守也不构成违法，没有制裁措施。国际环境法的软法规范虽然对各国不具有强制性的法律约束力，但对国际环境法发展的影响却是全面而深刻的。《人类环境宣言》、《人类环境行动计划》、《内罗毕宣言》、《里约宣言》、《21世纪议程》、《关于森林问题的原则声明》等一系列国际环境软法文件，在全世界范围内具有高度的权威性。它们确定和重申了为当今世界各国所公认的国际环境法的基本原则，为各国国内环境法和国际环境法的发展指明了目标和方向，为世界环境保护作出了巨大贡献。学者们认为，国际社会的当务之急，是尽快缔结一项规定各国环保义务、责任和基本原则的世界环保公约，将软法规范提出的国际环境法基本原则，如可持续发展原则、国际合作原则、不损害国外环境责任原则等上升为硬法的条约法基本原则，以强化国际社会环境保护的力度。[2]

二　对环境法与交叉领域的研究

（一）国际环境法与国际贸易的关系

由于当今人类社会面临的一个两难选择——环境保护的加强和贸易的自

---

[1] 见陈仕伟《人权·自然·可持续发展》，《湖湘论坛》2004年第4期。
[2] 见龚向前《试析国际法上的"软法"——以世界卫生组织"软法"为例》，《社会科学家》2006年第2期；张建、邢永峰：《国际法中软法基本问题探讨》，《山东行政学院—山东省经济管理干部学院学报》2005年第2期；万霞：《国际法中的"软法"现象探析》，《外交学院学报》2005年第1期。

由化，使得环境保护和国际贸易结下了不解之缘。一方面，人类活动给全球环境带来了严重影响，为了人类的生存与发展，有必要迅速禁止、限制人类的各种易对环境造成损害的活动，包括经济活动。另一方面，则是近些年来国际社会一直致力于消除对国际贸易的种种限制，取代关贸总协定（GATT）的世界贸易组织（WTO）于1995年成立后，更大幅度削减关税和其他贸易壁垒、取消国际贸易中的歧视待遇、促进国际贸易自由化和全球化。

1. 国际环境法与国际贸易的总体关系①

首先，国际环境条约对国际贸易的影响增大。目前世界上已签订了150多个多边环境条约，其中有近20个含有贸易条款。这些条款对有关动植物和相关产品以及某些危害环境的物质等的贸易作了相应的规范，旨在通过贸易手段达到环境保护的目的。许多环境条约规定，一些特定物质或品种的进出口需受制于某种先决条件，只有满足了这些条件的贸易才被视为合法。例如，《控制危险废物越境转移及其处置的巴塞尔公约》规定了禁止废物越境转移的几种情况：一是在许可证基础上允许出口或进口。如1973年的《濒危野生动植物物种国际贸易公约》全面禁止濒临灭绝的物种的贸易，但对于有可能面临灭亡危险的物种，除非这些物种的贸易受到严格控制，否则应当在科学和管理当局批准承认的出口许可证的基础上准予出口，同时进口国只能在出口国政府颁发出口许可证的前提下，才允许进口。二是禁止或限制进出口。如1987年的《关于保护臭氧层的蒙特利尔议定书》不仅要求限制或禁止成员国之间破坏臭氧层的物质——例如氟利昂的进出口，还要求在《议定书》生效时，立即禁止与非成员国之间该种物质的贸易。《濒危野生动植物物种国际贸易公约》也要求成员国对非成员国采用更加严格的贸易限制措施。从环境保护的角度看，上述对有关动植物和相关产品以及某些危害环境的物质等的贸易进行限制的规定是无可厚非的，但是如果从自由贸易的角度去看，这无疑有悖于非歧视原则，构成对来自不同国家的相同产品的差别待遇。也就是说，环境条约对其保护物或控制物实施的贸易限制与国际贸易的自由公平原则产生了矛盾。

其次，国际和国内环境保护措施成为新的、主要的贸易壁垒形式。传统

---

① 见赵蕊《国际环境法中的贸易与环境问题解读》，《科技情报开发与经济》2006年第17期；李虹：《WTO的贸易与环境委员会》，《福建环境》2001年第6期；陈钧：《我国面临的贸易与环境问题及思考》，《全球科技经济瞭望》2005年第4期。

的贸易壁垒形式有许可证、配额、海关检疫,等等,而新出现的绿色贸易壁垒的主要内容则有:(1)推行"环境标志"制度。环境标志在国外也称"生态标签"、"环境选择"等。它是一种贴在产品上的图形,证明该产品不仅质量符合环境标准,且在生产、使用和处置等过程中也符合规定的环保要求。根据各国的实践,无环境标志产品的进出口将受到数量和价格上的限制。(2)"绿色包装制度"。许多国家为了节约能源,减少废弃物,要求产品必须采用用后易于回收利用或再生、易于自然分解、不污染环境的包装,否则将限制甚至禁止进口。(3)环境进出口附加税。进口国为了保护国内环境,对入境的有严重污染或污染难以治理的原材料产品以及大量消耗自然资源和能源的产品、工艺生产设备征收环境附加关税。与传统的非关税措施相比,这种绿色贸易壁垒具有名义上的合理性(保护生态环境、自然资源和人体健康),形式上的合法性(以一定的国际环境条约或国内环境法律法规作为其制定实施的依据)及手段上的隐蔽性(不采用配额、许可证那样具有明显歧视性的措施)等特点。①

最后,环保纠纷将成为贸易摩擦的焦点。绿色贸易壁垒增多的一个必然结果就是引起更多的与环境有关的贸易摩擦。关贸总协定中著名的"墨西哥诉美国限制进口金枪鱼案"就是一例。环境问题介入贸易,导致对自由贸易的限制,可减少并控制有害环境产品或濒危动植物及其制品的进出口;自由贸易推动环保产品和服务的发展,从而推动全球的绿色贸易,实现对环境的有效保护。但是环保对于自由贸易的要求却对于发展中国家构成了新的壁垒。

2. 国际环境法与国际贸易法有关规定中的具体问题②

首先,关于贸易和环境体制中关键用语的法律解释问题。在 GATT 第 20 条(b)款中规定了给予"对保护人类、动植物生命或健康所必要采取的措施"以例外待遇。然而该规定中"必要"的内涵与外延,至今仍不十分清楚。这说明一些法律规定中用语的解释是至关重要的,否则,不仅会引

---

① 见李莉《绿色贸易壁垒法律问题研究》,西北大学 2006 年硕士学位论文;康玲:《生物多样性保护的法律问题研究》,兰州大学 2006 年硕士学位论文;高崇升:《贸易绿色壁垒对中国环境法律制度的影响》,东北林业大学 2003 年硕士学位论文;李江英:《GATT/WTO 体制与贸易措施的冲突及协调》,厦门大学 2001 年硕士学位论文;王扬:《绿色壁垒的法律问题研究》,哈尔滨工程大学 2005 年硕士学位论文。

② 见万霞《对环境与贸易国际法律问题的初步研究——兼论中国加入 WTO 面临的相关问题与对策》,《外交学院学报》2001 年第 2 期。

起法律理解上的歧义和现实操作上的混乱，也会影响法律的科学性和准确性。在环境条约中，关键用语的解释问题更加突出，因为许多环境条约是以"框架公约"模式出现的，即只规定原则性和程序性内容，而不规定具体的权利义务。如 1992 年《气候变化框架公约》确立了将大气中温室气体浓度稳定在防止气候系统受危险的人为干扰的水平上的原则，但对于如何达到防止人为干扰的水平、衡量标准如何、各国的具体指标是什么，都没有明确规定。1985 年的《保护臭氧层维也纳公约》和 1987 年的《关于消耗臭氧层物质的蒙特利尔议定书》同样存在上述问题。框架公约模式虽然体现了灵活性，但也使其执行效果大打折扣。另外，由于种种原因，一些环境公约的用语及条文晦涩难懂、模棱两可，都应在以后的国际立法和实践中加以明确和改善。

其次，关于环境措施和贸易限制的科学性问题。无论是环境条约中的贸易限制还是贸易体制中的环境措施都必须建立在稳定的科学基础之上。科学的立法当然需要准确的数据和结论，但由于各国科技发展水平的差异，不同的国家是否应适用统一的标准，若出现了差距如何协调和统一，仍是需要解决的问题。如何在科学的基础上制定环境条例的问题也是值得进一步研究的。

最后，环境和贸易规定的协调问题。现存的贸易体制和环境规定如何更好地协调以促进世界的可持续发展是影响人类生存与发展的关键，既不能给予贸易以不符合市场经济规律的限制，导致制约各国特别是发展中国家发展的结果，也不能放任自由贸易而加速环境恶化的可能，建立在科学和规范基础上的环境和贸易规定还必须协调统一在一个国际法律体系中。

3. 国际环境法与国际贸易的关系体现出的南北矛盾[①]

国际环境法与国际贸易的关系也体现了发达国家与发展中国家的矛盾，主要表现在以下几个方面。

第一，出口产品结构。发展中国家的初级产品出口是以对自然资源的掠夺性开发为代价的，而发达国家为了保护本国的环境资源，以低于资源价值的市场价格向发展中国家购买。这种结构所造成的后果是：一方面，资源开采过程中的损失和资源价格以外的价值均由发展中国家承担，另一方面，初级产品加工而成的制成品又高价卖到发展中国家，发达国家从中获取高额利

---

① 见秦天宝《国际环境法中的贸易与环境问题解读》，《甘肃政法学院学报》2001 年总第 59 期；孙志明：《浅议国际贸易中的环境法阻碍》，《天中学刊》2004 年第 19 卷第 4 期。

润，结果使发展中国家的资源消耗得不到补偿和维护，加剧了发展中国家的环境恶化。

第二，污染转嫁。由于发展中国家的环境保护法规和标准比较宽松，发达国家的企业为了逃避国内较严的环保法规，将某些污染严重的产业或国内限制、淘汰的技术或产品转移到发展中国家，不仅加重了发展中国家的环境问题，还使他们的经济利益受到损失。

第三，发达国家利用环保标准、环保标志和市场准入等条件作为贸易保护的借口，形成一种隐蔽性的"绿色贸易壁垒"，为西方国家的市场罩上一层巨大的保护伞，把发展中国家的许多产品挡在了门外，使其贸易状况进一步恶化。

第四，发达国家在世界环保市场中凭借其雄厚的经济技术实力而拥有霸主地位，庞大的绿色市场被他们捷足先登，而发展中国家的环保技术和产业刚刚起步，实力薄弱，在竞争中处于不利地位。

第五，环境因素正成为国际社会中优惠贷款、国际投资、无偿援助的重要条件，影响着发展中国家的经济。如世界银行的贷款政策倾向于环境变化，一是要求一般贷款项目进行环境影响评价，如世界银行就曾拒绝给予中国的三峡建设项目以贷款，原因是环境影响评价认为，三峡工程会造成无法逆转的环境危害，而三峡工程对中国经济发展的推动力是众所周知的。二是优先给环境保护项目提供贷款，在期限、利率、还款条件上给予优惠。

南北双方在贸易与环境问题上的矛盾，归根结底是发达国家的国际贸易保护主义与发展中国家的自由贸易主张之间的冲突在新形势下的反映。一方面，发达国家要维护其在国际贸易中的既得利益和日趋衰弱的夕阳工业；另一方面，发展中国家要继续提高其在国际市场上的竞争实力，增强其在国际贸易格局中日趋上升的战略地位，达到最终赶上或超过发达国家的目标。从这个意义上讲，国际社会理应谴责发达国家的贸易保护主义行为，鼓励发展中国家的自由贸易思想。

保护环境是目前国际社会的大趋势，将环保措施纳入到国际贸易的目标和规则中，日益得到广大消费者的支持和认同，环保市场的兴起和发展已成为不可阻挡的历史潮流。这决定了在贸易与环境争论中发达国家处于主动地位，发展中国家只能被动应付。这正是国际经济旧秩序在贸易与环境问题上的反映，也是国际经济旧秩序继续存在所必然造成的反常现象。贸易与环境问题的实质就是如何改变旧的、不平等的国际经济秩序，建立新的、平等的国际经济秩序的问题。

(二) 国际环境法与 WTO

除了以上提到的方面以外，国际环境法与贸易的关系还集中体现在国际环境法与世界贸易组织（WTO）的矛盾和冲突上。自中国于2001年加入WTO之后，WTO的诸项原则、规则与制度和环境法之间的关系，也成为中国学者着重研究的一个领域。

1. WTO 的原则与环境法的矛盾

有学者从以下几个方面总结了WTO的原则与环境法之间的矛盾。[①]

第一，实行非歧视原则与不同环境标准的矛盾。非歧视原则，又称为无差别待遇原则，是WTO的基石，主要通过最惠国待遇原则和国民待遇原则表现出来。最惠国待遇原则的基本含义是：缔约国一方现在或将来给予任何第三国的贸易上的特权、优惠和豁免，也同样给予缔约对方。国民待遇原则是指缔约国保证其他成员的公民、企业和船舶在本国境内享受与本国公民、企业和船舶所享受的同样的经济贸易待遇。

非歧视原则要求WTO成员方之间的贸易一视同仁，不应有所差别对待。但是，WTO成员方的环境保护标准是不同的，这样相同的产品在不同的成员方会受到不同的待遇；同一个成员对来自其他成员方的相同产品可能采取不同的环保限制措施和技术标准，这样就会影响非歧视原则的落实。

第二，实行最惠国待遇原则关于"相同产品"问题上的不同认识。确定是否属于相同产品是适用最惠国待遇原则的前提。但是，WTO对什么是相同产品并没有明确的定义。在实践中，主要采用《布鲁塞尔税则商品分类目录》，其中排列在同一税号下的商品就视为相同产品，否则就适用不同的税率。这种对相同产品的认识没有考虑到在生产同样的产品中，不同的生产方法可能导致对环境的不同影响的因素，因而导致了一些与环境保护有关的贸易争端。从环境保护法的角度看，生产相同产品的不同生产方式和技术可能会对生态环境造成不同的影响，对环境造成有害或较有害影响的相同产品应当受到成员方贸易政策的管制，而不应当与对环境无害或较少危害的相同产品享受同样的待遇，否则就是不公平的。而WTO认为，只要最终产品的用途和特性能够满足消费者的相同需要就是相同产品，生产方法、工艺和技术以及对环境的影响等因素不能作为是否是相同产品的判断标准，如果一

[①] 见王全兴、宋波《试论经济全球化的矛盾性法律需求》，《北京市政法管理干部学院学报》2002年第3期。

个成员方以出口国没有与之相同的技术和环境标准为理由就可以限制进口，那就会破坏 WTO 的市场准入原则，导致各种形式的贸易保护主义的盛行。自由贸易与环境保护是两个不同的问题和领域，WTO 不承认技术和环境壁垒对贸易的限制的合法性。即使对那些通过有害环境的技术和方法生产出来的产品，只要该产品符合 WTO 的自由贸易原则的要求，成员方就不能对其实行歧视性限制措施。虽然 WTO 对环境保护有一些规定，但这并不表明 WTO 允许任何缔约国以环境保护为理由强迫其他成员方采用与其相同的环境和技术标准，否则就是违反了 WTO 的非歧视原则，对相同产品实行了不公平的待遇。

第三，在对国际投资实行国民待遇与适用环境保护法问题上的分歧。按照 WTO 的要求，对成员方之间的国际投资企业应当实行国民待遇，跨国公司应当实行东道国环境标准，遵守东道国的环境保护法。但是，从环境保护法的角度看，如果东道国的环境保护标准低于跨国公司母国的标准，适用东道国的环境保护法可能给跨国公司转嫁环境污染造成方便，从而破坏东道国和全球的环境保护。发达国家在发展中国家投资设立国际企业，适用较低的环境保护标准，就会大大降低其产品的成本，对发展中国家的市场和环境造成冲击和破坏，使发展中国家在发展和竞争中处于劣势地位，影响其可持续发展。从公平的原则出发，应当要求发达国家的跨国公司适用较高的环境保护标准，要求发达国家对环境保护承担更多的道义和经济责任。WTO 规定发达成员对发展中成员提供技术援助，以使发展中成员更好地履行义务。

第四，WTO 对发展中国家实行普遍优惠制度与适用国际环境保护法之间的关系问题。WTO 规定了对发展中国家成员予以照顾的原则，允许其在履行义务时采取一定的灵活性，有较长的履行期限和过渡期限。国际环境保护法对发展中国家几乎没有什么优惠。中国学者认为，发达国家不顾发展中国家的具体国情和对生存与发展的迫切要求，强迫发展中国家实行它们难以达到的环境标准，甚至要求发展中国家放弃可能对环境造成影响的民族工业的发展权利，只发展绿色农业。这样必然造成发展中国家永远也不可能摆脱对发达国家的依赖，永远受发达国家的剥削和控制。①

2. 如何协调环境保护与 WTO 之间的矛盾

对于如何协调环境保护与 WTO 的原则、规则和制度的矛盾，中国学者

---

① 见孟飞《WTO 新议题：环保与贸易及我国的对策》，《云南财贸学院学报》（社会科学版）2003 年第 3 期。

也提出了一些观点和建议。①

第一，在 WTO 框架下，进行专门立法，强化国际环境法的功能和作用。在现行的 WTO 协议中，尚未有贸易与环境的专门协定，只是在各协议中有一些"环保例外条款"的规定，但这些例外规定不足以防止和解决环保贸易纠纷。WTO 成员方必须对贸易和环境问题达成专门的协定，以对贸易和环境关系问题有一个明确的界定。尽管 WTO 现有的法律框架体系中尚无调整贸易与环境冲突的实体规则，但专家组的态度正逐渐从倾向贸易自由转为关注贸易对环境的不良影响。WTO 在处理有关环境与贸易关系的争端中，已经积累了丰富的经验，对争端中存在争议的环保贸易条款作出了一系列的解释，确立了一些原则，并有一定的创新。虽然这些案件的处理结果不具有判例法的作用，但可以从中归纳、总结出所包含的法理精神和理念，为各成员方达成贸易与环境的专门协定打下良好的基础。在未来的贸易与环境协定中，应坚持以下几点：

（1）WTO 各成员方在贸易与环境协定的协商过程中，应抛开各国的私利，以保护和改善人类环境为目的，以生态学、环境伦理和环境文化的全新认识为基础，达成一部能适应环境保护客观要求的贸易与环境的专门协定。这种协定同时要兼顾发展中国家的实际情况，以免因该协定的签订而阻碍了发展中国家的贸易自由，违背 2001 年《多哈宣言》明确提出的"确保发展中国家特别是最不发达国家的贸易增长和发展"的精神。

（2）对发展中国家应实行特殊和差别待遇。在关贸总协定创立之初，其条款中就包含了对发展中国家利益的特别照顾，乌拉圭回合协议更是明确赋予了发展中国家成员特殊和差别待遇，但这些条款并没有得到有效实施。WTO 成员中，绝大多数是发展中国家，如果发展中国家成员不能从该多边贸易体制中受益，那么，WTO 的发展前景是令人怀疑的。因此，在未来的谈判中，发达国家必须带头减少贸易保护主义措施，在贸易与环境协定中，给予发展中国家优惠与例外，这样，发展中国家才有真正的机会通过贸易消除贫困，实现大幅度减少全球贫困人口的目标。

（3）WTO 赋予成员方以自主采取环境标准和环境措施的权利，反映了 WTO 管辖权与成员自己保留的管辖权的平衡。但在未来的贸易与环境协定中，应坚持内国法无域外效力。在未来的贸易与环境协定中，若一旦确认一

---

① 见朱安平《论 WTO 规则与多边环境条约之间的冲突及其解决》，郑州大学 2006 年硕士学位论文；吴欣欣：《WTO 体制下贸易与环境问题研究》，大连海事大学 2006 年硕士学位论文。

成员方的单边环境措施具有域外效力,发达成员方就会利用自身的优势,制定高标准的环境措施和政策,在单方解决环境问题时,就会在其领土之外的他国实施其价值和环境标准或构成歧视,贸易保护主义就无法消除。

第二,发挥 WTO 中的贸易与环境委员会的职能优势。根据建立 WTO 的《马拉喀什协议》,1995 年在 WTO 总理事会下建立了贸易与环境委员会。《马拉喀什协议》规定该委员会的职责包括:研究贸易措施与环境措施的关系,从而促进可持续发展;以公开、公平、非歧视为标准,研究多边贸易体系的条款是否需要修改。该委员会的工作计划涵盖的问题可分为两大类:其一,市场准入问题,也就是环境措施与贸易壁垒的界定问题;其二,国际环境管理体系和国际贸易体系的关系问题。在上述职责和工作计划中,无论是研究贸易措施与环境措施的关系,还是解决市场准入问题,首先涉及的都是国际标准的制定与统一。虽然在过去,国际标准化组织制定了一些国际标准,但尚未构成完整的国际环境标准体系。因此,为了未来贸易与环境协定的执行,必须有完善的国际环境标准作为支撑,这是避免成员方滥用单边环境标准实施贸易保护的有效前提。

为了对发达国家和发展中国家之间不同的环境标准进行协调,既不至于导致发达国家国内环境保护水平的降低,又不至于导致发展中国家因环境标准的向上调整而对其市场准入造成障碍,委员会要对各成员方现行的环境标准进行调研,制定出切实可行的环境标准。为了缩小发达国家和发展中国家国内环境标准的差异,提高发展中国家执行国际环境标准的能力,还应在发展中国家的防污治污能力建设、技术或财政方面给予资助。

第三,WTO 应当与国际环境保护组织、双边和多边环境保护协定进行协商,通过谈判和妥协,实现 WTO 原则与国际环境保护法的统一。世界各国都应当认识到,自由贸易制度是促进世界经济发展、保护环境、实现可持续发展的物质前提。WTO 应当考虑国际环境法对发展中国家的出口竞争力和市场准入的影响,对发展中国家实施特别财政支持和技术援助,以增强发展中国家的产品竞争能力。WTO 成员应当把保护环境纳入贸易和经济稳定发展的共同目标,而不应当把二者对立起来。

第四,WTO 应当考虑国际环境法对自由贸易的影响,减少贸易对环境保护的危害,实现绿色贸易。在对相同产品的认定中,应当加入环境保护因素,对以有害环境的技术和方法生产的相同产品应当加以限制,这些产品不应当与以较高环境技术标准生产出来的同样产品享受同样的待遇。应当对受国际环境法保护的野生珍稀动植物的贸易加以限制或禁止,以减少贸易对环境的消极影响。应当对污染环境的有害废弃物越境转移加以明确的定义和必要的限制，防止发达国家将环境污染转嫁给发展中国家。对许多国家推行的环境标志制度影响国际贸易的问题，WTO 应当制定统一的环境标志制度，其中应充分考虑发展中国家的利益，避免片面的歧视性"环境壁垒"阻碍发展中国家的对外贸易。为了保证环境标准不构成贸易壁垒，WTO 应当研究和制定统一的环境标准，应当要求成员方公开其环境标准和政策，接受其他成员方的监督和咨询，防止环境标准歧视。

第五，协调 WTO 贸易争端解决机制与实施国际环境法之间的矛盾。WTO 成立的专家组在解决贸易争端时，除了考虑专家的贸易知识和经验外，在涉及贸易与环境冲突的案件中，还应当更多地考虑环境专家对案件的意见，吸收更多的环境保护组织代表和人员参加案件仲裁，确保公正和全面地裁决。

第六，推动成员方在促进贸易自由、发展经济的基础上，加大对环境保护的投入力度，改善全球环境，消除环境冲突，实现全球可持续发展。全球化进程中，全球性的生态环境危机已经构成对全人类和各国国家安全与利益的直接和重大威胁，因此，不论是发达国家还是发展中国家，不论是大国还是小国，都有责任为全球环境的改善作出自己的贡献。而发达国家，尤其是发达的大国更应当采取切实有效的措施，促进人类环境保护事业的发展。国际合作解决环境问题，特别是大国之间密切合作、协调行动，对保护环境是非常必要的。但是保护环境不应侵犯发展中国家的主权，发达国家不应当将自己的环境标准强加于发展中国家，且有义务帮助发展中国家保护环境，同时也有义务尊重发展中国家独立自主地发展本国民族经济的权利。

WTO 虽然不是环境保护组织，但不能割裂环境保护与国际经济贸易交往的联系而单向发展。中国学者对此问题已经有了很深刻的认识，并提出了一些方法使国际环境法在 WTO 体制下能够有效地融合，对于维护发展中国家的经济利益做出了重要的贡献。[1]

（三）国际环境法与国际投资之间的关系[2]

跨国投资在全球范围内的兴起，在促进国家间的交流和发展的同时，也

---

[1] 见李永丽《WTO 体制下贸易与环境问题及我国的对策研究》，东北财经大学 2005 年硕士学位论文。

[2] 见丁晓阳《论跨国公司环境侵权责任的承担与追究》，武汉大学 2004 年硕士学位论文；张辉：《跨国投资中的环境法律责任研究》，西南政法大学 2004 年硕士学位论文。

带来了相应的环境问题，值得我们进一步地思考。其中，跨国投资所带来的环境法律责任问题，得到了一些学者的关注，这是因为：首先，相邻国或东道国的受害者及生态利益的破坏仅仅依赖于国内法的救济难以补偿所受到的损害；其次，国家一般不愿意为个人或法人的行为承担责任，除非该行为代表国家的行为；最后，在国际法上也尚未形成有效的约束机制，其软法性质仍未排除。

1. 跨国投资环境法律责任的认定

跨国投资环境法律责任作为环境法律责任的特别责任，不可排除它具有环境法律责任的一般共性。跨国投资或营销行为首先是经过东道国的特别许可或其某一部门的许可，且这种行政许可行为必须是符合相关行政法规的，因此在行政法许可的范围内造成损害的行为的违法性可以排除。跨国投资环境法律责任的责任主体不可只限定在跨国投资者上，这样会不利于对受害方的补救和补偿。虽然环境侵害行为归因于跨国投资者，但在承担责任上，从维护受害方的利益和保护环境出发，应向责任主体多元化发展。这是因为，第一，国家对跨国投资和经营行为具有管理和控制权，尤其是对那些具有高技术、高精密和高度危险性，可能产生危难性后果的活动享有高度控制权；第二，国家被推定在跨国投资和经营行为中获利，在实际上它也的确获得了利益；第三，从保护受害人的角度，国家的信誉和经济承受能力是任何保险机构也不能相比的，只有让国家承担部分或全部责任，才能让受害者的利益得到保证；第四，国家在实际跨国经营和投资活动中未尽到善良管理人的责任，从公平和利益衡量角度出发，让国家承担责任是合理的。由于投资行为，尤其是跨国投资行为多具有正当性和行政合法性，他们在投资和经营活动中，有时必然产生会导致环境破坏的结果，因此在主观要件上不可强调过错的存在。另外，在国家作为责任主体时，特别是国际赔偿责任的主体时，不要求其有主观过错，只要有环境损害存在的事实即可。

因此，跨国投资环境法律责任是指跨国投资者及相关责任主体对跨国投资者在投资和经营行为过程中的环境损害行为承担环境法上的不利后果。这种不利后果既有国内法上的责任，又有国际法上的责任；既有公法上的责任，又有私法上的责任；既有强制性的，又有任意性的；既有制定法的特征，又带有技术性的特征。

2. 跨国投资环境法律责任的特点

跨国投资环境法律责任是整个环境法律责任体制的重要组成部分，是由一般法律责任派生或延伸出来的，因而具有法律责任的一般性特征，又具有一些独特的方面。

第一个特点是跨国性。跨国投资环境法律关系是指环境法主体之间,在跨国投资的活动中形成的由环境法律规范所确认和调整的具有权利、义务内容的社会关系。因此,对跨国投资环境法律责任的"跨国性"可从下面几点来认识。(1) 主体具有涉外性。相对于内国自然人和法人来说,跨国投资和经营行为的行为人是指外国人或外国经营实体,或从控制权角度被认为是为外国国家或法人所控制的经营实体。(2) 法律事实具有跨国性。所谓法律事实,是指能够引起法律关系产生、发展、变更和消灭的事实,它一般包括事件和行为,事件和行为的主要区别就在于其间是否存在行为人的意志作用。这一特性体现在跨国投资引起的环境法律责任上时,就要求该事件发生在一国国家或地区,但事件的发生可直接归咎到另一国国家或地区。(3) 被侵害的客体具有跨国性。跨国投资者在投资过程中,采取在境外设立商业存在、产品的跨境运输(包括服务产品)以及其他跨国境的生产、销售和消费行为等形式,由此产生的环境问题损害到他国或地区的生态利益时,应归咎于跨国投资的环境法律责任。这种责任的"跨国性"应该通过"行为"与"结果"两个方面来考察,即引起环境损害的行为或结果有一项是发生在受害国国内,且投资主体又具有涉外性时,相应的法律责任即可被定性为跨国投资环境法律责任。

第二个特点是综合性。这首先表现为跨国投资环境法律责任类型的综合性,即同其他类型的法律责任一样,是集环境民事责任、刑事责任、行政责任为一体的。按照不同的分类方法,由不同种类型的法律责任的集合共同构成跨国投资的环境法律责任。综合运用多种责任类型可以更好地保护受害方。对于一项环境损害,跨国投资环境法律责任还强调责任主体的综合性,即要求更有力地保护受害方的利益,在责任主体上同时追究多方的责任,如跨国公司的环境污染行为可尝试要求跨国公司、相关责任人甚至国家承担责任。

第三个特点是公法性。跨国投资环境法律责任属于环境法的范畴,环境法作为新兴的法律部门,因其以社会利益为本位而不可能完全归属于私法;又因为人类发展的共同利益,所以要求公法手段必须作用于私法领域,否则环境保护无从谈起。刑事责任在国内法和国际法上的展开也体现了跨国投资环境法律责任的公法性质,即要求跨国投资者和相关的责任主体对于严重的环境损害行为,不仅要在国内法上承担刑事责任,而且在国际法上也要追究其刑事责任;不仅要追究造成环境损害的自然人的刑事责任,而且要追究跨国投资经营实体的刑事责任。

第四个特点是伦理性和技术性。环境伦理价值观已经渗透进环境法的立法目的和调整方法中，并深刻地影响到了跨国投资的环境法律责任，甚至在国际法层面上得到发展。环境在全球范围内是一个不可任意分割的整体，人类的活动，或者说世界各国的活动，都不能以牺牲其他各国的环境利益，甚至将来世代的环境利益为代价。因此，跨国投资活动应当在其整个过程中兼顾"代内公平"和"代际公平"，如果其行为违反了这样一种价值观念，就应当在国际环境法上追究其法律责任。

跨国投资环境法律责任的技术性是比较容易理解的一个概念。首先，从宏观上说，环境法不是单纯调整人与人之间的社会关系，而通过调整一定领域的社会关系来协调人与自然的关系，这就决定了环境法必须体现自然规律特别是生态学规律的要求，因而具有很强的自然科学性的特征。因此在研究跨国投资环境法律责任的过程中，不能忽视它作为环境法的特别分支所应具有的一般性特征。这些特征主要是体现在各种制度性的规定中，如环境标准、环境影响评价制度、环境监测制度、征收排污费制度等，这些制度都不能缺少自然科学手段的支持。其次，需要特别指出的是，跨国投资环境法律责任的技术性还突出表现在立法过程中的技术性和适用法律过程中的技术性。

如何确定和统一各国在环境问题上的分歧，达到跨国投资环境法律责任在全球范围内的妥善合理地解决的目标，不能不说是环境立法的又一技术性问题。随着全球化步伐的加快，跨国投资引起的环境问题不容忽视。环境问题已经成为制约全球经济健康良性发展的障碍，环境保护已迫在眉睫。虽然环境问题具有共同性和社会性，但因其同时受到主权国家的界域限制，解决投资引起的环境问题因此不仅是一国国内法上的重大课题，也是国际环境法研究中新的发展方向，需要在全球范围内达成共识。达成共识的前提条件之一就是各国要认清跨国投资环境法律责任所具有的特性，然后在各方面利益平衡的角度上找到比较好的解决方式，达到各方公平合理的目标，最终推动国际环境法学的新发展。[①]

---

① 见林娜《国际投资中的环境法律责任研究》，中国政法大学 2006 年硕士学位论文。

三 国际环境法学中有关海洋环境保护问题的研究状况

国际环境法作为国际法的一个新兴分支。不仅发展速度很快，而且涉及了众多领域里的环境保护问题，如大气层的保护、海洋环境的保护、生物物种多样性的保护、两极地区和外层空间的保护以及控制危险物品的跨境转移等。中国学者对于这些领域都进行了一些研究，其中对于海洋环境保护问题的研究是比较多的，因此以下仅就海洋环境保护的研究发展做简要述评。

学者认为，海洋环境保护的国际法规则有着自身应当遵守的原则，主要有如下一些：（1）可持续发展原则。该原则作为环境法的基本原则当然适用于海洋环境保护领域。（2）国家主权原则。国家对本国海洋资源享有永久主权，同时还要尊重他国主权，不损害他国的海洋环境。（3）国际合作原则。该原则的目标是全人类的总体利益得到维护。作为全人类共同遗产的海洋资源应该由全人类共享共管。此外，如果一国遇有紧急情况，应该进行通知，其他国家则应尽其所能地给予援助。（4）合理分担责任原则，这是共同但有区别的责任在海洋环保领域内的适用。此外，需要对污染者负担责任原则进行特别的分析，因为它有着其本身的特点。首先，为了保护全球海洋环境，污染者不仅要对自己的国际不法行为造成的海洋环境损害承担责任，而且要对自己的合法行为给其他国和各国管辖范围以外的海洋环境造成的污染等损害承担责任，即承担无过错责任。只要受害国证明其受到的损害与污染者活动之间的因果关系，污染者就应当承担相应责任，除非污染者可以证明损害是由于受害国的过错而引起的。其次，污染者不仅要对其污染损害海洋环境的行为承担民事赔偿责任，如果其严重危害海洋环境的行为可能成为国际犯罪，则还要承担国际刑事责任。最后，现代国际海洋环境保护法不仅应规定国家对污染损害海洋环境的责任，而且还应规定个人和单位的污染损害民事责任。（5）最后还要遵循公平、公正、及时解决争端原则。[①]

有少数学者对于海洋环境保护方面的研究涉及国内的具体法律的实施和遇到的问题。中国有关海洋环境保护立法的发展，如于2000年4月1日起实施的新修订的《海洋环境保护法》，促使学者对于海洋环境法的研究更加注重与国内法的结合。如有的学者论证了《海洋环境保护法》的实施与有

[①] 见陈小云、屈广清《当代国际海洋环境保护法完善之理论考量》，《河北法学》2004年第1期。

关国际防污公约的实施具有密切的相关性。① 但此类研究一般偏重于说明和介绍，而非理论方面的研究。

四 对国际环境法研究的总体评价

国际环境法作为国际法的一个新兴分支，其发展历史尚短，但遇到的新问题却不断涌现。通过介绍和分析中国学者近十年来有关国际环境法的研究成果，可以得出结论认为：中国理论界对国际环境法的研究取得了一定的成果，但远未达到成熟的水平。专门从事国际环境法研究的学者为数不多，该学科在国内尚处在起步阶段。对于国际环境法的研究也局限于基本理论和国际环境法与国际贸易、国际投资、WTO 之间的关系上，并没有涉及国际环境法的所有领域和问题。研究的主要目的是为了中国的经济发展不受国际环境法的约束，具有很强的功利性。

对于国际环境法基本理论的研究，也主要集中在国际环境法的性质、基本原则等一些形而上的问题上，很少能够结合具体实践加以论述，缺乏必要的事实说服力。在交叉学科的研究上，则更多地依赖实践，而且大部分是为了解决现实问题来坚持一定的立场，而在研究时又往往忽略了对基本理论，诸如基本原则、基本理念的关注，更多地陷入对现实问题的纠缠之中。当然这种研究的进路没有问题，只是缺少一定的高度和前瞻性。同时，对于环境法的各具体领域和问题的分析研究也存在力度和深度不够的问题，更多的是对现实问题的一种即时反应，缺少了一些长远的制度关怀。因此，学界日后应该更加注重具体分支的研究，这有助于完善中国国内环境法体系，并塑造中国在国际环境保护领域中的形象。我们应当加强国际环境法的理论人才队伍建设，扩大该领域的研究范围和视野，加强国际范围内的理论研究交流活动，建立有效的交流和对话机制。同时要积极参与环境保护的实践活动，从中发现问题、收集材料、分析问题、设计制度，争取把中国的国际环境法研究带向世界的前列，为中国的环境法和世界的环境法以及环境保护实践做出应有的理论贡献。总之，对于国际环境法的研究，中国还有很长的路要走。

---

① 见宿涛、刘兰《海洋环境保护：国际法趋势与国内法发展》，《海洋开发与管理》2002 年第 2 期；陈小云、屈广清：《当代国际海洋环境保护法完善之理论考量》，《河北法学》2004 年第 1 期。

第十章 禁止使用武力原则研究的新发展

尽管在《联合国宪章》生效后，禁止使用武力原则已成为一项公认的国家处理国际关系的基本行为准则，但是作为一项法律原则，它并不具有法律规范所必需的严谨性，从而为国际社会频繁发生的武力威胁和武力行为埋下了隐患。

过去十几年中发生的几次重大国际事件再度引发人们对禁止使用武力原则进行广泛的讨论和深入的思考。1999 年 3 月，以美国为首的北约以解决南斯拉夫联盟科索沃地区的人道主义灾难为名，对南斯拉夫实施军事打击。2001 年 9 月 11 日，美国遭到了骇人听闻的恐怖主义袭击，紧随其后，2001 年 10 月 7 日，美国以行使自卫权的名义对阿富汗塔利班政权发动了武装攻击，并最终推翻了塔利班政权。2003 年 3 月 20 日，美英等国又以伊拉克拥有大规模杀伤性武器，对其国家安全构成潜在威胁，并可能与恐怖分子相勾结等理由，对伊拉克实施了"先发制人"的军事轰炸，并最终摧毁了萨达姆政权。"9·11 事件"之后，相继在印度尼西亚的巴厘、哥伦比亚的波哥大、土耳其的伊斯坦布尔、西班牙的马德里和英国的伦敦等地又发生了多次恐怖主义爆炸袭击事件。反对恐怖主义几乎成为全世界的呼声，"恐怖主义"成为国际社会和国际法学界高度关注的问题，而动用武力打击恐怖主义的问题又是其中的焦点之一。

接踵而至的武力冲突事件一方面冲撞着禁止使用武力原则在现代国际法上的地位，一方面也推动着国际法向前发展。每次国际事件发生后，国际社会都迅速做出反应，这尤其表现在联合国的活动中。以打击恐怖主义为例，1998 年至 2007 年间，联合国安理会先后通过以恐怖主义为主题的决议共计 19 件，联合国大会通过相关决议共计 25 件；① 此间，联合国大会还先后于 1997 年 12 月 15 日通过了《制止恐怖主义爆炸事件的国际公约》（2001 年 5 月 23 日生效），于 1999 年 12 月 9 日通过了《制止向恐怖主义提供资助的国际公约》（2002 年 4 月 10 日生效），于 2005 年 4 月 13 日通过了《制止核恐

---

① 这些决议的全文可查阅联合国官方网站：http://www.un.org。

怖主义行为国际公约》（2007 年 7 月 7 日生效）三项旨在打击恐怖主义的国际公约。中国已经于 2001 年和 2006 年批准了前两项公约，于 2005 年签署了后一项公约。

与此同时，国际法学的研究也紧随时事的脚步。科索沃危机一时间激起了学术界对人道主义干涉、不干涉内政原则、使用武力的合法性等相关问题的大讨论。"9·11 事件"后，如何反对恐怖主义，在反恐中如何协调同尊重国家主权、保护人权的关系等问题纳入学者的视野。美国攻打阿富汗，特别是发动伊拉克战争的合法性问题引发了重大的争议：战前美国总统布什提出的先发制人战略与现代国际法自卫权理论的关系，禁止使用武力原则在当今国际关系中的实际效力等问题，成为近年来国际法学理论界持续讨论的热点。中国学者近年来围绕"禁止使用武力原则"也进行了许多研究，其现状和主要发展可择要评述如下。

一 对"禁止使用武力原则"的全面剖析

《联合国宪章》第 2 条第 4 款将禁止使用武力原则确立为现代国际法的一项基本原则。此后六十余年中，该原则不断受到实践的挑战。近年来，某些国家在国际关系中频繁使用武力的情况鞭策学者们重新全面考察该原则。

（一）禁止使用武力原则的地位

就禁止使用武力原则的地位而言，学者普遍认为，尽管近年来国际实践中出现了涉及使用武力的重大而复杂的问题，但该原则仍是当代国际法的和平基石，是维持国际和平与安全的重要保障；该原则不再仅仅局限于是联合国成员国应当遵守的协定规范，它已经获得了习惯国际法的地位，甚至已经成为国际强行法，当为国际社会所有成员所遵守。[①]

[①] 见黄瑶《论禁止使用武力原则——联合国宪章第二条第四项法理分析》，北京大学出版社 2003 年版；陈致中：《禁止使用武力原则是国际关系的强行法》，《法学评论》2004 年第 3 期；刘扬：《论国际法上的禁止使用武力》，《国际关系学院学报》2005 年第 6 期；陈文学：《国际法对战争及使用武力的规范》，《中山大学学报》（社会科学版）2005 年第 6 期。

（二）禁止使用武力原则的含义

1. 对武力的界定

《联合国宪章》中没有对"武力"和"武力威胁"作出界定，国际法理论中出现了两种对"武力"的解释，即所谓广义说和狭义说。广义说认为，武力不仅包括武装的或军事的力量，而且不应排除施加经济的或政治的胁迫。狭义说认为武力仅指武装或军事力量。[①] 中国学者认为，概括地讲，武力指武装力量和军事力量。[②] 战争是使用武力的常见形式，它是指两个或两个以上国家之间、持续较长时间、具有一定规模的武装冲突。与战争的概念相比，使用武力既指双方，也指单方面使用武力。双方使用武力产生的冲突一般称作武装冲突，"其范围比战争要宽泛一些，包括短时间、小规模的军事冲突"。[③]

2. 禁止使用武力原则的适用范围

全面剖析禁止使用武力原则的力作当推黄瑶博士的专著《论禁止使用武力原则——联合国宪章第二条第四项法理分析》。该著作细致分析了禁止使用武力原则的保护对象、禁止对象及适用范围。作者认为，禁止使用武力保护的是一国的领土完整和政治独立；[④] 禁止的是侵略、其他形式的武力及武力威胁。该原则是任何国家在处理国际关系时应当遵守的行为准则，因此，国家在国内镇压暴动、平定叛乱和惩罚反叛，以及为了反对分离主义和实现统一而使用武力不在禁止之列。[⑤]

[①] 见许光建主编《联合国宪章诠释》，山西教育出版社1999年版，第44—45页。

[②] 见刘扬《论国际法上的禁止使用武力》，《国际关系学院学报》2005年第6期；余民才：《"武力攻击"的法律定性》，《法学评论》2004年第1期。

[③] 陈文学：《国际法对战争及使用武力的规范》，《中山大学学报》（社会科学版）2005年第6期。

[④] 有学者的观点与此有所不同，认为《宪章》第2条第4项只是明确禁止了将威胁或武力用于侵害领土完整和政治独立的目的，但这并不代表宪章仅仅禁止针对领土完整和政治独立的威胁或武力，事实上，《宪章》的许多条文都体现了武力攻击侵害的客体应为"国际和平与安全"的思想，因此，凡危及国际和平与安全的武力威胁或武力均为宪章所禁止。见温树斌《联合国集体安全体制的内在缺陷剖析》，《政治与法律》2006年第5期。这种观点的潜在效果是扩大了自卫权行使的范围，即国家不仅可以针对侵犯其领土完整和政治独立的武力攻击行使自卫，而且可以对任何危及国际和平与安全的武力或威胁行使自卫。

[⑤] 见黄瑶《论禁止使用武力原则——联合国宪章第二条第四项法理分析》，北京大学出版社2003年版。

（三）禁止使用武力原则的例外情形

学者一般认为，现行国际法在全面禁止使用武力的同时，允许两类合法使用武力的情况继续存在，即国家行使单独或集体自卫的权利以及在联合国集体安全体制下使用武力。① 对于这两项例外，由于《联合国宪章》本身的规定较为简略，而且自制定以来从未有过权威的解释，以致理论上的分歧持续存在。

1. 自卫权

自卫的概念古已有之，《联合国宪章》只是继续承认自卫权在现代国际法上的合法性。《宪章》第51条规定："联合国任何会员国受到武力攻击时，在安全理事会采取必要办法，以维持国际和平及安全以前，本宪章不得认为禁止行使单独或集体自卫之自然权利。"很显然，该条并没有界定什么是自卫权，也没有细说如何行使自卫权，这一模糊规定给理论工作者留下了解说的余地，给国家留下了自由裁量的空间，也在一定程度上预示了对2001年美国发动阿富汗战争、"先发制人理论"等实践新动向毁誉皆有的局面。

对于《宪章》中规定的自卫权的行使要素，学者们认识不尽一致。总体来讲，中国学者一般主张根据《宪章》条文从严解释自卫权，由此得出行使自卫权的如下要素和条件。② 第一，自卫权行使的及时性。国家行使自卫权的时机，必须是"受到武力攻击时"，即自卫针对的是正在进行的、已经实际发生的武力攻击，由此排除了武力攻击发生前的预防性自卫和武力攻击结束后的事后防卫的情形。根据《宪章》规定，国家行使自卫权还应在安理会采取必要措施之前进行。第二，自卫权行使的必要性。武力自卫是在没有其他非武力的解决方式可供选择时的不得已行为，行使自卫是刻不容缓的、压倒一切的。第三，行使自卫权的主体是国家或国家的联合体。自卫权

---

① 实际上《联合国宪章》中关于禁止使用武力的例外除正文中提到的两种情形外，还包括第十七章过渡安全办法。其中过渡安全办法包括第106条在安理会成立前（1943—1945年期间）联合国会员国为维持国际和平所采取的联合行动，以及第107条对第二次世界大战中的"敌国"采取或授权采取的行动。在目前的国际关系中，第十七章过渡安全办法已经不具有现实意义。

② 见贺富永、段进东《反恐中国家自卫权的国际法透视》，《世界经济与政治论坛》2005年第2期；梁淑英：《国际恐怖主义与国家自卫》，《政法论坛》2003年第4期；龚向前：《论国际法上的自卫》，《武汉大学学报》（哲学社会科学版）2004年第3期；姜爱丽、朱颜新：《自卫权之必要性原则与相称性原则探析》，《学习与探索》2006年第4期。

的打击对象也应该是国家。① 第四，自卫权的行使要符合相称性原则，即武装自卫的规模和强度要与受到的武力攻击的程度相当，不能过度打击。第五，对行使自卫权的程序要求，即当事国有义务将其所采取的自卫措施或办法立即向安理会报告，由安理会判断和监督国家行使自卫权的合法性。

对《宪章》中的自卫权的理解分歧主要在于如何解释"受到武力攻击时"的内涵和外延。如上所述，中国多数学者认为，武力攻击指已经实实在在发生的攻击，尚未发生的武力威胁不包括在内。但是近年来，随着国际恐怖主义、核武器的发展，一些学者谨慎地提出，武力攻击应该包括"已发生的或迫近的武力攻击"。② 这种观点认为，实际的武力攻击不能是武力攻击的全部，排斥迫近的武力攻击的严格解释论将导致面临危急情势的国家，在安理会不能作出有效反应消除严重威胁的情况下，被剥夺采取有效行动的权利，不得不等待承受可能引起灾难性后果的第一轮攻击。因此，应该发展地看待武力攻击的概念。③ 作者引用"卡罗林号案"中确立的对自卫权必要性原则的解释来界定迫近的武力攻击，即一种迫近的情势致使国家行使自卫权的必要成为"刻不容缓的、压倒一切的、没有选择手段的余地的和没有考虑的时间"。该作者同时强调，迫近的武力攻击不等于未来的武力攻击。仅仅由于好战言论、军事动员、制定进攻计划、发展或部署导弹等引起的"威胁或潜在的危险可以使一个国家对其安全的担心成为合理，但不能成为自卫的合法基础"。该作者还特别指出，尽管行使自卫是禁止使用武力

---

① 持这一观点的学者主要是受到奥本海关于武力攻击的定义的影响。按照《奥本海国际法》的解释，所谓武力攻击一是指一国派遣正规部队跨越国界对他国进行直接攻击，二是一国派遣或代表派遣团队到他国的间接攻击，且间接攻击达到了正规部队武力攻击的程度。由此可见，构成行使自卫权前提的武力攻击至少有两个要素，即"国家行为"和"正规部队的或在程度上相当于正规部队的打击"。从《奥本海国际法》的解释来看，无论是直接还是间接的武力攻击，这种武力攻击的发动者一般都是国家，故自卫权的打击对象也只能是国家。得出这一观点的另一个理由是，国际法调整的主要是国家之间的行为，因此国际法上的自卫权也应是一国针对另一国行使的；尽管《联合国宪章》中没有明示武力攻击的发动者是谁，但应当放到国际法的大背景下来理解这一概念。迄今这仍然是中国学者的主要观点。相关论述可见贺富永、段进东《反恐中国家自卫权的国际法透析》，《世界经济与政治论坛》2005年第2期；梁淑英：《国际恐怖主义与国家自卫》，《政法论坛》2003年第4期；周忠海、王忠宝：《论国际反恐怖斗争中的国际法问题》，《政法论坛》2003年第4期。

② 余民才：《"武力攻击"的法律定性》，《法学评论》2004年第1期。

③ 类似的观点可见丁成耀《对国际法上"自卫权"的探讨》，《法制与社会发展》2003年第4期；李涛、张莹：《从伊拉克战争看国际法上的预防性自卫》，《北京航空航天大学学报》（社会科学版）2004年第1期。

原则的一项例外，但并不是面对所有的武力使用都可以行使自卫权，对于那些"不甚严重的"、"不构成武力攻击但仍然涉及使用武力的行为"，受害国只能采取有比例的反措施，而不能以自卫使用武力。①

2. 联合国集体安全机制下使用武力

一般认为，《联合国宪章》第七章规定的"对于和平之威胁、和平之破坏及侵略行为之应付办法"构建了联合国的集体安全机制。所谓集体安全，意味着国际社会对使用武力加以法律管制，并承诺共同防止和抗击侵略。②这一机制包括对威胁或破坏和平之情势的认定、防止情势恶化的临时办法、军事行为以外的强制制裁措施、军事执行行动等几个部分。③ 学者认为，与国际联盟的集体安全机制相比，联合国的集体安全机制具有更强的法律特征。首先，从国际联盟的有条件限制"战争"到联合国一般性地禁止"使用武力"，实现了对国际关系中使用武力的法律管制；其次，从国际联盟对相关机构职权划分不明到确定安理会居于集体安全体制的核心地位，改善了集体安全体制的机构运作；最后，从国际联盟的分权的决策体制到联合国的集体决议、集体制裁，极大地提高了集体安全保障机制的组织化程度。④ 然而，联合国的集体安全机制在半个多世纪的运作过程中，特别是自冷战结束后，日渐暴露出若干明显的缺陷。例如，安理会没有属于自己的军事力量，也没有强有力的军事指挥机构，缺乏采取执行行动的独立能力，因此，《宪章》第43条至今未被适用过。又如，常任理事国的否决权致使"五常"单独行使武力得不到限制，其军事行动的性质得不到认定，严重制约安理会维持和平的职能。再如，冷战结束后国际力量格局失衡，唯一的霸权国挑战多边主义，甚至左右联合国的行动能力。⑤

实践中发展出的两类与联合国相关的使用武力的情形，近年来受到学者

---

① 余民才：《"武力攻击"的法律定性》，《法学评论》2004年第1期，第28页。
② 见温淑斌《联合国集体安全体制的内在缺陷剖析》，《政治与法律》2006年第5期。
③ 见金永明《联合国集体安全保障体制研究》，《政治与法律》2005年第3期；戴轶：《联合国集体安全制度改革与中国和平发展的交互影响》，《武汉大学学报》（哲学社会科学版）2006年第6期。
④ 见余敏友、马冉《试析法律在联合国集体安全体制中的作用》，《外交评论》2006年8月。
⑤ 见周琦、张永义《从美国霸权看联合国集体安全的悖论》，《当代世界与社会主义》2006年第4期；温淑斌：《联合国集体安全体制的内在缺陷剖析》，《政治与法律》2006年第5期；戴轶：《联合国集体安全制度改革与中国和平发展的交互影响》，《武汉大学学报》（哲学社会科学版）2006年第6期；陈东晓：《联合国集体安全机制与中国安全环境》，《现代国际关系》2004年第9期。

的广泛关注。情形之一是联合国安理会授权使用武力。授权使用武力一般被认为是联合国集体安全机制下使用武力的题中之义。但是，授权动武在《宪章》中并没有明确的法律依据；[①] 被人们推定为授权使用武力的安理会决议一般采用"使用一切必要手段"的含混措辞，而回避"使用武力"的字眼。尽管人们已经认同了安理会授权动武的实践，但是授权规则并不明确。2005年联合国秘书长安南在《大自由》的联合国改革报告中提出的使用武力的五项原则也被认为是为联合国授权动武创设规则的建议，但尚未得到国际社会的普遍认同。[②]

情形之二是联合国维和行动。联合国维和行动初创于1948年联合国巴勒斯坦停战监督组织的建立，先后经历了创立发展、萧条停滞、新的飞跃等发展阶段。它形成于解决国际冲突的实践中，为填补《宪章》第六章和平解决国际争端和第七章强制手段解决国际争端间的真空地带而创制，被联合国秘书长哈马舍尔德称为《宪章》的"第六章半"。本着维持和平、缓解冲突，为和平解决争端创造条件的指导思想，维和行动在实践中形成了同意、中立、自卫三原则，即维和部队的派驻需征得驻在国政府及冲突各方的同意；维和部队在冲突中保持中立，不偏袒或参与任何一方；只配备轻型武器，除自卫外不得使用武力。然而，冷战结束后联合国维和次数日益频繁，维和行动日渐突破传统三原则，呈现出许多新的态势。第一，维和的指导思想发生明显变化，从维持和平转为主动缔造和平和利用强制手段促进和平。第二，当事方自愿同意被只需一方同意，甚至未经同意即可介入所取代。第三，偏废中立原则，维和行动不断介入国内事务，甚至成为冲突一方。第

[①] 有学者经过专门的分析后认为，安理会执行行动和安理会授权使用武力是联合国安理会在《宪章》第42条下有权采取的两种不同的行动。其中安理会授权使用武力的依据并没有在《宪章》第42条中得到明示。学者认为，授权动武的实践起源于1990—1991年海湾战争期间，安理会在其第678号决议中提出了一种合法使用武力的可能性，这就是"授权"，即"授权会员国与科威特政府合作……采取一切必要手段维护和执行安理会660号决议和所有随后有关的决议，恢复该地区的国际和平与安全"，并进而认为，安理会授权的权利是从其维持国际和平的一般权利中衍生出来的，或者说是安理会在第42条下暗含的权利。授权的性质被认为是建议性的，即成员国可以自愿决定是否提供武力协助。授权的建议性质虽然不具有强制性，但并不排除它的合法性。如果成员国根据安理会授权提供了武力协助，那么此时成员国提供的武力协助不能看作是安理会的执行行动，却可以看成是国际社会的集体自卫行动。见李鸣《联合国安理会授权使用武力探析》，《法学评论》2002年第3期。

[②] 见戴轶《联合国集体安全制度改革与中国和平发展的交互影响》，《武汉大学学报》（哲学社会科学版）2006年第6期；李鸣：《联合国安理会授权使用武力探析》，《法学评论》2002年第3期；温淑斌：《联合国集体安全体制的内在缺陷剖析》，《政治与法律》2006年第5期。

四,偏离自卫原则,改变了过去只配备轻型武器的作法,装备有重型坦克、火箭和飞机,被授权包括直接使用包括武力在内的强制措施。第五,维和的决策和执行受到大国意志的左右,维和部队一定程度上成为实现大国利益的工具。第六,维和形式发生变异,联合国组建、秘书长指挥为主的形式被安理会批准、联合国授权、西方大国指挥的维和多国部队所代替。①

冷战结束之后联合国维和行动偏离其创设原意,广泛介入国际、国内冲突,频繁使用武力的作法,对禁止使用武力原则和其他联合国的基本原则造成了冲击,引起了学者们的重视。中国国际法学者普遍认为,维和行动在冷战结束后出现的新态势根源于联合国维和行动的制度缺失,尽快制定维和行动规范或法典将有效克服其随意性和模糊性。规范维和行动,首先,应准确定位,维和是冷战期间的特殊产物,它是介于强制手段与和平解决争端之间的非强制办法,目的是隔离和缓解冲突,不是救火队,更不是救世主,因此不能夸大其作用。其次,应坚持维和三原则,减少强制措施特别是武力的使用。最后,鉴于西方大国指挥维和多国部队有"挟天子以令诸侯"之嫌,应改革维和行动的决策和执行程序。②

(四) 禁止使用武力原则与正义战争理论

正义战争理论是西方国际思想史上的一个重要理论。国际关系理论研究正义战争论的发展脉络,并侧重关注该理论的当代意义,认为正义战争理论虽然对于防止或制止国家诉诸武力或武力威胁方面所起的作用是有限的,但

---

① 参见贺鉴、蔡高强《从国际法视角看冷战后联合国维和行动》,《现代国际关系》2005年第3期;徐弃郁、唐永胜:《从国际联盟到联合国——全球性安全机制的演变及前景》,《欧洲研究》2005年第3期;贺鉴、汪翱:《从冷战后非洲维和看联合国维和机制的发展》,《当代世界与社会主义》2007年第5期;王杏芳:《冷战后联合国的维和行动》,《当代世界》2002年第9期;黄光耀:《冷战后联合国维和行动发展评析》,《南京师范大学学报》(·社会科学版)2004年第3期;计翔翔:《联合国维持和平行动的历史考察》,《浙江大学学报》(人文社会科学版)1999年第3期;门洪华:《联合国维和机制创新》,《国际问题研究》2002年第6期;唐永胜:《联合国维和机制的演变及决定其未来走势的主要因素》,《世界经济与政治》2001年第5期;庞森:《联合国维和行动——趋势与挑战》,《世界经济与政治》2007年第6期;陆建新:《联合国维和行动:现状与挑战》,《世界经济与政治论坛》2005年第3期。

② 见贺鉴、蔡高强《从国际法视角看冷战后联合国维和行动》,《现代国际关系》2005年第3期;唐永胜:《联合国维和机制的演变及决定其未来走势的主要因素》,《世界经济与政治》2001年第5期;徐纬地:《摇摆与彷徨中的探索——联合国维和行动面临的困难与挑战》,《世界经济与政治》2005年第5期;慕亚平、陈晓华:《世纪之交议维和——对冷战后联合国维持和平行动的评价与思考》,《法学评论》2001年第6期。

是它所强调的对战争的道德制约对于冷战结束后世界各地频繁出现的局部战争,尤其是各种形式的干涉战争能起到相当程度的规范作用。①

受到国际关系理论研究的影响,国际法学理论界出现了结合正义战争理论来考察禁止使用武力原则的研究。但是与国际关系理论的研究者不同,国际法学者更侧重于通过批判正义战争理论的负面影响来论证强化禁止使用武力原则的必要性。

中国国际法学者认为,正义战争论并不是实在国际法的组成部分,而属于行为的道德规则,是一种自然法理论。该理论存在下述不可克服的缺陷:"一是完全由各国自己判断战争的正义性,造成法官同时又是当事人的悖论;二是该理论无法免除诡辩,战争于双方也许同时都是正义的"。② 尽管正义战争论在17世纪末开始衰落,但它对现代国际法和国际实践仍然有一定程度的影响。该学者认为,"自卫"和联合国大会关于在对殖民统治和种族隔离的斗争中使用武力的决议可以看作是正义战争思想在现代国际法中的反映。而正义战争论对国际实践,特别是对欧美国家的舆论和媒体的影响尤其明显,2003年伊拉克战争就说明了正义战争论对当代舆论的影响。在全世界反战呼声高涨的情况下,美国攻打伊拉克却得到高达70%的美国人的支持,其原因就是布什政府利用所谓正义战争大造舆论,使多数美国人民相信对伊战争是正义的,并支持政府对伊动武;时至今日才感觉被欺骗,后悔不迭。该学者注意到古典正义战争理论对当代国际事件的负面影响,指出正义的本质"是基于《联合国宪章》和一般国际法的合法性,而不仅仅囿于古典正义战争论的道德标准",也就是"只有合法的战争才是真正意义上的正义战争"。③

二 反恐战争与禁止使用武力原则

"9·11"恐怖袭击事件激起了对恐怖主义和反恐怖主义的热烈讨论。美国以反恐名义发动的阿富汗战争和伊拉克战争更是将讨论推向了高潮。"9·11"之前关于恐怖主义的讨论多集中于刑事领域,而美国以军事行动

---

① 见吴征宇《"正义战争理论"的当代意义论析》,《现代国际关系》2004年第8期。
② 黄瑶:《正义战争论对现代国际法及国际实践的影响》,《中山大学学报》(社会科学版) 2003年第5期。
③ 同上。

打击恐怖主义的做法则将人们的目光转向了反对恐怖主义与禁止使用武力原则的关系上。

（一）阿富汗战争与自卫权的行使

2001年9月11日不明身份的恐怖分子在瞬时间袭击了美国，造成了震惊世界的悲惨后果。事件发生后，美国认定此事件是"基地"恐怖组织及其头目本·拉登所为，要求阿富汗塔利班政权交出本·拉登由美国审判。在遭到拒绝后，美国开始了对阿富汗的军事打击。美国在给安理会的报告中，将其理由叙述为，这种军事行为是在行使"遭到武装攻击后所固有的单独或集体自卫之权利"。美国对阿富汗的军事打击属于自卫吗？

回顾"9·11"事件后国际社会对阿富汗战争的反应就不难发现，仍然沉浸在"9·11"事件造成的惊骇中的人们尚未仔细地思考这场战争本身合法性的细节。大多数人出于对美国的同情和对恐怖分子的憎恶，对此战抱以宽容的态度。有学者认为，只要美国能证明"9·11"事件的制造者是本·拉登领导的"基地"恐怖组织，而且该组织的活动受到了塔利班政权的支持，就可以认定美国的自卫主张。此外，从安理会的决议和各国的实际反应中，可以得出"美国以自卫权为由对阿富汗实行军事打击具有正当性"的结论。① "9·11"事件发生后，安理会在其第1368号和1373号决议中不仅强烈谴责恐怖主义，还突出地强调国际恐怖主义应予惩处，重申了《联合国宪章》规定的国家"单独或集体自卫之自然权利"，对恐怖主义需要根据《联合国宪章》采取一切手段进行打击。在美国对阿富汗实施军事打击后，100多个国家表示支持美国的行动，还有国家表示愿意为美国打击阿富汗的行动提供领土便利或其他一切便利。

然而，依据舆论导向来判断是非似乎并不是法学研究中可取的方法。不少学者在结合国际法规则进行分析后，认为美国对阿富汗的所谓自卫战争在许多方面突破了行使自卫权的合法条件。

1. "9·11"恐怖袭击是否构成武力攻击

要回答什么是武力攻击。中国学者习惯于引用奥本海的定义，即所谓武力攻击一是指一国派遣正规部队跨越国界对他国进行直接攻击，二是一国派遣或代表派遣团队到他国的间接攻击，且间接攻击达到了正规部队武力攻击的程度。由此可见，构成行使自卫权前提的武力攻击至少有两个要素，即

---

① 梁淑英：《国际恐怖主义与国家自卫》，《政法论坛》2003年第4期。

"国家行为"和"正规部队的或在程度上相当于正规部队的打击"。

显然,"9·11"袭击针对的主要是平民设施,是在人们没有任何防备的情况下的突然打击;它既没有宣战,也没有派遣正规部队或真正的武装分子;但是它造成的损害后果却几乎超过了正规军队的打击,甚至危及国际和平与安全。

那么"9·11"是国家行为吗?人们普遍接受"9·11"恐怖袭击属于国际恐怖主义的提法,但是对何谓国际恐怖主义至今没有统一的认识和权威的定义,只是通过抽象出一些共同特征来描述这一现象。中国学者概括出国际恐怖主义至少具有国际性、政治性、主体多元性等特征,其中所谓的主体多元性是指恐怖袭击的主体可以是个人、组织甚至是国家。然而,在承认多元主体的前提下,中国学者的具体观点又有所不同,有学者认为,国际恐怖主义通常都是由一个组织进行,且获得国家的支持,或者是由国家直接实施,因此国家是国际恐怖主义的主要主体,因为"个人或者一个组织的国际恐怖主义若不是在国家的支持或庇护下是难以成事或存在的"。① 相左的观点认为,国际恐怖主义的主体"一般不是国家、政府或民族行为,而是由某一团体或国家行为者实施,但不排除如果有关恐怖活动可以被证明可归因于国家,国家将要承担国际责任"。② 对于主体的认识分歧直接影响对"9·11"是否可以归为国家行为的判断。前者认为,如果能证明"9·11"恐怖袭击为"基地"组织所为,那么就可以认定该恐怖袭击可以归为阿富汗的国家行为,理由是联合国安理会的多项决议表明,"基地"组织的确是在阿富汗塔利班政权的庇护和纵容下建立、存活和发展的。后者则认为,无论如何,"9·11"事件作为恐怖主义行动,在性质上不能视为国家行为,而应视为是国际法上的非国家行动者的行为。

尽管存在上述认识分歧,但隐含在分歧背后的共识是,不是所有的国际恐怖主义都可以认定为国家行为,而一旦被认定为是国家行为,就为行使自卫权的正当性增加了一个砝码。

值得注意的是,最近有学者提出了与多数学者所持的"国家行为"和"相当于正规军的打击"这种两要素说不同的判断武力攻击的标准。新的学说认为,对恐怖主义攻击的定性同恐怖主义组织属于非国家行为者的身份没有决定性联系;从自卫法来看,攻击是否必须来源于国家并非武力攻击的一

---

① 梁淑英:《国际恐怖主义与国家自卫》,《政法论坛》2003年第4期。
② 周忠海、王忠宝:《论国际反恐怖斗争中的国际法问题》,《政法论坛》2003年第4期。

个不可缺少的构成要素。该观点认为,事实上,来自国外的最严重恐怖主义攻击就构成武力攻击,而最严重性质是比照一国正规武装部队使用常规武器进行的攻击来判断的。像"9·11"事件那样的攻击与一国的正规武装部队使用常规武器进行的攻击并没有实质的不同。① 这种观点进一步指出,安理会确认《宪章》自卫权和决心采取"一切手段打击恐怖主义行为"的第1368号和1373号决议暗含了恐怖主义攻击可视为武力攻击,这表明武力攻击的概念在最近有了发展,世界似乎正在使曾经被禁止的使用武力合法化。

其他学者并非没有注意到安理会的相关决议,他们认为安理会只是从反恐的角度出发,扩大了对"武力攻击"的解释,并担心这一扩展将会给国家自卫权的行使带来更大的挑战。②

2. 阿富汗战争是否属于事后防卫

美国于2001年10月7日发动阿富汗战争之时,距离"9·11"袭击已经过去了近一个月。按照对《宪章》自卫权的严格解释,自卫只能针对正在进行的武装攻击,不能在武装攻击结束后再进行,否则所谓的自卫很可能演化为一种报复行为,而根据1970年《国际法原则宣言》对禁止使用武力的原则的解释,"各国皆有义务避免涉及使用武力之报复行为"。③ 在遭受的武力攻击结束后,武力自卫反击也许并不是当时迫不得已的唯一选择。因此,否定阿富汗战争合法性的学者还认为,美国运用自卫权打击恐怖主义,是在恐怖袭击结束后的打击,属于事后防卫,不符合自卫权行使的及时性和必要性的要求。④

客观地讲,恐怖袭击的突发性、瞬时性往往令受害国猝不及防,在这种情况下要求国家在正在遭受袭击时进行自卫反击显然是不现实的。另外在实践中判断侵害者的攻击行为是否属于"已经过去"的状态有时也是困难的。美国在遭受"9·11"袭击后一个月发动所谓自卫反击,并没有受到包括联合国在内的国际社会的质疑,更没有听到指责美国实施武力报复的声音。这本身是因为,很难判断"9·11"袭击是已经过去了的,还是像美国主张的"间歇性的",存在着再次进行的可能。对于阿富汗战争属于报复还是自卫,

---

① 余民才:《"武力攻击"的法律定性》,《法学评论》2004年第1期。
② 见周忠海、王忠宝《论国际反恐怖斗争中的国际法问题》,《政法论坛》2003年第4期。
③ 联合国大会第A/RES/2625(XXV)号决议:"关于各国以联合国宪章建立友好关系及合作之国际法原则之宣言"。
④ 见贺富永、段进东《反恐中国家自卫权的国际法透视》,《世界经济与政治论坛》2005年第2期;龚向前:《论国际法上的自卫》,《武汉大学学报》(哲学社会科学版)2004年5月。

个别学者略有提及，但没有具体进行分析。①

3."行使自卫权"是否是阿富汗战争的适当理由

中国有的学者虽然认为美国攻打阿富汗的行为不是合法行使自卫权，但也不认为此行为就是非法的，而是从其他角度为其找到了国际法上的依据。持这种观点的学者认为，美国针对阿富汗的反恐行动得到了阿富汗合法政府即北方联盟的阿巴尼政府的支持和配合，由此可以推出此行动得到了阿富汗合法政府的同意，这种同意使美国的行为合法化。美国完全可以引用受邀请的干预来为此行为正名。该作者进一步分析，美国之所以不这么做并不是不够聪明，而是另有所图，即为使单方面武力打击恐怖主义合法化做准备。②

（二）伊拉克战争中的"先发制人"自卫理论

2003年3月20日，美英联军不顾国际社会的反对，对伊拉克发动了大规模军事攻击。为了证明伊拉克战争的合法性，美国指控伊拉克与"9·11"恐怖袭击有联系，并储存着大规模杀伤性武器，从而构成了对美国国家安全的威胁。为了消除这种潜在的威胁，美国需要对其进行"先发制人"的军事打击。

"先发制人"的自卫理论一出炉即掀起轩然大波，也受到中国学者的广泛关注。中国学者们分别从该战略的理论渊源及法理基础、实施标准、本质特征、对现行国际法的冲击、可能产生的后果等方面进行了较为系统的分析。

先发制人的自卫显然属于事前防卫。对于事前防卫，国际法学研究中出现了多种提法：预先自卫、预期自卫、预防性自卫、先发制人的自卫等等。③ 有时这些不同的语汇被不同的作者用来描绘相同的概念，有时相同的语汇被用来表示不同的概念。为了避免这种概念上的混乱，在本章的语境

---

① 见丁成耀《对国际法上"自卫权"的探讨》，《法制与社会发展》2003年第4期；黄瑶：《美国在阿富汗反恐军事行动的合法性问题探析》，《武汉大学学报》（社会科学版）2002年第5期。

② 见汪自勇《美国反恐自卫权理论之批判——从阿富汗战争到伊拉克战争》，《法学评论》2003年第4期。

③ 见金晓阳、彭云《论"先发制人"战略对国际法的挑战》，《南京政治学院学报》2003年第3期；欧阳超：《"先发制人"战略与国际法》，《现代国际关系》2005年第7期；李涛、张莹：《从伊拉克战争看国际法上的预防性自卫》，《北京航空航天大学学报》（社会科学版）2004年第1期；丁成耀《对国际法上"自卫权"的探讨》，《法制与社会发展》2003年第4期；刘阿明：《先发制人与国际法》，《社会科学》2004年第6期；邱飞、王伟伟：《战争与法律》，《南京政治学院学报》2004年第1期；王献枢：《伊拉克战争的非法性》，《法学评论》2004年第1期。

中,"预防性自卫"指的是由加罗林号事件确立起来的为习惯国际法所承认的事前防卫;而"先发制人"的自卫专指在2003年伊拉克战争前,美国政府提出的自卫理论。

1. 先发制人自卫的理论渊源和法理基础

先发制人自卫作为美国近期重点强调的一种国家安全战略,同美国其他的军事和外交战略是密切相连的。在这一点上,中国国际法学者善于结合国际关系理论寻找先发制人的渊源。有学者认为,先发制人战略渊源于"失败国家论"和"新帝国主义论"。"失败国家论"认为,世界上存在着许多失败国家,这些国家不能为本国公民提供和平、秩序、安全等最起码的条件,因而失去了继续存在下去的权利。在失败国家内部由于发展不足而滋生的不满和暴力经常通过恐怖主义的形式外溢,对其他国家构成了严重威胁,所以其他国家有权对其进行干涉,包括颠覆其政权。"新帝国主义论"认为目前世界上存在三种类型的国家,即前现代国家、传统现代国家和后现代国家(主要指欧美)。因为前两者可能威胁后现代国家的安全,后现代国家必须作出回应,甚至拿起防御性帝国主义的武器。先发制人与这两个理论的内在联系在于三者有着共同的划分敌我的标准,即凡是与美国利益相悖,反抗和仇视美国的,无论国家、组织还是个人,都是失败的、应予取缔的、前现代或传统现代的、恐怖主义的,因而都可能成为先发制人的打击对象。①

先发制人自卫的所谓法理基础是国际法上的预防性自卫理论。在联合国成立之前,国际法理论上并不禁止预防性自卫,并以1837年加罗林号(也译为"卡洛琳"号)事件为标志,确立了预防性自卫的标准,即必要性和相称性。预防性自卫是在那些"自卫的必要性是紧迫的、压倒一切的、没有其他选择,也没有时间做周密考虑的情况下进行的";同时,这种情况下使用的武力应该与威胁相称。

《联合国宪章》的出台使得预防性自卫的合法性备受争议。时至今日,国际法文件对预防性自卫的性质从未有过明确的态度;在联合国安理会的讨论中支持与反对的意见各占半壁江山,安理会的常任理事国对此也有重大的分歧,因此预防性自卫的法律基础至今仍是不明确的。② 较此更进一步的观

---

① 见金晓阳、彭云《论"先发制人"战略对国际法的挑战》,《南京政治学院学报》2003年第3期。

② 见欧阳超《"先发制人"战略与国际法》,《现代国际关系》2005年第7期;刘阿明:《先发制人与国际法》,《社会科学》2004年第6期。

点认为，尽管预防性自卫通常是不合法的，但是在极其有限的情况下行使预防性自卫又是合理的，但为了防止滥用必须谨慎处之。①

先发制人的自卫正是利用了国际社会对于预防性自卫的评估依据模糊不清的弱点，它虽然在形式上援引预防性自卫来论证自己的合法性，但是在实质上并不具备预防性自卫的行使要素。为了给先发制人寻找法律和道义依据，2002年9月20日发布的《美国国家安全战略》报告作了这样的表述："几个世纪以来，国际法一贯认为，各国可以在遭受袭击之前就合法的采取行动以保卫自己免遭迫在眉睫的袭击。法律学者和国际法学家常常把迫在眉睫的威胁（imminent threat）作为先发制人行动合法性的条件，这种威胁通常指的是一种可以看得到的（敌人）动员陆海空军准备袭击。"布什政府也认识到他们先发制人的理由并不符合国际法公认的对"迫在眉睫"的威胁的解释，于是报告话锋一转，称"我们必须修改'迫在眉睫'的概念，使之适应于当今对手的能力和目的"。报告进一步声称，"美国长期保留选择采取先发制人行动（preemptive actions）来对抗我们国家安全所面临的足够威胁（sufficient threat）的权利。威胁越大……采取预期行动自卫就越紧迫，即使还不能确定敌人将在什么时候什么地点发动袭击"。②

从《美国国家安全战略》对先发制人理论的描述可以发现，该理论不仅与《联合国宪章》中的自卫权规定大相径庭，而且同近代国际法上的预防性自卫理论也有很大出入。行使预防性自卫的关键要素是必要性和相称性，其中必要性的一个重要衡量标准就是威胁必须是迫在眉睫的。虽然上述安全战略也承认了对"迫在眉睫"的威胁的通常解释，但事实上它已经用后文中的"足够威胁"代替了迫在眉睫的威胁。布什政府的逻辑是，因为现在的敌人不使用常规武器，而是"有可能使用"大规模杀伤性武器，又因为这种武器具有隐蔽性、便携性、使用前没有先兆性等特点，所以任何试图拥有这种武器的国家都对美国构成威胁，都会成为美国先发制人行动的打击对象。美国在国家安全报告中点名指出的国家有伊拉克和朝鲜，报告还指

---

① 见李涛、张莹《从伊拉克战争看国际法上的预防性自卫》，《北京航空航天大学学报》（社会科学版）2004年第1期；丁成耀：《对国际法上"自卫权"的探讨》，《法制与社会发展》2003年第4期。

② 见"The National Security Strategy of the United States of America", September 2002, pp. 13—16. http://www.whitehouse.gov/nsc/nss.pdf. 相关学术论述可见王献枢《伊拉克战争的非法性》，《法学评论》2004年第1期。

出美国的敌人广泛分布在北美洲、南美洲、欧洲、非洲、中东和整个亚洲。①

2. 先发制人自卫的实施标准

通过剖析先发制人的实质,学者得出,难以找到先发制人地实施自卫的标准,如果有所谓标准也是美国标准,即首先,只要美国认为其安全受到威胁就有权采取先发制人的行动;其次,这种对美国安全的威胁不必是迫在眉睫的,而只需是足够的,即便美国还"不能确定敌人将在什么时候什么地点发动袭击";最后,美国在其认为必要时将独自采取先发制人行动。②

3. 先发制人自卫的本质特征

布什政府抛出的先发制人自卫理论在实施标准上的模糊性和主观臆断性使学者们不得不深入思考隐藏在这一理论和战略背后的本质。许多学者认为,这一战略带有强烈的攻击性和侵略性,将首先动武作为防御的手段,臆断的威胁的存在只是主动发起进攻的借口。这一战略也是美国为保持唯一超强地位的单边主义思想的体现,为了保持美国的绝对军事优势和追求绝对安全,它要在威胁还处于萌芽状态时就将其消灭。③

4. 先发制人自卫对国际法的冲击

如果说预防性自卫还能在习惯国际法中找到依据的话,那么先发制人的自卫不仅在习惯国际法中找不到任何依据,而且是对现行国际法上禁止使用武力的基本原则的否定和对联合国集体安全机制的明显违背。它既不符合《联合国宪章》中规定的行使自卫的标准,也不符合由联合国安理会判断某一局势是否构成对世界和平与安全的威胁的规定。

鉴于先发制人自卫理论对现行国际法的破坏,该理论一出台立刻遭到了尖锐的批评。中国学者认为,"先发制人本身,对世界各国首先意味着一种明确的武力威胁";④ "美国先发制人思想是将只有在受到武力攻击时才能使用的自卫权概念转为预防性或先发制人的武装进攻,实际上把原来较为明确

---

① 见"The National Security Strategy of the United States of America", September 2002, pp. 5, 13—16. http://www.whitehouse.gov/nsc/nss.pdf.

② 见王献枢《伊拉克战争的非法性》,《法学评论》2004年第1期;金晓阳、彭云:《论"先发制人"战略对国际法的挑战》,《南京政治学院学报》2003年第3期。

③ 见郭真《美国"先发制人"战略评析》,《武汉大学学报》(哲学社会科学版)2005年第2期;苏开华:《从"先发制人"战略看美国未来霸权主义和强权政治的新动向》,《世界经济与政治论坛》2003年第2期;刘阿明:《先发制人与国际法》,《社会科学》2004年第6期。

④ 金晓阳、彭云:《论"先发制人"战略对国际法的挑战》,《南京政治学院学报》2003年第3期。

的客观标准变成了主观臆断和独断标准,这种对国际法中自卫权所作的扩大解释,导致了武力的滥用,危及世界和平与安宁",①"在某种程度上是对国家诉诸武力的恢复"。② 美国的学者也对此战略提出质疑,认为美国的新观点"大大偏离了美国国家安全政策",这种政策"对危险的估计带有很大的猜测性和不确定性",而"萨达姆并不构成明确的、立即的威胁"。③ 基辛格也对布什的新主义忧心忡忡,认为如果每个国家都有权根据其对威胁所下的定义而随意采取先发制人的行动,那后果不可能既符合美国的利益,同时又符合世界的利益。④

5. 先发制人自卫理论的现实后果

先发制人自卫理论让国际社会笼罩在一种紧张气氛中,它"为强权打开方便之门,因为只有军事实力强大的国家才具备先发制人的条件",⑤ 因此它将刺激军备竞赛,把人类再次带回到弱肉强食的丛林社会,使国际社会失序。

学者的担忧并非多余。实践表明,该理论抛出不久就得到一些国家和组织的效尤,表示将在极端情况下预防性使用军事力量。法国在其新的军事纲领中明确提及可能不得不进行"先发制人"行动的必要性;澳大利亚总理约翰·霍华德明确表示支持修改《联合国宪章》以对恐怖主义威胁进行"先发制人"的军事打击;俄罗斯也同样保留在面临生死攸关的威胁时采取"先发制人"军事行动的权利。2002 年 11 月北约峰会上间接提到了先发制人问题,在随后通过的反对恐怖主义的新军事纲领中并不排除对恐怖主义威胁采取预防性军事行动。2003 年 6 月欧盟理事会萨尼罗卡会议通过了欧盟安全战略文件,该文件明确指出欧盟原则上不排除预防性动用军事力量。

6. 对先发制人自卫的规制

既然当今国际形势的变化使得某些极端情况下的预防性行使自卫具有合理性,则不如为预防性自卫权的行使设定标准,以降低法律的不确定性,这

---

① 中国人民大学朱文奇教授在"国际法与伊拉克战争"座谈会上的发言,转引自杨丹《对伊拉克战争的法律思考——"国际法与伊拉克战争"座谈会概述》,《国外社会科学》2003 年第 4 期。
② 刘阿明:《先发制人与国际法》,《社会科学》2004 年第 6 期。
③ 见 Robert Dallek, "The Bush Preemption Doctrine", http://www.globalsecurity.org/military/library/news/2003/02/mil—030226—24187d9d.htm.
④ 基辛格于 2002 年 9 月在美国参议院外交委员会上的发言,转引自韩秀琪《美国反恐战争不对称性及其后果》,《中共中央党校学报》2004 年第 1 期。
⑤ 王献枢:《伊拉克战争的非法性》,《法学评论》2004 年第 1 期。

样既结束了习惯国际法中的预防性自卫与《联合国宪章》规定的自卫权孰是孰非的争论,也宣告了任意实施先发制人的自卫的非法性。

学者们提出的行使预防性自卫的标准可以概括为以下几个方面:第一,预防性自卫仅适用于严重性的威胁;第二,威胁是明显的、可信的,即威胁为第三方显而易见或是自卫国有证据证明其存在;第三,必要性,即武力自卫是在用尽一切和平方法后的不得已选择;第四,紧迫性,即威胁是迫在眉睫的,若不进行自卫攻击将失去有效消除危险的最后时刻;第五,相称性,即自卫措施要与受到的威胁程度成比例。除此之外,为了降低预防性自卫被滥用的可能性,自卫国有立即向安理会报告的义务;作为补救措施,有学者提出可以由国际法院来裁判当事国行使预防性自卫是否合法。① 该作者认为,之所以将判定自卫权合法性的权利交给国际法院而不是安理会,是考虑到由安理会来判定将使常任理事国的滥用自卫权行为得不到惩处。但是,这种建议忽略了国际法院的管辖需以成员国的自愿接受为前提,如果自卫国不接受国际法院的管辖,后者也是无能为力的。

与此有所不同,另有学者认为,预防性自卫区别于《宪章》所规定的自卫权的关键是实施自卫的时机。行使《宪章》所规定的自卫权的时机完全可以由自卫国自行判断,因为自卫国所遭受的武力攻击已经开始并且正在进行。而在预防性自卫中,判断"迫在眉睫的武力威胁"具有一定的主观性,须十分谨慎。为防止其滥用,应该由一定的国际机构来把握威胁的存在并确定自卫的时机。而这一机构非联合国安理会莫属,这与《联合国宪章》第39条赋予它的断定是否存在对和平的威胁、破坏或侵略行为的职能相吻合。②

然而,并不是所有的学者都赞成为使用武力设立新的标准。2005年,时任联合国秘书长安南在其题为《大自由:实现人人共享的发展、安全和人权》的改革报告中,提出了五条使用武力正当性的基本标准,即"威胁的严重性"、"正当目的"、"万不得已的办法"、"相称的手段"、"权衡后果",同时必须由安理会授权。这实际上是对《宪章》第51条的扩大的、宽泛的解释,不仅承认了预防性自卫,而且突破了习惯国际法上的预防性自

---

① 见[德]卡尔—海因茨·卡姆普《预防性军事行动》,《世界经济与政治》2005年第2期;李涛、张莹:《从伊拉克战争看国际法上的预防性自卫》,《北京航空航天大学学报》(社会科学版) 2004年第1期。

② 见丁成耀《对国际法上"自卫权"的探讨》,《法制与社会发展》2003年第4期。

卫，因为它并没有明确要求威胁的紧迫性。因此，安南的报告并没有得到国际社会的广泛接受。有学者引用俄罗斯代表的发言来表明自己的观点："《联合国宪章》仍然是对使用武力问题可靠的、坚实的法律基础，没有必要修改或作新的解释"，"使用武力问题需要取得一致意见，不应匆忙作决定。"①

（三）反恐战争扩大化及其后果

国际社会对反对恐怖主义的必要性是不存在异议的，但对反恐的道路、方式、手段的主张却大相径庭。

中国学者认为，美国所使用的"反恐战争"的概念不同于传统意义上的"战争"，也不同于现在所提的"武装冲突"，这个概念远远扩大了战争的外延，也扩大了美国政府的权利，使其在平时却可以像在战时一样，不通过审讯即可抓捕甚至杀死所谓的恐怖主义嫌犯。②一些外国学者也认为，反恐战争正在成为一种政治口号而被滥用，以至于任何武装行动都可能被宣布为是反对恐怖主义的。③布什政府的反恐口号在政治上另有所图，如果任意扩大，美国就可以趁机随意打击和摧毁任何它不喜欢的主权国家。④

美国深陷伊拉克战争泥潭、恐怖主义"越反越恐"的事实告诉人们，武力反恐是一种以暴易暴、治标不治本的下策。中国学者普遍主张，反对恐怖主义应该教育、经济、法律等多种手段并用，而不是动辄使用武力；在极端情况下应由安理会判断情势是否危及国际和平与安全，由安理会决定是否使用武力，在同恐怖主义的斗争中应当加强国际合作，发挥联合国的主导作用。⑤

---

① 钱文荣：《安南联合国改革报告评析》，《外交评论》2005年第3期。
② 见王孔祥《反恐"战争"中的国际法问题》，《国际关系学院学报》2005年第4期。
③ 见周穗明《当代国外恐怖主义理论研究述评》，《国外社会科学》2003年第6期。
④ 见畅征《对美国三年反恐战争的评析》，《领导科学》2004年第18期；庞中英：《滥用反恐及其后果》，《现代国际关系》2006年第9期；郭宪纲：《美国反恐新阶段评析》，《国际问题研究》2002年第4期。
⑤ 见陈静《伊战后国际恐怖主义的发展态势及反恐对策》，《郑州大学学报》（哲学社会科学版）2005年第3期；迟德强：《论恐怖主义的界定与惩治》，《求索》2007年第6期；郑宝明：《国际恐怖主义活动的新特点及反恐对策》，《理论学刊》2002年第1期；杨鸿玺：《国际反恐得失谈》，《当代世界》2004年第9期；简基松：《关于反对国际恐怖主义的若干国际法问题研究》，《法律科学》2002年第4期；杨鸿玺：《反恐：成效有限，困难不断》，《当代世界》2007年第1期；钱文荣：《反恐与国际秩序》，《国际问题研究》2002年第3期；王庭东：《"9·11"事件与全球恐怖主义治理》，《世界经济与政治》2002年第4期。

三 人道主义军事干涉与禁止使用武力原则

人道主义干涉作为一种政治思潮在 20 世纪 90 年代重新出现。20 世纪 70 年代，在美苏对抗中居于下风的美国提出了人权外交，把人权和国际正义等西方传统的理想主义因素注入外交战略。随着 80 年代末期苏联和东欧的解体，人权外交被西方视为获得了空前的成功，以鼓吹国际人道主义干预为核心的"新干涉主义"思潮随之兴起，并成为西方全球战略中的重要的思想理论武器。所谓的"新干涉主义"是相对于以军事干涉和入侵为主要特征的传统的干涉主义而言的，它以解救人道主义灾难为名，但不排除以军事手段进行"解救"。

关于人道主义干涉的讨论一直持续着，特别是在 1999 年北约对南联盟实施军事干预后，对这一问题的讨论更加集中，出现了对"新干涉主义"的深入剖析，形成了关于人道主义干涉的新的论争。[①] 学者们分别从人权、主权、国家安全、国际政治、国际法等多个视角分析人道主义干涉，分析西方人道主义干涉的理论、表现，以及对人道主义干涉的立法规制。近十几年间中国学者对人道主义干涉的讨论，经历了从比较激进到趋于理性的转变。

（一）围绕 1999 年科索沃危机的讨论

1999 年以美国为首的北约对南斯拉夫科索沃危机的所谓人道主义军事干涉遭到中国国际法学者的几乎全票反对。此时，学者们普遍认为人道主义军事干涉是个别国家推行霸权主义的工具，违背了国家主权原则、不干涉内政原则、禁止使用武力原则等当今国际法得以存在的基本原则，是非法的。具体而言，反对人道主义干涉的理由可以概括为以下几个方面。

首先，人道主义干涉的真正目的并不"人道"。"干涉背后其实是地缘政治、战略利益、意识形态方面的考虑或是其他政治、经济、军事利益方面

[①] 见徐学银《新干涉理论——对国际法的挑战》，载《政法论丛》（济南）1999 年第 5 期；徐学银、朱宪：《评新干涉主义》，《现代国际关系》1999 年第 8 期；金鑫：《西方政要及有关人士关于"新干涉主义"的若干言论》，《太平洋学报》2000 年第 1 期；范跃江：《论新干涉主义》，《太平洋学报》2000 年第 1 期；范跃江：《新干涉主义与中国安全》，《太平洋学报》2000 年第 3 期；谷盛开：《西方国家的世界新秩序论评析——关于"新干涉主义"的法律与政治思考》，《中国人民大学学报》2000 年第 5 期。

的考虑",为了人道或是维护人权"只是掩人耳目的幌子"①。更有学者经过实证分析后指出,"实践中,尽管存在众多以人道主义名义的干涉,但真正出于人道主义目的的几乎没有"。② 学者认为,新干涉主义因为披上了人道主义的外衣,所以同传统的干涉主义相比,"对现阶段的国际政治具有更大的危险性,对国际社会具有更大的欺骗性";"美国等西方国家大力推行新干涉主义,并妄图使之在国际事务中合法化和机制化,目的是建立符合西方战略利益和价值观的 21 世纪国际政治新秩序"。③

其次,人道主义干涉公然违反国家主权原则和不干涉内政原则。具体到南联盟案件,科索沃是南联盟塞尔维亚共和国的一个省,科索沃危机纯属南联盟的内部事务。尽管北约声称尊重南联盟的主权和领土完整,但从北约对科索沃阿族分离主义势力的支持和偏袒以及北约提出的科索沃和平协议的内容看,科索沃实际上最终走向独立不可避免,北约已经对南联盟内政进行了干涉,威胁到南联盟的主权和领土完整。

再次,人道主义干涉,特别是个别国家的单方面军事干涉违背了禁止使用武力的国际关系行为准则。在南联盟案件中,北约既没有行使集体自卫权的理由,也没有得到联合国安理会的授权,而是单方面对南联盟动用武力,显然违反了禁止使用武力的原则。

最后,人道主义干涉造成了更大的人道主义灾难。北约对南联盟的空袭造成了成千上万的平民伤亡,学校、居民区、文物古迹被摧毁,40 万难民逃离家园,出现了空前的难民潮。人道主义灾难非但没有缓解,反而进一步加剧。

这一时期学者对人道主义干涉的讨论呈现出几个方面的特点。首先,学者们对于北约轰炸南联盟的反响强烈,然而态度偏向激进,这大约与北约无端轰炸了中国驻南联盟大使馆不无关系。在学者的行文中随处可见政治性的话语方式,以及对美国和北约的强烈谴责来表达心中的愤怒。由此引致的这一时期讨论人道主义干涉的第二个特点是,事实描述较多,理论分析较少;就事论事的居多,能够以发展的眼光系统梳理"人道主义"的产生、变化脉络的较少。

---

① 黄世席:《北约对南联盟动武的国际法思考》,《今日东欧中亚》1999 年第 5 期。
② 迟德强:《从国际法看北约对南联盟动武》,《欧洲》1999 年第 4 期。
③ 邱桂荣:《对新干涉主义的几点看法》,《现代国际关系》2000 年第 4 期。

(二) 逐步深化对人道主义干涉的理论研究

1. 深入分析人道主义干涉存在的思想理论根源和现实背景

首先,人道主义干涉的存在很大程度上是普世主义文化价值观的作用。对热衷于人道主义干涉的国家来说,他们在文化和价值观念上普遍有一种"优越感",并在一定程度上认为他们的基督教文明从来就负有教化非基督教民族的使命。其次,国家利益是人道主义干涉得以实施的一个不可忽视的动因。再次,热点地区武装冲突不断,人道主义灾难接二连三,为人道主义干涉赢得了一定的市场。最后,现行国际法规范不够完善,约束不力,当前依靠国家集体力量实施国际法主要是通过联合国安理会,而安理会的运作也在一定程度上受少数大国的操纵,对涉及大国违反国际法的行为显得软弱无力,这也会使人道主义干涉呈现出某种程度的泛滥。

从当前国际关系现实的特点来看,近期人道主义干涉理论的发展将呈现两种趋向:一方面,美国等西方国家不会放弃这一观念,并将进一步推动人道主义干涉;另一方面,由于人道主义干涉观念和实践的流行很大程度上一直是西方国家单方面推动的结果,人道主义成分更多是西方国家的标准,又由于历史经验和现实缺陷,因此人道主义干涉理论必然遭到其他国家的反对和批判。然而发展中国家对人道主义干涉的反对固然能起到一种牵制作用,但在实力上不足以形成制衡。①

2. 理性面对人道主义干涉合法性的争论

每发生一次所谓的人道主义干涉,国际社会总是一片哗然:发动干涉的国家努力为自己的行为正名,而被干涉国及其同情者往往针锋相对。除了国际关系和外交辞令上的对抗,争论双方越来越多地开始寻找法律上的依据,于是引发了人道主义干涉是否具有合法性的争议。

"合法论"者从不同角度论证了人道主义干涉的合法性。②

首先是法律上的例外论。这种观点认为,联合国已经把人权问题列入了

---

① 见周桂银《奥斯威辛、战争责任和国际关系伦理》,《世界经济与政治》2005年第9期;谷盛开:《西方人道主义干预理论批判与选择》,《现代国际关系》2002年第6期;张秀三:《论人道主义干涉及其实质》,《东南亚研究》2001年第3期;时弘毅、沈志雄:《论人道主义干涉及其严格限制——一种侧重于伦理和法理的阐析》,《现代国际关系》2001年第8期。

② 以下关于合法性的论点多为西方学者所主张,中国学者注意到了这些论点并进行了分析,有关介绍和分析见迟德强《人道主义的合法性辨析》,《理论月刊》2006年第4期;谷盛开:《西方人道主义干预理论批判与选择》,《现代国际关系》2002年第6期。

《宪章》的宗旨和原则中，已经把人道主义灾难同"国际安全与和平"相联系；《宪章》中的"不干涉内政原则"不适用于人权领域，禁止使用武力原则也只禁止针对"领土完整"和"政治独立"使用武力而没有禁止进行人权保护。第二次世界大战后国际人权法迅速扩展，"人权概念至少在原则上和辞藻上被所有社会及各国政府所接受，而且反映在国家的宪法中"；不仅如此，"至少在政治法律原则上和辞藻上赞同个人人权是'国际关注'的事，是国际法、国际制度和外交的适当的主题"。① 在人权遭受侵犯的情况下，通过国际社会来保护人权是不可避免的。国际社会可以采取集体行动或单独行动，国际社会或他国的干涉是对国家滥用主权的惩罚。

合法论的第二个理由是，联合国有两个同等重要的目的，即维护世界和平与安全以及在世界范围内普遍尊重和保护人权。特别是随着人权国际保护的进程不断深化，当这两个目的发生冲突时，保护人权具有优先性。

再次是道义正义论，即认为人道主义干涉的合法性来源在于普遍的、绝对的正义理念。国际社会从人权道义原则出发所进行的干预是正当的、合法的。在涉及严重的非人道待遇的极端场合，保护人权的原则优先于禁止使用武力的原则。显然，这种观点更多的是从道义的理想出发，对人道主义干涉这种保护人权的方式怀有很大的期望。

第四种角度可以称为先例论，即提出从格劳秀斯到19世纪的欧洲都提供了可资遵循的人道主义干涉的先例，因此认为人道主义干涉是独立于《联合国宪章》之外的习惯国际法所允许的。

"非法论"的主张也可以分为几个方面。

第一，认为人道主义干涉的政治动机值得怀疑。第二次世界大战以来，人道主义干涉行动掺杂了太多的帝国主义、抽象道德的道义成分，往往成为少数国家谋取利益的代名词。即使联合国范围内的人权保护也没有摆脱大国控制的局面，致使联合国的大量干涉行动都存在争议。人道主义干涉"是一种带有帝国主义以强凌弱的道德理论，包藏着可耻的动机"。② 而相关实践中由于干涉国国家利益驱动所导致的对干涉对象的选择性也印证了这一点。

第二，认为人道主义干涉于法无据。国家主权原则是各国公认、具有普遍意义的、构成国际法基础的法律原则和国际关系主体的首要行为准则。对

---

① [美] 路易斯·亨金：《权利的时代》，知识出版社1997年版，第22页。
② [英] R. J. 文森特：《人权与国际关系》，知识出版社1998年版，第208页。

人权的国际保护不能超越主权来实现。人道主义干涉的分歧与争论远远大于其合法性的定论。关于人道主义干涉的学说一直没有被充分承认为国际公法的一部分。根据《联合国宪章》中禁止使用武力的原则和其他基本原则，某些国家主张人道主义干涉合法化的努力，不是建立在尊重已经形成和达成共识的国际法基本原则的基础上，而是对主权的破坏、武力使用的超越、联合国权威的蔑视，是对《宪章》中人权条款的曲解，是试图修改法律上的"不干涉"条款，而不是保护人权。

第三，认为应该从严解释《联合国宪章》，《宪章》明确规定联合国的首要任务是维护世界和平与安全，而不是尊重和保护人权。将人权与和平放在同等位置背离了《宪章》的立法原意。

第四，认为单边人道主义干涉已成为国际习惯法的观点难以令人信服。首先，19世纪有关国家的实践表明人道主义只是干涉国为了证明其行为的合法性，掩饰隐藏在背后的政治、经济以及其他目的的借口，而并没有成为各国接受的惯例。其次，当今国家纷纷反对所谓人道主义干涉的实践也表明并不存在这种习惯法上的权利。"即使人道主义干涉向习惯国际法方向发展，它也不能合法地存在，因为《联合国宪章》除了少数几个例外，已广泛地禁止使用武力"。① 此外，支持单方面人道主义干涉的观点与国际法院的判决也不一致。国际法院在尼加拉瓜诉美国一案的判决中正式阐明：国际法并不允许一国单方面诉诸武力以补救另一国的人权状况，因此否定了单方面的人道主义干涉的学说。

综上所述，合法论的观点更多地倾向于从自然法而非实在法的角度寻求依据。所谓的合法亦指合乎自然法。但是这种简单化的判断合法与非法并没有解决干涉主体、范围、方式、手段、约束机制等一系列的具体问题。非法论从干涉动机、负面后果等角度论证了人道主义干涉，特别是单方面人道主义干涉在实在法上的依据不足。但是非法论的主张排除了干涉的合法性却没有排除干涉的合理性，即并没有解决为什么"干预一方面不合国际法，一方面却又变得更加频繁"② 的问题。单方面人道主义干涉在现行国际法的法律渊源里找不到任何法律依据，但也没有任何决议文件明确规定其为非法行为。立法的滞后致使单方面人道主义干涉陷于是与非之间的灰色地带，从而

---

① 杨泽伟：《人道主义干涉在国际法中的地位》，《法学研究》2000年第4期。
② 徐贲：《秩序和道义：哈贝马斯的国际人权观》，《二十一世纪》（港）2000年4月号总第58期。

大大增加了滥用的危险。

3. 客观评价人道主义干涉理论的新提法

2001年6月和7月,加拿大"干预和国家主权国际委员会"和印度"世界事务委员会"分别在印度举办的国家主权和人道主义干预问题专家研讨会讨论的结果表明,发达国家和发展中国家争论的焦点已不再停留在是否应该进行干预,而侧重于如何在联合国的框架中进行合法干预。

2001年12月,加拿大"干预和国家主权国际委员会"提交了名为《保护的责任》的报告。该报告明确倡导"保护的责任"为基于人道保护的干涉的一个新进路,主张不再谈"干涉的权利",而仅谈"保护的责任"。"保护的责任"的基本原则有二:首先,国家主权意味着责任,而且保护本国人民的主要责任在国家自己身上;其次,当人民因内战、叛乱、镇压或国家陷于瘫痪而遭受严重伤害,且当事国不愿或无力制止这种伤害的时候,不干涉原则就让位于国际保护责任。

尽管对于人道主义干涉在实在国际法上还难以找到强有力的依据,但从类似"保护的责任"这样的新视角中,可以发现一些"最低限度的一致"已经存在,那就是:"主权不是绝对的而是有界限的,对人道主义的维护关系到国际和平与安全。这些最低限度的一致正是实行人道主义干涉的前提所在。在有关人道主义干涉的激烈辩论与交锋中,一个重要的隐含成果就是对上述前提的分享。遗憾的是,过去人们往往只关注交锋的喧嚣,却忽视了这一隐含成果的存在。"①

但是,中国学者在承认了隐含在"保护责任"理论中的"最低限度的一致"的同时,对保护责任的整体还是采取一种谨慎的态度,认为"保护责任"以不合理的扩大主权概念为基础,提出作为责任的主权概念;片面强调责任而故意忽视其与权利的对立统一关系;它对实行人道主义干涉的条件与方式缺乏成体系的论述,因此极有可能成为霸权国家肆意干涉他国内政的工具。②

基于国际社会的现实,目前人道主义干涉仍然应该遵循秩序与道义平衡的原则,严格限定在国际社会对人权灾难的一种特殊保护手段和机制上,应该对干预主体、方法、目标以及约束机制等一系列问题作出规范。首先,必须维护联合国的权威,保障联合国在包括干涉等各项国际事务中的主导作

---

① 罗国强:《"人道主义干涉"的国际法理论及其新发展》,《法学》2006年第11期。

② 同上。

用。其次，必须严格限制并非由联合国而是其他主体——例如单个或某一国家集团——实施的人道主义干涉。

(三) 提出将人道主义干涉规范化的设想

虽然在当今时代，国际关系概念意义上的人道主义干涉有一定的伦理和法理依据，而且有其应予肯定或容许的政治原因，但人道主义干涉无论在理论上或是实践中都必须受到严格的限制。为了尽量减少带有任意性的人道主义干涉，学者认为有必要构建一套制度来规范人道主义干涉。中国学者认为下述方面是实施人道主义干涉必须考虑的因素：①

（1）要有正当的理由。只有当一国国内确实存在着大规模践踏基本人权的行为，而该国政府要么是这类行为的采取者、主使者或纵容者，要么无力制止这类行为，并且拒绝别国或国际社会旨在制止这类行为的救助提议时，或者一国政府无力或不愿承担在保障国内广大人民最基本的生存需要方面的应有责任，并且同样拒绝别国或国际社会的相应救助提议，以致人民的生存和起码安全陷于异常严重的灾难时，国际社会才有权力干涉。

（2）人道主义干涉的动机应该是压倒一切的，而有关的政治、经济或意识形态的考虑根本不存在或明显的完全处于从属地位。

（3）联合国应该是决定或最终确认是否存在这样的人道主义灾难的唯一合法权威。

（4）联合国还应该是唯一合法的实施干涉的主体，具体的模式可以由联合国主导或授权进行。

（5）人道主义的武力干涉只能当作不得已的最后手段，除非其他所有解决手段确实得不到采用的可能，或者虽然经认真采用但不能奏效，才能使用武力。

（6）干涉的目的只能限于制止人道主义灾难，实施人道主义援助，而不能扩大为重建国内政治权力机构以及重建国内经济等，即对被干涉国的权力结构的政治影响应限于最低程度，如不超出为保护行动的目的所绝对必要的程度。

（7）采取的人道主义行动应与该情势的严重程度相称，即武力的使用

---

① 见杨泽伟《人道主义干涉在国际法中的地位》，《法学研究》2000 年第 4 期；时殷弘、沈志雄：《论人道主义干涉及其严格限制——一种侧重于伦理和法理的阐析》，《现代国际关系》2001 年第 8 期；张秀三：《论人道主义干涉及其实质》，《东南亚研究》2001 年第 3 期。

必须适当,使用武力的数量、种类、烈度、对象类别、地理范围和持续时间要有分寸,要同人道主义干涉使命的性质、具体目的、对象特性、遭抵抗程度、抵抗方式等因素相称。

(8) 人道主义干涉本身不能构成对于国际和平与安全的破坏,以至于可能引起比它意欲防止或消除的灾难更大的灾难和痛苦。

(9) 一旦履行了人道主义干涉任务,干涉力量必须尽快地开始撤退,并在合理期限内完成这种撤退。

除上述人道主义干涉的实施条件外,中国学者还提出了可能的程序保障措施,包括:①完善调查程序,对人道主义危机进行公正的事实调查是保证干预行动正义的前提。②完善决策程序,在联合国安理会常任理事国滥用否决权的问题在短期内较难改善的情况下,可以从外部寻求制约机制:一是充分发挥联合国秘书长在人道主义干涉中的监督和协调作用;二是增强联合国大会在人道主义干涉决策方面对安理会的影响力。③构建紧急程序。对一些紧急情况,集体安全机制应有能力作出迅速的应对。④启动监督程序。监督程序包括两个层面:一是安理会对被干涉领土上的军事干涉行动进行实时监控;二是联合国大会对干预行动始末进行舆论监督。⑤增设事后审查及援助程序。由于人道主义危机起因错综复杂,而且干预后果一般难以预测,甚至会造成灾难性后果,因此联合国大会有必要在干涉行动结束后,对干涉的正义性和有效性进行事后审查,对在干涉行动中违反国际人道法以及造成新的人道主义灾难的情形应分别作出相应的处理。①

至于究竟应由哪一主体来承担将这些设想变为现实、将人道主义干涉规范化的任务,有学者提出,从理论上来看,"最适宜的方式是以联合国大会的决议形式将其明确化"。② 不过,在这种规范化的任务完成之前,"维持并执行现行的规范和原则是唯一合法的选择"。③

四 对禁止使用武力原则研究的总体评价

过去十几年间中国国际法学者围绕禁止使用武力原则的研究总体呈现

---

① 伍艳:《浅议人道主义干预的立法规制》,《现代国际关系》2002 年第 10 期。
② 杨泽伟:《人道主义干涉在国际法中的地位》,《法学研究》2000 年第 4 期。
③ 谷盛开:《西方国家的世界新秩序论评析——关于"新干涉主义"的法律和政治思考》,《中国人民大学学报》2000 年第 5 期。

出以下特点。首先,国际法学研究与国际关系学研究相得益彰。鉴于国际法是调整国际关系的原则和规范,国际法学研究和国际关系学研究素来密切相关。这一点在对禁止使用武力原则的研究中体现得更加明显,"禁止使用武力"成为国际法学和国际关系学共同的话题,国际法为国际关系的研究提供了规范依据,国际关系为国际法的研究提供对象和素材。国际法学者还善于借鉴国际关系学的研究方法和研究成果来丰富法学研究。其次,法学研究能够反映实践的发展变化。围绕禁止使用武力原则的研究较好地克服了理论与实践相脱节的学科理论研究的普遍弱点,国际法学的理论研究大体能够反映国际实践在该领域的主要动向。再次,中国国际法学者的研究不再是自说自话,而是开始关注国外同行的研究进展并能对之进行较为客观的分析;研究作品中政治话语和"外交辞令"逐渐减少,行文更加专业化和学术化。最后,研究成果字里行间体现出中国国际法学者强烈的责任感和使命感。在国际局势较为动荡的世纪之交,学者们认识到国际法学科理论的发展应当对国际法的发展起到一定作用。"历史上学者对国际法的制定曾起到过很大的作用",[①] 在当今法律受到实践的重大挑战的时候,学者们认为也应该尽到自己的责任,影响国际法向着健康的方向发展。

当然,尽管中国学者在该领域的研究取得了可喜的成绩,但仍有很大的发展空间。首先,对于基本理论的研究尚显不足。例如"禁止使用武力原则"的源流、含义、国际实践对其提出的挑战等诸多问题非一两本作品所能涵盖,但是在中国国际法学研究成果中,对此作系统理论梳理的作品并不多见。其次,宏观研究较多,对具体问题的深入研究较少。许多学术文章采用历史回顾、发展现状、挑战趋势等教科书式的写作模式,在背景资料上着墨太多,值得研究的细节问题却一笔带过,使文章停留在总体介绍的层面,而不具备学术研究应有的深度。由此也造成重复研究较多、创新成果较少的结果。最后,欠缺对原始的、第一手资料的使用,而过分依赖间接资料。例如对于先发制人理论的研究,只有一两篇文章引用了《美国国家安全战略》的原文进行分析,多数文章只是泛泛而谈,降低了论点的说服力。

关于人道主义干涉、反恐战争、先发制人的自卫理论等国际法上出现的

[①] 中国社会科学院国际法研究中心刘楠来教授在"国际法与伊拉克战争"座谈会上的发言,转引自杨丹《对伊拉克战争的法律思考——"国际法与伊拉克战争"座谈会概述》,《国外社会科学》2003年第4期。

新问题的争论远没有停止。这些问题的出现在一定程度上恰恰反映出现行国际法的弱点。如何有效地规范武力的使用，如何革新现行的国际法体制以更为有效地保障国际社会的和平、安全与发展，都是包括中国学者在内的整个国际法学界应继续予以高度关注的研究领域。

第十一章 和平解决国际争端研究的新发展

和平解决国际争端与禁止使用武力原则相对应，是经《联合国宪章》确立的国际关系主体解决国际争端的基本原则，也是一项包括协商、谈判、斡旋、调停、调查、和解、仲裁、诉讼等多种方法的内容丰富的法律制度。

近十年间，伴随国际社会的交流愈加密切，和平解决国际争端的实践进展迅速。除了谈判、斡旋、调停、和解等解决国际争端的政治方法继续被各国频繁地运用到国际争端的解决中外，解决国际争端的法律方法也有了突破性的发展，专门领域的国际司法机构接二连三的出现，打破了国际法院一枝独秀的局面。1995年成立的世界贸易组织在继承其前身关贸总协定的争端解决机制的基础上，发展出独具特色的世贸组织争端解决机制。1996年国际海洋法法庭正式成立，成为专门解决海洋法争端的常设性国际司法机构。伴随国际人权保护运动的发展，非洲人权和人民权利法院于2006年成立，成为继欧洲、美洲后的第三个区域性人权司法机构。

与此同时，和平解决国际争端的原则在联合国大会的多项决议中被反复强调。[①] 另外，作为和平解决争端具体方法的参考，联合国大会还先后通过了《联合国国家间争端和解示范规则》、《国际谈判原则和准则草案》等文件。1999年适逢第一届海牙和平会议一百周年，联合国大会通过了题为"1999年第一次国际和平会议一百周年纪念活动的成果"的第54/27号决议，重申了1899年在海牙召开的第一次国际和平会议对于和平解决国际争端的重要历史意义，肯定了常设仲裁法院所取得的成绩。在纪念国际法院成立60周年的第61/37号决议中，联大对国际法院在裁断国家间争端中所作的贡献给予了高度赞赏。近年来，联合国大会还多次通过决议，以不断完善联合国内部的司法制度。[②]

---

① 见联合国大会第 A/RES/53/99 号决议《1999年：第一次国际和平会议一百周年》；第 A/RES/54/27 号决议《1999年第一次国际和平会议一百周年纪念活动的成果》；第 A/RES/57/26 号决议《预防及和平解决争端》；第 A/RES/61/17 号决议《2009年国际和解年》等。

② 见联合国大会第 A/RES/58/87 号决议《联合国司法制度》；第 A/RES/59/283 号决议《联合国司法制度》；第 A/RES/61/261 号决议《联合国内部司法》等。

中国注重运用政治和外交方法解决同其他国家的争端，特别是领土争端，并积极促成地区和国际争端的和平解决。虽然中国对国际争端的司法解决方法一贯持保留的态度，但是中国仍然支持和参与国际司法机构的活动，中国籍法官、检察官供职于多个国际司法机构。自2001年加入世界贸易组织后，中国已实现了从被动应诉到主动运用世贸组织的争端解决机制解决贸易争端的转变。

学者对过去十年间国际社会和中国在和平解决国际争端实践中的重大进展高度关注，围绕这些发展展开了充分的研究，并形成了丰硕的成果。成果不仅涉及和平解决国际争端的原则、方法、发展动向、面临挑战等综合性问题，也涉及国际司法机构的现状、问题、趋势，特别领域司法机构和争端解决方法的确立、特征、发展、展望等专门问题，涵盖面广泛。本书拟就过去近十年中中国学者在和平解决国际争端领域的研究状况择要进行评述。

一 对和平解决国际争端的总体研究与发展

（一）对"和平解决国际争端"的定位

学者注意到，从海牙和平会议到联合国的成立，和平解决国际争端原则的提出、确立和发展是与限制和取缔战争权的努力相伴而行的。[①]《联合国宪章》将和平解决国际争端确立为联合国的宗旨之一，同时也是国际法的基本原则之一。有学者进一步认为，和平解决国际争端不仅是一项法律原则，而且在联合国成立后已经成为各国应予遵守的普遍性的法律义务。[②] 不仅如此，鉴于国际法的重要职能之一是解决争端，国际争端解决法业已成为现代国际法的一个分支。[③]

---

① 见刘长敏《从承认战争自由到惩治战争犯罪的里程碑——论海牙和平公约与和平解决国际争端原则》，《中国人民公安大学学报》（社会科学版）2006年第4期；余敏友：《论解决争端的国际法原则和方法的百年发展——纪念第一次海牙和会一百周年》，《社会科学战线》1998年第5期；叶兴平：《试论和平解决国际争端的法律原则》，《深圳大学学报》（人文社会科学版）1996年第3期。

② 见叶兴平《试论和平解决国际争端的条约义务》，《甘肃政法学院学报》1997年第2期。

③ 见余敏友《论解决争端的国际法原则和方法的百年发展——纪念第一次海牙和会一百周年》，《社会科学战线》1998年第5期；余敏友：《论冷战终结以来解决争端的国际法的新动向——纪念第一次海牙和平会议召开一百周年》，《法制与社会发展》1999年第1期。

(二)"国际争端"的含义

一般认为国际争端是指国际法主体之间,主要是国家之间,关于法律上和事实上的认识分歧,或是政治利益和特定权利上的矛盾对立。因此,国际争端依性质可划分为法律性质的争端和政治性质的争端。① 近年来伴随国际交往的不断频繁和国际组织的迅猛发展,国际争端的内涵和外延均发生了扩张。当今所说的国际争端不再限于国与国之间的争端,它还包括国家与国际组织之间、国际组织相互之间,甚至国家与个人、国际组织与个人之间的争端。从争端的内容来看,也已经远远超越了和平解决国际争端原则确立初期的国家间政治关系的范畴,扩展到国际经济关系、法律关系等领域。②

(三) 和平解决国际争端的主要方法

《联合国宪章》列举的和平解决国际争端的方法主要包括谈判、调查、调停、和解、公断、司法解决、区域机关或区域办法以及其他和平方法。学者通常将这些方法划分为两类,谈判、调查、调停、和解等属于政治方法;而公断(仲裁)和司法解决(通过诉讼或将争端提交司法机关解决)属于法律方法。政治方法通常用来解决不具有可裁决性的政治争端;法律方法主要用来解决法律性质的争端。而根据国际文件的提法,政治类方法也被称为"实力取向"或"权力取向"的方法;法律方法被称为"规则取向"的方法;除此之外,和平解决国际争端还有一类国际组织的解决途径,即由国际组织提供的解决该组织内外的国际争端的机制。③ 但是学者也认识到,随着国际争端的日益复杂化和多样化,某一项争端可能是政治因素和法律问题交织作用的结果,明确区分争端的政治性质或是法律性质是困难的;而解决争端也不再单纯是某一项方法所能胜任的,往往需要综合使用多种方法来实现。

---

① 见王虎华《论我国和平解决国际争端的理论与实践》,《河南师范大学学报》(哲学社会科学版)2002年第4期;余敏友:《论解决争端的国际法原则和方法的百年发展——纪念第一次海牙和会一百周年》,《社会科学战线》1998年第5期。

② 见余敏友《论国际组织对解决争端的国际法的主要发展》,《武汉大学学报》(哲学社会科学版)1998年第6期;叶兴平:《试论和平解决国际争端的条约义务》,《甘肃政法学院学报》1997年第2期。

③ 见王虎华《论我国和平解决国际争端的理论与实践》,《河南师范大学学报》(哲学社会科学版)2002年第4期;余敏友:《论解决争端的国际法原则和方法的百年发展——纪念第一次海牙和会一百周年》,《社会科学战线》1998年第5期。

（四）和平解决国际争端的发展趋向

近年来和平解决国际争端的法律方法迅速发展、各种专门性司法机关或准司法机关的相继建立，这种情况使多数学者认为，"权力取向"的方法向"规则取向"的方法的演变已经成为解决国际争端的一个发展趋势。此外，冷战后各种解决争端的方法和程序之间出现了明显的整合动向，即法律方法与政治方法的结合、和平方法与武力之外的强制方法的结合。各种具有创新性的争端解决机制的出现，使得解决机制的有效性和多样性与世界统一适用国际法制与规范所要求的和谐一致与系统性之间出现了良性的动态平衡。[①]有学者认为，"权力取向"向"规则取向"的演变是国际法发展的大趋势。和平解决国际争端的方法的普遍运用，各种国际司法机构和监督制度的相继建立，表明国际社会比以往任何时候都更加希望利用这些机制和程序来解决国家之间的争端和加强国际法的实施，也反映出国际法已经越来越注意到国际实体法与程序法之间的平衡。[②]

有学者对国际司法机构的发展走向作了专门分析，认为冷战结束后国际司法机构的发展呈现出以下态势。一是国际法院与法庭大量增加，原有司法机构不断改革，管辖权扩大。二是国际法院与法庭出现了专业化和区域化的趋势。三是国际司法机构的强制管辖权加强。这一特点明显地体现在国际海洋法法庭和世贸组织争端解决机制中。国际司法机构的管辖素以国家同意为原则，而强制管辖权的建立无疑是对上述传统国际司法规则的超越，使得国际司法的运行过程更加具有刚性。四是国际司法机构受理的案件急剧上升。五是国际司法机构中的法官的普遍代表性加强，法官的选取体现了更加公平的地域、法系等方面的代表性。六是非国家行为体在国际司法机构中的地位上升。按照传统国际法，国际司法活动是一个只有主权国家才具有诉讼权利的领域，国际争端解决机制具有强烈的政府间色彩。但是目前，越来越多的法院、法庭允许个人、团体以及国际组织参与，给予非国家行为体以相应地

[①] 见辛柏春《论国际法上的解决争端机制》，《求是学刊》2002年第3期；余敏友：《论国际组织对解决争端的国际法的主要发展》，《武汉大学学报》（哲学社会科学版）1998年第6期；余敏友：《论解决争端的国际法原则和方法的百年发展——纪念第一次海牙和会一百周年》，《社会科学战线》1998年第5期；余敏友：《论冷战终结以来解决争端的国际法的新动向——纪念第一次海牙和平会议召开一百周年》，《法制与社会发展》1999年第1期。

[②] 见江国青《略论国际法实施机制与程序法制定的发展》，《法学评论》2004年第1期。

位的国际司法机构已经大大多于仅仅容纳主权国家的法院和法庭。①

面对和平解决国际争端方法，特别是其总的司法方法的迅猛发展，有学者表示了担忧。依据和平解决国际争端的政治方法和法律方法建立起来的国际程序规则并不是一套单一或统一的规章制度。各种国际司法、仲裁和监督机制之间并没有一种结构上的联系或形成某种集权式的等级关系。国际社会也没有任何有关国际程序法律制度的全面规划。由于没有一种有机的结构关系，这些机制和制度的实际运作也并不是那么有效，有的甚至还可能导致管辖权的冲突和矛盾，因此，需要进一步协调和完善。②

（五）中国有关和平解决国际争端的态度与实践

学者们对于中国对待和平解决争端的立场和实践有较为一致和明了的认识。中国强调和平解决国际争端是联合国的宗旨和国际法的基本原则，主张"对话"是解决国际争端的有效途径和正确方法，反对在争端解决中使用武力。在实践中，中国善于运用政治方法解决国籍问题、边界问题和其他历史遗留问题。

对于解决争端的法律方法，中国一贯持较为谨慎的态度，但是在改革开放后这种态度有所转变，在一些非政治性的经贸协定中开始载入仲裁条款；对较少关涉国家重大利益的专业性、技术性协定中的国际法院参与争端解决的条款也不再一律持保留态度。③

二 对解决国际争端的政治方法的研究

和平解决国际争端的政治方法因为在实施过程中会直接地或隐蔽地借助当事方的实力，因此又被称为"权力取向"或"实力取向"的方法。学者们归纳出这类方法的突出优点是程序灵活、适用范围广、争端解决的过程受争端当事国的直接控制、当事国有选择接受或不接受解决方案的自由、不排除同时采取其他的解决方法等。然而，某些优点同时也可能成为这类方法的

---

① 见赵海峰《略论国际司法机构的现状与发展趋势》，《人民司法》2005年第9期；另可见赵海峰《国际司法制度初论》，北京大学出版社2006年版；苏晓宏：《变动中的国际司法》，北京大学出版社2005年版。
② 见刘芳雄《国际司法体系面临的新挑战》，《江海学刊》2005年第2期。
③ 见王虎华《论我国和平解决国际争端的理论与实践》，《河南师范大学学报》（哲学社会科学版）2002年第4期；赵劲松：《中国和平解决国际争端问题初探》，《法律科学》2006年第1期。

缺点,即争端的解决中实力的影响多于争端本身是非曲直的影响、妥协和退让弱化了法律规则的效力和统一性、因为解决方案不具有强制性使得争端的解决缺乏稳定性和可预见性等。当然这些优缺点在不同的方法上的体现有较大的差异。①

(一) 协商与谈判

学者经常将谈判与协商相提并论,因为二者在表现形式上有许多相同之处。谈判和协商是指争端所涉及的两个或两个以上的国家为了国际争端得到谅解和解决而进行直接交涉的活动和方式,是解决国际争端最经常、最主要的基本方法。

尽管存在上述共同之处,但谈判和协商又有各自的特点。首先,尽管谈判是在地位平等的各方之间展开的,但是谈判方法的实质阶段还是"讨价还价",该过程又是以各方的综合力量作为背景的,因此谈判达成的协议或多或少会受到谈判各方不平衡的实力因素的影响;而在协商中,各方综合力量对比并不直接对各自立场和态度发生作用。其次,"讨价还价"的过程使得谈判的气氛往往比较激烈紧张;而协商则是在相对轻松、和谐、友好的气氛下进行的。最后,谈判的主体总是与争端直接相关的当事方,而协商中不排除与争端间接相关的一个或数个第三方的参加。②

(二) 斡旋与调停

斡旋和调停的共同之点是,在争端当事国不愿直接谈判或者虽经直接谈判但未能达成协议的情况下,由第三方协助解决争端。首先,斡旋和调停的任务都是由一个与争端当事方无特殊利益联系的第三方所承担,这个第三方可以是国家、组织甚或个人。其次,斡旋和调停都需要在争端当事各方同意的基础上进行。再次,斡旋者或调停者提出的建议对争端当事方不具有法律拘束力,各当事国可以自由决定是否接受建议。最后,斡旋者或调停者对于斡旋或调停的成败不承担法律责任。

从理论上看,第三方卷入的程度是区分斡旋与调停的标准。一般来说,

---

① 见余敏友《论解决争端的国际法原则和方法的百年发展——纪念第一次海牙和会一百周年》,《社会科学战线》1998年第5期。
② 见叶兴平《协商是解决国际争端的重要方法》,《深圳大学学报》(人文社会科学版) 1996年第4期。

第三方为争端双方提供有力的接触和谈判的条件,向各方转达对方的意见或提出自己的建议,从而促使当事方开始谈判或者重开谈判,但第三方不直接参加谈判过程的是斡旋。如果作为调停者的第三方不仅为谈判或重开谈判提供条件,而且还直接参加或主持谈判,向当事方提出解决争端的方案并作为谈判的基础,促使双方达成解决争端的协议便是调停。但实践中,由于二者的颇多共同之处,因此很难将它们明确区分开来。因此有学者主张,可以认为,斡旋是范围缩小了的调停,调停是范围扩大了的斡旋。①

(三) 调查与和解

调查又称事实查明,是经争端当事国同意,由一个常设或者临时的调查委员会对争端事实进行调查,查清事实真相,协助当事方解决争端的方法。和解也称调解,是指由一个和解委员会查明争端事实,并一般是在听取双方意见和努力使它们达成协议后,提出包括解决争端建议在内的报告。因此,调查与和解的区别在于,前者只调查事实,后者还建议解决争端的条件——建议本身对当事国没有拘束力,但实际上会具有一定的道义力量。调查与和解特别适宜于解决因当事方对事实的认识分歧和理解不同所引起的争端。②

(四) 中国运用政治方法解决国际争端的新实践

国际争端的政治解决方法被广泛运用于中国的对外争端、地区争端乃至国际争端的解决中。中国最近在解决朝鲜半岛核问题中扮演的调停者的角色得到了国际社会的广泛认可,也引起了学者的关注。

起源于20世纪50年代的朝鲜半岛核问题于2002年再度激化。为了和平解决朝鲜半岛核危机,中国在有关各方之间做了大量的劝和促谈工作,2003年4月,中朝美三方在北京举行了三方会谈。这次三方会谈是由中国积极斡旋的结果,它不仅向和平解决朝核危机迈出了第一步,也为六方会谈奠定了基础。在中国的积极斡旋下,同年8月,经中国、朝鲜、美国、韩国、俄罗斯、日本六方协商一致,在北京举行了首轮六方会谈。截至2007年12月4日,关于朝鲜半岛核问题已经先后举行了五轮六方会谈,并不断

---

① 见叶兴平《国际争端解决中的斡旋与调停剖析》,《武汉大学学报》(哲学社会科学版) 1997年第2期。

② 见余敏友《论国际组织对解决争端的国际法的主要发展》,《武汉大学学报》(哲学社会科学版) 1998年第6期;叶兴平:《国际争端解决中的调查与调解程序》,《法律科学》1994年第4期。

取得阶段性进展,目前正在进行第六轮会谈。

六方会谈涉及的法律问题。首先,是性质问题。一般认为,六方会谈在本质上是一种国际调停行为。那么谁是调停者呢?显然美朝是争端的直接当事国;日韩是美国的军事同盟国因而是利害关系方;中国被公认为是可以发挥重要影响的调停者;俄罗斯则被认为是不具有切实作用的调停者。其次,六方会谈在实际运作中已经从一般的调停演化为一个多边会谈、多边会议乃至多边谈判性质的解决形式。最后,尽管进程艰难,但六方会谈始终坚持协商一致的原则。由此可见,六方会谈是一个兼具多种政治方法特征的需要逐步摸索、逐步完善、逐步充实的解决问题的机制。① 六方会谈的例子也反映出政治解决方法不拘程序、灵活多样的特点。

三 对解决国际争端的法律方法的研究

(一) 仲裁

仲裁,过去称为公断,是指争端当事方同意由当事方选任的仲裁员组成仲裁庭,按照当事方协议的程序和规则,对法律性质的争端作出裁决,当事方相约将服从裁决的一种国际争端的解决方法。仲裁除了可以通过为特定案件临时组成的仲裁庭进行外,还可以诉诸已经设立的仲裁机构来进行。在这方面,最著名也最悠久的仲裁机构是1899年海牙和平会议决定并于次年成立、一直运行至今的常设仲裁法院,该仲裁法院位于荷兰海牙、与国际法院同处海牙和平宫内。

有学者将仲裁定位为介于司法解决与谈判、斡旋、调停、调查、和解等政治和外交解决之间、一定程度上兼具上述程序之长的法律解决程序。仲裁具有以下公认的优点:首先,与司法程序不同,争端当事方能够自主控制整个争端解决程序;其次,与政治方法不同,仲裁裁决对当事方具有法律拘束力;最后,仲裁比司法解决更灵活、便利和省时。②

但是在过去一些年,仲裁程序一度受到冷落,极少得到使用。1990—1999年联合国"国际法十年"第二期活动方案要求各国更广泛地利用常设仲裁法院,有力地支持了仲裁法院工作的开展。目前常设仲裁法院可以运用

---

① 见张玉国《国际法视角下的六方会谈》,《东北亚研究》2005年第6期。
② 见叶兴平《国际争端解决中的仲裁程序剖析》,《社会科学家》1994年第2期。

斡旋、调停、调查、调解、仲裁等多项争端解决机制，并拥有多个现代化的、反映当事方自主权及有关案件特点的灵活性的规则，试图通过自身的改革努力来赢得广阔的发展前景。①

（二）国际法院

成立于 1946 年的国际法院是联合国的主要机构之一，在很长时间内也是唯一一个常设的国际司法机构。国际法院的管辖权具体包括诉讼管辖和咨询管辖两个方面。诉讼管辖只受理国家之间的争端，以主权国家的自愿接受为前提，国家同意接受管辖可以采取自愿协议管辖、协定管辖和任意强制管辖三种形式，法院的判决对案件当事国具有法律拘束力。咨询管辖是应联合国主要机构和联合国其他专门机构就执行职务中的法律问题提出请求而进行；咨询意见不具有法律拘束力，但公认是对有关国际法问题和规则的权威解释。

中国学者对国际法院 60 余年的工作给予了较为一致的肯定，认为法院通过和平方法解决了某些国际争端、缓解了紧张局势、维持了友好关系，起到了维护和平与安全的作用；法院的判决和咨询意见为联合国和其他国际组织审议重大政治问题提供了法律依据和支持；法院的工作也在很大程度上推动了国际法的发展和统一。② 以国际法院解决海洋划界争端为例，法院在"北海大陆架案"中提出的自然延伸、公平考虑一切有关情况的海洋划界原则在《联合国海洋法公约》中确定了下来，成为当代国际法的一部分。③

尽管学者们注意到，20 世纪 80 年代后期以来国际法院的工作进入了比较活跃的"复兴"时期，出现了受案数量上升、受案范围扩大、更多的国家愿意接受法院管辖等良好的发展势头，④ 但是国际形势的变化、法院自身的问题等一些因素仍然制约着法院作用的充分发挥。例如，随着各种专门性司法机关的纷纷建立，现在国际法院已经不再是解决国际争端的唯一司法机

---

① 见朱晓青主编《国际法》，社会科学文献出版社 2005 年版，第 453—456 页。
② 见赵海峰、荣吉平《国际法院——成就与挑战》，《人民司法》2005 年第 4 期；叶兴平：《国际法院工作现状简介》，《中央政法管理干部学院学报》1997 年第 1 期；刘芳雄：《经济全球化时代增强国际法院作用的探讨》，《江汉论坛》2004 年第 8 期；徐杰：《联合国国际法院作用之辨析》，《法商研究》1996 年第 3 期。
③ 见陈致中《国际法院与海洋划界争端的解决》，《中山大学学报》（社会科学版）1997 年增刊。
④ 见赵海峰、荣吉平《国际法院——成就与挑战》，《人民司法》2005 年第 4 期；管建军：《国际法院的"复兴"与我国之应对》，《法学》1996 年第 4 期。

构,法院的权威地位受到了挑战;比较而言,一些区域性司法机构的效率是国际法院所远远不及的。又如,可以在国际法院提起诉讼和提请咨询的主体有限、程序繁琐,法院适用的法律滞后,这些问题使法院作用的充分发挥大打折扣。再如,尽管接受国际法院管辖的国家的绝对数量有所增加,但相较于加入《国际法院规约》的国家总数的相对数量却大大减少,而且大国避免使用国际法院的趋势也日趋明显。①

学者们认为,国际法院应当进一步发挥其解决国际争端、发展国际法的作用,并呼吁从以下几个方面加强法院的作用。

首先,有所侧重地利用国际法院的诉讼管辖。有学者认为,三种接受国际法院诉讼管辖的形式中,自愿协议管辖最具灵活性,也最具发展前景,能够弥补任意强制管辖僵化的不足,因此应该积极提倡国家运用自愿管辖的特别协议来扩大国际法院的诉讼管辖权。② 还有学者建议,为提高国际法院诉讼管辖的力度,可以为所有条约起草一个争端解决的标准条款,规定任何涉及条约解释和适用方面的问题均提交国际法院解决。③ 但是,这样的标准条款在强大的条约保留制度面前可能也爱莫能助。

其次,应大力加强国际法院的咨询管辖。目前国际法院的咨询管辖主要面临咨询请求权主体有限、咨询的领域有限、咨询意见不具有法律拘束力等问题。针对这些问题,国际社会曾提出赋予联合国秘书长、其他政府间国际组织、国家、国内法院等主体以咨询请求权的建议。中国学者认为,在这些方案中,赋予联合国秘书长咨询请求权的建议是最现实可行的,因为在程序上,这无须修改《联合国宪章》或《国际法院规约》,而只要联合国大会通过授权性决议即可实现。但是,这一方法仍然存在一些争议,例如在多大范围内授予秘书长咨询请求权。对于其他几种方案,学者们认为,一方面,存在《联合国宪章》和《国际法院规约》规定方面的障碍;另一方面这些方案的潜在后果是可能导致法院偏离司法机构的工作重心,给诉讼管辖带来负面影响,另外还有可能出现的咨询案件的急剧上升的情况,这会给法院的工

---

① 见赵海峰、荣吉平《国际法院——成就与挑战》,《人民司法》2005年第4期;叶兴平:《国际法院工作现状简介》,《中央政法管理干部学院学报》1997年第1期;陈滨生:《国际法院作用探讨》,《现代法学》2001年第3期;刘芳雄:《经济全球化时代增强国际法院作用的探讨》,《江汉论坛》2004年第8期;徐杰:《联合国国际法院作用之辨析》,《法商研究》1996年第3期。

② 见陈滨生《国际法院作用探讨》,《现代法学》2001年第3期。

③ 见刘芳雄《经济全球化时代增强国际法院作用的探讨》,《江汉论坛》2004年第8期。

作质量带来不利影响。①

最后,充分发挥国际法院特别分庭的作用。中国学者通过分析国际法院特别分庭在过去一些年的实践,得出结论认为特别分庭具有一些优点:当事国对于特别分庭的构成具有选择权,可以选择自己信任的法官;分庭使用了简化程序,可以加快审案、结案的速度;分庭的判决具有同全庭判决同等的法律效力。鉴于分庭的上述特点,它为国际法院进一步发挥争端解决的作用提供了机会,因此,学者建议应当鼓励各国适时求助分庭解决争端。②

(三) 中国运用法律方法解决国际争端的新思路

客观而言,中国对于利用法律方法特别是司法方式解决国际争端并不很积极,对此学者也提出了一些希望和建议。有学者提出,对于国际司法及其他所有的国际制度,我们都应当秉持更为积极开放的姿态,既不盲目加入,也不简单排斥,而是用更广阔的世界视野加以看待和容纳,同时积极地学习和掌握各种具体的原则、机制、程序,在条件成熟的情况下适时进入并有效和充分地加以利用,从而树立中国的国际形象,因为,"国际形象是至为重要的国家利益"。③ 运用国际制度和国际司法是一项实战性很强的活动,必须通过实践参与才能更好地掌握,停留在制度之外冷眼旁观是不足取的,只有充分参与、把握、利用国际司法制度,才能真正表明中国对这一实践领域的完整进入,这在根本上符合国家利益,也才能真正保障国家利益。目前,中国对加入 WTO 后如何利用其规则和争端解决机制显然比较重视,这方面人才也在加快培养,相比之下国际司法人才的培养则远远落后,亟须打通国际法学界和国际政治学界的隔离,培养兼跨两个学科的应用型人才。唯有如此,中国才能摆脱对于国际司法以及其他国际制度的参与困境,促进和实现中国国家利益最大化的目标。④

---

① 见曾令良《国际法院的咨询管辖与现代国际法的发展》,《法学评论》1998 年第 1 期;叶兴平:《国际法院咨询管辖权刍议》,《政法学刊》1996 年第 3 期;陈滨生:《谈充分利用国际法院的咨询管辖权》,《当代法学》2001 年第 8 期。

② 见陈滨生《国际法院特别分庭——加强国际法院作用的现实途径》,《汕头大学学报》(人文科学版) 2000 年第 4 期。

③ 见江忆恩《中国和国际制度》,载王逸舟主编《磨合中的建构》,中国发展出版社 2003 年版。

④ 见苏晓宏《中国参与国际司法的困阻与对策分析》,《华东师范大学学报》(哲学社会科学版) 2004 年第 36 卷第 3 期。

四 对几种综合性的和平解决争端机制的研究

(一) 国际海洋争端解决机制

依据《联合国海洋法公约》创制的国际海洋争端解决机制被认为是和平解决国际争端的一个创举，受到学者们的关注。目前中国学者对海洋争端解决机制的研究还主要停留在正确认识和理解的阶段。

1. 国际海洋争端解决机制的构成

《联合国海洋法公约》第十五部分、第十一部分及其附件，共同构成了一套复杂而完整的争端解决机制，其解决方法包括：协商与谈判、调解（普通调解和强制调解）、仲裁（普通仲裁、特别仲裁和商事仲裁）、法院（国际法院、国际海洋法法庭（海底争端分庭））以及缔约国自行选择的其他和解方法。相较于其他领域的争端解决机制，《海洋法公约》的解决机制的特征之一就是规定了多种能够产生有约束力的裁决的强制解决争端程序。在该机制中，根据附件六设立的国际海洋法法庭、联合国国际法院、根据附件七设立的仲裁法庭、根据附件八设立的特别仲裁法庭构成了解决有关《海洋法公约》的争端的四大机构。[1]

虽然国际海洋法法庭在一定程度上是不同国家、不同利益妥协的产物，但仍被中国学者看作是争端解决机制的一大创举。实践证明，国际海洋法法庭克服了国际法院的一些弊端。第一，该法庭确认了争端当事方的概念。海洋法法庭的当事方除缔约国外还包括非缔约国、自治领土、政府间国际组织、国际海底管理局、国有企业、法人、自然人。这是对传统国际司法实践的一大突破。第二，该法庭根据公平地域原则组成，这被认为是国家在国际组织中的平等代表性的具体体现。第三，对于《海洋法公约》本身模棱两可的妥协性规定，人们期待法庭的工作有可能促成对《公约》本身的统一解释和适用。第四，相较于国际法院，该法庭适用的法律具有了一定的灵活性，国际海底管理局大会或理事会制定的规则、规章、程序、合同条款等都

---

[1] 参见梁咏《从国际法视角看中日东海大陆架划界争端》，《法学》2006年第8期；谢红霞：《国际海洋法法庭若干法律问题的分析》，《黑龙江省政法管理干部学院学报》2005年第1期；吴慧：《国际海洋法争端解决机制对钓鱼岛争端的影响》，《国际关系学院学报》2007年第4期；陈滨生：《我国与〈海洋法公约〉的争端和解机制》，《当代法学》2002年第10期。

可能成为法庭在审理案件时适用的法律。①

2. 国际海洋争端解决机制的运作

《海洋法公约》提供的众多解决方法是有一定的梯次关系的。有学者通过绘制流程图的方式来说明这种复杂的争端解决机制的运作程序，让读者一目了然。② 海洋争端的当事各方首先应当通过谈判或自行选择的其他和平方式解决争端。如果不能解决，各方可以通过协议将争端提交调解程序。如仍不能达成解决协议，经争端当事一方的请求，可以将争端提交强制程序解决。③ 适用强制程序的法律机构即海洋法法庭、国际法院、仲裁法庭、强制仲裁法庭四个可供当事方平行选择的机构。这种程序的强制性体现在，只要争端各方不能自行选择解决方法，则任何一方都可将争端提交该程序，无须各方再达成专门同意；另外强制程序产生的结果是有拘束力的。强制程序亦有例外，缔约国对于三类争端可以不接受强制程序，即关于划定领海边界、专属经济区边界、大陆架边界、涉及历史性海湾所有权的争端；关于军事活动，包括从事非商业服务的政府船只和飞机的军事活动的争端；与联合国安理会正在执行《联合国宪章》职能的行动有关的争端。

国际海洋法法庭的诉讼管辖权是以争端当事方的同意为条件的。根据《海洋法公约》第287条第1款的规定，一国在签署、批准或加入《公约》时，或在其后任何时间，有权以书面声明的方式选择国际海洋法法庭、国际法院、仲裁法庭、特别仲裁法庭之一以解决有关海洋法的解释或适用的争端。但是对于国际海洋法法庭的任择性管辖权有三个重要例外，这是其他法院或法庭所不及的。第一，有关海洋法法庭海底争端分庭的职能，其职权范围内的管辖权大都是强制性的；第二，有关保全争端各方的各自权利或防止对海洋环境的严重损害的临时措施的采取；第三，有关船只或船员的迅速释

---

① 见谢红霞《国际海洋法法庭若干法律问题的分析》，《黑龙江省政法管理干部学院学报》2005年第1期。

② 见吴慧《国际海洋法争端解决机制对钓鱼岛争端的影响》，《国际关系学院学报》2007年第4期。关于海洋争端解决机制的运作流程的论述，还可见江河《和平解决东海争端法律研究》，《法学评论》2006年第5期；梁咏：《从国际法视角看中日东海大陆架划界争端》，《法学》2006年第8期。

③ 关于强制程序的专门论述，另可见吴慧《论〈联合国海洋法公约〉中强制解决争端程序的强制特性》，《法商研究》1995年第1期。

放的临时保全措施。①

除诉讼管辖权外，海洋法法庭还具有咨询管辖权。与国际法院的咨询管辖权相比，法院的咨询管辖权具有自己的特色。首先，咨询意见的发表者包括法庭及海底争端分庭。前者在接到请求后，可以发表或拒绝发表咨询意见；而后者原则上不能拒绝发表咨询意见。其次，咨询请求权的主体包括两类，国际海洋管理局大会或理事会可以向海底争端分庭请求发表咨询意见；与《海洋法公约》的目的有关的国际协定可以授权任何实体向法庭提出请求。再次，就可提请咨询的内容而言，海洋管理局大会或理事会只能就《公约》第十一部分及其有关附件规定的范围提出请求；协定授权的实体可就该协定范围内的法律问题提出请求。最后，设立咨询管辖权的目的是对《公约》及与《公约》目的有关的国际协定的解释和适用等方面的相关法律问题发表指导性意见，以起到法律服务的作用。②

3. 解决国际海洋争端的实践评析

有学者通过统计图表的形式分析了常设仲裁法院、国际法院、国际海洋法法庭自成立以来所解决的海洋争端案件。学者认为，常设仲裁法院解决海洋争端的优势在于，它为那些对把分歧提交给国际法院犹豫不决的国家提供了便利，争端方对自己选出的仲裁员组成法庭裁判更加自信，而且仲裁程序较司法程序更加便利。当然，从目前的实践来看，国际法院依然是解决海洋争端的主要机构，在过去60年里，它解决的海洋争端占到其所有诉讼案件的约20%，说明了国际法院不容替代的作用。但是国际组织和非国家实体不能进入法院诉讼的局限也论证了运用国际海洋法法庭解决争端的必要性。学者分析了国际海洋法法庭成立十余年来审理的十多个案件，发现案件大多涉及"船只和船员的迅速释放"及"临时措施"；只有极少数案件涉及实质问题，因此只能说海洋法法庭在个别类型的案件中具有重要作用。鉴于海洋法法庭并不是审理海洋争端的唯一司法机构，而且对涉及海域划界或领土争端的案件，大多数国家仍然愿意提交给国际法院或仲裁解决，因此，对于法

---

① 见梁咏《从国际法视角看中日东海大陆架划界争端》，《法学》2006年第8期；谢红霞：《国际海洋法法庭若干法律问题的分析》，《黑龙江省政法管理干部学院学报》2005年第1期；刘惠荣、高威、冀渺一：《国际海洋环境与争端解决问题初探》，《海洋法苑》2005年第4期。

② 见刘雪飞《国际海洋法法庭与国际法院的咨询管辖比较》，《中国海洋大学学报》（社会科学版）2006年第4期。

庭是否能起到预期的作用仍不明朗。①

在对实践的综合性研究之外，还有学者专门针对国际海洋法法庭采取临时措施的案件进行了研究。其中通过对1999年"南方金枪鱼案"、2001年"MOX工厂案"、2003年"填海造地案"等几个案例的具体分析，总结出海洋法法庭决定采取临时措施时所遵循的保证原则、合作原则、谨慎原则和紧急原则。通过对比国际法院适用临时措施的标准，该研究进一步认为，国际海洋法法庭适用临时措施的条件更为宽松，更为灵活。②

4. 国际海洋争端解决机制对中国解决海洋争端的影响

中国当前面临的主要海洋争端之一是与日本之间就东海大陆架的划界问题，该问题不仅涉及海洋资源的开发权、制海权，还涉及钓鱼岛的领土主权，因此是一个关涉国家安全和领土主权的重要问题。中国一向主张通过友好谈判解决争端，但目前两国已经进行了四轮磋商并未取得实质性进展。对于其中的中日东海油气争端，有学者认为，要么采用搁置主权争议、共同开发的模式解决；要么通过司法诉讼或国际仲裁来解决。③ 但这种观点进一步认为，考虑到目前许多相关法律规定尚不明确，又由于国际诉讼或国际仲裁的可能结果缺乏明确的预见性和稳定性，所以相较于搁置争议共同开发的模式，并不是首选方案。另有学者指出，共同开发只是一种临时安排，其具体方案并不影响搁置下来的划界谈判。④ 在寻求政治手段缓和局势的同时，中国应加紧对《海洋法公约》争端解决机制的研究，针对性地采取行动，防止自己在《公约》的框架中处于不利境地。⑤

随着中国海上贸易的明显增加、近海渔业和远洋捕捞渔业的迅速发展，近年来中国渔船在外国专属经济区和其他水域被扣押的事件时有发生。考虑到国际海洋法法庭对于"船只和船员的迅速释放"、适用"临时措施"以及有关海底争端的案件的管辖权是强制性的，任何缔约国都不得以保留的方式排除国际海洋法法庭对上述三类案件的管辖，中国一贯主张的通过外交方式

---

① 见吴慧《国际海洋法争端解决机制对钓鱼岛争端的影响》，《国际关系学院学报》2007年第4期；另可见谢红霞《国际海洋法法庭若干法律问题的分析》，《黑龙江省政法管理干部学院学报》2005年第1期。

② 见欧斌、毛晓磊《论国际海洋法庭的临时措施》，《外交评论》2006年2月。

③ 见梁咏《从国际法视角看中日东海大陆架划界争端》，《法学》2006年第8期。类似的主张还可见谢光蕊《浅析我国海洋争端问题的解决机制》，《法制与社会》2007年第5期。

④ 见江河《和平解决东海争端法律研究》，《法学评论》2006年第5期。

⑤ 见吴慧《国际海洋法争端解决机制对钓鱼岛争端的影响》，《国际关系学院学报》2007年第4期；陈滨生：《我国与〈海洋法公约〉的争端和解机制》，《当代法学》2002年第10期。

解决争端的做法在上述领域无疑需要作出调整。① 学者建议调整的一项具体举措是，依据《海洋法公约》第 287 条，明确此类争端可以接受国际海洋法法庭管辖，这样既可以震慑随意扣押中国船只和船员的国家，也可避免争端涉及案件的实质事项。②

（二）世界贸易组织争端解决机制

世界贸易组织的争端解决机制从建立时起就受到中国学者的极大关注。中国加入世贸组织后，围绕这一问题的讨论更加热烈。目前对世贸组织争端解决机制的研究已经形成了包括其产生、运行、特色、成就、不足、对中国的影响等内容的较为全面的体系。从研究的视角来看，不仅有将世贸组织争端解决机制作为一项独具特色的和平解决国际争端方法的宏观研究，也有结合具体案例分析该争端解决机制具体规则的微观研究。下文侧重对其宏观研究的评述。

1. 世界贸易组织争端解决机制的构成

世贸组织的争端解决机制（以下简称世贸机制）是集各种政治方法和法律方法为一体的、现存国际争端解决体系中最为复杂的机制。世贸组织有三个与争端解决有关的机构，分别是争端解决机构（Dispute Settlement Body，简称 DSB）、专家组（Panel）和上诉机构（Appellate Body）。其中争端解决机构的主要作用是争端管理；司法的实权主要掌握在专家组和上诉机构手中。

2. 世界贸易组织争端解决机制的运行

世贸组织争端解决的基本程序包括四个阶段：争端各方通过磋商努力解决分歧；磋商失败后，申请方要求成立专家组，由专家组对争端进行审理；争端的任何一方不服专家组报告上诉的，由上诉机构审理；争端解决机构负责监督对裁决的执行，对未执行裁决的，由谈判达成补偿或者授权报复。③

磋商是世贸机制的首要强制性阶段。世贸机制对磋商的主要发展是规定了详细的时间表，如果争端方在一定的时间内不能达成解决协议，则请求方可以申请成立专家组。

---

① 见谢红霞《国际海洋法法庭若干法律问题的分析》，《黑龙江省政法管理干部学院学报》2005 年第 1 期。
② 见吴慧《国际海洋法争端解决机制对钓鱼岛争端的影响》，《国际关系学院学报》2007 年第 4 期。
③ 见赵海峰、高立忠《WTO 争端解决机制》，《人民司法》2005 年第 6 期。

专家组是专门为某一贸易纠纷的解决而成立的特设机构，其主要职能是根据争端当事方引用的协议的有关规定审理由当事方书面提交给争端解决机构的事项，并作出有助于争端解决机构按该协议提出建议或作出裁决的报告。除非争端解决机构的成员方一致决定不通过该报告或争端一方通知其上诉的决定，否则，报告应在争端解决机构的会议上予以通过。报告通过后，其建议和裁决就成为争端解决机构的建议和裁决。

常设上诉机构的主要职责是就专家组报告内容中的法律问题和专家组所作的法律解释做出终审裁决和结论。上诉的范围只限于法律问题和法律解释，对事实问题不得上诉。对于上诉机构的报告，除非争端解决机构经协商一致决定不予通过，否则报告必须获得通过。

专家组和上诉机构的报告被通过后，即成为争端解决机构的正式建议或裁定，对争端方具有拘束力，它们应无条件接受并尽可能迅速执行。争端解决机构首先要求撤销违反义务的行为；如果不能撤销，可以给予对方补偿；如果不提供补偿，则受害方经授权可中止履行与其所受损失大体对等的减让或其他义务，即可以进行平行报复或交叉报复。

3. 世界贸易组织争端解决机制的特色

世贸机制既明显区别于国际贸易争端的政治解决和仲裁解决方式，也不同于纯粹的国际性法院与法庭，而是同时具有司法性和非司法性的特征。但是与其前身关贸总协定的争端解决机制相比，世贸机制的司法色彩更加明显，因此有学者认为，世贸机制是迈向世界贸易法院征途中的一种准司法性的争端解决制度。[1] 这种观点一定程度上肯定了世贸机制的发展趋势是从"权力导向"迈向"规则导向"。但是另有学者在对世贸机制裁决的执行情况进行分析后指出，世贸机制并没有超越以权力政治为基础的国际关系，"规则导向"与"权力导向"并存才是世贸机制的真实情景。[2]

学者列举了世贸机制司法特征的主要表现：专家组基本上排除了争端方专家参与的机会，保证了专家组的独立性；专家组和上诉机构的管辖权是强制性的，即只要争端一方因协商未果而诉诸争端解决机制，其他争端方就必须应诉；专家组和上诉机构依明确的规则和程序处理案件；专家组和上诉机

---

[1] 见赵海峰、高立忠《WTO 争端解决机制》，《人民司法》2005 年第 6 期；另可见张乃根《论 WTO 争端解决机制的几个主要国际法问题》，《法学评论》2001 年第 5 期；丁晓华：《论 WTO 争端解决机制及对我国的意义》，《政治与法律》2000 年第 1 期。

[2] 详细论述可见屠新泉《WTO 争端解决机制：规则与权力并重》，《世界经济与政治》2005 年第 4 期。

构的组成人员不由争端方决定,这与仲裁形成鲜明对比;机制设立了上诉程序,形成了类似于国内司法系统的包括初审和终审的二审机制,强化了机制的整体司法性;专家组和上诉机构的报告几乎是自动获得通过的,对当事方具有约束力,如败诉方不执行,机制可以授权报复。①

机制的非司法性则主要表现为启动专家程序之前必须经过磋商这一前置程序,且经磋商程序解决的争端占总体争端解决数量的 1/3 以上;专家组程序的设计和运行中始终充斥着尊重争端当事方意愿的原则,专家组的独立性受到相当程度的削弱;机制本身并没有被直接称为法院或法庭,也没有使用典型的法律诉讼的概念,从形式上削弱了该机制的司法性。②

4. 世界贸易组织争端解决机制的成就与局限

学者对世贸组织成立以来在争端解决方面所发挥的作用给予了积极肯定,认为世贸机制在过去十余年里通过对数以百计的案件的有效审理和解决,在维护和发展世贸法律制度、促进世贸基本目标的实现、维护国际经济贸易合理秩序、推进世界经济一体化、和平解决国际贸易争端、加强对发展中国家的特别保护等方面,都发挥了重要的、积极的和不可替代的作用。第一,世贸机制在处理明确的传统贸易障碍争端方面相当成功,为成员对付歧视性关税和标准的任意使用提供了较为有效的手段;第二,受理的争端不仅数量大,而且范围广,总体上反映了成员对机制的信心;第三,展示了世贸机制的基本效能和活力,加强了多边贸易体制的稳定性;第四,世贸机制的条约解释实践及其对非国家行为体有限度进入政府间争端解决机制的权利的拓展,正在对国际法的实体和程序规则的发展产生积极影响。③

然而,世贸机制在运作过程中也日渐暴露出一些缺陷,这些缺陷被学者

---

① 见张云平《WTO 争端解决机制的司法化及其对我国经济主权的影响》,《北京工商大学学报》(社会科学版) 2006 年第 2 期;赵海峰、高立忠:《WTO 争端解决机制》,《人民司法》2005 年第 6 期;姜华:《论 WTO 争端解决机制的"司法化"取向》,《东北师范大学学报》(哲学社会科学版) 2003 年第 5 期;姜仿其:《论 WTO 争端解决机制的诉讼性特征》,《商场现代化》2006 年 6 月(中旬刊)。

② 关于世贸机制司法性和非司法性的分析,还可见郭薇、翁杰《从权力导向型向规则导向型的嬗变——试析 GATT/WTO 争端解决机制的演进和整合》,《西南民族大学学报》(人文社科版) 2005 年第 8 期;赵海峰、高立忠:《WTO 争端解决机制》,《人民司法》2005 年第 6 期;陈霁:《WTO 争端解决机制专家组"准司法性质"产生的若干问题探析》,《集团经济研究》2006 年 12 月(中旬刊)。

③ 见余敏友《WTO 争端解决机制与我国加入 WTO:机遇与挑战》,《国外社会科学》2000 年第 6 期;赵海峰、高立忠:《WTO 争端解决机制》,《人民司法》2005 年第 6 期。

划分为规则性缺陷和结构性缺陷。规则性缺陷是指世贸机制规则设置上的问题，例如，上诉机构的审查范围有限，只能审查专家组涉及的法律问题和法律解释，这一做法把事实问题明确排除在外，而且把案件本来可能涉及但专家组报告中没有涉及的法律问题排除在外。又如，没有明确的举证责任规则，专家组和上诉机构在实践中大量运用自由裁量权，针对个案将举证责任酌情在争端双方间进行分配，表现出极大的不可预见性和不稳定性。再如，争端裁决的执行具有明显的滞后性，往往导致在违反义务的贸易措施真正被撤销或修改时，已经时过境迁，从而降低了这一救济措施的执行效果，极大地削弱了成员方将贸易争端诉诸争端解决机制的积极性。结构性缺陷表现为由于世贸组织成员国实力强弱悬殊导致的规则失灵的情况，例如一个发展中国家对一个发达国家可能难以真正实行交叉报复；又如发展中国家的建议往往难以获得通过，因此规则本身较少反映发展中国家的利益。①

5. 中国参与世界贸易组织争端解决机制的实践

中国在加入世贸组织后充分运用其争端解决机制，已有3位中国专家被列入专家组成员指示性名单，中国也已经以申诉者、被申诉者和第三方的身份参与争端的解决；中国还积极参与世贸机制的改革，在透明度、执行、上诉机构发回重审、设立专家组等问题上发表了自己的意见。②

与此同时，学者也看到，中国在运用世贸机制方面同其他成员方——即便是发展中成员方——相比，还存在着较大的差距，因此充分合理利用世贸机制仍然是摆在中国政府面前的一项重大课题。针对这一问题，许多学者建言献策。有学者认为，鉴于中国运用世贸机制解决争端的经验尚不丰富，近期内可以在其他与中国有共同利益而且具有运用世贸争端机制经验的国家愿意作为正式起诉方的情况下，中国可优先考虑以第三方介入的形式参与世贸争端解决机制，学习和积累经验。对于未来是否主动运用世贸机制起诉他国，应以国家利益最大化作为衡量标准，即首先应当就中国对相关案件的起诉问题进行系统的成本效益分析；其次对胜诉的概率进行评估；最后在上述

---

① 见张力、郭敏华《WTO 争端解决机制的缺陷与完善》，《商业时代·理论》2005 年第 5 期；王丽辉：《WTO 争端解决机制及其应对策略》，《经济论坛》2005 年第 24 期；吴翔、赖权宏：《WTO 争端解决机制研究》，《商场现代化》2006 年 10 月（下旬刊）；余敏友：《WTO 争端解决机制与我国加入 WTO：机遇与挑战》，《国外社会科学》2000 年第 6 期；郭双焦：《当前 WTO 争端解决机制存在的主要问题及对策》，《经济师》2003 年第 6 期。

② 见赵海峰、高立忠《WTO 争端解决机制》，《人民司法》2005 年第 6 期。

研究和准备的基础上分析起诉对中国利益的综合影响，依此作出决策。① 改进中国参与世贸机制的建议还有尽快建立与世贸规则相一致的法律体系，加紧建立对世贸组织重点成员的动态监视机制、预警机制，建立政府与企业之间的信息沟通机制、政府主管机构与专业律师团的密切合作机制，并加紧培养懂语言、懂专业又有诉讼经验的专业服务人才和后备人才队伍等。②

（三）区域组织解决国际争端的体制

近年来，中国学者对区域组织解决国际争端的理论与实践予以了更多的关注，进行了很多总体性的研究；其中，对于人权的区域司法保护的理论和实践，又予以了特别的关注，形成了一个较为发达的单独研究领域。

1. 对区域组织解决国际争端的理论与实践的研究

尽管区域组织解决国际争端的实践自区域组织形成时就已经开始，但学者依然认为，《联合国宪章》第八章"区域办法"为区域组织解决争端程序提供了进一步发展和完善的基础。③ 许多区域组织如阿拉伯国家联盟、美洲国家组织、非洲统一组织等都在其章程中规定了和平解决争端的方法和程序。虽然相对于全球性国际组织而言，区域性组织处于辅助和补充地位，但是由于地域上的相邻关系和历史、文化、民族等问题上的密切联系，区域组织在解决区域内国家的争端方面正发挥着越来越重要的作用：它们为成员国提供协商和谈判的场所；常常以调停者的身份向成员提出解决争端的程序性乃至实质性建议；敦促、协助将区域性法律争端提交司法或仲裁解决。④

美洲国家组织和平解决争端的程序的基础是《美洲国家组织宪章》、《美洲国家互助条约》和《美洲和平解决争端条约》三项国际法律文件。自成立以来，美洲国家组织便在维持美洲地区和平、促使美洲国家和平解决争端方面，担负起了重要责任，并成功促成了多项争端的和平解决。然而大国

---

① 见周申《论我国政府运用 WTO 争端解决机制的策略》，《南开学报》2006 年第 5 期。

② 见张乃根《论中国利用 WTO 争端解决机制的对策》，《政治与法律》2003 年第 1 期。其他有关中国应对世贸机制的策略建议的文章，可见余敏友《简论我国对 WTO 争端解决机制的对策》，《中国软科学》2000 年第 11 期；余敏友：《论我国对世界贸易组织争端解决机制的对策》，《中国法学》1996 年第 5 期；李海英：《浅析 WTO 争端解决机制对中国的影响》，《理论导刊》2002 年第 7 期；都亳：《我国对 WTO 争端解决机制的应对策略》，《吉林大学社会科学学报》2001 年第 3 期；关丽琴：《我国运用 WTO 争端解决机制的现状及改进对策》，《理论探索》2006 年第 1 期。

③ 见叶兴平《区域办法与国际争端的和平解决》，《江苏社会科学》1997 年第 3 期；郑雪飞、孙健：《论利用区域性国际组织解决争端》，《解放军外国语学院学报》2001 年第 2 期。

④ 见叶兴平《区域办法与国际争端的和平解决》，《江苏社会科学》1997 年第 3 期。

因素的负面影响在美洲地区争端解决中表现得很突出。在美洲问题上，美国总是从自己的意愿出发，利用美洲国家组织实现自己的扩张目标。

学者认为，和平解决国际争端的区域制度中最发达、最有效、最成功的当推欧洲区域组织；而欧盟法院体系又堪称区域司法机构的典范。① 欧盟法院体系有许多不同于传统国际司法机构的特点，主要表现在管辖权的强制性和排他性、诉讼主体的广泛性以及判决的可执行性上。在五十余年的运行中，欧盟法院体系通过判例确立了欧共体法的直接效力和优先地位；将基本人权保障的观念和规范引入共同体法中，弥补了共同体法在人权保护方面的法律缺陷；解决了大量纠纷，创造了不少有影响力的判决，为其他国际性法院和法庭提供了可资借鉴的经验。但是另一方面，欧盟法院体系也面临着审案效率、判决的执行、诉讼机制的完善等问题。

非洲地区和平解决各成员国间争端的专门机构是非洲统一组织②的"调停、调解与仲裁委员会"，但成立至今成员国却极少将争端诉诸该委员会。争端方一般总是同意将争端交由非洲统一组织和政府首脑会议、部长理事会或临时设立的调停、调解机构解决。③

对于区域组织解决国际争端的未来发展，学者主张：首先，应明确区域组织同普遍性国际组织，特别是同联合国在解决争端方面的关系；其次，应当充分发挥区域组织的第一道防线的作用，尽量将争端化解在区域范围内，缓解联合国四处救火、疲于招架的态势；最后，应加强区域组织同联合国的合作。④

2. 对人权的区域司法保护的研究

人权的国际司法保护肇始于欧洲，欧洲人权法院也被学者誉为"强势和有效的国际人权保护司法机构"。⑤ 欧洲人权法院的重要特点体现在其管辖权上，特别是对个人申诉案件的自动和强制管辖权。这一做法不仅突破了国际争端的概念，也对国际法主体的概念构成了挑战。学者对欧洲人权法院

---

① 见赵海峰、李滨《欧盟法院体系——区域经济一体化司法机构的典范》，《人民司法》2005年第7期。

② 非洲统一组织已于2002年为非洲联盟所取代。

③ 见叶兴平《区域办法与国际争端的和平解决》，《江苏社会科学》1997年第3期。

④ 见郑雪飞、孙健《论利用区域性国际组织解决争端》，《解放军外国语学院学报》2001年第2期；叶兴平：《区域办法与国际争端的和平解决》，《江苏社会科学》1997年第3期。

⑤ 见赵海峰、吴晓丹《欧洲人权法院——强势和有效的国际人权保护司法机构》，《人民司法》2005年第8期。

的贡献给予了高度评价，认为该法院通过司法手段在整个欧洲强有力地保护了人权；它不仅启发了欧盟法院在人权保护方面的创造性，而且为美洲和非洲人权法院的建立和运行树立了榜样；它还通过司法判决解释和发展了《欧洲人权公约》的规定，创立了浩瀚的判例法体系。当然该法院的成功运作也带来了一个突出的问题，即提交给法庭的案件成倍增长，随着欧洲理事会成员国的增加和公民权利意识的提高，积案问题将更加严重。欧洲人权制度在1998年和2004年的两次修改并没有从根本上解决问题。学者认为解决问题的关键还应该是各国自己改善人权保护的立法与实践，从而使绝大多数问题在国内得到解决。

美洲人权法院是继欧洲人权法院之后，第二个可以审判国家侵犯国际条约承认的人权的区域性司法机构。对于美洲人权法院的效能，学者们褒贬不一。有学者认为美洲人权法院同欧洲、非洲类似机构相比具有独特的一面。它对《美洲人权公约》的解释、对受害者提供有效救济、对其他国际性人权司法机构的审判实践等方面都有积极影响。①另有学者在承认美洲人权法院的审判和咨询意见对人权保护发挥了重要作用的同时，更侧重指出其存在的问题，或者说是同欧洲人权法院之间存在的差距：首先，《美洲人权公约》和法院的管辖权缺乏普遍性，接受管辖的多为拉美国家，美国、加拿大等大国并没有加入《公约》；其次，在美洲人权法院，个人不能直接向法院提起申诉；最后，美洲地区的政治机构对法院的工作支持不够，判决执行不力、没有足够的财政支持、法官的素质也难得到保证。②

《非洲人权与人民权利宪章关于建立非洲人权与人民权利法院的议定书》于2004年1月生效；非洲人权与人民权利法院于2006年7月正式成立。在该法院成立之前，中国学者即开始关注其动向，回顾了在赞成和反对声中议定书终获通过的历程，并对未来的法院寄予了厚望，认为法院的建立将揭开非洲人权保护体制的新篇章，将大大加强非洲人权保护的司法性，并激励根据《非洲人权和人民权利宪章》建立的委员会在促进和保护人权方面发挥更大的作用。③非洲人权和人民权利法院同欧洲和美洲的类似机构相

---

① 见谷盛开《人权国际保护的司法维度——以美洲人权法院的诉讼管辖实践为例》，《法治论丛》2005年第5期。
② 见赵海峰、窦玉前《美洲人权法院——在困难中前进的区域人权保护司法机构》，《人民司法》2005年第12期。
③ 见李晶珠、王伟、赵海峰《非洲人权与民族权法院——国际人权保护体制的新篇章》，《法律适用》2005年第6期。

比,既有共性,也有自己的特色,例如法院可以适用所有相关的国际人权条约、在法官组成上注重女性比例、对所涉国家的回避制度等。① 然而建立非洲人权和人民权利法院的议定书也留下了许多尚待解决的问题,例如法院的程序问题、法院与非洲人权和人民权利委员会的关系问题、个人和非政府组织向法院提出申诉的权利问题等。这些问题的存在增加了法院未来运作的不确定性。学术界对法院的未来走向正拭目以待。②

五 对和平解决国际争端研究的总体评价

中国学者在过去 10 年中对和平解决国际争端问题的研究总体上取得了令人满意的成果。首先,研究涉及内容全面、范围广泛,基本上覆盖了该领域的所有理论问题和实践问题。其次,研究能够反映实践动态,例如正在进行的关于朝鲜半岛核问题的六方会谈、新近成立的非洲人权与人民权利法院等新实践在学术研究中都有所反映。最后,研究视角多样、研究方法较为丰富,例如有学者从经济学视角分析中国运用世贸机制的利弊得失;在学者的研究中可以看到案例分析的方法、比较的方法、列图表的方法、统计的方法等多种研究方法。

然而在对该领域的研究作总体回顾的过程中,也能明显地感觉到的是,中国学者对和平解决国际争端的研究同对国际法其他领域的研究相比,总体上仍然较为薄弱。这主要表现为:首先,研究的成果不够丰富,数量较为有限;在有限的研究中,对和平解决国际争端基本理论的研究尤显单薄。其次,在过去 10 年中,学者将大量的笔墨都用到对和平解决国际争端的法律方法,特别是司法方法的描述上,对于国际事务中被频频使用、长盛不衰的政治解决方法却着墨不多。例如,联合国大会通过的《联合国国家间争端和解示范规则》、《国际谈判原则和准则草案》等较新的有关争端解决的政治方法的国际文件,几乎没有引起学术研究的注意。最后,关注该领域的研究者数量有限,研究的成果大致集中在少数几位学者名下,这种局面尽管有利于树立学术权威,但对该领域研究的长远发展恐会产生消极影响。

---

① 见洪永红、周严《非洲人权与民族权法院述评》,《西亚非洲》2007 年第 1 期。
② 见李晶珠、王伟、赵海峰《非洲人权与民族权法院——国际人权保护体制的新篇章》,《法律适用》2005 年第 6 期;洪永红、周严:《非洲人权与民族权法院述评》,《西亚非洲》2007 年第 1 期。